KB117144

잘 팔리는 마법은 어떻게 일어날까?

잘 팔리는 마법은
어떻게 일어날까?

1판 1쇄 발행 2021. 1. 11.
1판 2쇄 발행 2021. 8. 10.

지은이 로리 서덜랜드
옮긴이 이지연

발행인 고세규
편집 고정용 디자인 윤석진 마케팅 백선미 홍보 반재서
발행처 김영사
등록 1979년 5월 17일(제406-2003-036호)
주소 경기도 파주시 문발로 197(문발동) 우편번호 10881
전화 마케팅부 031)955-3100, 편집부 031)955-3200 | 팩스 031)955-3111

값은 뒤표지에 있습니다.
ISBN 978-89-349-8996-7 03320

홈페이지 www.gimmyoung.com   블로그 blog.naver.com/gybook
인스타그램 instagram.com/gimmyoung   이메일 bestbook@gimmyoung.com

좋은 독자가 좋은 책을 만듭니다.
김영사는 독자 여러분의 의견에 항상 귀 기울이고 있습니다.

잘 팔리는 마법은 어떻게 일어날까?

로리 서덜랜드 지음 | 이지연 옮김

ALCHEMY
RORY SUTHERLAND

광고회사 오길비의 전설적 디렉터가 전하는 마케팅의 연금술

김영사

차례

연금술 규칙

1. 좋은 아이디어와 정반대인 것도 좋은 아이디어일 수 있다.

2. 평균을 추구하지 마라.

3. 남들이 모두 논리를 따질 때 나도 논리적인 것은 도움이 되지 않는다.

4. 관심의 성격이 경험의 성격을 결정한다.

5. 꽃이란 광고 예산을 가진 잡초에 불과하다.

6. 논리의 문제점은 마법을 없애버린다는 점이다.

7. 추측을 잘해서 관찰과 일치하면 과학이 된다. 운 좋은 우연도 마찬 가지다.

8. 비상식적인 것들을 테스트해보라. 남들은 아무도 안 할 테니.

9. 이성으로 문제를 해결하려 드는 것은 골프장에서 골프채 하나만 사용하는 것과 같다.

10. 사소한 차이가 결과를 바꾼다.

11. 논리적인 답이 있었다면 벌써 찾았을 것이다.

PSYCHO-
LOGIC

들어가기

코카콜라에
도전장을 내밀다

당신은 지금 세계적인 음료회사의 이사회실에 앉아 있다. 회사는
당신에게 세상에서 두 번째로 인기 있는 비알코올 음료[1]인 코카
콜라의 위상을 위협할 신제품을 만들어내라고 한다.

　어떤가? 뭐라고 답하겠는가? 나라면 특별히 장난기가 발동하
지 않은 이상, 아마 이렇게 말할 것이다.

　"콜라보다 맛있으면서 원가는 더 적게 드는 음료를 만들어서
아주 큰 병에 담아 팔면 사람들이 가성비가 훌륭하다고 느낄 거
예요."

　다음과 같이 말할 사람은 없을 것이다.

　"진짜 비싼 음료를 한번 팔아보죠. 엄청 쪼그만 캔에 담아서…,

1　첫 번째는 물.

약간 역겨운 맛을 내는 거예요."

　그런데 실제로 그렇게 한 회사가 있었다. 이 회사가 출시한 청량음료는 나중에 정말로 코카콜라에 필적하는 제품이 됐다. 바로 '레드불Red Bull'의 이야기다.

　레드불이 '약간 역겨운 맛'이라고 한 것은 내 주관적인 의견이 아니다.[2] 대체적 의견이 그랬다. 태국에서 처음 출시된 레드불은 다른 지역 출시에 앞서 소문이 파다했다. 레드불 라이선스를 받은 회사가 시장조사 기관에 의뢰해서 레드불의 맛에 대한 해외 소비자들의 반응을 미리 알아보았는데, 조사기관 담당자가 이렇게 반응이 나쁜 신제품은 처음 봤다고 말했다는 것이다.

　보통 시음회를 열면 신제품이 썩 마음에 들지 않는 소비자도 자신의 혐오를 약간 돌려서 표현한다. "제 입에는 안 맞네요" "약간 질리네요" "아이들 음료 같아요" 하는 식으로 말이다. 하지만 레드불의 경우에는 혹평이 거의 분노 수준이었다. "누가 돈 줄 테니 먹으라고 해도 못 먹을 쓰레기 같은 맛이네요"가 그나마 조심스럽게 말한 편이었다. 그러나 레드불이 널리 성공했다는 사실은 아무도 부인하지 못할 것이다. 매년 60억 캔씩 팔아서 나오는 이윤만으로도 포뮬러원 팀 하나를 후원하고도 남을 정도이니 말이다.

2　나도 레드불을 많이 마신다.

마법을 위한 변명

이 책에는 간단한 전제가 하나 있다. 현대 사회는 위와 같은 비논리를 자주 외면하지만 가끔은 그 비논리가 다른 것들과는 비교도 되지 않을 만큼 강력할 때가 있다. 인간이 가진 문제들을 해결하려고 할 때 과학과 논리가 이론의 여지 없이 귀중한 해결책들을 내놓는 것은 사실이다. 하지만 답을 찾을 때 우리가 늘 습관처럼 들이대는 순진한 논리를 과감히 벗어던질 수만 있다면, 겉으로는 비이성적으로 보이더라도 여전히 문제를 해결할 수 있는, 아직 발견되지 않은 방법이 수백 가지는 더 있다.

안타깝게도 자연과학 분야에서 환원주의 논리가 아주 믿을 만한 것으로 증명되는 바람에 우리는 이제 어디든 다 환원주의를 적용할 수 있다고 믿고 있다. 자연과학보다 훨씬 더 복잡하고 혼란스러운 인간사에까지 말이다. 오늘날 인간의 의사결정을 지배하는 모형은, 지나치게 단순화시킨 논리만을 중시하고 마법은 경시한다. 스프레드시트에 마법이 작용할 여지는 없다. 그러나 혹시라도 이런 식의 접근법이 잘못된 거라면 어떻게 할까? 우리는 물리 법칙의 확실성을 재창조하려고 똑같은 일관성과 확실성을 적용하려 기를 쓰지만, 실은 이 영역에 일관성이나 확실성 따위는 처음부터 없다면?

일과 휴식을 한번 예로 들어보자. 지금 대부분의 사람들은 휴가를 2주밖에 누리지 못한다. 2주의 휴가를 더 가질 수 있다면 미국인의 68퍼센트는 기꺼이 비용을 지불하겠다고 했다. 이들은 휴가를 2배로 늘릴 수 있다면 4퍼센트의 연봉 감소도 받아들일 것이다.

하지만 모든 사람의 휴가를 늘리는데 '아무런 비용도' 들지 않는다면 어떨까? 여가시간이 늘어나면 레저 용품에 돈도 더 많이 쓰고 생산성도 높아져서 오히려 미국 경제에 도움이 된다면? 어쩌면 휴가를 더 많이 쓰는 사람들은 더 오래도록 일할 준비가 될지도 모른다. 여건이 되자마자 은퇴해서 플로리다로 골프를 치러 가는 게 아니고 말이다. 혹은 잘 쉬고 여행이나 레저를 통해 활기를 얻으면 그냥 일을 더 잘하게 될 수도 있다. 게다가 지금은 기술의 발달로 내가 지금 아이다호주 보이시 Boise의 어느 사무실에 있든, 아니면 바베이도스의 어느 해변에 있든 업무 기여도의 차이가 거의 없는 직종도 많아졌다.

이런 마법 같은 결과를 뒷받침하는 증거는 차고 넘친다. 프랑스인들은 휴가가 아닌 때를 찾기가 더 힘들지만, 보기 드문 그 업무 기간만큼은 깜짝 놀랄 만큼 생산적이다. 독일에서는 연간 6주 휴가가 일상적이지만 독일 경제는 승승장구한다. 그러나 전 세계 그 어떤 휴가 모형을 들이대도 미국인들은 이렇게 마법의 해결책이 될 수도 있는 방법을 시도는커녕 고민조차 해보지 않는다. 좌뇌에 있는 논리적인 세상 모형 속에서 생산성이란 노동 시간에 비례하므로 휴가를 2배로 늘리면 연봉이 4퍼센트 감소할 수밖에 없다.

테크노크라트technocrat(영향력 있는 과학 기술 전문가. '기술관료'라고도 한다─옮긴이)의 사고방식은 경제를 마치 하나의 기계처럼 생각하는 것이다. 기계가 팡팡 놀고 있으면 기계의 가치가 크게 줄어든다. 그러나 경제는 기계가 아니다. 경제는 고도로 복잡한 시스템(복잡계)이다. 기계는 마법의 여지를 허용하지 않지만, 복잡계에서는 마법이 가능하다.

<blockquote>
공학은 마법을 허용하지 않지만,

심리학은 마법을 허용한다.
</blockquote>

순진한 논리에 중독된 우리는 깔끔한 경제 모형과 기업 사례 연구, 편협한 기술적 아이디어로 가득 찬 마법 없는 세상을 만들어냈다. 이런 것들 덕분에 우리는 복잡계를 완전히 장악하고 있다고 대단히 안심하게 됐다. 그러나 이들 모형은 유용한 경우도

자주 있지만, 때로는 부정확하고 진실을 호도하며 종종 매우 위험하다.

논리와 확실성에 대한 갈망이 도움이 될 때도 있지만 손해로 돌아오는 경우도 있다는 사실을 잊어서는 안 된다. 과학적으로 보이고 싶은 마음에 우리는 덜 논리적이지만 더 마법 같은 효과를 내는 해결책들은 고려조차 하지 않을지도 모른다. 저렴하고, 빠르고, 효과적인 해결책일 수도 있는데 말이다. '나비효과'는 신화가 아니라 실제로 존재하지만, 우리는 나비를 사냥하는 데 필요한 시간을 내지 않는다. 최근에 내가 나비효과를 발견했던 사례를 몇 가지 예로 들면 아래와 같다.

1. 어느 웹사이트는 결제 과정에 옵션 하나를 추가하는 것만으로 연매출이 3억 달러 증가했다.
2. 어느 항공사는 항공편 표시 방법을 바꾸어 프리미엄 좌석 매출을 연간 800만 파운드 늘렸다.
3. 어느 소프트웨어 회사는 콜센터 처리 과정에 별것 아닌 것처럼 보이는 요소 하나를 바꾸어 수백만 파운드 가치의 사업을 유지하고 있다.
4. 어느 출판사는 콜센터 업무지침에 별것 아닌 단어 4개를 추가해 구매전환율을 2배로 높였다.
5. 어느 패스트푸드 매장은 가격을 '올려서' 제품 매출을 늘렸다.

파격적인 이 모든 성공 사례가 경제학자의 눈에는 논리적으로 전혀 말이 되지 않을 것이다. 하지만 모두 실제로 효과가 있었다. 첫 번째 사례를 제외하고는 모두 광고회사인 우리 회사 오길비Ogilvy의 작품이다. 오길비에서 나는 직관에 반하는 해결책들을 찾는 팀을 만들었다. 우리는 거의 모든 문제에 언뜻 보기에는 비이성적이더라도 실제로 문제를 해결할 수 있는 해결책이 잔뜩 있다는 사실을 발견했다. 아무도 찾지 않기 때문에 아직 발견되지 않았을 뿐이었다. 사람들은 논리적인 답을 찾는 데 정신이 팔려 이쪽은 아예 쳐다보지도 않았다. 그런데 다소 유감스럽게도 우리는 이런 접근법이 성공한다고 해서 우리에게 계속 의뢰가 들어오는 것은 아니라는 사실도 알게 됐다. 기업이나 정부 입장에서는 이런 마법 같은 해결책에 사용할 예산을 청구하기가 쉽지 않았다. 업무는 어디까지나 논리적으로 보여야 하기 때문이다.

토론장이라면 논리가 최선의 수단이 맞다. 하지만 현실에서 효과를 보고 싶다면 논리가 꼭 그렇게 유용한 것만은 아니다. 기업가들이 그토록 높은 가치를 인정받는 이유는 무슨 무슨 '위원회'가 납득할 수 있는 일만 골라서 하지는 않기 때문이다. 흥미롭게도 스티브 잡스Steve Jobs나 제임스 다이슨James Dyson(전자제품 회사 다이슨의 창업자―옮긴이), 일론 머스크Elon Musk, 피터 틸Peter Thiel(전자결제시스템 회사 페이팔PayPal의 창업자―옮긴이) 같은 사람들은 완전히 정신 나간 것처럼 보일 때도 많았다. 헨리 포드Henry Ford는 회계사를 경멸한 것으로 유명하다. 그가 회사를 장악하고 있는 동안 포드Ford Motor Company는 단 한 번도 회계감사를 받지 않았다.

논리를 요구할 때는 눈에 보이지 않는 비용을 치러야 한다. '마법'을 파괴하는 것이 바로 그 비용이다. 경제학자, 기술관료, 경영관리자, 애널리스트, 스프레드시트 전문가, 알고리즘 디자이너가 넘쳐나는 현대 사회는 점점 더 마법을 발휘하기가, 심지어 시도조차 해보기가 어려운 곳이 되어가고 있다. 이 책을 통해 모든 사람이 우리 삶에는 마법도 반드시 필요하다는 사실을 다시 한번 깨닫게 되기를 바란다. 당신 안의 연금술사를 발견하기에 늦은 시기란 없다.

인간이라는 암호를
해독하라

이 글을 쓰고 있는 지금 내 앞에는 모니터가 2개 있다. 그중 하나에는 최근 내 동료들이 기부금 모금 효과를 높이려고 실시한 일련의 실험 결과가 띄워져 있다.

우리 고객사인 이 자선단체는 1년에 한 번 수백만 가구의 문앞에 자원봉사자들이 일일이 인쇄물 봉투를 놓아둔다. 그리고 몇 주 뒤에 다시 가서 기부금을 모금한다. 올해의 봉투에는 허리케인 피해자 구호에 관한 안내가 들어 있었다. 그런데 이번에는 무작위로 몇몇 봉투를 나머지 것들과 좀 다르게 만들었다. 우선 10만 개의 봉투에는 이 봉투를 자원봉사자들이 직접 배달했다고 써놓았다. 다른 10만 개에는 양식을 채울 경우 기부금의 25퍼센트만큼 세금 환급을 받는다고 썼다. 또 다른 10만 개는 좀 더 양질의 봉투를 사용했고, 다른 10만 개는 봉투를 세로로 인쇄했다.

경제학자가 실험 결과를 보았다면 사람들이 제정신이 아니라고 생각했을 것이다. 논리적으로 따진다면 여러 봉투 중에서 사람들의 기부 의사에 영향을 줄 수 있는 것은 1파운드를 기부할 때마다 정부가 25펜스를 추가 제공한다는 내용뿐일 것이다. 나머지 3가지 봉투는 얼핏 중요하지 않은 내용처럼 보인다. 봉투의 질이나 방향, 자원봉사자가 직접 가져다놓았는지 여부 등은 기부 의사결정에 합리적 이유가 될 수 없다.

하지만 실험 결과는 전혀 다른 이야기를 하고 있었다. '합리적' 봉투를 사용했더니 다른 뻔한 조작들보다 기부율이 30퍼센트 이상 '낮았다.' 나머지 3가지 봉투는 기부율을 10퍼센트 이상 높였다. 또한 질 좋은 봉투를 사용하면 100파운드 이상의 고액 기부자 수가 크게 증가했다. 여러분이 이 책을 다 읽었을 때쯤에는 미친 소리 같은 이 결과들이 왜 충분히 그럴 법한지 좀 더 잘 이해할 수 있기를 바란다.

> 말馬이 휘발유로 가지 않듯이,
> 인간의 마음도 논리로 움직이지 않는다.

그렇다면 이 결과들을 대체 어떻게 설명해야 할까? 우리가 지폐나 수표를 봉투에 넣는다면 아마 넣는 입구가 좁은, 세로 방향 봉투를 사용할 것이다. 100파운드짜리 수표를 넣는다면 싸구려 봉투보다는 두꺼운 봉투에 넣는 편이 좀 더 마음에 들 것이다. 자원봉사자가 직접 봉투를 놓고 갔다고 하면 나도 뭔가 호응을 해줘야 할 것 같은 기분이 들 수도 있다. 자원봉사자의 노력이 가상하기 때문이다. 어쩌면 기부금에 25퍼센트의 '보너스'가 생긴다고 말한 것이 오히려 기부하고 싶은 액수를 줄인 건 아닐까? 그런데 더욱 이상한 점은 이 방법을 사용했더니 금액이 얼마이든 기부를 한 사람의 비율 자체가 줄었다는 점이다. 솔직히 말해서 이건 나도 이유를 모르겠다.

요약하자면 이렇다. 논리적인 사람에게는 이 중 3가지는 테스트를 할 필요조차 없었을 것이다. 하지만 실제로 효과가 있었던 것은 그 3가지 봉투였다. 3가지 봉투는 이 책의 내용과 관련해 중요한 상징적 의미를 가진다. 논리적인 사람들이 세상을 운영하도록 내버려두면 논리적인 것밖에 발견되지 않는다. 하지만 현실에서는 대부분의 일이 논리적이지 않다. 대부분의 일은 '심리적'이다.

사람들이 어떤 행동을 할 때는 보통 두 가지 이유가 있다. '표면적으로 논리적인 이유'와 '진짜 이유'가 그것이다. 나는 30년간 광고 및 마케팅 부문에서 일했다. 나는 사람들에게 내가 이 일을 하는 이유가 돈을 벌기 위해서, 브랜드 평판을 쌓기 위해서, 비즈니스 문제를 해결하기 위해서라고 말한다. 물론 나는 이런 것들도 싫어하지 않는다. 하지만 진실하게 말한다면 내가 이 일을 하는 이유는 '참견'을 좋아해서다.

현대 소비자 문화는 세상에서 연구비 지원을 가장 많이 받는 사회과학 실험장 같은 곳이다. 이를테면 인간의 온갖 기행을 엿볼 수 있는 갈라파고스제도 같은 곳이다. 거기서 더욱 중요한 곳이 바로 광고 에이전시다. 광고 에이전시는 기업과 정부라는 세계에서 기이하고 별난 사람들을 위해 남은 마지막 보루 같은 곳이다. 다행히도 광고 에이전시 내부에서는 아직도 개성 강한 의견이 널리 장려되거나 최소한 용인된다. 멍청한 질문을 해도 되고 바보 같은 제안을 내놓아도 된다. 그러고도 여전히 승진할 수 있다. 이런 자유는 생각보다 훨씬 소중한 것이다. 왜냐하면 똑똑한 답에 이르기 위해서는 종종 아주 어이없는 질문이 필요하기 때문이다.

어지간한 회사에서 갑자기 "사람들은 왜 양치를 하죠?"라고 묻는다면 정신병자처럼 쳐다볼 것이다. 심지어 위험한 사람으로 비칠 수도 있다. 우리가 양치를 왜 하는지에 관해서는 이미 공식적으로 인정된 논리적인 이유가 있지 않은가? 치아 건강을 유지하고 충치가 생기는 것을 줄이기 위해서다. 넘어가자. 더 이상 뭐가 있겠나. 그러나 나중에 설명하겠지만 나는 그게 진짜 이유라고 생각하지 않는다. 예컨대 정말로 그게 이유라면 95퍼센트의 치약에 민트향이 나는 것은 어떻게 설명할 것인가?

인간의 행동은 수수께끼다. 그 암호를 푸는 법을 배워라.

내 말은 인간 행동의 많은 부분이 낱말 맞추기용 수수께끼의 단서와 같다는 것이다. 표면적으로는 언제나 그럴듯한 의미가 있는 것 같지만, 그 아래에는 더 깊은 답이 숨어 있다.

가로 5번 : 이리 뛰고 저리 뛴다(4단어).

Does perhaps rush around.

수수께끼 낱말 맞추기에 익숙하지 않은 사람에게 이 단서의 정답이 '사슴deer'이라고 하면 정신 나간 소리처럼 들릴 것이다. 단서의 표면적 의미만 보면 '동물'이라는 힌트가 전혀 없기 때문이다. 단순한 낱말 맞추기였다면 단서에는 '숲속에 사는 반추동물'이라는 설명이 있었을 것이다. 그러나 수수께끼 낱말 맞추기를 좋아하는 사람에게는 별로 풀기 어려운 단서가 아니다. 뭐든지 겉으로 보이는 것과 다르다는 사실을 이미 수용하고 있기 때문이다. 이 단서의 '표면적' 의미는 'does'나 'rush'를 동사로 보게끔 우리를 오도한다. 실상은 둘 다 명사로 쓰였는데 말이다. 여기서 'does'는 'doe'[1]의 복수형이다. 'rush'는 갈대reed를 말한다. 'reed'를 뒤에서부터 거꾸로around 읽으면 'deer'가 된다.[2]

이렇게 답을 알아차리기 위해서는 단서를 글자 그대로 읽지 말아야 한다. 종종 인간의 행동이 바로 이런 수수께끼와 같다. 우리는 내가 왜 그런 행동을 하는지 스스로 말하는 표면적인 이유, 합

---

1   암사슴.
2   'perhaps'를 쓴 이유는 모든 사슴이 'deer'는 아니기 때문이다. 수컷은 'stag'다.

리적 이유가 있고, 그 아래에 수수께끼 같은 목적 혹은 숨은 목적이 따로 있다. 글자 그대로의 의미와 그 옆의 다른 의미를 구분할 줄 아는 것은 수수께끼 낱말 맞추기뿐만 아니라 인간의 행동을 이해하는 데 꼭 필요하다.

어리석은 실수를 피하고 싶다면
조금은 바보 같아지는 법을 배워라.

직장에서 대부분의 사람은 똑똑해 보이려고 기를 쓴다. 지난 50여 년간 사람들은 과학적인 사람으로 보이면 똑똑해 보일 거라 생각했다. 어떤 일이 왜 일어났냐고 물어보면 사람들은 진짜이거나 말거나, 자신이 똑똑하게 보일 법한 합리적이고 과학적인 대답, 그럴듯하게 들리는 답을 내놓는다. 여기서 문제는 현실이 전통 과학과는 다르다는 점이다. 예를 들어 보잉 787을 설계할 때 아주 효과가 좋았던 툴도 고객 경험이나 세금제도를 설계할 때는 별 효과를 내지 못할 것이다. 사람들은 탄소 섬유나 금속 합금처럼 우리 뜻대로 움직여주거나 예측 가능하지 않으며, 우리는 이 점을 인정해야 한다.

경제학의 아버지 애덤 스미스Adam Smith는 일찌감치 18세기 말에 벌써 이 문제를 알아보았지만,[3] 이후로 수많은 경제학자들은

3   실은 사회학의 아버지 이븐 할둔Ibn Khaldun은 이미 14세기에 이 문제를 알아본 듯하다.

이 사실을 쭉 무시하고 있다. 과학적으로 보이려면 확실성의 기운을 풍겨야 한다. 하지만 확실성에 집착하다 보면 지금 점검하고 있는 문제의 본질을 전혀 엉뚱하게 표현하게 된다. 복잡한 심리적 문제가 마치 단순한 물리적 문제인 것처럼 표현하게 된다. 늘 사안이 실제보다 더 '논리적인' 문제인 척하고 싶은 유혹이 생긴다.

심리학을 소개합니다

여러분을 도발하는 것이 이 책의 의도였지만 결과물이 철학책처럼 되어버린 것은 순전히 우연이다. 이 책은 여러분을 비롯한 인간이 어떻게 의사결정을 내리는지를 다룬다. 또 그런 의사결정이 소위 '합리적' 의사결정과는 다를 수도 있는 까닭을 밝힌다. 나는 우리가 의사결정을 내리는 방식을 '심리적'이라고 표현한다. '논리'나 '합리성' 같은 인위적 개념들과 구분하기 위한 단어 선택이다. 종종 심리적 의사결정은 우리가 고등학교 수학 시간이나 대학교 경제학개론 시간에 배웠던 유형의 논리와 극단적 차이를 보이기도 한다. 심리적 의사결정은 '최적'을 노리고 설계된 것이 아니라 '쓸모가 있게끔' 진화했다.

논리는 성공한 엔지니어와 수학자를 만들어내지만, 심리는 우리를 수많은 원숭이 중에서 긴 시간 살아남고 번창하는, 성공한

종種으로 만들어주었다. 논리의 대안이라고 할 수 있는 심리는 인간 내면의 평행 운영체제로부터 나타났다. 이 운영체제는 종종 무의식적으로 작동하며, 우리가 생각하는 것보다 훨씬 더 강력하고 구석구석 미치지 않는 곳이 없다. 이 운영체제는 마치 중력처럼 누군가 이름을 붙여주기 전에는 아무도 눈치채지 못했던 힘이다.

나는 아무런 판단이 개입되지 않은 중립적 표현으로서 '심리'라는 단어를 골랐다. 내가 이렇게 한 데는 이유가 있다. 우리는 합리적이지 않은 행동에 이름을 붙일 때 보통 '감정' 같은 단어를 고른다. 그런데 '감정'이라는 단어는 마치 '논리'의 쌍둥이 악마처럼 들리는 문제점이 있다. "너 지금 감정적이야"라는 말의 속뜻은 "너 지금 바보 같이 굴고 있어"라는 뜻이다. 어느 이사회실에 들어가서 '감정적인 이유로' 합병을 반대한다고 말한다면 나가달라는 소리를 듣게 될 것이다. 하지만 우리가 감정을 경험하는 데는 그럴 만한 이유가 있다. 그리고 그 이유는 우리가 말로 잘 표현할 수 없을 뿐 훌륭한 이유인 때가 많다.

사회심리학자 로버트 자이언Robert Zion은 인지심리학을 이렇게 표현한 적이 있다. '온갖 흥미진진한 변수가 0에 맞춰진 사회심리학.' 그가 하려고 했던 말은 인간이 매우 사회적인 종이라는 것이다(그렇다면 아무런 사회적 맥락 없이 인위적인 실험에서 인간의 행동이나 의사선택을 연구하는 것은 별로 유용하지 않다는 뜻일 수도 있다). 현실에서 사회적 맥락은 절대적으로 중요하다. 한 예로 인류학자 피에르 부르디외 Pierre Bourdieu가 지적한 것처럼, 선물을 주는 행위는 대부분의 인간 사회에서 좋은 일로 비쳐지지만 맥락이 아주 조금만 바뀌면 선물은 축복이 아니라 모욕이 될 수 있다. 예컨대 나한테 선물을 준 사람에게 그 선물을 되돌려준다고 생각해보라. 그렇게 무례한 행동도 또 없을 것이다. 마찬가지로 경제이론에 따르면 누군가 내가 좋아할 만한 일을 했을 때 돈을 지불하는 것은 완벽히 합리적인 행위다. 우리는 그걸 '인센티브'라고 부른다. 하지만 그렇다고 해서 섹스의 대가로 배우자에게 돈을 지불해야 한다는 뜻은 아니다.[1]

이 책이 말하는 '연금술 alchemy'은 경제학자가 어느 부분에서 틀렸는지 알아내는 기술이다. 연금술사가 되는 비법은 보편적 법칙을 이해하는 데 있는 게 아니라 보편적 법칙이 적용되지 않는 수많은 사례를 알아보는 데 있다. 그 비법은 좁은 의미의 논리에서는 찾을 수 없고, 그것만큼이나 중요한 기술인, 언제 어떻게 그 논리를 버려야 하는지 아는 데서 찾을 수 있다. 연금술이 그 어느 때보다 지금 더 높은 가치를 갖는 것은 그 때문이다.

---

1   아내가 나에게 다시 섹스를 제안한 것은 약 3달 후였다. 그러니 이런 식의 경제적 접근법은 혹시나 효과가 있더라도 상당히 느리게 반응함을 알 수 있다.

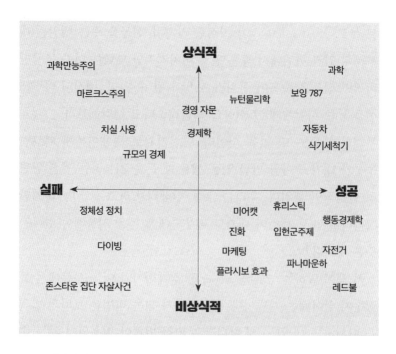

- 이해가 간다고 해서 모두 효과가 있는 것은 아니다. 효과가 있다고 해서 모두 이해가 되는 것은 아니다. 이 그래프의 우측 상단은 순수 과학 분야에서 일어난 아주 실질적이고 중요한 발전으로 가득하다. 순수 과학 분야에서는 인간의 지각과 심리학이 발전하면 여러 성취를 이룰 수 있다. 반면에 다른 사분면에서 조금이라도 효과가 있는 해결책을 내기 위해서는 '불안정한' 인간의 지각과 감성적 이해가 필수적이다.
자전거가 저기 있는 게 이상하게 보일지도 모른다. 그러나 자전거 타는 법은 누구나 쉽게 배울 수 있어도, 물리학자들은 아직 자전거의 원리를 온전히 이해하지 못한다. 정말이다. 자전거는 의도적 설계의 산물이 아니라 시행착오를 거쳐 진화된 결과물이다.

식기세척기에 넣어도 되는 물건,
이성이 통하지 않는 문제

돈은 좀 들지만 생활을 편하게 만들 수 있는 팁이 하나 있다. 주방에 있는 모든 물건이 식기세척기용이기를 바란다면, 그냥 '그런 척' 행동하면 된다. 그렇게 1년 정도 지나면 식기세척기에 넣을 수 없는 물건은 이미 모두 부서졌거나 못 쓰게 됐을 것이다. 그렇다! 이제 남은 물건은 모두 식기세척기에 넣을 수 있는 것들뿐이다. 말하자면 일종의 '주방기구 자연선택' 같은 것이다.

마찬가지로 세상의 모든 문제에 표면적으로 논리적인 해결책을 들이댄다고 생각해보자. 논리로 쉽게 풀리는 문제들은 빠르게 사라질 테고, 남은 것은 모두 논리가 통하지 않는 문제들뿐일 것이다. 이유가 뭐가 되었든 논리적 답변이 효과가 없었던 문제들 말이다. 대부분의 정치, 외교, 비즈니스 문제는 바로 후자의 경우다. 그리고 나는 부부간의 문제도 바로 이런 유형이 아닐까 강하게 의심하고 있다.

지금은 중세가 아니다. 중세에는 연금술사는 너무 많고, 과학자는 너무 적었다. 이제는 상황이 역전됐다. 전형적인 연역 논법을 능수능란하게 구사하고 보여주는 사람들을 어딜 가나 볼 수 있다. 이들은 흔히 무슨 무슨 이론이니, 모형이니 하는 것을 적용해 대상을 최적화하느라 여념이 없다. 많은 경우에 이는 좋은 일이다. 예컨대 항공관제탑에 개념미술 전공자 같은 사람이 앉아 있는 것은 나도 바라지 않는다. 하지만 안타깝게도 이제 우리는 논리에 지나치게 집착하는 나머지, 논리의 실패에 대해서는 점점 눈을 감아버리는 지경에 이르렀다.

한 예로 영국에서 브렉시트 운동이 승리한 것이나 미국에서 도널드 트럼프가 제45대 미국 대통령으로 당선된 것을 놓고 교육을 제대로 못 받은 유권자의 무분별하고 감정적인 행동을 탓하는 게 마치 당연한 일처럼 돼버렸다. 그러나 영국에서 유럽연합 잔류 운동이 실패한 것이나 미국에서 힐러리 클린턴의 대권 도전이 실패한 것에 대해서도 교육을 지나치게 많이 받은 자문가들의 무분별하고 지나치게 합리적인 행동이 처음에 갖고 있던 어마어마한 이점을 날려버린 탓이라고 얼마든지 주장할 수 있다. 한때 영국인들은 '유럽연합을 떠나는 쪽에 투표하면 인건비가 상승할 수도 있다'는 경고까지 받았다. 이 경고를 내놓은 사람은 영민한 기업가[1]

---

1   마크스앤스펜서Marks & Spencer의 회장을 지낸 스튜어트 로즈Stuart Rose.

였는데, 안타깝게도 그는 경제적 효율성 모델에 너무 심취한 나머지, 대부분의 유권자가 '인건비 상승'을 '임금 상승'으로 이해할 거라는 사실은 전혀 몰랐던 게 분명하다.

어쩌면 가장 소스라치게 놀랄 일은 유럽연합 잔류 운동의 주장들이 하나같이 경제 논리에 기대고 있었다는 점이다. 유럽연합은 틀림없이 정치적인 사업인데 말이다. 그 덕분에 잔류파는 원칙이 있는 사람들이 아니라 탐욕적인 사람들로 비쳤다. 게다가 잔류파 지지자들 중 목소리가 가장 큰 사람들은 세계화로 한몫 단단히 챙긴 사람들이었다. 윈스턴 처칠이 제2차 세계대전에 참전해서 싸우자고 사람들을 독려할 때 언제 '핵심 수출 시장에 대한 접근권을 되찾기 위해서'라고 말했던가.

데이터가 많으면 더 좋은 결정을 내릴 수 있다.
아닐 때도 있다.

한편 미국의 상황을 보면 클린턴 선거운동 본부를 장악한 사람은 로비 무크Robby Mook라는 전략가였다. 데이터와 수학 모형에 홀딱 빠져 있던 로비 무크는 그 밖의 것은 아무것도 활용하지 않으려 했다. 빌 클린턴 전 대통령이 선거운동을 중서부 백인 노동자 계층의 유권자와 연계해야 한다고 하자, 로비 무크는 만화영화 〈심슨 가족〉의 할아버지 심슨 목소리를 흉내 내며 전직 대통령을 조롱했고,[2] 그 외 사람들의 제안도 '네 말은 일회성 사례에 불과하고 내 데이터는 다른 얘기를 하고 있어'라는 식으로 일축해버렸다.

하지만 아마도 그 일회성 사례가 옳았을 것이다. 데이터는 틀렸던 게 분명하니 말이다. 클린턴은 선거 기간 내내 위스콘신주를 단 한 번도 방문하지 않았다. 위스콘신에서는 손쉽게 이기리라 착각하고 있었기 때문이다. 막판에 선거운동 팀에 있는 누군가가 위스콘신도 방문해야 한다고 말했지만, 데이터는 클린턴에게 애리조나로 가라고 했다. 나는 영국인이고 그래서 애리조나를 겨우 네다섯 번, 위스콘신을 두 번 방문한 적밖에 없지만, 이런 나조차도 "그건 좀 이상한 결정 같은데요"라고 말했을 것이다. 내가 위스콘신에서 목격한 바로는 그곳이 도널드 트럼프에게는 절대로 투표하지 않을 지역이라고 말해주는 내용은 아무것도 없었다. 게다가 위스콘신은 늘 정치적 이변이 속출했던 곳이다.

데이터에 의존하려는 욕구는 또한 모형 밖에 있는 중요한 팩트들을 놓치게 만들 수도 있다. 트럼프가 가는 곳마다 체육관을 가득 차게 만들었던 반면, 클린턴이 가는 곳에는 사람들이 별로 모이지 않았다는 점은 분명히 중요한 요소였다. 모든 빅데이터는 동일한 발원지, 즉 '과거'에서 나온 것임을 결코 잊어서는 안 된다. 새로운 선거운동 방식이나 돌발 변수 혹은 '블랙 스완black swan(극히 예외적인 상황이어서 충격을 주는 사건—옮긴이)' 같은 사건이

---

2 빌 클린턴의 다른 면에 대해서 어떻게 생각하든, 경력만 놓고 보면 그는 동물적 감각을 타고난 정치 천재임에 틀림없다.

하나만 일어나도 세상에서 가장 완벽한 모형조차 혼돈에 빠질 수 있다. 그러나 영국과 미국의 패배한 두 진영은 자신들의 패배 원인이 논리에 의존한 탓이라는 생각은 단 한 번도 해보지 않는다. 그러면서 러시아에서부터 페이스북에 이르기까지 온갖 사람들을 원흉으로 돌린다. 어쩌면 이들에게도 일부의 책임이 있을지 모른다. 그러나 수학적 의사결정 모형에 과도하게 의존한 것이 유력 후보를 망쳐버린 원흉은 아닌지 충분한 시간을 갖고 검토해보는 사람은 아무도 없다.

이론적으로는 '지나치게 논리적'이라는 것은 있을 수 없는 일이다. 하지만 실제로는 그런 일이 벌어진다. 그런데도 우리는 논리적 해결책이 실패할 수 있다는 가능성은 절대로 믿지 않는 듯하다. 논리적으로 합당한데 어떻게 틀릴 수가 있단 말인가?

논리가 통하지 않는 문제를 풀려면 먼저 똑똑하고 논리적인 사람들이 자신이 틀렸을 가능성을 인정해야 한다. 그러나 변화에 가장 크게 저항하는 사람이 바로 이들인 경우가 많다. 아마도 그들의 지위가 이성적 추론 능력과 단단히 얽혀 있기 때문일 것이다. 교육을 많이 받은 사람들은 단순히 논리를 '사용'하기만 하는 것이 아니다. 논리는 그들의 정체성의 일부다. 내가 어느 경제학자에게 때로는 제품 가격을 올려서 판매량을 늘릴 수 있다고 했더니 그는 호기심을 드러낸 게 아니라 분노를 표출했다. 내가 그의 반려견이나 그가 좋아하는 미식축구팀을 모욕하기라도 한 것처럼 반응했다.

뉴욕 양키스나 첼시 축구팀을 응원하지 않으면 고연봉직에 취업되거나 선출직 공무원이 될 수 없다고 한번 상상해보라. 터무니없이 편파적인 행동이라고 생각할 것이다. 하지만 논리의 열혈 응원 팬들은 온갖 곳에서 권력을 휘두르고 있다. 노벨상을 수상한 행동과학자 리처드 탈러 Richard Thaler는 이렇게 말했다.

"미국 정부는 변호사들이 가끔 경제학자의 조언을 들으며 운영한다는 게 대원칙이다. 다른 사람들은 변호사를 도와주고 싶더라도 지원할 필요조차 없다."

요즘은 내가 논리에 사로잡혀 있다는 것을 먼저 보여주지 않고서는 직장조차 구할 수 없어 보일 때도 있다. 우리는 교육 시스템을 통해 그런 사람들을 칭찬하고, 힘 있는 자리에 승진시키고, 매일 신문에 실린 그들의 의견을 떠받든다. 비즈니스 컨설턴트도, 회계사도, 정책 입안자도, 싱크탱크의 평론가도 다들 얼마나 인상 깊은 이성 능력을 보여줄 수 있느냐에 따라 선택과 보상을 받는다.

이 책은 논리나 이성을 건전하게 사용하는 수많은 경우까지 공격하는 책은 아니다. 그러나 논리를 위험하게 확장하는 행위, 그러니까 어떤 해결책을 시도하거나 심지어 고려해보는 데조차 사전에 확실한 논리가 필요하다고 요구하는 행동은 공격할 것이다. 다른 것은 몰라도, 나는 이 책이 여러분에게 가끔씩은 살짝 어이없는 제안을 내놓아도 된다는 허락의 의미가 되기를 바란다. 조금은 더 자주 실패해도 된다는, 경제학자처럼 생각하지 않아도 된다는 끄덕임이 되기를 바란다. 논리가 통하지 않는 문제는 '너무나' 많다. 그런 문제들은 스위스 다보스에서 열리는 세계경제포럼[3]에 참석하는 게 꿈인 사람들은 절대로 풀 수 없다. 자선단체의 인쇄물 봉투 사례를 잊지 말자.

우리가 합리적인 존재로 진화했을 리 만무하다.
합리성은 우리를 약화시키기 때문이다.

합리적인 여러분은 이제 내가 이런 말을 했다고 나를 미워할 것이다. 사실 나도 이런 말을 하는 게 썩 기분 내키지는 않는다. 하지만 나는 도널드 트럼프가 그의 온갖 실수에도 불구하고 수많은 문제를 해결할 수 있다고 생각한다. 더 합리적인 힐러리 클린턴은 도저히 접근할 수 없었던 그런 문제들을 말이다. 나는 도널드 트럼프를 우러러보지 않는다. 하지만 그가 뼛속까지 전혀 다른 유형의 의사결정자인 것만은 사실이다. 한 예로 두 후보 모두 제조업 일자리가 미국으로 다시 돌아오기를 바랐다. 힐러리는 논리적인 해결책을 제시했다. 멕시코, 캐나다와 함께 3국 무역 협상을 벌이자고 했다. 트럼프는 그냥 이렇게 말했다.

"국경에 장벽을 쌓겠습니다. 비용은 멕시코가 낼 거고요."

당신은 이렇게 말할 것이다.

---

3   세상에서 가장 똑똑한 사람들이 1월의 며칠을 산 중턱에서 보내는 게 좋겠다고 다 같이 결정한, 참으로 신기한 국제 잔치다.

"흠, 트럼프는 절대로 그 장벽 안 쌓을 걸요."

나도 그렇게 생각한다. 나는 장벽이 설치될 가능성은 매우 희박하며 죄 없는 멕시코인들이 그 돈을 내겠다고 할 가능성은 그보다 더 낮다고 생각한다. 하지만 잘 한번 생각해보자. 어쩌면 도널드 트럼프는 그가 바라는 무역 관계를 성취하기 위해 그 장벽을 꼭 쌓을 필요는 없을지도 모른다. 그저 혹시나 트럼프가 그 장벽을 정말로 쌓을 수도 있다고 사람들이 믿어주기만 하면 된다. 마찬가지로 트럼프는 북미자유무역협상을 꼭 폐지할 필요는 없다. 그는 그냥 그럴 가능성을 부각시키기만 하면 된다. 비합리적인 사람들은 합리적인 사람들보다 훨씬 더 강력하다. 왜냐하면 그들의 협박이 훨씬 더 잘 먹히기 때문이다.

거의 30여 년간 미국의 그 어느 자동차 회사도 자국의 노동자들에게 자신들이 어떤 애국적 의무를 지고 있다고는 느끼지 않았다. 자동차 회사의 이사회에서 그런 의견을 피력했다면 화석 취급을 받았을 것이다. 미국 정치가 분열되어 있기는 해도 아무런 구속 없는 자유 무역에 대한 믿음은 양쪽 진영 모두에서 만연한 생각이었고 제조 부문은 별 고민 없이 해외로 옮겨갔다. 정부나 여론의 지지를 상실하면 어떻게 하나 하는 고민은 해보지 않았다. 트럼프는 그저 더 이상 그런 가정이 확고하지 않다는 신호를 주기만 하면 됐다. 그 어떤 관세도, 장벽도 실제로 필요한 것이 아니다. 그저 그런 것들을 설치하겠다는 협박이면 충분하다.[4]

합리적 리더는 폭풍우를 피하기 위해 경로를 바꾸자고 말한다.

비합리적 리더는 날씨를 바꿀 수 있다.

살짝 정신 나간 사람이 되는 것은 훌륭한 협상 전략이 될 수 있다. 합리적이라는 말은 예측 가능하다는 뜻이고, 예측 가능한 사람은 입지가 약화된다. 힐러리는 경제학자처럼 생각하지만 트럼프는 게임이론가여서 힐러리가 의회에서 4년 동안 투쟁해야 할 일을 트럼프는 트윗 하나로 이룰 수도 있다. 이게 바로 연금술이다. 마음에 안 들지는 몰라도, 효과는 있다.

무인 자동차가 제대로 작동하려면 비합리적으로 판단하는 법을 배워야 한다고 생각하는 과학자들도 있다. 눈앞에 보행자가 나타날 때마다 무인 자동차가 안정적으로 정지한다면 횡단보도는 불필요할 테고 무단횡단자들은 당당히 차도로 밀고 들어올 것이다. 그러면 무인 자동차는 갑자기 멈춰서야 하고, 무인 자동차에 타고 있는 사람은 크게 불편할 것이다. 이런 일이 없으려면 무인 자동차가 '화내는 법'을 배워야 할지도 모른다. 때로는 악의적으로 제때 멈추지 못하고 보행자의 정강이에 부딪혀야 할지 모른다.

<u>완전히 예측 가능한 사람은 남들이 뻔히 꿰뚫어 보게 된다.</u>

---

4 힐러리는 그런 협박을 설득력 있게 펼칠 수 없었다. 공허한 약속임을 모두가 알았을 것이기 때문이다. 하지만 트럼프라면 미친 척하고 그런 것도 관철시킬 수도 있다.

범죄, 픽션, 탈이성주의
: 왜 현실은 생각만큼 논리적이지 않은가

인생을 범죄 수사라고 한번 생각해보자. 사건이 일어난 후 뒤돌아보면 일련의 과정이 아름답게 순차적이고 논리적으로 펼쳐진다. 하지만 실시간으로 경험하고 있을 때는 극도로 무작위적이고 엉망진창이고 헛고생도 많다. 만약에 범죄물 소설이 사건들을 정확히 묘사한다면 지루해서 도저히 읽을 수가 없을 것이다. 왜냐하면 소설의 대부분을 채운 수사 과정이 결국에는 아무 관련도 없을 것이기 때문이다. 범죄 수사는 원래 그래야 한다. 범죄 수사에서 벌어질 수 있는 최악의 상황은 수사에 참여하는 모든 사람이 동일한 이론에 집착하는 것이다. 왜냐하면 이 경우 잘못된 가정이 하나만 있어도 모두가 그 가정을 공유하고 있는 만큼 수사 전체가 위태로워질 것이기 때문이다. 이걸 부르는 용어도 있는데, '가설 특권privileging the hypothesis'이라고 한다.

가설 특권 현상을 보여준 기이한 사건이 이탈리아 페루자에서 일어났다. 메러디스 커처Meredith Kercher 살해 혐의로 재판을 받은 어맨다 녹스Amanda Knox와 라파엘레 솔레치토Raffaele Sollecito 사건이었다. 수사관들은 커처가 죽은 후에 범인이 사건 현장을 '빈집털이를 하러 왔다가 일이 잘못된' 경우처럼 꾸민 것이 아닐까 의심했는데, 이 최초의 가설을 도저히 떨쳐내지 못했다. 범인이 외부인이었다면 사건 현장을 조작할 이유가 전혀 없기 때문에 사건 현장을 이렇게 꾸며놓았다는 것은 내부 소행임을 숨기고 시선을 다른 쪽으로 돌리려는 룸메이트들의 소행일 수밖에 없다는 게 수사팀의 결론이었다. 그러나 안타깝게도 최초의 의심은 사실이 아니었다.

수사팀이 그들의 가설에 집착한 것도 약간은 이해가 간다. 무엇보다 침입 흔적이 언뜻 보면 일부러 꾸민 것일 수도 있겠다 싶기 때문이다. 창문 '밖에' 깨진 유리 조각들이 있었고 발자국은 없었다. 하지만 내부자들이 빈집털이 시도처럼 현장을 꾸며놓았다는 이론을 너무 완강히 고수한 나머지, 이후에 나온 모순된 증거는 모두 숨기거나 언론에 공개하지 않았고, 결과는 터무니없었다.

언뜻 보면 침입 현장은 정말로 이상했다. 아파트에 침입하면서 왜 비교적 눈에 띄는 윗층 창문을 이용한단 말인가? 그러나 알고 보면 창문을 깬 것은 도망치기 쉬운 곳에 서 있던 범인이 일부러 소음을 만들어내려고 저지른 일이었다. 정말로 주위에 아무도 없는지 한번 시험해보려고 말이다. 창문을 박살냈는데도 아무도 나타나지 않는다면 5분 뒤에 그 창문으로 기어 올라간다고 해도 누구도 눈치채지 못할 것이다. 반대로 불이 켜지고 개가 짖는다면 그대로 달아나버리면 된다.

이 사례는 우리가 세상을 어떻게 보는지 적나라하게 보여준다. 사물을 볼 때 우리는 A를 하려면 B를 한다는 식으로 단일한 관점에서 바라볼까, 아니면 복잡한 것들은 좀 다르다는 사실을 인정할까? 기계처럼 설계에 의해 만들어진 시스템에서는 한 가지 사물이 좁은 한 가지 목적에만 쓰인다. 그러나 진화된 시스템이나 복잡계 혹은 인간의 행동에서는 바라보는 맥락에 따라 한 가지 사물도 여러 용도가 있을 수 있다.

인간의 입은 음식을 먹는 데 주로 쓰지만, 코가 막히면 입으로 숨을 쉬기도 한다. 마찬가지로 최대한 시끌벅적하게 남의 집에 침입한다는 게 비논리적일 것 같지만, 범인의 행동 맥락을 이해하고 나면 그렇지 않다. 의식적으로 설계된 것들을 상대할 때 사용하는 생각 습관을 2차적 고려사항들이 있는 복잡계나 진화된 시스템을 이해할 때도 똑같이 사용하려고 해서는 안 된다.

나에게 마르크스주의의 문제점은 지나치게 논리적이라는 것이다.

위험한 사람들
: 기술관료 엘리트

기술관료는 일반적으로 무언가를 거꾸로 설명해서 그 자리에 올랐을 것이다. 그럴듯한 사후 합리화는 평론가들의 트레이드마크다. 그러나 안타깝게도 이들은 과거를 설명할 수 있는 기법을 미래 예측에도 사용할 수 있다고 생각하는 함정에 빠지기 쉽다. 범죄 수사 때와 마찬가지로 나중에 보면 깔끔하고 논리적으로 보이는 것들이 실시간으로 펼쳐지고 있을 때는 훨씬 더 엉망진창인것이 보통이다. 과학적 진보도 마찬가지다. 어떤 발견이 이뤄지고 나면 그게 마치 논리적 순서에 따른 결과인 것처럼 묘사하기 쉽다. 하지만 과학 발전이 꼭 그렇게 깔끔하게, 시간순으로, 차례차례 일어나야 하는 것은 아니다.

과학 조사에는 두 가지가 있다. 하나는 무엇이 효과가 있는지를 찾아내는 것이고, 다른 하나는 그게 '왜' 효과가 있는지 이해하고 설명하는 것이다. 이는 전혀 다른 두 가지 일이고, 순서는 얼마든지 뒤바뀔 수 있다. 과학 진보는 일방통행로가 아니다. 한 예로 아스피린은 수십 년간 진통 효과가 있다고 알려져 있었으나 아무도 그 원리를 몰랐다. 다만 그것은 경험에 의한 발견이었고 그에 대한 설명이 이뤄진 것은 훨씬 후였다. 만약 과학이 여러 가지 행운[1]을 용납하지 않았다면, 과학의 업적은 훨씬 더 보잘것없었을 것이다. 미리 예견된 발견이 아니라는 이유로 페니실린의 사용이 금지되었다면 어찌 됐을까? 그런데도 정책 결정이나 비즈니스상의 의사결정은 '이유가 먼저, 발견은 나중'이라는 방법론에 기초한 경우가 압도적으로 많다. 극도의 낭비로 보이는데 말이다. 우리는 아직 자전거의 원리도 완전히 모른다는 사실을 기억하자.

진화 역시 우연이 난무하는 과정이다. 진화는 예측 가능한 것과 예측 불가능한 것이 공존하는 세상에서 과연 무엇이 살아남을 수 있는지 발견해가는 일이다. 진화가 효과적인 이유는 각각의 유전자가 운 좋은 혹은 불운한 실수를 통해 보상과 비용을 치르기 때문이다. 거기에 이유 따위는 하등 고려되지 않는다. 그 어느 것도 논리적일 필요는 전혀 없다. 효과적인 실수이면 살아남아 번성할 테고, 효과적이지 못한 실수이면 약화되어 죽을 것이다. 그게 '왜' 효과적인지는 알 필요가 없다. 그냥 효과가 있기만 하면 된다.

무언가를 결정할 때 그럴듯한 '이유'가 전제 조건이 되어서는

---

1 합성수지, 페니실린, 전자레인지, 엑스레이, 레이더, 라디오는 모두 '거꾸로' 발견된 것들이다.

안 된다. 일이 다 끝난 후에 그 성공을 쉽게 설명할 수 있을까를 기준으로 지금 시도할 대상을 제한해서도 안 된다. 과학이 지나 온 길을 보면 오히려 과학적 접근법으로 문제를 해결하려고 시도 하는 게 맞을까 하는 의구심이 든다.

터무니없는 것과
이해되지 않는 것

인정하고 시작하겠다. 내가 이 책을 쓸 수 있게 된 것은 순전히 우연이다. 나는 인류학이 아니라 고전문학을 전공했다. 하지만 어쩌다 보니 광고업계에서 30년을 보냈고, 그중에서도 특히 '직접반응 광고direct response advertising'라는 분야에서 대부분의 세월을 보냈다. 직접반응 광고란 사람들에게 광고에 직접적으로 반응할 것을 촉구하는 형태의 광고다. 직접반응 광고에서는 두둑한 자본을 바탕으로 대규모 인간 행동 실험이 진행된다. 그리고 그 결과가 우리에게 가르쳐주는 바는 '경제학자 기타 전형적인 합리적 사고를 하는 사람들이 고안하고 주창한 인간 행동 모형은 인간의 행동을 예측하는 데 전혀 적합하지 않다'는 것이다.

경제학의 가장 큰 업적이 뭘까? 아마도 리카도Ricardo의 비교우위론? 아니면 존 메이너드 케인스John Maynard Keynes가 쓴 《고용, 이자 및 화폐의 일반이론》일까? 그렇다면 광고업계가 찾아낸 가장 중요한 업적을 딱 하나만 꼽으면 뭘까? 아마도 '귀여운 동물을 등장시키는 광고는 그렇지 않은 광고보다 더 크게 성공하는 경향이 있다'가 될 것이다.

농담이 아니다. 최근 어느 고객과의 미팅에서 '1,000파운드 상당 1년치 공짜 에너지'를 경품으로 내걸었더니 6만 7,000건의 고객 응모가 있었다는 얘기를 들었다. 그리고 후속 경품으로 귀여운 펭귄 야간조명을 걸었더니(15파운드 상당) 36만 건의 응모가 있었다고 한다. 심지어 어느 고객은 청구 금액에서 200파운드를 환불해주겠다고 하는데도 "싫어요. 펭귄이 더 좋아요"라고 말했다고 한다. 나는 이게 사실이라는 것을 알면서도, 합리적으로 보이고 싶은 욕구가 너무나 큰 나머지 기업의 이사회 구성원들 앞에서는 광고에 토끼나 여우원숭이 가족을 출연시키자고 말하기가 여간 어려운 게 아니다. '터무니없는 소리'처럼 들리기 때문이다. 그러나 터무니없는 게 아니다. 이건 종류가 전혀 다른 것이다. 그래서 나는 이것을 '이해되지 않는 것'이라고 부른다.

'행동경제학'이란 참 이상한 용어다. 워런 버핏Warren Buffett의 사업 파트너 찰리 멍거Charlie Munger도 언젠가 이렇게 말했다.

"만약 경제학이 행동이 아니라면 대체 뭐가 행동인지 모르겠다."

사실이다. 세상이 좀 더 현명했더라면 경제학은 심리학의 하위 분과였을 것이다.[1] 애덤 스미스는 그냥 경제학자가 아니라 행동경제학자였다. 《국부론》에는 단 한 줄의 수학공식도 나오지 않는다.

그러나 이상하게 보일지 몰라도 오랫동안 경제학 연구는 현실에서의 사람들의 실제 행동과 괴리되어 있었다. 경제학자들은 '사람들은 이렇게 행동해야 해'라고 그들이 생각하는 대로 남들이 움직여주는 평행우주 속에서 연구를 진행했다. 이런 순환논리를 바로잡기 위해 대두된 것이 행동경제학이었다. 행동경제학은 대니얼 카너먼Daniel Kahneman, 에이머스 트버스키Amos Tversky, 댄 애리얼리Dan Ariely, 리처드 탈러 같은 전문가들을 통해 유명세를 탔다. 사람들이 '이론상' 어떻게 행동해야 하느냐가 아니라 '실제로' 어떻게 행동하느냐를 이해하면 수많은 정책 및 비즈니스 영역에서 훨씬 더 많은 가치를 창출할 수 있다.[2]

행동경제학은 터무니없고 이해되지 않는 인간 행동을 연구하는 학문이라고 설명하는 편이 더 적절할지 모른다. 종종 우리 행동이 터무니없게 보이는 이유는 우리가 지금과는 다른 환경 속에서 진화했기 때문이다.[3] 그러나 '비합리적인' 인간 행동의 다수가 실제로는 전혀 터무니없지 않다. 그저 우리가 그 원리를 이해하지 못할 뿐이다. 한 예로 진화심리학의 렌즈를 통해서 보면 귀여운 동물이 광고에 효과적인 것은 전혀 놀랄 일이 아니다. 광고는 일단 눈에 띄어야 한다. 그리고 우리는 당연히 사랑스러운 것들에 관심을 기울이게끔 진화했다. 진화심리학자라면 자녀에게 선

---

1   주류에 반대했던 오스트리아학파의 경제학자들은 현명하게도 그렇게 생각했다.
2   나도 안다. 누가 생각이나 해봤을까?
3   한 예로 우리는 설탕을 좀 지나치게 좋아하는 경향이 있다. 선조들이 살던 환경에는 정제 설탕
     이 없었고, 혈당 상승에 비교적 부담을 주는 식품이라고는 꿀이 전부였다.

물로 줄 수 있는 펭귄 야간조명이 나에게 득이 되는 현금 보상보다 정서적으로 더 큰 보상일지 모른다고 설명할 수도 있다.[4]

종종 터무니없어 보이는 인간의 행동이 실제로는 그저 우리에게 이해가 되지 않는 것일 때가 있다. 그 행동이 터무니없어 보인 이유는 그저 우리가 상대의 동기나 목적, 의도를 잘못 판단했기 때문이다. 또 종종 이해되지 않는 행동들도 있는데 그건 진화가 우리 자신보다 더 똑똑하기 때문이다. 진화는 말하자면 교육을 받지 못했으나 아주 뛰어난 기술자와 같다. 지적으로 부족한 부분은 경험으로 채운다.

한 예로 오랫동안 인간의 맹장은 의미 없는 기관으로 생각되어왔다. 먼 옛날 선조들에게는 유용한 목적이 있었던, 소화관 일부의 흔적이 남은 것으로 생각됐다. 우리가 맹장을 제거한다고 해서 즉각적인 부작용을 겪는 것처럼 보이지는 않는 게 사실이다. 하지만 2007년 노스캐롤라이나주 듀크대학교의 윌리엄 파커William Parker와 랜디 볼린저Randy Bollinger 팀은 실제로 맹장이 소화계에서 세균들의 안식처 역할을 한다는 가설을 세웠다. 소화를 도와주고 질병에 대한 면역력을 제공하는 데 귀중한 역할을 한다는 것이다. 캘리포니아 금광 열풍 시절에 광부들이 발효빵을 만드는 데 필요한 효모를 주머니에 넣어 목에 꼭 걸고 다녔던 것처

---

4 나의 지인인 진화생물학자 니콜라 라이하니Nichola Rihani가 최근 자녀의 자전거용 헬멧을 도난당하는 일이 있었다. 니콜라는 순간 치밀어 오른 분노의 크기에 스스로도 깜짝 놀랐다. 만약 니콜라 본인의 헬멧을 도난당했다면 그렇게까지 극단적으로 화가 치밀지는 않았을 것이기 때문이다.

럼, 신체도 자체적인 주머니가 있어서 무언가 귀중한 것을 보관한다는 얘기였다. 나중에 연구로 밝혀진 내용을 보면 맹장을 제거한 사람은 결장 감염의 일종인 클로스트리듐 디피실리균 결장염clostridium difficile colitis에 걸릴 위험이 4배나 높다.

불과 몇 세대 전만 해도 콜레라가 사망의 큰 원인이었고 콜레라가 재발할 거라고 믿는 사람들도 있다는 점을 고려하면, 더 이상 맹장은 없어도 되는 물건 취급을 받아서는 안 될 것이다. 마치 스페인의 왕실처럼 맹장은 대부분의 기간에는 도무지 존재 이유를 알 수 없고 그저 짜증 나는 기관인 것 같지만, 가끔은 헤아릴 수 없을 만큼 소중한 것으로 보인다.5

함부로 터무니없다고 말하지 마라.

우리가 맹장의 사례에서 배워야 할 교훈은 무언가가 '항상' 소중하지는 않다고 해도 여전히 소중할 수 있다는 점이다. 진화는 그런 단기적이고 기계적인 관점을 취하지 않는다. 우리가 인간의 맹장에서 '매일의' 쓸모를 찾는다면 엉뚱한 것을 찾고 있는 것이다. 어떤 것이 이론적으로 말이 되느냐보다 더 중요한 것은 실제로 효과가 있느냐이다.

사제이자 병원 소속 목사인 내 아내는 좀 다르지만, 많은 성공

---

5 독재자 프랑코Franco 이후에 스페인이 꿋꿋이 민주주의로 평화롭게 이행할 수 있었던 것은 어쩌면 독단적이고 상징적인 국가 원수가 결정적 역할을 한 덕분일지도 모른다.

회 신도들이 그렇듯이 나도 신의 존재를 별로 확신하지 못하는 편이다. 하지만 몇몇 사람들처럼 종교를 터무니없다고 쉽게 폄하하지는 못할 것 같다.

1996년 헤리티지연구소Heritage Institute는 미국인의 공동 생활에서 종교의 위치에 관한 설문조사를 실시하여 다음과 같은 것들을 발견했다.

1. 교회에 다니는 사람은 결혼할 확률이 높고, 이혼을 하거나 혼자 지낼 가능성이 낮으며, 결혼 생활에 높은 만족도를 보일 가능성이 크다.

2. 교회 예배에 참석하는 것은 결혼 생활의 안정과 행복을 예측할 수 있는 가장 중요한 요소다.

3. 규칙적으로 예배를 드리면 가난한 사람이 빈곤을 벗어나는 데 도움이 된다. 예를 들어 젊은 사람이 교회에 규칙적으로 다니면 도심의 빈곤을 탈출하는 데 특히 큰 도움이 된다.

4. 규칙적으로 예배를 드리면 자살, 약물 남용, 혼외 출산, 범죄 및 이혼 등 많은 사회적 문제를 대개 예방할 수 있다.

5. 규칙적으로 예배를 드리면 또한 우울감이 줄어들고, 자존감이 높아지며, 가족과 부부의 행복이 커지는 등 정신 건강에 좋은 효과가 촉진된다.

6. 종교적 신념과 예배는 알코올 중독이나 약물 중독, 혼인 파탄 등으로 인한 피해를 복구하는 데 큰 힘을 주는 회복의 주된 원천이다.[6]

7. 규칙적으로 예배를 드리면 건강에 좋다. 규칙적 예배는 수명을 늘려주고 질병으로부터 회복할 확률을 높이며 수많은 치명적 질병에 걸릴 위험을 줄여준다.

종교가 현대인의 생활과 잘 맞지 않는 것처럼 느껴지는 이유는 망상적인 신념들을 품고 있는 듯하기 때문이다. 하지만 위 내용이 어느 신약의 임상시험 결과였다면 우리는 수돗물에 그 약을 타려고 했을 것이다. 원리를 모른다고 해서 효과가 있다는 사실 자체를 보지 못해서는 안 된다.[7]

비즈니스와 창의성, 예술의 영역에는 이해할 수 없지만 성공했던 사례가 넘쳐난다. 사실 자유시장의 가장 큰 강점은 도무지 왜 인기가 있는지 이해할 수 없는 혁신적인 것들을 만들어낼 수 있다는 점이다. 그 이해할 수 없는 것 중에는 전통적 논리에는 반하지만 (어쩌면 바로 그 점 때문에) 유용하거나 효과가 있는 것들도 많다.

대부분의 훌륭한 광고는 이해할 수 없는 어떤 요소를 포함하고 있다. 그래서 처음에는 바보 같은 광고처럼 보일지 모른다. 그런 광고를 회의적인 고객사에 설득하는 일은 고통스러울 만큼 창피할 수도 있다. 당신이 어느 항공회사의 이사회 구성원인데 에어버스 A350S 모델 13대를 구매할 것인지, 아니면 보잉 787 모델 11대를 구매할 것인지를 놓고 방금 전까지 3시간 동안 토론을 벌

---

6 알코올 중독자 모임은 대놓고 종교적인 원리들을 모형으로 삼았다는 사실을 기억하자.
7 반박해보세요, 도킨스 씨!(《이기적 유전자》를 쓴 리처드 도킨스를 말한다 — 옮긴이)

였다고 치자. 각각 비용은 1억 5,000만 달러 정도가 든다. 미팅이 끝날 때쯤 누가 광고 아이디어를 발표하는데, 비행기는 하나도 보여주지 말고 기내에서 서비스할 오이 샌드위치와 스콘에 초점을 맞추자고 한다. 이해가 안 된다. 하지만 일반인의 90퍼센트는 내가 탄 비행기가 무슨 기종인지, 제트엔진이 어떻게 작동하는지 전혀 알지 못한다. 이들은 어느 항공사가 기내 간식에 얼마나 큰 정성과 관심을 기울이느냐를 보고 해당 항공사가 제공할 서비스나 안전의 상당 부분을 추리한다.[8]

MBA 출신들이 잔뜩 모인 비즈니스 상황에서 이런 것을 제안할 때면 약간 창피하기도 하다. IT나 세금 관련 직종에 종사하는 사람들이 부러워진다. 그 친구들은 미팅에 참석할 때 도표나 스프레드시트에 그려진 합리적인 제안을 내놓을 수 있기 때문이다. 하지만 이렇게 설명 가능성에 집착하면 큰 비용을 치르게 될 수 있다. 여러분 회사의 제품이 잘 팔리지 않는다고 생각해보자. 문제를 해결하기 위해 소집된 이사회 미팅에서 더 내놓기 쉬운 제안은 다음 중 어느 것일까? ① 가격을 내립시다. ② 광고에 오리를 더 많이 출연시킵시다. 당연히 첫 번째일 것이다. 하지만 실제로는 두 번째가 훨씬 더 도움이 될 수도 있다.

---

8   진gin 브랜드인 헨드릭스Hendrick's가 자신들의 술을 레몬이 아니라 오이와 함께 서비스하자고 제안한 것은 이해되지 않더라도 아주 영리한 발상이었다. 영국인인 나는 그게 얼마나 천재적인 생각인지 미처 눈치채지 못했다. 헨드릭스는 이 조치 덕분에 미국에서 세련된 영국산 주류로 자리매김할 수 있었다. 미국인들은 오이 샌드위치가 영국인 특유의 입맛이라고 생각하기 때문이다. 물론 영국인들은 오이가 특별히 영국적인 것이라고는 생각하지 않는다. 오이는 그냥 우리가 샌드위치를 만들 때 넣는 재료일 뿐이다.

이 책은 좀처럼 이해가 안 되는 것들을 옹호하는 책이다. 그런데 거꾸로 말하면 쉽게 이해되는 것들에 대한 우리의 집착을 공격하는 책이기도 하다. 정당화하기 힘든 것들에 어떤 가치나 목적이 있을 수도 있다는 사실을 인정한다면, 자연스레 다른 결론에 이를 것이다. '합리적이면서 틀린' 답도 얼마든지 가능하다는 사실 말이다.

논리적인 아이디어가 종종 실패하는 이유는, 논리에는 보편적으로 적용할 수 있는 법칙이 필요한데 인간은 원자原子와는 달리 충분히 일관되게 행동하지를 않아서 그런 법칙을 아주 넓게 적용할 수가 없기 때문이다. 예를 들어 공리주의자들은 실망하겠지만 우리는 누구를 도와주고 누구와 협력할지 결정할 때 전혀 일관성이 없다. 당신이 금전적으로 어려움에 처해 부자인 친구에게 500만 원을 빌려달라고 부탁한다고 생각해보라. 친구는 당신이 아프리카에 있는 어느 마을만큼 지원이 절실한 상황은 아니라고 찬찬히 설명한다. 그러면서 자신은 그 마을에 500만 원을 기부하겠다고 한다. 이 친구는 완벽히 합리적으로 행동하고 있다. 더 이상 당신 친구는 아니겠지만 말이다.

우리가 어떤 사람에게는 늘 다른 사람들보다 더 큰 의무를 지고 있다는 사실을 받아들이지 못한다면 인간관계는 작동할 수 없다. 공리주의 같은 보편적 아이디어는 논리적이긴 하지만 우리가 진화해온 방식과는 잘 어울리지 않는 것으로 보인다. 공리주의의 아버지 제러미 벤덤Jeremy Bentham이 역사상 가장 이상하고 반사회

적인 사람 중 1명이었다는 사실이 아마 우연은 아닐 것이다.[9]

합리적으로 행동하고 싶은 욕구 때문에 사람들은 물리 법칙과 유사한 정치 법칙이나 경제 법칙을 갖고 싶어 한다. 보편적으로 타당하고 적용 가능한 법칙 말이다. 합리적 의사결정을 내리는 계층에게는 개별 상황의 구체성을 고려하지 않고도 자신 있게 사안에 대한 의견을 표명할 수 있게 해주는 일반화 가능한 법칙이 필요하다.[10] 그러나 현실에서는 사람들이 어떻게 생각하고 어떤 태도로 어떻게 행동할지 알려면 '맥락'이 가장 중요한 경우가 많다. 바로 이 점 때문에 수많은 보편적 모형은 처음부터 잘되려야 잘될 수가 없다.[11] 보편적 법칙을 만들어내기 위해서는 순진한 합리주의자들이 맥락은 중요하지 않은 척해야 하기 때문이다.

9 제러미 벤덤이 자폐증이었다는 주장은 자주 나온 바 있다. 자폐증이라는 진단명을 너무 광범위하게 사용하고 싶지는 않지만, 벤덤이 이성을 사용해야 한다는 부담을 과도하게 느꼈던 것은 아마 사실일 것이다. 언젠가 벤덤은 어린 조카들을 만나지 않겠다고 하면서 이렇게 말했다. "그 애들이 내 마음에 들지 않는다면 만나는 게 즐겁지 않을 테고, 그 애들이 내 마음에 든다면 돌아가는 걸 보는 게 슬프겠지." 완벽하게 이성적이지만, 지독하게 괴상하지 않은가! 칸트도 역시 괴짜였다.

10 평범한 사람들은 복잡한 문제에 관해 의견을 표명할 일이 전혀 없다는 사실에 주목하자. 이민국 직원이 이민자 문제에 관해 인터뷰하는 것을 들어본 적이 있는가? 아니면 거리의 경찰이 범죄에 관해 인터뷰하는 것은? 틀림없이 이들은 경제학자나 사회학자보다 해당 문제에 관해 훨씬 더 많은 것을 알고 있을 텐데도 우리는 실제 경험이 아니라 모형이니, 이론이니 하는 것을 가진 사람들에게 조언을 구한다.

11 예를 들어 부유한 독일인은 가난한 독일인을 도울까? 물론이다. 시리아인을 도울까? 뭐, 별로 내키지는 않겠지만 도울 것이다. 가난한 그리스인은? 절대로 돕지 않을 것이다(그리스 국가부도 위기 사태 때 채권국으로서 큰 손해를 보게 된 독일인들은 그리스인들의 방탕한 생활양식을 비난하곤 했다―옮긴이).

좋은 생각과 정반대인 것도
좋은 생각일 수 있다

인간 행동에 대해 보편적 법칙을 만들어보겠다고 나선 경제이론처럼 야심 찬 시도도 없을 것이다. 그들은 "시장 논리가 적용되지 않는 곳은 없다"고 말한다. 그러나 상황에 따라서 사람들은 소위 논리적이라는 정통 경제학의 신념에 정면으로 위배되는 행동을 저지르는 경우가 너무나 흔하다. 런던의 주택 문제를 예로 들어보자. 논리로 따진다면 런던의 집값이 계속해서 오르는 동안 굳이 도심에 살 필요가 없는 수많은 런던 사람들은 집을 팔아서 이득을 취하고 더 먼 곳의 집을 구매해 시장의 압박을 덜어주어야 맞을 것이다. 하지만 현실은 어떤가? 사람들은 값이 오르는 자산을 깔고 앉아서 속으로는 런던에서 80킬로미터 혹은 300킬로미터 떨어진 곳으로 이사하고 싶으면서도 선뜻 그러질 못한다. 향후에도 런던의 집값이 계속 오를 경우 그 이득을 취하지 못할까

봐 혹은 한번 런던을 떠나고 나면 집값 때문에 다시는 런던으로 돌아오지 못할까봐 두려워서다. 이런 일이 충분히 일어날 수 있는데도, 실은 현실에서 자주 일어나는 것 같은데도, 경제학은 모든 시장이 같은 원리로 움직이는 양 취급한다. 예를 들어 원유 시장에서는 모든 게 경제학적 예측과 딱딱 맞아서, 가격이 오르면 자산을 가진 사람들이 자산을 팔지도 모른다. 하지만 주택 시장과 원유 시장은 전혀 다르다.

당신은 세금이 오르면 노동의 대가가 줄어드니까 일을 덜하는가? 아니면 현재 수준의 살림살이를 유지하기 위해 더 열심히 일하는가? 이런 것은 경우에 따라 다를 것이다. 논리는 보편적 법칙을 찾기를 바라지만, 과학 외의 분야에서는 우리가 기대하는 것만큼 보편적 법칙이 많지가 않다. 게다가 여기에 인간의 심리까지 끼어들기 시작하면 사람들의 행동은 완전히 모순적으로 보일 수도 있다. 예를 들어 제품을 파는 방법에는 두 가지가 있는데 둘 다 강력하지만 완벽하게 서로 모순된다.

'이런 걸 가진 사람은 별로 없어. 그러니 좋은 걸 거야.'

'많은 사람이 벌써 이걸 갖고 있어. 그러니 좋은 걸 거야.'

뛰어난 학자 로버트 치알디니 Robert Cialdini가 《설득의 심리학》에서 잘 보여주었듯이 판매나 행동 변화의 원칙은 모순으로 가득하다.

한편으로 사치품은 지나치게 널리 퍼지면 오히려 망할 것이다. 500만 명이 갖고 있는 명품 가방을 원하는 사람은 없다.[1] 반면에 음식들은 '이미' 인기가 있기 때문에 사람들이 찾는 경우가 많아 보인다. 나는 미소국이 왜 인기인지 늘 의문이었다. 이렇게 한번 상상해보라. 미소국이 세상에 없었는데 어느 날 갑자기 딸이 미소국 한 그릇을 가져와서 이렇게 말하는 것이다.

"아빠, 제가 새로운 국을 발명했어요."

국 속의 이상한 녹색 이파리 같은 것을 제거하고 한 모금 맛을 본 나는 과연 이렇게 말했을까?

"우와, 하인즈Heinz(미국 식품회사―옮긴이)에 전화를 걸어야겠는걸? 여기 히트상품이 있다고 말이야."

그럴 것 같지는 않다. 아마 가능성이 높은 쪽은 이런 대답이었을 것이다.

"흠, 요리는 그냥 취미로만 하자꾸나."

그런데도 매주 수백만 명[2]이 이 특이한 음식을 먹는다. 우리가 미소국을 좋아하는 것은 미소국이 일본에서 인기가 있기 때문이다. 맥락에 따라 희소성이나 보편성이나 둘 다 중요할 수 있다.

일반적으로 물리학에서는 좋은 아이디어와 정반대인 것은 나쁜 아이디어다. 심리학에서는 좋은 아이디어와 정반대인 것이 아주 좋은 아이디어일 수도 있다. 그리고 두 종류 모두 종종 효과가 있다. 한번은 내가 보험상품을 판매하는 두 쪽짜리 안내문을 고쳐달라는 부탁을 받았다. 단락은 계속 추가되어왔고 그 덕분에

---

1   서양에서는 이런데 아시아에서는 좀 다른 것 같기도 하다.
2   이상하지만 나도 그중 한 사람이다.

반응도 조금씩 나아진 듯했다. 판매량도 차츰 늘어난 상태였다. 이 안내문을 과연 어떻게 고쳐야 할까?

나는 텍스트를 일고여덟 줄 이하로 다시 써보는 게 어떻겠냐고 했다. 이유는 무엇이었을까? 해당 상품은 저렴하고 합리적인 상품으로 그걸 판매하는 금융사는 이미 고객과 관계를 맺고 있었다. 그러니 이 간단한 상품은 금세 설명하고 이해할 수 있다는 게 내 주장이었다. 안내문이 짧으면 이 상품에 가입하는 게 당연하지 않느냐는 의미를 전달할 것이다. 어울리지 않게 길어졌던 기존의 안내문은 오히려 혼란을 초래할 위험이 있었다.[3] 보이는 것처럼 그렇게 간단하고 합리적인 상품이라면 저 사람들이 왜 저렇게 열심히 팔려고 기를 쓰는 거지? 우리는 두 단락짜리 안내문을 테스트해보았다. 다행히도 내 생각이 옳았다. 이 제품을 팔 수 있는 방법은 두 가지라는 게 드러났다. 아주 긴 안내문으로 길어서 확신을 주는 방법도 있고, 아주 짧은 안내문으로 짧아서 확신을 주는 방법도 있었다.

소매업체들을 카테고리로 나눴을 때 최근 불안정한 글로벌 경제를 가장 잘 견뎌내고 있는 두 집단은 가격 스펙트럼의 제일 꼭대기에 있는 업체들과 제일 바닥에 있는 업체들이다. 이런 결과에는 부의 불평등이 확대된 탓도 일부 있지만, 누가 제품을 사갔는지 들여다보면 그렇게 간단하지는 않다는 사실을 알 수 있다.

---

3 전문 용어로 '인지 부조화'라고 한다.

한 예로 할인 백화점 TK맥스TK Maxx의 주 고객층은 영국의 인구 구성 비율과 정확히 일치한다.[4] 실제로 우리는 '값비싼 간식'에서 기쁨을 얻는가 하면, '세일' 제품을 발견하고 즐거워하기도 한다. 반면에 중간급 소매업체들은 이런 정서적 자극을 주지 못한다. 어중간한 가격대의 구매로는 도파민이 우르르 몰려오지 않는다.

내가 최근에 이 개념을 다시 떠올린 일이 있었다. 아내와 나는 침구를 사러 갔다. 백화점을 30분 정도 배회한 후에 나는 내가 이 백화점에서 쓸 수 있는 돈이 두 종류밖에 없다고 설명했다. '하나도 안 쓰든가' 아니면 '제대로 지르든가.' 하나도 안 쓰면 안 쓰는 대로 좋았다. 지금 쓰는 침구를 계속 쓰면서 그 돈으로 다른 물건을 살 수 있을 테니 말이다. 제대로 지르는 것도 받아들일 수 있었다. 그 경우 '몇 수' 천이니, 보온성 등급이니, 어느 회사의 구스다운이니 하는 얘기에 흥분할 수 있을 테니 말이다. 하지만 돈을 어중간하게 쓴다면 나는 어느 쪽으로도 정서적 보상도 받을 수 없었다.

뛰어난 공학자이자 연금술사였던 제임스 다이슨이 진공청소기 판매에서 커다란 성공을 거둔 것은 이런 정신적 쏠림현상에서 연유한 것으로 보인다. 진공청소기는 원래 마지못해 사는 물건이었다. 기존 청소기가 고장 났을 때만 사는 물건 말이다. 다이슨은 그런 유형의 거래에 '흥분'이라는 요소를 추가했다. 다이슨이 그의

---

4 갑부들도 세일은 좋아한다. 실제로 유통업체의 자체 브랜드 제품을 더 많이 구매하는 사람들은 가난한 사람이 아니라 부유한 사람들이다.

청소기들을 발명하기 전에는 '끝내주게 멋지게 생긴 아주 비싼 진공청소기'를 내놓으라고 아우성치는 사람은 아무도 없었다. 스타벅스가 생기기 전에는 제발 좀 비싼 커피를 팔아달라고 카페에 사정사정하는 사람이 아무도 없었던 것처럼 말이다.

맥락이 처음이자 끝이다

사람들은 아주 모순적이다. 내가 놓인 상황이나 장소에 따라 우리의 지각이나 판단은 완전히 달라질 수 있다. 그 좋은 예로 큰돈을 날릴 수 있는 확실한 방법이 하나 있다. 처음 가보는 낯선 장소로 휴가를 떠나서 그 지역 술맛에 흠뻑 빠진 다음 그 술을 우리나라로 수입하기로 마음먹으면 된다. 나는 카리브해에 갔다가 바나나 리큐어(과일향이 나는 독주)에 흠뻑 빠져서 판매허가권을 사왔다는 사람 얘기를 들은 적이 있다. 트렁크 가득 바나나 리큐어를 싣고 돌아온 남자는 친구들을 모아놓고 주방에서 리큐어를 한 병 땄다. 나의 영민한 판단력에 다들 놀라겠지 기대하면서. 하지만 남자를 포함해 그 자리에 있던 모든 사람은 구역질이 날 것 같았다. 바나나 리큐어는 카리브해에서 마실 때만 맛있는 술이었다.[1]

세상에 대한 우리의 지각부터가 맥락의 영향을 받는다. 어쩌면 그렇기 때문에 맥락과 무관한, 인간 행동에 대한 보편적 법칙을 끌어내려는 합리적 시도는 대체로 실패할 수밖에 없는 운명이다.[2] 정치도 맥락으로부터 자유롭지 않아 보인다. 예를 들어 표면적으로는 우파에 속하는 사람들도 자신이 사는 지역에서는 사실상 사회주의자 같은 행동을 할 것이다. 런던 펠멜가의 클럽에 가 보면 부유한 우파들로 붐빈다. 하지만 모든 사람들은 똑같은 회비를 낸다. 클럽을 사용하는 방법은 각양각색인데도 말이다. 작가이자 철학자인 나심 니콜라스 탈레브Nassim Nicholas Taleb가 지적하듯이 골드만삭스Goldman Sacks도 내부적으로는 놀랄 만큼 사회주의적이다. 파트너 위치에 있는 사람들은 서로 이익을 나눠 갖기 때문이다. 하지만 골드만삭스의 그 누구도 JP모건 사람들과 이익을 나눠 갖자고 하지는 않는다. 사람들은 어떤 맥락에서는 기꺼이 부를 나눠 갖고 재분배하지만, 다른 맥락에서는 절대로 그렇게 하지 않는다.

이유가 뭘까? 탈레브가 《스킨 인 더 게임》에서 다른 사람의 말을 인용해놓은 부분이 있다. 아마 개인의 정치 성향에 관해 내가

---

1   페르노(프랑스산 리큐어)는 당연히 프랑스에서만 아주 맛있다. 기네스 맥주는 아일랜드에 가면 더 맛있다. 하지만 이것은 아일랜드에서 파는 기네스가 더 훌륭해서가 아니다. 기네스를 마시기에 아일랜드가 더 좋은 배경이 되어주기 때문이다. 로제 와인은 바닷가에서 마실 때가 훨씬 맛있는 듯하다.

2   인간 행동의 보편적 법칙을 찾으려는 어리석은 시도를 이해하려고 애쓰는 동안 나는 인류학자 올리버 스콧 커리Oliver Scott Curry와 나심 니콜라스 탈레브의 최근작 《스킨 인 더 게임》에서 큰 깨달음을 얻었다. 사람들에게 맥락과 관계없는 도덕적 의무를 부과하려 했던 철학자들의 시도는 우리의 천성이 진화한 방향에 맞지 않는 듯하다.

읽은 글 중에서 가장 재미난 구절일 것이다. 화자는[3] 자신이 맥락에 따라 전혀 다른 정치적 성향을 갖고 있다고 설명한다.

"연방정부 차원에서 보면 나는 자유방임주의자야. 주정부 차원에서는 공화당원이고. 우리 동네 수준에서는 민주당원이지. 우리 가족 내에서는 사회주의자야. 우리 집 개한테는 마르크스주의자지. 능력에 따라 일하고 필요에 따라 가져가니까."

정치적 논쟁을 '합리적으로' 풀려고 할 때 우리는 사람들이 누구를 만나든 늘 같은 방식으로 교류한다고 가정한다. 맥락과 관계없이 말이다. 하지만 그렇지 않다. 경제 교류는 맥락의 영향을 크게 받는다. 인간의 행동을 두루두루 다 맞는, 단일한 사이즈의 옷 하나에 모두 다 집어넣으려는 시도는 출발부터가 잘못되었다. 확실성을 좋아하는 우리의 위험한 성향이 그런 시도를 낳는다. 하지만 그런 것은 오직 이론에서만 가능하고, 이론이란 보편성이 그 특징인 만큼 맥락은 고려하지 않는다.

경제학의 아버지(어찌 보면 행동경제학의 아버지이기도 하다[4]) 애덤 스미스는 이미 200년 전에 이런 오류를 알아본 것이 분명하다. 그는 '시스템을 중시하는 사람'에 대해 다음과 같이 경고했다.

(시스템을 중시하는 사람은) 자신이 매우 현명한 줄 알고 자만한다. 또

---

3 지오프 그레이엄Geoff Graham과 빈스 그레이엄Vince Graham 형제 중 1명.

4 《국부론》에 앞서 애덤 스미스는 《도덕감정론》이라는 책을 썼다. 흔히들 이 책을 윤리학 서적으로 설명하지만, 이 책은 행동과학 및 소비자 심리에 관한 멋진 입문서이기도 하다.

한 본인이 이상적이라고 생각하는 관리 계획의 장점에 푹 빠져 그중 한 부분이라도 아주 조금만 엇나가는 것조차 견딜 수 없다. 그는 구석 구석 빠진 곳 없이 계획을 수립하고 그 과정에 큰 그림이라든가 계획 에 반할지 모를 강력한 편견 같은 것은 전혀 고려하지 않는다. (…) 그 는 더 큰 사회의 서로 다른 구성원들을 마치 장기판 위의 말 옮기듯 이 쉽게 배치할 수 있다고 여기는 듯하다. 장기판 위의 말들은 손이 가 하는 힘 말고는 아무런 운동 법칙이 없다는 점은 고려하지 않는다. 그 러나 인간 사회라는 더 큰 장기판 위에서는 모든 말이 자기만의 운동 법칙을 갖고 있고, 그 법칙은 입법 기관이 가하려는 힘과는 전혀 다를 수 있다. 우연히도 두 가지 힘이 같은 방향으로 작용한다면 인간 사회 라는 게임은 수월하고 조화롭게 흘러가 행복하고 성공적인 결말이 될 가능성이 매우 높다. 힘이 반대 방향으로 작용한다면 게임은 끔찍하게 흘러가 사회는 늘 최고 수준의 무질서에 빠져 있을 게 틀림없다.

아이러니한 것은 21세기 초에 '시스템을 중시하는 사람'은 경 제학자일 가능성이 농후하다는 점이다. 그러나 오늘날 우리에게 더 필요한 사람은 우리를 압도하고 있는 사고 체계에 구애되지 않는 사람들이다. 이 책은 바로 그런 사람들을 만들어내려고 한 다. 그리고 그런 사람들에게 더 자유롭게 행동하고 말해도 된다 고 허락해주려고 한다. 나는 이 책이 여러분을 현대 합리주의자 들의 속박으로부터 조금은 벗어날 수 있게 해주기를 바란다. 그 리고 우리가 맥락과 관계없는 보편적 법칙에 대한 합리주의적 집착을 버린다면 수많은 문제가 풀릴 수도 있다는 사실을 깨닫길 바란다. 이런 제약으로부터 자유로워지면 마법 같은 아이디어들을 만들어낼 자유가 생길지도 모른다. 그중 일부는 바보 같은 생각일 수도 있으나 다른 일부는 더할 나위 없이 큰 가치를 가질 것이다.

안타깝게도 여러분의 친구나 동료, 그리고 대부분의 재무팀장이나 은행 담당자는 여기에 나오는 언뜻 이해되지 않는 새로운 아이디어들을 전혀 좋아하지 않을 것이다. 가치가 큰 아이디어들까지도 말이다. 이런 아이디어들이 돈이 많이 들기 때문이 아니다. 사실 이런 아이디어들은 대부분 돈이 아주 적게 든다. 그들이[5] 이런 아이디어를 싫어하는 이유는 자신의 편협한 환원주의적 세계관과 잘 들어맞지 않기 때문이다. 하지만 그 편협한 경제관이 너무나 오랫동안 의사결정을 지배해왔다는 것, 그게 바로 문제의 핵심이다.

우리는 행동경제학과 약간의 진화심리학에서 얻은 몇 가지 교훈을 가지고 이 논리적 세계관이 어디서부터 고장이 났는지 살펴볼 것이다. 여러분의 재무팀장(사랑스러운 사람일 수도 있다)은 어디로 튈지 모른다며 연금술이 들어간 실험을 싫어할 것이다. 그는 평균이 높더라도 결과를 미리 계산하기 힘든 경우보다는, 차라리 확실한 작은 이득을 더 좋아할 것이다.[6]

---

5 희한하게도 재무팀장은 주로 남자이지 않은가?
6 경영 컨설팅 업체들이 그토록 잘 나가는 이유가 달리 무엇이겠는가?

그러나 이렇게 확실성을 좋아하는 인간의 타고난 성향이 비즈니스에서는 더 귀중한 발견을 가로막을 수도 있다. 무엇보다, 대단한 사업 아이디어치고 처음부터 이해가 가는 것은 아무것도 없다. 회의적인 투자자들을 앞에 모아놓고 다음과 같은 아이디어를 제안했다고 한번 상상해보라.

1. "사람들은 진짜 근사한 진공청소기를 원한다고요."(다이슨)

2. "가장 좋은 점은 사람들이 이 모든 걸 무료로 작성한다는 거예요!"(위키피디아)

3. "제가 자신 있게 예측하는데 다음 세기에 가장 오래갈 패션은 굵고 불편한 직물로 만들어서 물도 빠지고 말리는 데 한 세월씩 걸리는 그런 옷이 될 겁니다. 지금까지는 주로 가난한 노동자들이 입었지만 말이에요."(청바지)

4. "사람들은 어쩔 수 없이 서너 가지 중에서 고를 수밖에 없을 거예요."(맥도날드)

5. "정말 좋은 건 이 음료가 소비자들이 스스로 싫어한다고 말하는 바로 그런 맛이 날 거라는 거죠."(레드불)

6. "한번 지켜보세요. 완전히 제정신인 사람들도 집에서 몇백 원이면 만들 수 있는 음료 한 잔에 6,000원씩 내게 될 겁니다."(스타벅스)[7]

---

[7] 사 먹는 생수는 또 어떤개!

제정신인 사람이라면 아무도 이런 계획에 투자하지 않았을 것이다. 일정 규모[8]에 도달한 기업들을 괴롭히는 문제가 하나 있다. 편협하고 관습적인 논리가 리스크를 회피하는 관료나 경영자들의 자연스러운 사고 모드가 된다는 점이다. 이유는 간단하다. 논리적이라는 이유로 해고될 일은 없기 때문이다. 이유가 타당하다면 상상력이 부족했더라도 실패한다고 해서 크게 비난이 몰리는 일은 없다. 상상력이 없다는 것보다는 비논리적이라는 이유가 훨씬 더 해고되기 쉽다.

여기서 정말로 중요한 이슈는 논리를 따를 경우 당신은 언제나 경쟁자들과 똑같은 위치에 가 있을 것이라는 점이다. 오길비에서 나는 심리학 전공자들을 채용해 부서를 하나 만들었다. 행동 변화의 문제를 새로운 렌즈로 살피기 위해서다. 우리가 외는 주문은 이것이다. '상식에 어긋나는 것들을 테스트해보자. 남들은 절대 안 할 테니까.' 이게 왜 필요할까? 간단히 말하면 세상은 2개의 운영체제로 돌아가기 때문이다. 그중에 전통적인 논리로 운영되는 부분이 훨씬 더 작다. 만약 다리를 하나 놓거나 빌딩을 하나 짓는다면 사람들의 인식과는 무관하게 명확한 성공의 정의가 있다. 시속 X킬로미터로 달리고 있는 Y킬로그램의 차량 Z대를 안전하게 지탱할 수 있을 것인가? 성공의 기준은 객관적인 과학적 단위로 완벽하게 정의될 수 있고, 여기에 인간의 주관이 개입할

---

[8]   흔히 시장조사 업체를 고용하기 시작하는 규모.

여지는 없다.[9]

　도로를 건설할 때는 이 말이 맞을 수도 있다. 하지만 도로 위에 선을 그릴 때는 아니다. 선을 그릴 때는 그 환경에서 사람들이 정보 신호에 어떻게 반응할지 더 복잡한 요소들을 고려해야 한다. 예를 들어 자동차가 속도를 늦추길 바란다면 교차로에 접근할 때 도로에 그리는 평행선의 간격을 점점 더 작게 만드는 것이 도움이 될 것이다. 선과 선 사이의 간격이 좁아지면 자동차의 속도가 실제만큼 확 줄지 않는 것처럼 느껴질 것이기 때문이다.

　미국인들은 로터리 설계 실력이 기막히게 훌륭한 편은 아니다. 이유는 간단하다. 경험이 많지 않기 때문이다.[10] 한번은 영국 업체가 플로리다에 있는 어느 로터리에서 도로의 선만 바꿔 그려서 사고율을 95퍼센트나 줄인 적도 있다. 네덜란드의 어느 마을에서는 교통 전문가들이 도로 표시를 몽땅 없애서 교통안전을 개선하기도 했다.[11]

　요약하면 다리를 건설하는 것처럼 논리적인 문제도 있다. 반면에 도로 위에 선을 그릴지, 말지처럼 심리학적인 문제도 있다. 양

9　물론 실제로 주관적 판단에 기초해 다리를 건설한 로베르 마야르Robert Maillart라는 스위스의 천재도 있다. 마야르가 만든 다리들은 모두 '세상에서 가장 아름다운 100대 다리'에 들어간다. 검색해서 직접 판단해보라. 마야르는 엔지니어가 아니었다. 그는 확실히 예술가였다.

10　영국인들은 경험이 많다. 프랑스를 제외하면 그 어느 나라보다 로터리가 많기 때문이다. 실은 로터리를 발명한 것도 영국인들이다. 하지만 독립전쟁보다 150년 정도 후의 일이기 때문에 미국인들이 로터리에 큰 관심을 갖게 만들지는 못했다. 다른 나라는 그보다 관심을 가졌다. 스와힐리어로 로터리는 '키피 레프티keepi lefti'라고 한다. 케냐에 있는 로터리에 주로 '좌측 통행'이라고 적혀 있었기 때문이다.

11　좋은 생각과 정반대인 것도 좋은 생각일 수 있다는 사실을 잊지 말자!

● 미국 플로리다주 클리어워터에 있는 이 로터리는 처음에 한가운데에 거
대한 장식용 분수대가 있는 디자인이었는데 교통 흐름에 도움이 되지 않
았다. 나중에 디자인을 바꾸고 나니 사고율이 크게 떨어졌다.

쪽 문제는 서로 다른 규칙을 써야 해결할 수 있다. '터무니없는
것'과 '이해되지 않는 것'을 구분했던 것처럼 나는 논리적 사고와
심리적 사고도 구분하려고 한다. 논리적 접근법과 심리적 접근법
은 서로 다른 운영체제를 사용하고, 서로 다른 소프트웨어를 필
요로 하며, 우리는 양쪽을 다 이해해야 한다. 심리적 접근법은 틀
린 게 아니라, 논리와는 다른 것들을 다루고 다른 방법으로 작동
하는 것이다.

논리라는 것은 자명하기 때문에 우리는 사회적 여건이나 제도
적 여건이 어떻든 일단 논리를 사용하려고 한다. 논리가 설 자리
가 없는 곳에서조차 말이다. 그 결과 우리는 운영체제에 맞지 않
는 소프트웨어를 사용하고 심리적 접근법은 도외시한다.

4S

우리가 언뜻 비논리적으로 보이는 행동들을 하게끔 진화한 데는 4가지 주된 이유가 있다. 공교롭게도 이 4가지는 모두 알파벳 S로 시작한다.[1] 신호 보내기 Signalling, 무의식 해킹 Subconscious hacking, 최소만족 Satisficing, 정신물리학 Psychophysics이 그것이다. 이들 개념을 이해하지 못한다면 합리적인 사람들은 평생토록 타인의 행동에 어리둥절하고 당혹할 수밖에 없다. 이 원칙들을 이해하고 나면 인간 행동의 괴상한 측면들이 하나둘 납득이 가기 시작할 것이다.

---

1   하나는 P로 시작한다.

GPS를 무시해야 하는 이유

GPS라고 알려진 무선 내비게이션 시스템은 논리의 결정체다. 하지만 심리학적으로는 멍청하기 그지없다. '내가 원하는 것'과 '내가 원한다고 GPS가 생각하는 것'이 늘 일치하지는 않는다. GPS는 내가 주는 과제를 수학적이고 논리적인 방식으로 정의한다. 최대한 빠르게 목적지에 도착하는 것이 그것이다. 다음으로는 거리가 두 번째 변수가 될 수 있다. GPS가 30초를 단축하자고 30킬로미터를 돌아가야 하는 빠른 길을 안내한다면 운전자는 짜증이 나는 것은 물론이고 금전적으로도 손해를 볼 테니 말이다. 그래서 내비게이션에는 이런 것을 방지하는 공식이 적용되어 있지만, 예상되는 평균 속도 및 거리 외에는 그 어떤 변수도 고려하지 않는다.

GPS 내비게이션은 논리적 사고의 승리이자 기적의 장치임에 틀림없다. 1만 6,000킬로미터 이상 지구 상공에 위치하는 미국의 군용 위성들은 각각 100와트 전구 정도의 힘을 가진 신호를 발생시켜서 우리 자동차나 전화기에 있는 장치가 3각 측량을 통해 내 위치를 7미터 오차 범위로[1] 찾아낼 수 있게 해준다. 따라서 우리가 가지고 있는 휴대전화나 GPS는 목적지가 어디든 이전 및 실시간 교통정보를 고려해 가장 빠른 경로를 기절할 만큼 정확하게 계산할 수 있다.

그럼에도 불구하고 나는 아직도 GPS의 조언을 상당히 많이 무시한다. 특히 이전에 내가 가본 길이라거나 나의 심리적 선호가 GPS의 논리적 선호와 다를 때는 말이다. 이것은 GPS가 엄청나게 똑똑한 동시에 독단적이고 주제넘기 때문이다.[2] GPS는 나의 동기에 대한 아주 편협한 데이터와 단순화된 모형을 완벽하게 이해한 다음, 자신 있게 특정 경로를 안내할 것이다. 내가 가지고 있는 다양한 선호나 맥락에 대한 감수성은 전혀 보이지 않는다. GPS 장치는 아는 것은 완벽하게 알고, 그 외의 것은 전혀 모른다.

게다가 내비게이션 애플리케이션들은 죄다 우리가 목적에 최대한 빨리 도달하려는 줄 안다. 하지만 나는 화물이 아니다. 휴일이면 나는 시간이 더 오래 걸리지만 경치가 좋은 경로를 타고 싶을 수도 있다. 퇴근길이라면 교통체증을 피해서 더 느린 경로를

---

1   이 시스템이 얼마나 정교한지, 이들 위성에 탑재된 시계는 하루에 지구 시각보다 38마이크로초 더 느리게 돌아가도록 맞춰져서 일반 상대성 및 특수 상대성 효과를 바로잡게 되어 있다.

2   '정치적 올바름'이 별로 중요하지 않던 시절이었다면 '약간 독일인 같다'고 표현했을 수도 있다.

선호할 수도 있다(인간은 GPS 장치와는 달리, 정체 구간에서 가다 서다 반복하기보다는 천천히라도 계속 움직이는 편을 선호할 것이다). GPS 장치는 또한 '주고받기'의 개념을 모른다. 특히나 예상되는 평균 이동시간과 변수(실제로 해당 경로를 운행했을 때 소요되는 최단 시간과 최장 시간의 차이)를 최소화하는 것 사이의 주고받기에 관해서는 말이다.

예를 들어 공항에 갈 때면 나는 늘 GPS를 자주 무시한다. 왜냐하면 내가 비행기를 타야 할 때 필요한 것은 공항까지 가는 평균 시간이 가장 빠른 경로가 아니라, 이동시간의 편차가 가장 적은 경로이기 때문이다. 즉 '최악의 시나리오'가 가장 나쁘지 않은 경로 말이다. 위성 내비게이션은 늘 고속도로를 추천하지만, 나는 거의 매번 국도를 이용한다. 국도로 가면 보통 외곽순환 고속도로를 타는 것보다 15분 정도 더 많이 걸린다. 하지만 나는 이 부분을 기꺼이 수용한다. 왜냐하면 15분이 더 걸려도 여전히 여유 있게 도착할 것이기 때문이다. 반면에 확률이 크지는 않지만 정체된 외곽순환 고속도로에서 1시간 반 동안 꼼짝 못 하게 되는 것은 심각한 리스크다. 비행기를 놓칠 것이기 때문이다.[3]

GPS는 아는 것만 안다. 참고하기로 한 정보 이외의 해결책은

---

3   고속도로는 최적일 가능성은 높으나 선택권이 적다. 국도에서는 길이 막히면 옆길로 빠져 다른 경로를 시도할 수 있지만 고속도로에서는 갇혀버린다. GPS는 이런 것을 전혀 이해하지 못하지만 인간은 본능적으로 이해한다. 나심 니콜라스 탈레브의 《안티프래질》은 이런 2차적 고려사항들을 이해하기에 좋은 명작이다. 한 예로 1분에 하나씩 2시간 동안 누가 내 머리에 120개의 조약돌을 떨어뜨린다면 짜증이 날 것이다. 하지만 누가 내 머리에 바위 하나를 떨어뜨리면 치명적인 결과가 될 수 있다. 1×120이 늘 120×1과 같은 것은 아니다. 더 자세한 내용은 나중에 다시 다룬다.

전혀 보지 못한다. GPS는 대중교통이라는 게 있는지도 모르기 때문에 아침 8시에 나에게 런던 중심가로 들어가라고 안내한다. 미치지 않고서야 그 시간에 누가 거길 들어갈까? 이와는 대조적으로 마이트랜스포트myTransport 앱은 자동차가 발명되었다는 사실 자체를 모른다. 구글맵스에서는 '대중교통'을 클릭하면 내가 자동차가 없는 줄 알고(정말 캘리포니아 사람들다운 생각이다) 근처 기차역까지 자동차로 15분이면 될 거리를 이리저리 버스를 갈아타고 1시간 15분 동안 가라고 알려준다.

이 책을 이해하려면 인간의 뇌에는 GPS의 논리와 운전자의 더 큰 지혜처럼 논리와 심리라는 이원성二元性이 있다는 사실을 깨달아야 한다. 고려해야 하는 데이터의 수를 제한해서 확실성을 달성할 수 있는 곳에서는 누가 봐도 분명한 '정답'이 있다. 하지만 이 경우의 단점은 맥락이 바뀌면 어이없는 오답을 내놓을 수 있다는 점이다. 반면에 썩 괜찮은 '심리적 판단'이라는 것이 있다. 심리적 판단은 훨씬 더 폭넓은 요소들을 고려하기 때문에 완벽하지는 않을지 몰라도, 바보 같은 결론을 내는 경우는 거의 없다.

이 두 가지 사고 모드를 얼마나 신뢰할 수 있을 것이냐는 맥락에 따라 달라진다. 때로는 GPS를 철저히 따르는 게 최선이다. 하지만 GPS를 완전히 무시하고 더 폭넓은 판단력을 활용해야 할 때도 있다. 다시 한번 말하지만 우리가 매번 GPS를 맹종하지는 않는다고 해서 우리가 틀린 것은 아니다. 그것은 우리의 이동 계획 속에 GPS는 전혀 모르고 있는 중요한 요소들이 있기 때문이다. 수많은 소위 '비합리성'이 바로 이런 식으로 설명될 수 있다.

우리는 전통적 개념의 합리성과 일치하는 행동만 하지는 않는다. 그것은 우리가 멍청해서가 아니라 생각보다 많은 것을 알고 있기 때문이다. 내가 공항까지 국도를 이용하기로 결정한 것은 이동시간의 편차를 계산했기 때문이다. 이것은 본능적인 계산으로, 나는 돌이켜 보았을 때에야 내가 무의식적으로 이런 추론을 했다는 사실을 알 수 있었다.

"가슴은 이성이 전혀 알지 못하는 이유들을 갖고 있다."

파스칼의 말이다.[4]

그런데 일부 경우에는 우리의 의식적인 의사결정과 무의식적인 의사결정이 일치할 때도 있다. 공항에서 집으로 돌아올 때면 시간에 대한 압박감이 전혀 없기 때문에 나는 보통 GPS를 따른다. 하지만 다른 때에는 이성을 뒷좌석으로 물려둔다. 루아르 계곡(프랑스 중서부에 계곡을 따라 아름다운 고성들이 줄지어 있는 명소—옮긴이)을 지난다면 나는 아마 GPS는 꺼두고 괜찮은 가이드북을 참조할 것이다. GPS가 의식이 있었다면 나를 바보 천치라고 생각했겠지만, 나는 몇 킬로미터 밖의 고속도로를 놔두고 한적한 도로를 천천히 달리며 좁다란 다리를 건너고 수많은 고성들 옆을 지나갈 것이다.

사실 GPS는 내가 기름을 채우려고 도로를 벗어나기만 해도 정

---

4   "Le cœur a ses raisons que la raison ne connaît point." '가끔은 GPS를 무시하는 것이 도움이 된다'를 17세기 프랑스어로 말한 것이라고 보면 된다.

신 나간 사람처럼 소리를 지른다.

"유턴을 하세요…, 유턴을 하세요…, 유. 턴. 을. 하세요!"

GPS는 내가 뭘 하려는지 이해의 폭의 매우 좁다. 루아르 계곡을 지난다면 목적지까지 도달하는 속도는 내게 별로 중요치 않을 것이다. 하지만 GPS는 이런 동기를 이해하지 못한다. GPS는 시간, 속도, 거리는 이해하지만, 웅장한 건축물에 대한 기준은 갖고 있지 않다.

GPS가 폭넓은 인간의 동기를 이해하게끔 만들어져 있지 않듯이, 우리의 의식적인 뇌도 우리 행동의 동기가 되는 수많은 본능적 요소들을 눈치채도록 진화하지 않았다. 진화생물학자 로버트 트리버스Robert Trivers가 처음 제안하고 진화심리학자 로버트 커즈번Robert Kurzban이 뒷받침한 근사한 이론이 있다. 이 이론에 따르면 우리는 의사결정의 배후에 있는 이유들을 모두 다 알 수는 없다고 한다. 왜냐하면 진화론적으로 봤을 때 모르는 편이 우리에게 더 이롭기 때문이다. 우리는 스스로를 기만하도록 진화했다. 그래야 남들을 더 잘 속일 수 있기 때문이다. 어떤 말들은 입 밖에 내지 않는 편이 최선이듯이, 어떤 감정들은 생각하지 않는 편이 최선이다.[5] 이 이론에 따르면 우리의 무의식적 동기가 죄다 의식의 영역까지 침범할 경우 우리 행동의 미묘한 단서들이 우리의 진짜

---

[5] 예컨대 "당신이 꼭 좀 나랑 자줬으면 해서 이 꽃들을 사왔어"라든가, "제가 신망 있는 옥스퍼드 대학교에서 예술사를 꼭 좀 공부하고 싶은 이유는 JP모건의 채용 담당자들에게 깊은 인상을 주고 싶기 때문입니다" 같은 것들.

동기를 폭로할 수 있고, 그렇게 되면 우리는 사회생활을 하거나 자손을 생산하는 데 지장이 생길 것이다.

로버트 트리버스는 동물이 자신의 행동에 의식적으로 접근할 수 있을 경우 오히려 적자생존에 불리할 수 있는 기막힌 사례를 들려준다. 토끼는 누가 쫓아오면 그를 떨쳐내려고 지그재그로 도망을 친다. 그런데 그 패턴이 마구잡이식이다. 토끼의 방법은 패턴이 의식적이지 않고 정말로 무작위일 때 더 안전하다. 다음번에 어디로 점프할지 모르는 편이 토끼에게 더 좋다는 얘기다. 만약 토끼가 자신이 다음번에 어디로 뛸지 알고 있다면 자세에서부터 그 단서가 추격자에게 노출될 수 있다. 이 경우 시간이 지나면 사냥개들은 토끼의 자세에서 단서를 예측하는 법을 터득할 테고 이는 치명적 결과를 낳을 것이다. 자신의 동작을 더 잘 의식하는 토끼는 죽어서 사라질 가능성이 크므로 지금 남아 있는 대부분의 토끼는 아마도 자각이 적은 토끼의 후손일 것이다. 마찬가지로 인간 역시 자신의 진짜 동기를 더 잘 숨기는 선조들의 후손일지 모른다. 동기를 남들에게 숨기는 것으로는 충분하지 않다. 정말로 감쪽같이 속이려면 우리 자신에게도 진짜 동기를 숨겨야 한다.

나는 자기기만에 대한 로버트 트리버스의 이론이 옳다고 생각한다. 그렇지 않았다면 나 같은 광고쟁이들은 일하기가 훨씬 더 수월했을 것이다. 사람들에게 그냥 왜 그런 행동을 하는지, 이 물건을 사겠는지 물어보면 사람들은 정직하게 대답할 테니 말이다.

"아뇨. 커피 한 잔에 5,500원을 쓰지는 않을 것 같아요. 하지만 종이컵에 근사한 녹색 로고를 박아서 제가 사무실에 들어설 때 모든 사람에게 그 로고를 볼 수 있다면 어쩌면…, 살 수도 있겠네요."

그러나 현실에서는 아무도 이렇게 말해주지 않는다.

미국 광고업계의 위대한 선구자 중 1명이자 내가 일하는 회사의 설립자이기도 한 고故 데이비드 오길비 David Ogilvy는 언젠가 이런 말을 했다.

"시장조사의 문제점은 사람들이 자신이 느끼는 것에 관해 아무 생각이 없고, 생각하는 대로 얘기하지 않으며, 얘기한 대로 행동하지 않는다는 점이다."[6]

트리버스와 커즈번은 이 난제 뒤에 숨어 있는 진화론적 원리를 이런 식으로 설명했다.

"우리는 처음부터 우리의 진짜 동기에 접근할 수가 없다. 왜냐하면 그걸 아는 게 우리 자신에게 도움이 되지 않기 때문이다."

오길비와 동시대를 살았던 빌 번벅 Bill Bernbach은 다음과 같이 말했다.

"인간의 본성은 100만 년 동안 변하지 않았다. 다가올 100만 년 동안도 바뀌지 않을 것이다. 피상적인 것만 바뀌었을 뿐이다. 요즘은 사람을 바꾸는 것에 관한 이야기가 유행이지만, 커뮤니케

---

6   오길비가 정말로 이런 말을 했는지 증거는 찾지 못했다. 오길비는 시장조사 분야에서 커리어를 시작했고 이 분야를 크게 옹호했다. 그래도 그가 마지못해서라도 위의 말에는 동의했을 거라고 생각한다.

이션 분야의 종사자라면 바뀌지 않는 인간에 대해 관심을 기울여야 한다. 어떤 충동이 인간의 동기가 되고 어떤 본능이 인간의 온갖 행동을 지배하는지 알아야 한다. 비록 언어가 인간의 진짜 동기를 너무나 자주 위장하더라도 말이다."

오래 전에 고객사의 요청으로 온라인 도서 구매에 관한 인터뷰를 진행할 때였다. 어느 청년이 내게 깜짝 놀랄 만큼 솔직한 말을 했다.

"저기요, 솔직히 제가 소설을 그렇게까지 좋아하는 건 아니에요. 하지만 이언 매큐언Ian McEwan을 몇 권 읽으면 훨씬 수준 높은 여자를 꼬실 수 있더라고요."

우리의 속 깊은 곳에 있는 동기에 관해 이 정도까지 솔직한 경우는 드문 일이다.[7]

인간의 자기기만 때문에 광고쟁이들이 힘들어지는 이유는 또 있다. 자기기만이 존재한다고 믿고 싶은 사람은 아무도 없으며 사람들은 겉으로만, 이론적인 수준에서만 그 사실을 인정하는 것처럼 보인다는 점이다.[8] 사람들은 기술이 뛰어나서 혹은 공급망 관리를 잘해서 사업이 성공했다고 믿고 싶지, 무의식적이고 암묵적인 인간의 욕망 덕분에 성공했다고 믿고 싶지는 않다.

어쩌면 그것은 우리가 사회적 종으로서 제대로 살아가기 위해

---

7   그 청년의 자각이 그의 연애에 크게 도움이 되었는지는 분명치 않다. 그 청년은 짝이 없었던 걸로 기억한다. 아마도 그가 만나는 여자들에게는 그의 동기가 너무 뻔해 보였던 게 아닐까?

8   솔직히 이 점은 광고계에서 일하는 사람들도 마찬가지다.

서는 어느 정도의 자기기만이 반드시 필요하기 때문일 것이다.[9] 기만의 여지가 전혀 없는 세상을 한번 상상해보라. 데이트를 하는 사람들이 장래 배우자가 될 수도 있는 사람에게 수입은 얼마이며 커리어 전망이 어떤지 대놓고 물어본다고 생각해보라. 상대의 성격에 대해서는 관심 있는 척조차 하지 않는다면? 대체 그런 세상은 어떤 곳일까?[10]

진화는 객관성을 따지지 않는다. 적합성을 따질 뿐이다.

세상을 왜곡된 방식으로 인식하는 것이 우리에게 도움이 된다면 진화는 우리의 객관성을 제한할 것이다. 트리버스의 말처럼 전통적이고 순진무구한 관점은 우리가 진화를 통해 세상을 정확히 볼 수 있는 감각을 갖게 됐다고 가정한다. 그러나 진화는 정확성이나 객관성에는 조금도 관심이 없다. 진화의 관심사는 오직 적합성뿐이다. 이성적으로는 나도 뱀이 해롭지 않다는 사실을 알고 있다. 하지만 그 망할 놈의 것이 나타나 스르르 기어가는 순간 본능적으로 불안한 마음이 드는 것은 어쩔 수 없다.

'숨은 동기'라는 개념을 사람들이 받아들이게 만드는 것은 쉬운 일이 아니다. 애묘인들은 고양이가 배가 고프면 더 사랑스러

---

9   진화론적으로 따지면 장래 전망에 대해서도 객관적인 것보다는 조금 과하게 낙천적인 편이 오히려 도움이 될지 모른다. 흥미롭게도 심리학에서 보면 과한 자신감이라는 편향이 전혀 없는 사람은 심각한 우울증을 가진 사람들뿐이었다.

10   아마도 뉴욕?

워진다는 사실을 어쩌면 알고 있을지도 모른다. 하지만 그 얭증맞은 것이 고작 먹이를 구하려고 애정을 가장한다고 어디 한번 애묘인들을 설득해보라. 하지만 우리의 무의식적 동기나 감정이 우리가 생각하는 이유들과는 놀랄 만큼 무관할 수도 있다는 사실을 인정할 수 있다면 모두에게 큰 도움이 될 것이다.

오이 샌드위치를 준비하려고 했던 항공사를 기억할 것이다. 우리가 1억 5,000만 달러짜리 비행기나 엔진의 원리에 관해서는 무심한 채 기내식을 보고 해당 항공사에 관해 수많은 것을 추리하듯이, 병원에 대해 불만을 갖는 이유도 로비가 엉망이어서, 잡지가 철 지난 것이어서, 간호사가 시간을 많이 내주지 않아서일 수 있다. 실제로 영국 보건국은 이렇게 '신호'가 되는 것들에 돈을 좀 더 '낭비'한다면 오히려 도움이 될지 모른다. 미국의 보건 부문은 아마도 돈을 훨씬 적게 사용하는 편이 도움이 될 테고 말이다. 로비에 잡지 최신호를 구비해서 병원이 이용자들에게 관심을 기울이고 있다는 사실을 보여주는 것도 괜찮다. 다만 환자에게 헌신적 태도를 보여주겠다는 충동 속에 불필요한 테스트나 위험할 수 있는 수술이 포함된다면 다시 고삐를 죄어야 할 것이다.

연구조사로는 결코 알 수 없는 것들이 있다. 설문조사에 응할 때면 우리는 오직 객관적인 건강 지표에만 관심이 있다고 말할 것이다. 그리고 스스로도 그렇게 믿을 것이다. 하지만 실제로는 지표로 나타나는 결과보다는 부수적인 세부사항들이 우리의 정서 반응, 따라서 우리의 행동에까지 훨씬 큰 영향을 미친다. 다음과 같이 대조적인 발언도 가능하다.

"어제 그 여자가 죽었어. 그런데 병원은 정말 훌륭하더라."

"아냐, 아빠는 괜찮으셔. 망할 놈의 병원 덕분은 아니고. 수술받는 데 4일이나 기다리게 만들더라고."

객관적으로 봤을 때 영국 보건국은 쓰는 예산에 비하면 아주 훌륭한 의료적 성과를 내고 있다. 하지만 안타깝게도 우리는 말려들어가기 시작한 샌드위치를 내놓는 새 항공사만큼이나 보건국의 서비스를 좋아하지 않는다.

> 회사가 정말로 고객에 초점을 맞추려면
> 사람들이 하는 말은 무시해야 한다.
> 대신에 사람들이 느끼는 감정에 집중해야 한다.

사람들의 말을 무시하면 어떻게 더 자유로운 창의력을 발휘할 수 있는지 예를 하나 들어보자. 병원이나 의료 서비스를 평가할 때와 마찬가지로 우리의 감정이 엉뚱한 것을 탓하는 것과 관련된 문제다. 사실 우리는 지금 내 기분이 어떤지는 알지만 '그 이유'를 정확히 설명하지는 못한다. 본능은 감정을 중시하고, 감정은 우리의 행동을 크게 좌우한다. 하지만 감정에는 설명이 붙어 있지 않다. 왜냐하면 이유를 모르는 편이 종종 우리에게 더 좋기 때문이다.

내 감정에 대한 나의 생각은 내가 실제로 그 감정을 느끼는 이유와 거의 관련이 없을 수도 있다. 그래서 답이 너무나 뻔해 보이는 아이 같은 질문을 한번 해보는 게 의외로 도움이 될 때가 많다. 예컨대 "사람들은 왜 식당에 갈까?"라고 물으면 "배가 고프니까"라고 답할 것이다. 하지만 조금만 생각해보면 단순히 배가 고픈 것이라면 다른 곳에서 훨씬 더 경제적으로 식욕을 충족시킬 수 있다. 식당에서 음식은 그저 지엽적인 문제에 지나지 않는다. 식당의 진정한 가치는 사회적 관계와 지위에 있다.[11]

그런데 흥미롭게도 일단 아동기를 벗어나면 우리는 더 이상 아이 같은 질문은 하지 않는다. 연습을 한번 해보자. 아이 같은 질문이지만 아직까지 아무도 묻지 않았던 것을 한번 물어보자.

'사람들은 왜 붐비는 열차에서 서 있는 것을 싫어할까?'[12]

언젠가 철도 회사와 미팅에서 내가 이 질문을 했더니 다들 어쩔 줄 몰라 했다. 서 있는 게 앉아 있는 것보다 못한 것은 당연하지 않나? 뭐, 그럴 수도 있다. 하지만 왜? 서 있는 게 항상 앉아 있는 것보다 못하다면 열차에 늘 서서 가는 사람들은 왜 좌석이 생겨도 그냥 계속 서 있을까? 수많은 이유가 있을 수 있다. 하지만 정말로 신기한 것은 승객들 자신도 이유를 잘 모른다는 점이다. 그럴듯한 정당화 사유를 만들어내도 될 텐데 말이다. 그러나 이 질문을 좀 더 폭넓게 해본다면 아직 아무도 생각하지 못한 흥미

---

11 식당은 대부분 음식이 아니라 술을 팔아서 돈을 번다는 사실이 얘기해주는 바가 있을 것이다.
12 지금 얘기하는 것은 런던의 지하철과 통근열차다. '사람들은 왜 4시간 동안 서서 가는 것을 싫어할까?'라고 묻는다면 아이 같은 질문이 맞다!

로운 열차 디자인이 나올 수도 있다. 아니면 차등 가격제로 문제가 해결될 수도 있고 말이다. 아직 답은 알 수 없다.

자, 그러면 질문을 다시 해보자. 사람들은 왜 열차에서 서 있는 것을 싫어할까? 속은 기분이 들기 때문일까? 앉아서 가려고 비용을 지불했는데 철도회사에서 돈만 받고 좌석은 주지 않아서? 이 경우라면 단거리 구간이나 지하철의 경우 입석 전용칸을 제시해보면 어떨까? 입석 전용칸을 이용하는 사람들은 요금 일부를 돌려받거나 포인트를 받아서 나중에 공짜로 열차를 탈 수 있게 해주는 것이다. 그러면 그들도 만족할까? 해보면 알 것이다.

아니면 서서 가는 게 피곤해서일 수도 있다. 단순히 서서 가야 하는 게 아니라 균형을 잡아야 하니 말이다. 아니면 똑바로 서 있기 위해서는 기둥을 잡아야 하기 때문에 더 이상 휴대전화를 사용하거나 책이나 신문을 보거나 커피를 마실 수 없어서 이동시간이 지루해지기 때문일 수도 있다. 만약 이런 것이 이유라면 엉덩이를 기댈 수 있는 지지대를 설치하는 것이 도움이 될지 모른다.[13] 어쩌면 가방을 놓을 데가 없거나 누가 내 백팩에서 뭘 훔쳐 가지 않을까 끊임없이 걱정되기 때문일 수도 있다.[14] 하지만 어쩌면 이 문제는 상대적 지위와 관련될지도 모른다. 자리에 앉은 사람들은 경치도 볼 수 있고, 자기만의 공간이 생기며, 가방을 놓을 자리도

---

13   실제로 런던의 지하철 객차 끝에는 푹신한 지지대가 있는데 여기 기댄 사람들은 불만스러워 보이는 적이 없다.

14   재미나게도 영국의 한 회사가 얼마 전에 바로 이런 공포를 해결하려고 지퍼가 모두 안쪽으로, 그러니까 등 쪽으로 나 있는 백팩을 출시했다.

있는 반면에 서 있는 사람들은 아무것도 없다. 자신이 왜 이런 곤경에 처했는지 스스로에게 설명해줄 말도 없다. 여기서 흥미로운 질문이 하나 생긴다.

'서 있는 것에 뭔가 혜택이 있다면 어떨까?'

다시 말해 연금술이 뭔가 역할을 할 수 있지 않을까?

통근열차의 객차에 좌석이 가운데를 따라서 죽 놓인다고 한번 상상해보자. 서서 가는 사람들은 양옆으로, 창가에 서고 말이다. 앉아 있는 사람들은 컵홀더는 있을지 몰라도 그 외에는 아무것도 없다. 서 있는 사람들은 창밖을 볼 수 있고 엉덩이를 기댈 수 있는 쿠션과 가방이나 노트북 컴퓨터를 놓을 수 있는 선반, 그리고 USB 충전 콘센트 2개가 있다. 이렇게 되면 서 있는 게 앉아 있는 것보다 확실한 이점이 생길 것이다. 스스로에게나 또는 타인에게나 서 있는 것이 더 이상 타협이 아니라 선택으로 보일 수만 있을 것이다.[15]

이런 것들은 오직 열린 마음으로 바보 같은 질문을 할 때만 나타날 수 있는 대안들이다. 통근열차를 타는 사람은 자신이 서서 가는 걸 싫어한다는 것은 알지만 정작 그 이유는 모른다. 통근자에게 물어보면 그냥 좌석을 더 달라고 요구할 것이다. 하지만 좌석을 더 만들기 위해서는 어마어마한 돈을 들여 열차를 더 많이

---

15 '타협이 아닌 선택A choice, not a compromise'은 한때 오길비에서 포드 피에스타를 위해 만든 슬로건이었다. 맥주 브랜드 스텔라 아르투아의 '비싸서 안심이다reassuringly expensive'처럼 광고 문구는 종종 의도치 않은 유용한 심리학적 통찰을 제공하기도 한다.

운행하는 수밖에 없다. 우리가 기본적인 질문을 해보지 않는 이유는 뇌에서 일단 논리적인 답을 한 번 내놓고 나면 더 이상 더 나은 답을 찾아보지 않기 때문이다. 약간의 연금술이면 더 좋은 답이 발견될 수도 있는데 말이다.

PSYCHO-
LOGIC

이성의 사용과 남용

우리는 생각만큼 합리적이지 않다

진정으로 원하는 것

1950년대와 1980년대 사이 영국과 미국에서는 음식과 관련해 뭔가 잘못되었던 것이 분명하다. 당시 음식은 즐거움이 아니라 편의성에 더 초점이 맞춰졌다. 지금 생각해보면 충격적인 주장이 지만 내가 어릴 때 읽었던 미래 예측들은 각종 영양소를 편리한 알약 형태로 먹는 것이 식사를 대체하게 될 것이라고 했다. 어찌 된 노릇인지 음식의 목적은 필요한 미네랄과 비타민, 단백질, 에 너지를 공급하는 것이고, 식품 산업의 역할은 최대한 효율적으로 이런 것들을 공급하는 것이라고 생각했다.

앞날을 내다보는 일부 사람들이 음식의 역할을 좁게 정의했던 것은 식품 산업이 무엇을 해야 할지 합리적 모형을 만들어내기 위해서였다.[1] 이렇게 규모와 효율에 초점을 맞추다 보니 사람들 은 음식의 진정한 목적이 무엇인지 망각하고 말았다. 물론 음식은 영양의 한 형태지만 음식에는 그 외에도 많은 다른 목적들이 있다. 음식을 알약으로 공급하자고 했던 사람들은 음식을 먹는 것이 즐거운 일이고 사회적으로 꼭 필요한 버팀목이라는 사실을 망각한 것이다.[2] 그런 알약을 생산할 수 있다 하더라도 그런 식의 음식만 먹는 사람들은 아주 끔찍할 거라는 생각을 충분히 해볼 수 있다.

여러모로 프리미엄 푸드가 정서적 가치를 갖는 것은 바로 그 비효율성 때문이다. 힙스터들의 사랑을 받는 시큼한 발효빵은 생산과정이 이게 과연 제정신인가 싶을 만큼 느리고 비효율적이다. 마찬가지로 프랑스 사람들이 지방마다 그토록 다양한 치즈를 가진 것은 터무니없게 느껴지기도 하지만, 바로 그런 다양성과 희소성이 우리의 즐거움이 더해주는 것으로 보인다. 이를 30년 전 미국의 치즈 산업과 비교해보면 대조가 더욱 뚜렷하다. 당시 미국의 치즈 산업은 몇 안 되는 주를 중심으로 기막히게 효율적으로 운영됐다. 1990년대에는 치즈가 딱 두 종류뿐인 것처럼 보였다. 노란색과 오렌지색. 둘 다 썩 훌륭하지는 못했다. 마찬가지로

1 지금에 와서 보니 저런 생각이 우스꽝스럽게 보인다면, 오늘날 실리콘밸리도 저것과 똑같은 일을 빈번히 저지르고 있을지 모른다는 사실을 기억하자. 나중에는 심리학적 참사가 되어버릴 논리적 목적을 좇느라 다양성과 즐거움을 파괴하고 있는지 모른다.
2 영국 정부는 미팅을 할 때 비스킷을 내놓지 않는다. 그렇게 하면 연간 5,000만 파운드인가를 절약할 수 있다고 한다. 하지만 영국 정부는 숨은 비용을 치르고 있다. 손님 접대의 가장 기본적인 원칙을 어김으로써 모든 미팅이 약간은 불편한 색깔을 띠게 되는 비용 말이다. 심지어 나는 비스킷을 좋아하지도 않는데 여전히 화가 난다. 비스킷이 없이 대화를 나누는 것은 협조적 미팅이라기보다는 세르비아 민병대에 취조를 당하는 느낌이다. 내가 정권을 잡는 곳이라면 어디든지 스콘을 필수 준비물로 만들 것이다.

최근 수제맥주 혁명이 있기 전까지 미국의 맥주는 그 종류와 질이 형편없었다.[3] 그러나 미국의 양조 산업이 엄청나게 다양해지고 비효율적으로 바뀌자 미국은 맥주 애호가들이 방문하기에 최악인 나라에서 최고인 나라로 바뀌었다.[4]

그동안 음식은 눈에 띄게 비효율적으로 바뀌었다. 1960년대에 알약을 옹호하던 미래학자들은 자신이 얼마나 틀린 예측을 내놓았는지 알면 깜짝 놀랄 것이다. 사람들은 몇 시간 동안 음식을 준비하고, 먹고, 음식에 관한 TV 프로그램을 본다. 향토색 짙은 재료를 귀하게 여기고, 화학 비료를 쓰지 않고 생산한 프리미엄 푸드에 기꺼이 추가 비용을 지불한다. 식품업계를 논리적으로 생각했을 때는 음식이 소중한 이유를 잊었던 것과 대조적이다.

이것을 하나의 은유법으로 사용해서 나는 우리가 지난 30년간 식품 분야에서 누리고 있는 발전을 다른 분야에서도 보고 싶다. 편협한 논리를 내다버리고 심리적 가치를 제대로 평가했을 때만 우리는 진정으로 무언가를 발전시킬 수 있다. 무의식적 동기가 있다는 사실을 인정하고 나면 생각해볼 수 있는 해결책들이 늘어난다. 그렇게 되면 실용적인 문제들을 해결하기 위한 실험으로 이전에는 시도조차 해보지 않았던 공간에 대해서도 마음을 열 수 있는 자유가 생길 것이다. 그러기 위해서는 ① 사람들이 원한다

---

3   치즈나 맥주나 둘 다 위스콘신주의 책임이지 싶다.
4   최근에는 미국 수제맥주 공장이 독일에 문을 열기도 했다.

고 말하는 것 혹은 ② 사람들은 이걸 원해야 한다고 우리가 생각하는 것이 아니라, 사람들이 '진정으로' 원하는 것[5]을 찾아낼 수 있어야 한다.

---

5   지가지가Zigazig ah! (스파이스 걸스 팬인 사람들만 이해할 수 있는 농담이다.)

망가진 쌍안경

지난 50여 년간 인간의 행동이나 의사결정에 관한 이슈는 대부분 내가 '규제 이슈 쌍안경'이라고 부르는 것을 통해 해결됐다. 이 쌍안경에는 렌즈가 2개 있는데 '시장조사'와 '경제이론'이라는 렌즈가 바로 그것이다. 원래는 이 두 렌즈가 함께 인간의 동기에 관해 완벽한 관점을 제공하는 걸로 되어 있다. 그러나 문제가 하나 있었으니, 쌍안경이 망가졌다는 사실이다. 양쪽 렌즈 모두 심하게 금이 가서 사사건건 우리의 관점을 왜곡하고 있다.

첫 번째 렌즈인 시장조사는 쉽게 말하면 '사람들한테 물어보기'다. 그러나 이 렌즈의 문제점은 데이비드 오길비가 말한 그대로다.

"시장조사의 문제점은 사람들이 자신이 느끼는 것에 관해 아무 생각이 없고, 생각하는 대로 얘기하지 않으며, 얘기한 대로 행동하지 않는다는 점이다."

사람들은 내면을 들여다보며 자신의 동기를 성찰할 방법이 없다. 두 번째 렌즈는 정통 경제이론인데 사람들에게 뭘 하는지 물어보지도 않지만 그들이 뭘 하는지 '관찰'하지도 않는다. 대신에 정통 경제이론은 인간의 동기에 관해 편협하고 과도하게 '합리적인' 관점을 취한다. 그래서 '인간은 이런 것을 시도한다'라고 스스로 믿고 있는 이론적이고, 1차원적인 개념에 집중한다. 다시 말하지만 행동경제학은 정통 경제이론이 인간 행동에 관해 불완전하고 때로는 잘못된 관점을 제공한다는 사실을 보여주었다. 그러나 기업들도, 정책을 만드는 사람들도, 경제학과 시장조사의 실패에 관해서는 충분한 관심을 기울이지 않았다. 대체 왜일까?

일반적으로 누구라도 사업이나 정책상의 의사결정을 내리는 사람은 이 쌍안경으로 보이는 모든 것이 정확한 것처럼 행동하는 편이 안전하다. 함께 일하는 사람들이나 자신을 고용하거나 승진시키거나 해고할 수 있는 사람들이 다들 이 똑같은 쌍안경으로 세상을 보기 때문이다.

"경제이론에 따랐을 뿐이에요"라는 말은 "저는 명령을 따랐을 뿐입니다"의 21세기 버전이다. 내 행동에 대한 책임을 부인하고 비난을 피해 가려는 시도 말이다. 물론 가끔씩은 이 오래된 쌍안경이 잘 작동한다. 사람들이 자신의 동기를 정확하게 기술할 수 있는 경우도 많고, 인간 행동의 많은 부분이 경제이론과 완벽히 일치한다. 짐작하겠지만 논리와 심리는 자주 일치한다.

그러나 여전히 우리에게는 새로운 렌즈들이 필요하다. 이 책의 서두에서 설명했듯이 좀처럼 해결이 안 되는 문제들은 아마도 논리가 통하지 않는 문제이기 때문일 것이다. 또는 오래된 쌍안경이 너무 왜곡된 관점이나 너무 좁은 시야를 제공해 훨씬 더 간단한 창의적 해결책이 보이지 않을 때도 있다. 망가진 쌍안경은, 교통을 개선하는 길은 이동을 더 빠르게 만드는 것이라고 생각한다. 음식을 개선하는 길은 음식을 더 싸게 만드는 것이라고 생각한다. 환경친화적인 행동을 장려하는 길이 사람들을 열정적인 환경주의자로 바꾸는 것이라고 생각한다. 이 모든 아이디어가 맞을 때도 있지만, 늘 그런 것은 아니다.

행동경제학이나 진화심리학 같은 학문들이 제공하는 새로운 쌍안경에도 결함은 있을 것이다. 그러나 적어도 우리에게 더 넓은 시야를 제공할 수는 있다. 모든 진보에는 어림짐작이 필요하고, 시야가 넓어지면 더 폭넓은 짐작을 출발점으로 삼을 수 있다. 다음의 간단한 사례는 새로운 렌즈가 있을 때 어떻게 문제를 더 심리적인 관점에서 바라보고 해결할 수 있는지 보여준다.

오길비체인지Ogilvy Change의 고객 중에 대형 에너지 기업이 있다. 이 기업은 엔지니어들이 중앙난방 보일러를 설치하거나 수리하기 위해 고객과 약속을 잡는다. 약속은 오전 아니면 오후라고만 정해지는데, 더 이상의 정확한 시간을 정하기는 쉽지 않다. 엔지니어가 한 곳을 방문할 때마다 매번 시간이 얼마나 걸릴지 예측하기 어렵기 때문이다. 고객들은 이게 불만이었다. 고객들이 가장 자주 하는 불평은 "온종일 일을 못 나갔어요"였다. '말'만 들어보면 이들 고객은 약속을 1시간 단위로 잡아주면 좋겠다고 했다. 그러나 고객들의 요구를 곧이곧대로 받아들여 그 정도로 정확한 시간 예약을 잡으려 한다면 어마어마한 비용이 드는 것은 물론이고, 엔지니어가 약속을 지키지 못하는 상황이 발생할 때마다 고객들이 실망할 위험이 있었다. 눈치 빠른 사람들은 벌써 알아챘겠지만 1시간 단위로 약속을 잡는다고 해서 '온종일 일을 못 나가는' 문제가 반드시 해결되는 것도 아니다. 예를 들어 약속 시간이 1시에서 2시 사이라면 직장이 집에서 가까운 사람이 아닌 이상 어차피 하루를 빼야 서비스를 받을 수 있다.

우리가 이 기업에 가장 먼저 제안한 것은 고객의 얘기를 귀 기울이되, '곧이곧대로' 듣지 말고 의미를 해석해보라는 것이었다. 고객들이 뭔가 약속 시간 범위가 너무 넓은 것 때문에 짜증을 느낀 것은 분명해 보였다. 하지만 이것은 꼭 시간의 길이 문제라기보다는 엔지니어가 언제 나타날지 모르고 기다려야 하는 불확실성이 문제의 원인일 수 있다. 집에서 네다섯 시간 엔지니어를 기다려본 사람이라면 가택 연금 비슷한 이 상태가 일종의 정신적 고문이라는 사실을 잘 알 것이다. 목욕을 할 수도 없고, 우유를 사러 나갈 수도 없다. 내가 그렇게 하는 순간 엔지니어가 들이닥칠까 두렵기 때문이다. 그러니 반나절을 엔지니어가 혹시 나타나지 않으면 어떻게 하나 걱정하며 피를 말려야 하는 것이다. 그런데 만약 엔지니어가 도착 30분 전에 문자를 주기로 하면 어떨까? 그러면 갑자기 하루 휴일처럼 뭐든 할 수 있는 자유가 생긴다. 오늘 내가 해야 하는 일이라고는 전화기를 지켜보는 것밖에 없다.[1] 우리는 이 방법을 비롯해 몇 가지 해결책을 테스트해보자고 했다. 이 방법이 과연 1시간 단위의 예약 시스템만큼 좋을까? 그렇지는 않을 것이다. 하지만 정서적으로나 기분상으로는 90퍼센트의 개선이 될 수도 있다. 비용은 1퍼센트밖에 들지 않고서 말이다. 만약 오래된 쌍안경이었다면 고객 불만을 곧이곧대로 받아들였을 테니 이런 사실을 도저히 알 수가 없었을 것이다.

뉴욕에 오길비 행동변화센터Ogilvy Center for Behavioral Change를 설립한 내 동료 크리스토퍼 그레이브스Christopher Graves는 이 접근법을 '진짜 이유 물어보기'라고 부른다. 사람들은 자신의 감정 상태에 대해서는 정확하게 설명할 수 있을지 몰라도 그런 감정 상태의 원인이 무엇인지는 스스로에게도 철저히 미스터리인 경우가 많다. 실험이 효과가 있고, 초기 지표가 긍정적이면 우리는 일종의 연금술을 발휘한다. 심리학을 이용해 세상 어디에도 없는 가치를 만들어낸다. 실험은 유일하게 믿을 수 있는 테스트 방법이다. 그래서 우리는 엔지니어의 문자가 고객들의 만족도에 미친 영향을 그런 안내를 전혀 받지 못한 대조군과 비교해서 측정한다.

---

1   행동과학적으로 보았을 때 이런 주장을 뒷받침해주는 증거는 상당히 많다. 예를 들어 기차역에 정확한 출발시간을 실시간으로 알려주는 전광판을 설치한다고 해보자. 그렇게 한다고 해서 여행 시간이 조금이라도 더 짧아지는 것은 아니지만 여객 만족도는 크게 상승한다. 아마도 우리는 불안한 불확실성 속에서 4분 동안 기차를 기다리는 것보다는 8분 후에 기차가 도착한다는 사실을 정확히 알고 8분을 기다리는 편을 선호하는 것을 보인다.

또 다른 방법은 '사고 실험'이라는 것을 수행하는 것이다. 예를 들어 비행기 출발시간 안내 전광판에 아래의 두 가지 메시지 중 어느 것이 더 괴로울까?

① BA 786 - 프랑크푸르트 - 연착
② BA 786 - 프랑크푸르트 - 70분 연착

두 번째 메시지도 좀 괴롭긴 하지만 적어도 상황을 통제할 수는 있다. 사과 전화를 몇 통 돌리고 라운지에 가서 노트북 컴퓨터를 꺼내야 할 수도 있지만 적어도 다시 하루의 계획을 세울 수는 있다. 그러나 첫 번째 메시지는 일종의 정신적 고문이다. 나쁜 소식이 있다는 건 알지만 그에 대처할 수 있는 충분한 정보는 없다. 10분 늦는다는 거야, 90분 늦는다는 거야? '연착'이라는 말이 '취소'의 전조는 아닌지 걱정이 될 수도 있다. 이렇게 통제력을 상실하게 되면 단순히 시간 약속에 늦은 것보다 훨씬 더 강한 짜증의 감정이 몰려온다.[2]

안타깝게도 우리는 이 두 감정을 구분하지 못한다. 우리는 "불충분한 정보가 나를 무력하게 만들어서 불만이야"라고 말하지 않고 "망할 놈의 비행기가 늦어서 화가 나"라고 말한다. 이럴 때

---

2 혐오 자극을 통제할 수 없을 때 생기는 우울감이나 잘못된 설계가 심리에 미치는 부정적 영향 등에 관해 더 자세히 알고 싶다면 돈 노먼Don Norman의 저작 《디자인과 인간 심리》 및 마틴 셀리그만Martin Seligman과 스티븐 마이어Steven Maier의 '학습된 무력감' 실험을 참조.

는 쌍안경의 양쪽 렌즈 모두 해결책을 내놓지 못한다. 항공사 이용객들은 내가 이런 말을 하는 것이 싫겠지만 다음의 내용은 사실이다. 만약에 항공사가 비행 편을 1시간 지연시키는 것과 5,000파운드를 쓰고 제시간에 출발시키는 것 사이에 선택을 내려야 한다면 승객에게 제공할 수 있는 정보의 질을 기준으로 의사결정을 내려야 한다. 또한 심리학적 관점에서 보면, 제공할 수 있는 정보의 질은 고려하지 않고 항공사의 시간 엄수만을 타깃으로 삼는 지표는 엉뚱한 것을 최적화하게끔 조장할 수 있다[3](그리고 어떤 항공편이든 20명 정도의 승객은 출발 시간이 지연된다는 문자메시지를 받고 기뻐할 수도 있다는 사실을 기억하자. 이른바 '탑승시간에 늦은 승객들' 말이다[4]).

이런 것들은 모두 행동과학을 사소한 곳에 이용하는 사례처럼 들릴 수도 있다. 그러나 나중에 보겠지만 작은 문제를 해결할 수 있는 기법은 훨씬 더 큰 문제를 해결할 때도 활용될 수 있다. 예를 들어 보일러 엔지니어와의 시간 약속 문제를 해결했던 방법이 연금 저축 가입자 수를 늘려줄지도 모른다.[5] 내가 행동과학을 연구하는 게 정말로 가치 있다고 생각하는 이유 중 하나는 같은 패턴이 계속 반복되기 때문이다. 별것 아닌 신용카드 가입을 도와

---

3 또한 심리학적으로 보면 지연 시간을 비행시간의 비율로 표시하지 않는 것은 어이없는 일이다. 1시간짜리 비행이 30분 지연되는 것은 9시간짜리 비행이 1시간 지연되는 것보다 훨씬 더 짜증나는 일이다.

4 또는 프랑크푸르트에서 열리는 망할 놈의 미팅을 취소할 핑곗거리가 필요한 사람들.

5 방법은 나중에 설명한다.

주던 해결책이 나중에는 사람들이 건강검진을 받게 만드는 데 활용될 수도 있다.

자세한 내용은 나중에 설명한다.

3

실제로 효과가 있다는 건 알지만
이론상으로도 효과가 있을까
: 존 해리슨, 제멜바이스, 전자담배에 관하여

내가 이 책에서 제안하는 접근법은 실험적인 테스트를 진행해봐도 좋을 만큼 새롭고 흥미로운 아이디어들을 낼 수 있게 도와줄 것이다. 하지만 그 아이디어가 즉시 인기가 있거나 남들을 쉽게 설득할 수 있을 거라고 기대하지는 마라. 편하게 살고 싶다면 당연히 해결책이 나올 거라고 생각하는 전문 분야 이외의 분야에서 끌어온 해결책은 절대로 떠올리지 마라. 몇 년 전에 우리 회사 직원들은 범죄를 줄일 수 있는 특별한 예방책을 만들어냈다. 이들은 우범 지대에 있는 가게들이 밤에 창문에 드리우는 금속 셔터가 실제로는 오히려 범죄율을 '높일지' 모른다는 가설을 세웠다. 왜냐하면 이 셔터들은 암암리에 그곳이 무법천지라는 신호를 주기 때문이다.

뛰어난 모습을 자주 보여주는 내 동료 타라 오스틴Tara Austin은

● 그냥 금속 셔터가 내려져 있을 때 받게 될 인상과 이렇게 그림이 그려져 있을 때의 느낌을 비교해보라.

'디즈니 페이스(눈이 크고 어린아이의 비율로 그려진 사람 얼굴―옮긴이)'에 심리 진정 효과가 있는 것으로 보인다는 연구 결과를 본 적이 있었다. 오스틴은 이 두 가지 아이디어를 결합해서 지역 그래피티 아티스트 집단을 고용해 가게 셔터에 갓난아이와 꼬맹이의 얼굴을 그려 넣는 실험을 했다.

어느 모로 보나, 이 실험은 범죄율을 크게 줄인 것으로 보였다. 게다가 이 해결책은 비용도 매우 적게 들었다. 직접 감시활동을 하는 데 드는 비용에 비하면 분명히 적은 금액이었다. 이후 자치단체 몇 곳에서 이 방법을 활용했지만 받아들이는 곳이 많지는 않았다. 치안 예산을 더 확보하자거나 CCTV를 설치하자고 주장하는 편이 심리학적 접근법을 쓰자고 얘기하는 것보다 훨씬 쉽다.

세상이 현명하다면 뭐가 되었든 효과가 가장 좋은 방법으로 문제를 해결하면 될 것이다. 그러나 문제 해결은 이상하게도 '지위'가 중요한 작업이다. 지위가 높은 사람들이 시도하는 접근법이 있고 지위가 낮은 사람들이 시도하는 접근법이 따로 있다. 심지어 스티브 잡스조차 컴퓨터 천재들이 모여 있는 소프트웨어 업계 특유의 분위기 때문에 업신여김을 받았을 정도다.

"스티브 잡스가 정확히 하는 일이 뭐야? 그 사람은 코딩도 할 줄 모르잖아?"

도도한 어느 직원이 했던 말이다.

하지만 18세기에 비슷한 일을 했던 사람에 비하면 잡스는 그나마 나은 편이었다. 존 해리슨John Harrison은 18세기 중반 독학으로 시계공이 됐다. 어느 날 영국 정부가 영국에서 서인도제도까지 여행한 후 0.5도[1] 이내로 경도를 확인해오는 사람에게 2만 파운드(지금으로 치면 수백만 파운드에 해당한다)의 상금을 걸었다는 소식을 들은 해리슨은 해결책을 찾기로 마음먹었다. 생사가 걸린 일이었다. 1707년에는 영국 해군 함선이 실리제도 인근에서 뱃길을 잘못 들어 선원 수천 명이 죽기도 했다. 제출되는 해결책들을 판정하기 위해 왕은 왕실 천문학자와 해군 장성들, 수학 교수

---

1   적도에서 30해리.

들, 하원의장, 10명의 국회의원으로 구성된 '경도위원회Board of Longitude'를 설치했다.

보다시피 위원회에 시계공은 없었다. 상금은 천체 측정과 고급 수학이 동원된 천문학적 해결책을 염두에 두고 책정된 것이 분명했다. 결국 해리슨은 놀라운 발견들을 줄줄 해내면서 항해용 크로노미터(배의 위치를 찾을 때 쓰는 정밀 시계—옮긴이)의 발명을 이끌었고 이는 항해 혁명으로 이어졌다. 바다에서 정확한 시계를 갖고 다닐 수 있게 된 배들은 마침내 안정성이 떨어지는 다른 방법에 의존하지 않고도 동에서 서로 얼마나 왔는지 계산할 수 있게 됐다.[2]

이 이야기에는 해리슨의 놀라운 기술적 업적 말고도 심리학적으로 흥미로운 측면이 있다. 정부는 해리슨이 크로노미터를 발명할 수 있게 큰돈을 지원하면서도 상을 주지는 않았다. 해리슨이 그의 해결책이 효과가 있다는 사실을 여러 번 증명했는데도 말이다. 해리슨은 말년의 대부분을 자신이 속아서 보상을 제대로 받지 못했다는 사실을 불평하고 당국에 청원을 넣는 데 보냈다. 천문학적 계산법인 '달과의 거리' 기법을 지지했던 네빌 매스컬린Nevil Maskelyne은 해리슨의 수상을 거절했던 악당으로 자주 묘사된다. 또한 매스컬린이 왕실 천문학자이자 수상위원회 위원이 된 것이 해리슨에게 결코 도움이 되지 않은 것도 사실이다. 하지만

---

2   존 해리슨의 이름이 지금 우리에게 널리 알려지게 된 것은 데이바 소벨Dava Sobel의 베스트셀러 《경도 이야기》 덕분이다.

본질은 직업적, 학문적 위계질서에 있다. 교육도 제대로 받지 못하고 평생 시계나 만들던 사람이 내놓은 해결책이 천문학자에게는 인정받을 가치가 있는 업적으로 보이지 않았다.

매스컬린이 정말로 악당이었는지는 잘 모르겠다. 다만 나는 그를 '전형적인 식자층'으로 본다. 이 말을 하는 이유는 중요한 여러 혁신 사례에서 똑같은 패턴을 계속 보게 되기 때문이다. 어느 아이디어의 실용성보다 해당 해결책의 이론적인 우아함이나 해결책을 내놓은 사람의 식자층으로서의 자격이 더 중시된다면 과학은 이상적인 모습이 될 수 없는 것으로 보인다. 어떤 문제에는 자신들이 해결책의 정당한 수호자라고 생각하는 사람들이 있다. 그런데 이들이 속하지 않은 다른 분야의 사람이 해결책을 내놓게 되면 아무리 많은 증거를 모아도 힘겨운 투쟁에 직면할 것이다.

1948년이 될 때까지 라이트Wright 형제의 비행기는 워싱턴의 스미소니언박물관이 아니라 런던에 있는 과학박물관에 전시되었다. 이상하게 보일 것이다. 그러나 이 오하이오 출신의 자전거 가게 주인들이 자신들이 만든 공기보다 무거운 유인 기구를 타고 수년간 노스캐롤라이나주 아우터뱅크스 제도를 날아다니는데도 미국 정부는 이들의 업적을 인정하지 않고 정부 지원 프로그램이 최초 사례라고 우겼다.[3] 1847년 이그나츠 제멜바이스Ignaz Semmelweis가 의사들이 손을 씻으면 산욕열(출산 시에 치명적일 수 있

---

3 이렇게 라이트 형제는 공기보다 무거운 기계가 날 수 있다는 사실뿐만 아니라 속물적 우월의식이 꼭 영국인들만의 것은 아니라는 사실까지 증명했다.

다)을 줄일 수 있다는 결정적 사실을 증명했을 때도 식자들은 그의 주장을 일축했다. 해당 아이디어가 사실이냐, 효과가 있느냐가 아니라 지배적 파벌의 선입견과 일치하느냐가 중요한 경우는 너무나 많다.**4**

나는 늘 천진난만하게도 에드워드 제너 Edward Jenner가 천연두 예방접종을 발견하고 나서 느긋이 앉아 찬사를 즐겼을 거라 생각했다. 그러나 진실은 전혀 그렇지 않았다. 그는 수많은 사람들을 상대로 자신의 아이디어를 방어하는 데 남은 평생을 보냈다. 그를 공격했던 사람들은 우두 접종이라고 하는 이전 방법을 통해 이득을 보고 있었고 더 나은 방법이 있다는 사실을 좀처럼 인정하지 않으려 했다. 만약 이 문제가 역사에만 국한된다고 생각한다면 전자담배가 발명됐을 때 반응이 어땠는지 생각해보라.

기존 과학계가 전자담배에 대해서 회의적이었던 것은 옳다. 우리는 아직도 이 기술의 장기적 결과가 어떻게 될지 확실히 알지 못한다. 그러나 담배를 태울 때 나오는 발암물질 없이 흡연의 기분을 상당 부분 재현해주는 니코틴 운반 기기를 발명한 것은 대단한 아이디어이고 열린 마음으로 고려되어야 한다. 하지만 이 기술이 나타난 그 순간부터 정반대 현상이 대거 나타났다. 수많은 국가가 전자담배를 즉각 금지했고 세계보건기구 WHO와 전 세

---

4 제멜바이스는 해리슨보다도 더 잔인한 대우를 받았다. 그는 정신병원에서 죽었다. 아마도 죽는 그 순간까지 자신의 이론이 옳다고 주장하며 경비들에게 구타를 당했을 것이다. 실제로 그의 이론은 옳았는데 말이다.

계 흡연 반대 단체들은 흡연이 금지된 모든 지역에서 전자담배 사용을 금지해야 한다고 목소리를 높였다. 더욱 이상한 것은 흡연에 관한 제제가 거의 없는 수많은 중동 국가에서도 전자담배가 금지된 사실이다. 마치 이렇게 묻고 있는 듯했다.

"그래, 실제로 효과가 있다는 건 알겠어. 하지만 이론적으로도 효과가 있어?"

매스컬린 치하에서 지배적 모형이 시계가 아니라 천문학이었던 것처럼, 금연에 있어서도 지배적 모형은 편의가 아니라 수치심[5]인 듯했다.

당신이 지난 20년간 공중보건의 조언자로서 수치심을 만들어내는 정책을 추진해왔다면, 그리고 동료들도 모두 당신과 같은 믿음을 갖고 있다면, 다음과 같은 말은 절대로 듣고 싶지 않을 것이다.

"걱정마세요. 중국에 있는 어느 녀석이 기막힌 장치를 만들어낸 덕분에 당신이 한평생 헌신했고 당신에게 사회적 지위를 안겨준 그 문제가 더 이상 문제가 아니게 됐으니까요."

설상가상 전자담배를 발명한 사람은 보건 전문가가 아니라 비즈니스맨이었다. 매스컬린이 해리슨의 해양 크로노미터를 거부했던 때처럼 기득권이 달린 문제였다. 전자담배 반대 캠페인의 지원자금 일부는 대형 제약사에서 나왔다. 금연패치나 금연껌처

5　아니면 '비정상화.'

럼 덜 강력한 금연 치료제에 투자한 이들은 전자담배를 자신들에 대한 위협으로 보았다.[6] 다행히도 일부 국가에서는 일종의 상식이 힘을 얻었다.[7] 그럼에도 공중보건 전문가 대다수가 전자담배 사용을 옹호하는 것은 극도로 꺼렸다. 성공적인 담배 대용품이 나와서 자신들의 기술이 쓸모없어질까 하는 생각이 무의식적으로 영향을 주었을 것이다. 매스컬린도 그렇게 느꼈을지 모른다. "여보게, 자네의 근사한 천문학적 지식이 더 이상 필요가 없어. 이 시계공이 방금 문제를 해결했거든."

의학계에도 이런 문제가 만연하다. 외과의사들은 키홀 수술keyhole sugery(신체의 아주 조금만 절개해서 레이저로 수술하는 방법―옮긴이)을 비롯해 방사선사의 도움을 받아 수행하는 새로 나온 덜 외과적인 치료법들에 위협을 느꼈다. 자신들은 그와 다른 기술을 갈고닦느라 평생을 바쳤기 때문이다. 마찬가지로 우버Uber가 등장했을 때 영국의 기존 택시 운전사들이 어떤 기분을 느꼈을지 상상이 갈 것이다. 언젠가 소설가 업튼 싱클레어Upton Sinclair가 말한 것처럼 "무언가를 이해하지 말아야 월급을 받을 수 있는 사람한테 그걸 이해시키는 것은 어려운 일이다."

전자담배에 반대하는 사람들의 가장 흔한 주장은 전자담배가

---

6   이 현상은 '침례교도와 밀주업자' 연합이라고 알려져 있다. 어느 법률을 완화하겠다는 안이 나왔는데 도덕주의자들과 돈벌레들이 힘을 합쳐 저항하고 있으니 말이다. 미국에서 금주법을 철회하겠다고 하자 밀주업자들은 당연히 금전적인 이유로 심하게 반대했다.

7   영국에서는 공중보건청과 ASH라는 금연 캠페인 집단의 공이 크다. 미국에서는 전직 의무총감이 전자담배를 크게 옹호했다. 나도 약간의 역할을 한 적이 있는데, 영국 정부의 행동경제학 전문가팀Behavioural Insights Team이 전자담배를 금지하려고 들썩이기에 그러지 말라고 설득했다.

담배를 다시 정상처럼 보이게 한다는 것이다. 전자담배를 피우는 모습이 담배와 조금은 비슷하기 때문이다. 솔직히 믿기지가 않는 얘기다. 흡연을 어떻게 생각하든 담배를 피우는 모습이 꽤나 멋있는 것은 사실이다. 영화 〈카사블랑카〉를 담배 대신 전자담배를 피우는 모습으로 다시 만든다면 로맨틱함이 줄어들 것이다. 또 다른 주장은 더욱 믿기지가 않는데 전자담배가 더 심각한 다른 물질 중독으로 가는 길잡이 역할을 할지 모른다는 주장이다. 대부분의 헤로인 중독자들은 대마초로 시작했을지 모른다. 그렇다면 대부분의 대마초 중독자들은 차나 커피로 시작했을 것이다.

몇 년 전에 내가 사무실 밖에서 전자담배를 피우고 있는데 경비원이 나타났다.

"여기서 담배를 피우시면 안 돼요."

경비원이 소리를 질렀다.

"담배 아닌데요."

내가 말했다. 경비원은 상사에게 물어보러 갔다가 몇 분 후 다시 나타났다.

"여기서 전자담배도 피우시면 안 됩니다."

"왜요?"

"흡연하는 것처럼 '보이니까요.'"

"네? 느긋하게 보이는 게 문제라고요?"

"가세요."

나는 시키는 대로 했다.

'흡연하는 것처럼 보인다'는 말은 '다시 정상처럼 보이게 한다' '길잡이 역할을 한다'는 말과 함께 공공장소에서 전자담배를 제한하자는 주장에 자주 등장하는 표현이다. 그런 제한을 뒷받침할 수 있는 새로운 증거가 앞으로 나타날 수도 있지만, 위와 같은 이유들은 설득력이 떨어진다. 아까 경비원의 반응처럼 감정적으로 이미 정해진 일에 거꾸로 논리적 근거를 마련하려는 필사적인 시도처럼 보인다.

심리학자 조너선 하이트Jonathan Haidt가 보여준 것처럼 대부분의 도덕화는 이런 식으로 작동한다. 우리는 본능적으로 반응해놓고는 서둘러 정당화 사유를 찾으러 다닌다. 예를 들어 영국인들은 대부분 개를 먹는 것 심지어 말을 먹는 것도 역겹다고 느낀다. 이유를 물어보면 어떻게든 논거를 만들어낼 것이다. 그러나 그들이 방어하고 있는 것은 실제로는 사회적으로 만들어진 신념에 불과하다. 전자담배를 싫어하는 사람들이 비흡연자가 전자담배에 손을 댔다가 진짜 담배로 옮겨갈 수 있다는 주장을 잽싸게 채용하는 것도 마찬가지다. 길잡이 역할을 한다는 주장은 일견 말이 되는 것 같아도 그것을 뒷받침할 증거는 무시할 만하거나 아예 없는 수준이다. 오히려 사람들은 반대 방향으로 움직이는 것으로 보인다. 흡연자가 전자담배로 갔다가 (많은 경우) 아예 모든 담배를 끊는 식으로 말이다. ASH에 따르면 전자담배를 피우는 사람 중에서 담배를 한 번도 피워보지 않은 사람은 0.1퍼센트에 불과하다. 일주일에 한 번 이상 전자담배를 피우는 청소년은 5퍼센트에 불과하고 거의 전부가 현재 또는 과거에 흡연자였던 경우다. 전자담배가 만약 길잡이라면 들어가는 길이 아니라 나오는 길을 안내하는 것으로 보인다.**8**

가능성 있는 설명 중 하나는 흡연이 중독이라기보다는 습관이라는 것이다. 몇 년간 담배를 피우고 나면 우리는 성분 자체보다 흡연과 연관된 것들, 그 행위, 버릇을 더 갈구한다. 따라서 담배 피우는 것에 중독되지 않은 사람은 전자담배가 당길 리 없다. 헤로인 중독자가 아니었던 사람이 주삿바늘에 그리 동요하지 않는 것처럼 말이다.

몇 년 전 어느 고등법원 판사가 진토닉을 대여섯 잔 마시고 골프클럽에서 집으로 운전을 해서 가다가 음주 측정을 하게 됐다. 측정기는 노란색 불조차 들어오지 않았고 경찰은 그를 보내주었다. 그러자 판사는 차를 돌려 골프클럽으로 다시 갔다. 그리고 바 책임자의 해고를 요구했다. 술에 물을 탔다고 말이다. 부정직한 바 운영자들은 오래전부터 알고 있었다. 제대로 된 진토닉을 한 잔 내놓은 다음에는 토닉 워터에 진을 몇 방울만 떨어뜨려서 팔아도 된다는 사실을 말이다. 손님은 차이를 느끼지 못할 뿐만 아니라 술을 자주 마시는 사람들은 발음이 어눌해지고 균형을 못 잡는 등 술 취한 증상을 고스란히 보일 수도 있다. 알코올을 거의

8　솔직히 나는 수치가 너무 낮아서 놀랐다. 적어도 비흡연자의 5퍼센트는 전자담배를 시도해볼 줄 알았다. 대체 어떻게 된 거야?

섭취하지 않았는데도 말이다.[9] 비슷한 플라시보 효과가 나타난다고 치면 담배 대용품은 흡연 경험이 있는 사람들에게만 효과가 있을 것이다. 그렇다면 전자담배 업계에 좋은 소식은 흔히 전자담배를 반대하는 논리 하나를 물리칠 수 있다는 것이고, 나쁜 소식은 담배를 끊게 만들 전직 흡연자들이 사라지면 전자담배 판매가 줄어들 수도 있다는 점이다.

---

[9]   하지만 이것은 한평생 진짜 진토닉을 마셨던 사람들에게만 효과가 있는 방법이다. 술꾼들의 뇌는 술이 효과를 발휘할 때까지 기다리지 않고, 뇌가 예상하는 수준의 만취 상태로 직행해버린다.

1부 이성의 사용과 남용   111

심리학적 문샷

구글의 모기업 알파벳Alphabet에는 지금은 그냥 '엑스x'라고 부르는 부서가 있다. 처음에는 구글엑스Google X로 설립되었던 이 부서의 목표는 구글이 '문샷moonshot'이라고 부르는 것을 개발하는 것이다. 문샷이란 믿기지 않을 만큼 야심 찬 혁신이다. 점진적 변화를 추구하는 것이 아니라 10배의 변화를 노린다. 예를 들어 엑스는 무인자동차 연구에 자금을 대고 있다. 도로에서 사고 사망률을 최소한 90퍼센트 감소시키겠다는 분명한 목표를 가지고 있다. 엑스의 논리는 인류 문명에서 큰 진보는 온건한 발전의 결과가 아니라 게임의 판도를 바꿔놓은 것들로부터 시작됐다는 주장이다. 말들을 대체한 증기기관, 운하를 대체한 기차, 가스등을 대체한 전기처럼 말이다.

나는 엑스가 성공하기를 바라지만 소속 엔지니어들이 가는 길은 쉬운 길이 아닐 거라 생각한다. 지금 우리는 많은 경우 물리 법칙과 경쟁하고 있다. 스크램제트scramjet나 하이퍼루프hyperloop[1]가 문샷일 수도 있지만, 육로이든 하늘길이든 이동 속도를 그처럼 크게 높이는 것은 매우 어려운 문제이고 예상치 못한 위험이 따를 수 있다.[2] 반면에 나는 '심리적 문샷'은 상대적으로 쉬운 길이라고 생각한다. 기차 여행을 20퍼센트 빠르게 만드는 데는 수억 달러가 소요될 수도 있지만, 기차 여행을 20퍼센트 더 즐겁게 만드는 데는 땡전 한 푼 들지 않을지도 모른다.

앞으로 50년간 가장 큰 진보는 기술 발전이 아니라 심리학이나 디자인 사고의 발전에서 비롯될 수도 있어 보인다. 간단히 말해서 '실제 발전'을 이루는 데 드는 비용의 아주 적은 일부로도 어마어마한 '지각상의 발전'을 쉽게 이룰 수 있다. 논리는 이런 종류의 마법 같은 발전을 배제하는 경향이 있지만, 심리학은 그렇지 않다. 우리는 물리학보다는 심리학에서 틀린 부분이 훨씬 많기 때문에 발전 가능성도 더 크다. 게다가 우리 문화는 사람을 이해할 때조차 측정할 수 있는 것을 중시하기 때문에 심리학적 해답을 알아보거나 찾는 데는 비정상적으로 취약하다.

간단히 예를 들어보자. 우버는 심리학적 문샷이다. 왜냐하면 우버는 택시를 기다리는 시간을 줄여주는 게 아니라 기다리는

---

1   두 가지 모두 일종의 강력한 제트엔진으로, 공기를 모두 제거해서 공기 저항을 없앤 터널을 통해 고속으로 이동하는 방법이다.

2   무인 자동차의 경제적 전망에 너무 들뜨기 전에 이 기술이 예컨대 테러리스트에게는 어떤 의미가 될지 생각해봐야 한다. 무인 자동차란 사실상 바퀴 달린 크루즈미사일이나 마찬가지다.

시간의 실망감을 90퍼센트 줄여주기 때문이다. 이 혁신은 설립자의 번뜩이는(제임스 본드 영화를 보고 있었다고 한다[3]) 통찰에서 나왔다. 우리가 뭐라고 말하든 우리는 기다리는 시간 자체보다 기다림의 불확실성을 더 싫어한다는 통찰이었다. 우버의 발명은 아마도 도로에 있는 택시의 수를 10배 늘린 것에 맞먹을 것이다. 기다리는 시간이 줄어들어서가 아니라 짜증이 10분의 1로 줄었기 때문이다.

그럼에도 불구하고 우리는 심리적 해결책을 찾는 데는 돈과 시간을 거의 투자하지 않는다. 여기에는 사람들이 어떤 일을 왜 하는지 알아보려고 할 때 합리적 설명이 있기만 하면 일단 그걸 정답이라고 생각하는 우리의 성향 탓도 있다. 해리슨의 항해 혁신에 대한 매스컬린의 반응에서 보았듯이 조직의 꼭대기에 있는 사람들은 대체로 합리적 의사결정을 내리는 사람들이고, 이들은 자연히 심리적 해결책을 폄하한다. 그런데 여기에는 또 내 행동을 최대한 고상하게 설명하고 싶은 우리의 충동도 영향을 미친다. 합리적 가면 아래에 무의식적 동기를 숨기고 싶은 것이다.

사람들이 이 맥주가 아니라 저 맥주를 선호하는 데 무의식적인 정서적 동기가 있을지도 모른다고 말하면 사람들은 마지못해 인정할 수도 있다. 하지만 그것은 우리가 맥주를 필수품으로 보지 않기 때문이다. 대부분의 사람은 광고나 라벨 디자인 같은 상대

---

3 〈007 골드핑거〉. 이 영화에서 본드는 오릭 골드핑거의 롤스로이스를 추적해 산속 은신처까지 찾아가는데 이때 애스턴마틴에 설치된 애니메이션 지도를 이용한다.

적으로 하찮은 것들이 우리가 술집에서 마시는 술의 종류에 영향을 줄 수도 있다는 사실을 인정할 것이다. 하지만 그와 유사한 무의식적인 동기가 우리의 병원 이용이나 노후 대비 저축을 결정할 수도 있다고 말하면 사람들은 아연실색할 것이다.

장담하건대 지금 지구상에는 '사람들은 왜 의사와 약속을 잡을까?' '사람들은 왜 대학에 갈까?' '사람들은 왜 은퇴할까?' 같은 질문을 하기보다는 사람들이 왜 펩시보다 코카콜라를 더 좋아하는지 논의하라고 돈을 받는 사람들이 10배는 많다. 앞의 세 질문에 대해서는 이성적이고 자명한 답이 있다고 다들 믿고 있지만 실제로는 그렇지 않다.

5

진짜 이유를 찾아서
: 무의식적 동기를 밝혀라

앞서 말한 것처럼 미팅에서 합리적인 동료들을 화나게 만들고 싶다면 답이 자명해 보이는 어린아이 같은 질문을 던지면 된다. 현명한 사람들은 결코 그런 질문을 하지 않는다는 바로 그 이유 때문에 당신은 그 질문들을 해야만 한다. 사람들이 열차에 서서 가는 것을 왜 싫어하는지 물었던 앞의 사례를 기억할 것이다. 내가 그 질문을 했을 때도 마치 지난 10년간 지구상에서 다 큰 어른이 그런 질문을 한 경우는 없는 듯했다. 물어보기에는 너무나 바보 같은 질문처럼 보였다.

광고 에이전시들이 가치를 갖는 이유는 아마도 다름 아니라 바보 같은 질문을 하고 어리석은 제안을 해도 되는 문화를 만들기 때문일 것이다. 나의 친구이자 멘토인 제러미 불모어 Jeremy Bullmore 가 들려준 이야기가 있다. 1960년대에 광고회사 제이월터톰슨에서 사람들이 전기 드릴을 사는 이유를 놓고 열띤 토론이 있었다고 한다.

"그야 당연히 어딘가 구멍을 뚫어야 하니까, 선반도 올려야 되고 해서, 나가서 드릴을 사와서 할 일을 마치는 거지."

누군가 이치에 닿게 말했다. 하지만 시인 딜런 토머스의 아들이자 카피라이터인 르웰린 토머스Llewelyn Thomas는 전혀 그렇게 생각하지 않았다.

"그거랑 전혀 다른 거 같은데? 가게에서 전기 드릴이 보여. 보자마자 갖고 싶다고 결정을 해. 그래서 그걸 사가지고 집에 와. 그런 다음에 집을 둘러보면서 어디 구멍 뚫을 데 없나 구실을 찾는 거지."

이 대화는 합리적 설명을 믿는 사람과 무의식적 동기를 믿는 사람 사이의 차이를 완벽하게 보여준다. 논리와 심리의 차이 말이다.[1]

창피당할 걱정 없이 어리석게 보이는 질문도 얼마든지 할 수 있는 분위기를 만들지 않고서는 무의식적 동기를 결코 밝혀낼 수가 없다. '사람들은 왜 엔지니어 약속 기다리는 걸 싫어하지?' '사람들은 왜 비행기 출발이 지연되는 것을 안 좋아하지?' '사람들은 왜 열차에서 서서 가는 것을 싫어하지?' 생각할 것도 없어 보이는

---

[1] 나는 대체로 토머스와 같은 생각이다. 나는 DIY 제품을 많이 구매하지는 않지만, 요리에 대한 나의 주 관심사가 음식 준비에 있지는 않다는 사실을 인정한다. 나에게 요리는 주방 도구를 사기 위한 구실이다.

질문들이다. 바로 그렇기 때문에 합리화에 능한 우리의 뇌는 그 럴듯한 대답을 위험하리만치 쉽게 찾아낸다. 그러나 무언가에 합 리적인 답이 있다고 해서 더 흥미롭고 비합리적인 답이 무의식에 서 발견되지 말란 법은 없다.

'왜 사람들은 대부분 여름에 아이스크림을 살까?' 생각할 것도 없는 질문처럼 보인다. '세상에! 더우니까 시원해지려고요!' 그럴 듯한 대답처럼 들린다. 하지만 인간의 행동을 관찰해보면 전혀 다른 이야기가 펼쳐진다. 먼저 기온보다는 햇빛이 아이스크림 판 매를 훨씬 더 잘 예측한다. 게다가 헷갈리는 것은, 유럽에서 1인 당 아이스크림 판매가 가장 많은 3개국이 핀란드, 스웨덴, 노르웨 이라는 사실이다. 우리가 아이스크림 먹는 것을 정당화할 수 있 는 핑곗거리가 필요한 것은 아닌가 물어보는 것도 이 질문을 바 라보는 한 가지 방법이 될 수 있다. 햇빛 많은 날이라고 하기에는 스웨덴은 햇빛 많은 날이 너무 적지 않을까?

마찬가지로 '사람들은 왜 병원에 갈까?'라는 질문도 멍청하게 들리겠지만 알고 보면 그렇지 않다. 사람들이 아파서, 낫고 싶어 서 병원에 가는 걸까? 그럴 때도 있지만 합리적으로 보이는 이 행 동 아래에는 훨씬 더 많은 숨은 동기가 놓여 있다. 아마도 걱정 되니까 안심하고 싶어서? 회사에 자신이 아팠다는 것을 증명해 줄 서류 한 장이 필요한 사람들도 있다. 나를 위해 호들갑을 떨어 줄 사람을 찾아 병원에 가는 사람도 많을지 모른다. 어쩌면 대부 분의 사람들이 원하는 것은 '치료'가 아니라 '안심'일 것이다. 이 차이는 중요하다. 무엇보다 불필요하게 치과에 가는 사람은 많지 않기 때문이다.

불필요한 병원 방문이라는 문제를 해결하고 싶다면 혹은 누가 먼저 의사를 만나야 할지 우선순위를 정하는 시스템을 구축하고 싶다면 사후 합리화와 함께 무의식적 동기라는 요소도 반드시 고려해야 한다. 어떤 문제는 전화 통화로도 해결할 수 있고, 또 어떤 경우는 자연히 회복될 때까지 병원 방문을 미뤄도 되는 경우도 있다. 독감이 유행할 때는 병원 자동응답기에 자세한 증상과 함께 젊은 층이나 덜 취약한 계층은 아플 때 이렇게 하라고 메시지를 남길 수도 있을 것이다. 병이 광범위하게 유행하고 있다는 사실을 알면 사람들은 아픈 것에 대해 덜 불안하고, 따라서 단순히 안심하려고 의사를 찾으려는 생각도 줄어든다. '이런 증상이 아주 많습니다'라고 말해주는 것만으로도 안심이 된다(의사에게서 가장 듣고 싶지 않은 말은 "특별한 경우네요. 제 의사 생활을 통틀어 이런 경우는 처음 봅니다" 같은 말이다).

이상한 점은 병원 방문을 사후 합리화하면, 즉 처음부터 치료가 유일한 목적이었던 척하면 모두가 훨씬 더 행복해진다는 점이다. 사람의 행동을 바꾸고 싶을 때 그 사람의 행동에 대한 합리적 설명을 듣는 것은 오히려 진실을 호도할 수 있다. 그게 '진짜 이유'가 아니기 때문이다. 이 말은 곧 합리적 논거를 통해 사람의 행동을 변화시키려고 하는 것은 효과적이지 않을 수 있다는 뜻이다. 심지어 역효과를 낼 수도 있다. 인간의 행동에는 많은 층이 있고 거기에 이성이 차지하는 역할은 아주 작다. 일반적으로 새로운 행동을 가로막는 무의식적 장애물이 무엇인지 알아내 제거하거나 결심을 할 수 있는 새로운 맥락을 제공하는 것이 훨씬 더 효과적이다.

논리를 사용할 것이냐, 심리를 사용할 것이냐는 우리가 문제를 해결하고 싶으냐, 아니면 그냥 해결하려고 애쓰는 것처럼 보이고 싶으냐에 달려 있다. 간접적으로 세상을 구한다면 영웅처럼 보이지 않을 수도 있다. 북극곰이 얼마나 힘든 상황인지 이야기하는 것이 재활용 쓰레기통 디자인을 바꾸자고 하는 것보다 훨씬 더 가치 있는 일처럼 느껴질 수 있다. 하지만 실제로는 후자가 더 효과적일지 모른다. 사회적 지위가 높은 직업을 가진 사람들이 자신에 대한 착각에 빠지는 이유는 이런 무의식적 동기를 부정하기 때문이다. 스스로를 인간 지식의 한계를 넓히는 의학 연구자라고 생각하고 싶을까, 아니면 걱정에 찬 환자를 진정시키는 약을 나눠주는 현대판 점쟁이라고 생각하고 싶을까? 지금의 의사들은 두 가지 모두에 해당하지만 아마도 후자의 역할을 하고 있는 경우가 더 많을 것이다. 아무도(환자도, 의사도) 이 사실을 믿고 싶어 하지 않지만, 가끔은 이 사실을 인정하지 않는 이상 의료 서비스에 대한 이해를 높이고 서비스의 질을 개선하기는 어려울 것이다.

6

양치를 하는 진짜 이유

'공식적인' 의료 목적과 심오한 심리학적 설명을 둘 다 가진 인간 행동이 있다. 이 사례를 보면 논리적이고 합리적인 설명이 어떻게 무의식적이고 진화론적인 설명을 묻어버리는지 더 잘 알 수 있을 것이다. 또 한 번 어린아이 같은 질문을 해보자.

'사람들은 왜 양치를 할까?'

당연히 치아 건강을 유지하고 충치나 발치 등을 예방하기 위해서다. 달리 무슨 답이 있을 수 있을까? 그러나 실제로 어른들의 행동을 들여다보면, 치약을 고르고, 구매하고, 사용할 때 이런 논리적 설명과는 완전히 배치되는 소비 패턴을 볼 수 있다. 충치 최소화가 우리의 진짜 관심사라면 식사를 할 때마다 양치를 할 것이다. 하지만 실제로 그렇게 하는 사람은 거의 없다. 실제로 사람들이 양치를 할 가능성이 가장 높은 것은 이에 뭐가 끼거나 입냄새가 나는 것과 같은 부정적인 사회적 결과가 두려울 때다.

당신은 언제 양치를 할 가능성이 더 큰가? 솔직히 답해보라. 아이스크림을 먹은 후인가 아니면 데이트를 하러 나가기 전인가?[1] 어쩌면 당신은 회사에서 프레젠테이션을 해야 하거나 근사한 저녁 약속을 앞두고 강박적으로 양치를 할지도 모른다. 저녁에 집에서 초콜릿을 먹고 난 다음에 양치를 할 가능성은 그리 높지 않다. 못 믿겠다면 이렇게 자문해보라.

'대부분의 치약은 왜 민트향이 날까?'

최근 임상시험에 따르면 치실을 사용했을 때 치아 건강에 도움이 되는 면은 전혀 없다고 한다. 치실 제조 회사가 알면 겁에 질릴 만한 연구 결과이지만, 실은 그럴 필요가 전혀 없다. 자신 있게 얘기하지만, 이 결과는 사람들의 치실 사용에 거의 아무런 영향도 미치지 못할 것이다. 애초에 건강 목적으로 치실을 쓰고 있는 게 아니기 때문이다.[2]

양치보다 더 이상한 행동은 우리가 줄무늬 치약을 좋아하는 것이다. '스트라이프Stripe'라는 제품명으로 줄무늬 치약이 처음 나왔을 때 대체 이걸 어떻게 만들었냐는 엄청난 논쟁이 일었다. 빈 치약통을 잘라본 사람도 많았고, 튜브 전체를 얼려서 횡단면을 잘

---

1   혹은 기혼자라면 중년에 흔한 경우는 아니지만 오늘 배우자와 뭔가 느낌이 좋을 때?
2   나는 사람들이 치실을 사용하는 이유가 우리가 면봉으로 귀를 닦는 것을 아주 좋아하는 것과 같은 이유일 거라고 생각한다. 그냥 기분이 너무너무 좋다. 나는 또 알코올이 들어간 손 세정제도 열심히 사용하는데 100퍼센트 솔직하게 말한다면 감염을 막기 위해서라기보다는 그 알코올성 젤이 손에서 날아갈 때의 느낌이 너무 좋기 때문이다.

라본 사람들도 있었다.[3] 이상한 것은 '왜냐고' 물어본 사람은 아무도 없었다는 점이다. 무엇보다 치약은 입으로 들어가는 순간 모든 성분이 서로 섞이게 되어 있는데 튜브 안에서는 분리해놓을 이유가 무엇인가? 두 가지 설명이 있다. ① 그냥 어린아이 같은 신기함. ② 심리학.

심리학적으로 이 줄무늬는 하나의 신호 역할을 했다. 3가지 서로 다른 성분이 포함된 게 눈으로 보인다면 이 치약이 한 가지 이상의 기능을 수행한다는 주장이 좀 더 설득력을 가질 수 있었다. 일반적으로 제품에 시각적으로 추가적인 노력을 기울이면 사람들은 좋은 인상을 받는다. "이 세제는 지난번 우리 세제보다 더 훌륭합니다"라고 말해봐야 공허한 외침에 불과하다. 반면에 가루 세제를 젤이나 태블릿 혹은 어떤 다른 형태로 바꾸면, 그런 변화를 만들기 위해서 비용과 노력을 들였다는 사실 때문에 구매자들은 새로운 제품에 뭔가 진짜 혁신적인 것이 들어 있지 않을까 하고 더 믿게 된다.

치약이 특히 흥미로운 사례인 이유는 무의식적인 동기가 합리적 설명과 우연히 일치할 경우 우리는 그 행동을 이끌어낸 것이 합리적 동기라고 생각하기 때문이다.

집에 왔는데 바닥에 부엌 바닥에 개똥이 있다고 한번 상상해보라. 역겨운 기분이 들어서 즉시 치우려고 할 것이다. 개똥을 치운

---

3 실은 줄무늬 치약을 생산하는 방법에는 두 가지가 있다. 하지만 이 책이 층류層流에 관한 책은 아니니까 더 자세히 들어가지는 않겠다.

당신은 물과 세제를 가져와 바닥을 닦을 것이다. 왜 그런 행동을 하느냐고 물어보면 당신은 "당연히 비위생적이니까요. 세균 덩어리잖아요"라고 답할 것이다. 하지만 빅토리아 시대에 살았던 사람도 당신과 똑같이 느끼고 똑같은 식으로 청소를 했을 것이다. 세균에 대해서는 하나도 모르면서 말이다. 빅토리아 시대 사람들은 엄밀히 말하면 똥을 싫어하는 것이 비합리적인 행동이었다. '순전히 감정적'인 것이었으니 말이다. 지금 누가 길에 똥을 뿌리고 다닌다면 우리는 그 사람을 공중보건을 위협하는 사람이라고 말할 것이다. 하지만 19세기였다면 사람들은 그를 '사악하다'고 했을 테고, 15세기였다면 말뚝에 박아서 화형시켰을 수도 있다. 그러니 똥을 싫어하는 것은 원래가 건전한 이성에 기반한 것이 아니라 건전한 본능에 기초한 것이다. 왜 그런 본능이 생겼는지는 아직 밝혀지지 않았고 말이다.

7

이유는 잘못되었지만 옳은 행동

1870년대에 세균학이 등장하기 전까지 50만 년 동안 진화가 우리에게 제공해준 것은 합리적 문제에 대한 정서적 해결책이었다. 똥에 대해 강한 혐오 성향을 가지고 있으면 살아남아 자손을 생산할 확률이 더 컸고, 그래서 우리는 대부분 똥을 싫어했던 선조들의 후손이다. 흥미로운 것은 우리가 그 이유를 알기 수천 년 '전에' 이미 그런 행동을 채택했다는 점이다.

진화가 이런 식으로 작동한 데는 충분한 이유가 있다. 이성을 가르쳐야 하는 반면, 본능은 물려줄 수가 있다. 중요한 것은 행동이지, 이유가 아니다. 나심 니콜라스 탈레브는 이렇게 말했다.

"합리적, 비합리적 신념 따위는 없다. 합리적, 비합리적 행동이 있을 뿐이다."

진화가 어떤 행동을 장려하거나 막을 수 있는 최선의 방법은 거기에 감정을 붙이는 것이다. 종종 적절하지 않은 감정도 있다. 예를 들어 영국인들은 거미를 두려워할 이유가 전혀 없다. 왜냐하면 영국에는 독거미가 없기 때문이다. 그러나 여전히 혹시 모를 일이다. 굳이 위험을 무릅쓸 이유가 무엇인가? 동물원에서 일하는 몇몇 특수직을 제외하고는 거미를 두려워하지 않는다고 해서 도움이 될 것은 별로 없다. 그러니 치약의 경우와 마찬가지로 합리적으로 도움이 되는 결과를 위해 꼭 합리적 동기가 필요한 것은 아니다. 우리가 허황된 이유로 양치를 한다고 하더라도 양치를 하는 것은 여전히 치아 건강에 좋다. 진화에 관한 한, 어떤 행동이 도움이 되기만 한다면 우리는 거기에 어떤 이유를 가져다 붙여도 무방하다.

이유가 있어야 합리적인 것은 아니다.

역사책을 보면 구체적인 이유보다는 영적인 이유로 시작된, 공중보건이나 사회에 도움이 되는 사례들이 많다.[1] 이슬람도 그렇고, 유대교도 그렇고, 엄격한 식생활 규칙은 그 좋은 예다. 나아가 식생활 규칙은 사람들이 다 함께 식사를 하게 만들어 사회적 결속을 다지는 역할도 한다.

---

1   키스 디어Keith Dear 공군 중령이 사례 2개를 알려주었다. 유령을 무서워하는 것과 이런 성향
     이 우연히 공중보건에 이바지한 내용은 헬가 노보트니Helga Nowotny의 《불확실성의 교활함The
     Cunning of Uncertainty》을 참조.

게다가 돼지고기를 금지하는 규칙은 미신적으로 보일 수도 있지만, 인류학자 리처드 레딩Richard Redding의 설명에 따르면 돼지보다는 닭을 기르는 게 여러 중요한 이점이 있다고 한다.

"첫째, 닭은 돼지보다 더 효율적인 단백질 공급원이다. 닭고기 1킬로그램을 생산하려면 3,500리터의 물이 필요한 반면, 돼지고기는 6,000리터의 물이 필요하다. 둘째, 닭은 중요한 부산물인 알을 낳는 반면, 돼지고기는 그렇지 못하다. 셋째, 닭은 훨씬 작아서 24시간 내에 소비될 수 있기 때문에 더운 기후에 많은 양의 고기를 보관해야 하는 문제를 없애준다. 마지막으로 닭은 유목민도 기를 수 있다. 닭도, 돼지도 소처럼 몰고 다닐 수 없는 점은 마찬가지이지만, 닭은 크기가 작아서 다른 것에 실어서 옮길 수 있다."

여기에 감염 위험도 추가할 수 있다. 유대교에서 돼지고기를 금지하는 것은 '호크chok'라고 하는 아무 이유 없는 규칙이지만, 돼지는 질병을 퍼뜨릴 수 있고 돼지를 사육하면 인간에게도 병이 옮을 수 있다.

마찬가지로 이슬람교에서는 '사후세계에서 고인의 고통을 덜어주고 그들을 알라에게 돌려보내기 위해' 사람이 죽으면 시신을 최대한 빨리 매장해야 한다. 그 결과 1915년 갈리폴리 전투 때[2] 이슬람교도들은 무슨 수를 써서든 시신을 묻었다. 반면에 연합군의 시신은 며칠씩 전장에 놓여 있다가 수습되었다. 그 결과 연합

2   이전의 많은 전투에서도 틀림없이 그랬을 것이다.

군에서는 질병으로 인해 사상자가 늘어났고, 적들은 상대적으로 병에 덜 걸렸다. 과학적으로 아직 입증되지 않은 매장 규칙에 관한 신념이 합리적 행동으로 이어져 생명을 구한 경우였다.

마찬가지로 동네 밖에 죽은 이들을 매장하기 위한 공간을 따로 만드는 게 왜 좋은 생각이냐고 묻는다면 지금의 해설가들은 감염 위험이나 수원 오염을 지적할지 모른다. 그러나 위에서 언급했듯이 우리가 세균에 관해 알게 된 것은 겨우 100년 남짓밖에 안 된다. 그렇다면 여러 마을은 왜 그보다 한참 전부터 묘지를 주거지에서 떨어진 곳에 만들었을까? 이것 역시 영적인 믿음에 새겨진 본능적 행동이었다. 중세 때 유럽인들은 성안에 있던 묘지를 성밖으로 옮겼다. 죽은 자들의 몸에 깃든 영혼이 혹시나 산 자들을 괴롭히러 올까 봐 두려워서였다. 이런 '유령'에 대한 공포가 위생 개선과 질병 예방이라는 우연한 결과를 낳았다.

> 합리적 행동을 장려하려고 할 때
> 합리적 논거에 국한되지 마라.

이성도 그렇고, 사람들이 자기 행동의 이유를 알 거라는 순진한 가정은 우리가 치약을 사용하는 이유에 대해 아주 잘못된 설명을 내놓는다. 사람들에게 양치를 왜 하냐고 물으면 치아 건강에 관한 얘기를 늘어놓거나 치과에 가지 않기 위해서라고 답할 것이다. 상쾌한 입냄새나 사회생활의 자신감 같은 것은 언급하지 않을 것이다. 그래서 합리적인 사람은 사람들의 동기가 자신을 위해 건강한 행동을 하려는 것이라고 말할 것이다. 그러나 실제로 우리가 양치라는 건강한 행동을 하는 이유는 대부분 건강과는 큰 관련이 없다. 내 생각은? 사람들이 양치를 왜 하는지 뭐가 중요한가? 양치를 하기만 하면 된다. 사람들이 재활용을 왜 하는지 뭐가 중요한가? 재활용을 하기만 하면 된다. 사람들이 왜 음주운전을 하지 않는지가 중요할까? 음주운전을 안 하기만 하면 된다.

합리적 행동을 장려할 방법을 합리적 논거에만 국한한다면 무기고에 있는 도구 중에서 극히 일부밖에 사용하지는 않는 것이 된다. 논리는 이유와 행동 사이에 직접적 연관을 요구하지만, 심리는 그렇지 않다. 이게 중요한 이유는 우리가 사람들에게 친환경적인 행동을 바란다면 이성이나 의무에 호소하는 것 말고 다른 방법도 있다는 뜻이기 때문이다. 마찬가지로 음주운전을 막고 싶다면 합리적 논거에만 의존할 필요는 없다. 그런 접근법이 효과가 없다면(효과가 없는 경우가 많다) 전혀 다른 방법이지만 감정을 이용해 똑같은 효과를 거둘 수 있다. 1920년대에 광고업계가 그랬던 것처럼 말이다.

믿거나 말거나, '늘 들러리만 서고 신부는 못 되었어요'라는 문구는 구강청결제 광고에서 시작됐다. 위생제품이긴 한데 건강 목적이 아니라 사회적, 성적으로 거부당하지 않기 위해 팔린 제품이었다.

"에드나 이모는 정말 불쌍한 경우죠. 그래서 입냄새가 잔인한 거예요."

마찬가지로 1930년대 라이프부이 Lifebuoy 비누 광고의 제목은 '파티가 끝나고 울었어요'였다. 역시나 생리학적 이점보다는 연애 상의 이점을 강조한 제품이다. 콜게이트 Colgate가 약속한 '자신감 의 고리 ring of confidence'는 여러 가지 뜻으로 해석할 수 있다는 점에 서 천재적이었다. 자녀를 치과에 데려갈 때 자신감을 느낄 거라 고 말하는 것 같기도 하고 미팅이나 사회생활에서 갖게 될 기분 상의 자신감을 말하는 것 같기도 했다.

소비자의 행동 그리고 그것을 조작하려는 광고자의 시도는 거 대한 사회적 실험으로도 볼 수 있다. 사람들이 무엇을 원하는지, 무엇이 사람들의 동기인지 진실을 드러낼 수 있는 막강한 힘을 가진 실험 말이다. 사람들이 자기 돈으로 무엇을 하는가('폭로된 성향')는 일반적으로 사람들이 '나는 이것을 원한다, 이게 필요하 다'고 말하는 내용보다 그들이 진정으로 원하는 것을 더 잘 알려 준다.[3]

다윈이 150년 정도를 기다릴 수 있었다면 그렇게 힘들게 멀미 까지 해가면서 우리 영장류의 혈통을 밝히지 않아도 됐을 것이 다. 그냥 다운 하우스 Down House(다윈이 죽을 때까지 살았던 집—옮긴이) 를 나와서 켄트주 오트포드 그의 동네에 있는 세인즈버리 슈퍼마 켓을 방문하면 됐을 것이다. 그러면 거기 있는 포스 POS 데이터가

---

3 소비자가 무엇을 원하는지 진실을 말하게 만들 수 있는 유일한 수단이 가격이라는 점에서도 어 찌 보면 우리는 시장이 필요하다.

선반에 있는 3만 가지가 넘는 물건 중에서 사람들이 가장 자주 사는 물건은 영국의 다른 모든 식료품점과 마찬가지로…, 바나나라는 걸 알려줬을 것이다.

8

질문 방식이 대답을 바꾼다

몇 년 전에 화재 위험성이 있는 미국 가정에 연기 감지기를 설치하는 프로그램의 책임자가 내게 연락을 해왔다. 문제가 하나 있다고 했다. 사람들이 공짜 연기 감지기는 좋아하는데 하나 이상을 설치하는 것은 망설인다고 했다. 예를 들어 현관 입구에 연기 감지기를 설치하는 것은 수락하면서 자녀 방에 감지기를 설치하는 것은 거절하는 식이었다. 나는 장기적으로는 이 문제가 설계를 통해 해결되리라 생각한다. 연기 감지기를 전구나 조명 장치와 일체식으로 만든다든지 하는 식으로 말이다. 그러나 내가 즉시 제안해주었던 것은 식당 웨이터들이 사용하는 방법을 빌려와서 서너 개의 연기 감지기를 수락하게 만드는 방법이었다.

고급 레스토랑의 이윤에 크게 기여하는 요소 중 하나는 생수가 두 가지 유형이라는 점이다. 그 덕분에 웨이터들은 "일반 생수로 하시겠습니까, 스파클링으로 하시겠습니까?"라고 물을 수 있기 때문에 사람들은 "생수 말고 그냥 물 주세요"라고 말하기가 어려워진다. 나는 아파트에 연기 감지기 5개를 가지고 가라고 했다. 소방관이 감지기 5개를 몽땅 들고 나타나서 이렇게 말하는 것이다.

"여기는 3개면 될 것 같은데…, 몇 개를 설치해드릴까요? 3개? 4개?"

우리는 고도의 사회적 동물이어서 '일반 생수냐, 스파클링이냐?'라는 질문에 '그냥 물'이라고 답하기가 몹시 어려운 것과 마찬가지로, '3개냐, 4개냐?'는 질문에 '1개'라고 답하기가 쉽지 않다. 나심 니콜라스 탈레브의 말처럼 "질문 속의 어휘 선택이 곧 정보가 된다."

9

관점의 변화는 IQ 80만큼의 가치가 있다

컴퓨터 그래픽 분야의 선구자 중 1명인 앨런 케이Alan Kay의 말이다. 아마도 10단어 이하로 창의력을 가장 잘 옹호한 말일 것이다. 나는 또 이 말을 거꾸로 해도 사실일 거라고 생각한다.

"관점을 바꾸지 못하는 것은 지능을 상실하는 것과 같다."[1]

내가 펜실베이니아주 월링포드 교외의 어느 거리를 걷고 있을 때였다. 미국의 교외에는 집들을 가려줄 나무 울타리가 없다. 하얗게 칠한 60센티미터 높이의 울타리가 집의 경계를 알려주는 전부다. 그래서 끈도 매지 않은 커다란 개 한 마리가 잔디 저쪽에서 나를 보고 큰 소리로 짖어대는데 살짝 긴장됐다. 개는 그 작은 울타리를 뛰어넘는 데 별 어려움이 없을 테고, 그러고 나면 마음

---

[1] 지능은 높은데 인생에 대한 접근법이 못 견딜 만큼 융통성 없는 사람들을 다들 알고 있으리라 생각한다.

껏 나를 갈가리 찢어놓을 것이다. 하지만 나와 함께 걷고 있던 친구는 태연해 보였다. 아니나 다를까 개는 울타리 두 발자국쯤 앞에서 멈춰 서더니 맹렬히 짖기만 했다. 친구는 알고 있었는데, 개에게 채워진 목걸이가 잔디밭 경계를 따라 묻혀 있는 와이어를 감지해서 너무 가까이 오면 전기 충격을 주게 되어 있었다. 울타리의 높이는 60센티미터밖에 안 되었지만 개는 겁을 내서 다가오지 않았다.

이와 비슷한 제약이 기업이나 정부의 의사결정에도 적용된다. 사람들은 경제이론이 제시하는 협소하고 엄격히 제한된 영역 내에서 행동한다. 그 영역의 경계에 다다르면 사람들은 얼어붙는다. 그 목걸이가 채워진 개처럼 말이다. 기업이나 정부의 영향력 있는 일부 부서에서는 경제 논리가 방법론적인 도구가 아니라 한계를 그어놓는 교리처럼 되었다. 유럽입자물리연구소CERN 소장을 지낸 크리스토퍼 르웰린 스미스Christopher Llewellyn Smith 경은 영국의 에너지 소비 패턴을 바꾸라는 임무를 받은 후 이렇게 말했다.

"경제학자한테 물어보면 결국 답은 늘 사람들한테 뇌물을 주는 것이더군요."

<u>논리는 도구가 되어야지 규칙이 되어서는 안 된다.</u>

자유시장 자본주의는 원래 빛나는 창의성과 기발함이 발휘될 수 있는 역동적인 시스템이다. 그런데 신자유주의는 최악의 경

우 이 자유시장 자본주의를 "어떻게 하면 이 기계를 10퍼센트 싸게 살 수 있을까?" 같은 지루한 질문으로 축소시켰다. 뿐만 아니라 신자유주의는 편협한 생각을 가진 기술관료 계층을 권력의 자리에 앉혔고, 이 기술관료들은 겉으로는 전문가적 확실성을 달성하는 것 같지만 그 과정에서 시장을 흥미롭게 만들어주는 많은 부분을 무시한다. 복잡한 심리적 요인을 가진 인간의 행동이 '사람들은 이것을 원해'라는 몇 개 안 되는 가정으로 축소된다. 이들은 심리로 움직이는 것이 아니라 논리로 움직이는 사람들을 위한 세상을 설계한다. 그래서 결국 우리는 빠르지만 의자가 불편한 기차를 타고 삭막한 모더니즘풍 역사驛舍를 출발하게 된 것이다. 우리의 무의식은 정반대의 것, 즉 느리지만 의지가 편안한 기차를 타고 장식이 화려한 역사를 출발하는 쪽을 더 선호할 텐데 말이다.

이는 시장의 잘못은 아니다. 시장이 무엇을 해야 하는지 중간에서 가로채 멋대로 정의해버린 사람들의 잘못이다. 이상한 일이지만 우리는 더 많은 정보와 데이터 처리 능력을 갖게 됐는데도 오히려 사물을 하나 이상의 방법으로 바라볼 수 있는 능력을 상실하고 있을 수도 있다. 데이터가 많아질수록 컴퓨터로 계산할 수 없는 것들을 위한 자리는 줄어든다. 기술은 우리의 문제를 줄인 것이 아니라 문제를 해결할 수 있는 자유를 제한하는 합리성이라는 구속복을 우리에게 입혀둔 것인지도 모른다.

종종 우리는 '이성의 추구'를 엄청나게 과대평가하고 때로는 잘못 적용한다. 이성은 해결책을 평가할 때는 더할 나위 없이 소중한 도구이고, 그 해결책을 방어할 때도 꼭 필요하다. 하지만 애초에 그런 해결책을 찾아내는 과정에서는 이성이 늘 썩 훌륭한 것만은 아니다. 예를 들어 수학은 진실을 밝힐 힘뿐만 아니라 진실을 호도할 힘도 가지고 있다. 수학적 모형에 내재하는 흠결을 훌륭한 수학자나 물리학자, 통계학자들은 잘 알고 있지만 겨우 수학을 좀 하는 사람들은 형편없이 오해한다.[2]

아주 훌륭한 수학자들과 얘기를 나눌 때마다 내가 느끼는 것은 이들은 다른 수학자들이 대부분 열광하는 여러 도구에 관해 회의적인 경우가 많다는 점이다. 가장 흔히 하는 말은 이를 테면 다음과 같은 것이다.

"네. 회귀분석을 할 수도 있겠죠. 하지만 그 결과는 보통 개소리예요."

그런데 문제는 수학을 잘하지 못하는 사람들은 2류 수학자들이 내놓은 결과물을 철석같이 믿고 거의 신비주의적 수준의 의미를 부가하는 경향이 있다는 점이다. 21세기에 나쁜 수학이란 손금 같은 것이다.

그런데도 나쁜 수학은 집단적 이성 상실을 유도할 수 있다. 수학적으로 엄청나게 틀리는 일은 대부분의 사람들이 생각하는 것보다 훨씬 쉽게 일어날 수 있다. 쭉정이 같은 데이터 하나, 잘못된

---

2   짐작하겠지만 정말로 훌륭한 수학자는 그저 그런 수학자들보다 훨씬 드물다.

가정 하나면 수백, 수천 배 잘못된 결과를 낳을 수 있다.

1999년 샐리 클라크Sally Clark 라는 영국의 법무사가 영아인 두 아들의 살해 혐의로 유죄 판결을 받았다. 두 아이는 1년여 간격으로 유아돌연사로 추정되는 원인으로 사망했다. 둘째 아이가 죽은 후 의혹이 제기되었고 클라크는 살인죄로 기소되었다. 지금은 근거 없는 것으로 밝혀진 통계적 증거를 바탕으로 소아과 교수 로이 메도Roy Meadow 는 클라크의 재판에서 두 아이가 모두 자연적 원인으로 사망했을 확률은 7,300만분의 1 또는 "그랜드 내셔널Grand National 경마에서 4년 연속 서로 다른 말이 80 대 1의 배당률로 우승할 확률"이라고 증언했다. 해마다 영국에서는 70만 명의 아이가 태어나고, 담배를 피우지 않는 중산층 가정에서 아이가 유아돌연사로 사망할 확률은 8,453분의 1이다. 메도 교수는 이 두 숫자를 곱해서 7,300만 분의 1이라는 확률을 얻고, 한 가정에서 유아돌연사가 두 번 일어나는 것은 100년에 한 번 일어날 일이라고 주장했다.

나중에 피고인측이 요청한 어느 의료 전문가는 이 수치가 지나친 통계적 단순화라고 설명했으나 증언은 유지되었고 클라크가 무죄일 가능성은 통계적으로 극히 적다는 분명한 암시를 주었다. 과학자와 변호사로 가득 찬 법정에서 7,300만분의 1이라는 수치를 인용해서는 안 된다고 주장한 사람은 아무도 없었다. 하지만 이게 얼마나 잘못된 수치인지 한번 보자. 먼저 이 수치는 8,453분의 1의 확률이 선별적인 단일 출처에서 나왔다고 가정하고 있다.

반면에 좀 더 정확한 수치는 1,500분의 1에 가까울지 모른다. 이 수치는 또한 피해자 둘이 모두 남자인 사실을 고려하지 않는다. 확률을 더 낮출 수도 있는 부분인데 말이다. 최악은 공통의 유전자 조합이나 환경적 요인(이를테면 두 비극의 공통된 요소인, 두 아이가 모두 사망한 집의 특정한 측면 같은 것)이 어떤 역할을 했을 가능성을 전혀 고려하지 않았다는 점이다. 유아돌연사에는 유전적 요인도 있는 것으로 생각되고 있다. 가계의 내력일 수도 있고, 그렇다면 연거푸 사건이 발생할 가능성도 훨씬 커진다.

저널리스트 톰 어틀리 Tom Utley가 〈데일리 텔레그래프 Daily Telegraph〉에서 지적했듯이 어틀리 자신도 1만 명 정도의 지인들 중에 설명할 수 없는 이유로 아무 죄 없이 영아 둘을 잃은 사람이 둘이나 되는데, 그렇다면 이 사건이 메도 교수가 말한 정도로 희귀한 일일 가능성은 별로 없어 보인다. 사건이 일어났을 때 두 번 모두 샐리 클라크가 아이와 함께 집에 혼자 있었고 그래서 그녀를 변호해줄 증인이 없다는 점은 안타까운 일일 수 있다. 하지만 위와 같이 보정을 한다면 두 아이가 모두 사망하는 일은 영국에서 1년에도 여러 번 일어날 수 있다고 이성적으로 충분히 생각해 볼 수 있다. 그러니 클라크가 유죄일 확률은 적어 보였다.

그러나 이 역시도 여전히 잘못된 생각이다. 샐리 클라크에게 살인의 의도가 있었다고 증명하고 싶다면 유아돌연사 이론의 개연성이 낮다고 증명하는 것만으로는 부족하다. 그렇게 하는 것은 소위 '검사의 오류 prosecutor's fallacy'의 희생자로 전락하는 일이다. 기소 내용이 범인과 피고 사이의 유사성을 시사한다고 해서 필요 이상의 통계적 중요성을 두는 일 말이다(예를 들어 2만 명 중 1명밖에 갖고 있지 않은 어느 DNA 표지를 범인과 용의자가 공유하고 있다면 결정적 증거처럼 보일지 모른다. 그러나 6만 명의 DNA 데이터베이스를 뒤져서 용의자를 색출했다면 그 같은 표지를 가진 사람이 셋은 될 테고 적어도 2명은 완전히 결백할 것이다).

샐리 클라크의 사건에서 유아돌연사가 두 번 연속 일어날 확률이 낮다는 사실을 증명하는 것으로는 충분치 않다. 유아돌연사가 두 번 연속 일어날 확률이 유아 살해를 두 번 저지를 확률보다 더 낮다는 것까지 증명해야 한다. 정확한 통계를 가지고 유아돌연사가 두 번 연속 일어날 가능성과 유아 살해를 두 번 저지를 가능성의 상대적 확률을 비교하면 클라크가 무죄일 확률은 7,300만분의 1에서 3분의 2로 커진다. 여전히 유죄일 수도 있지만 이제 무죄를 선고해야 할 합리적 의심이 충분하다. 실제로 가장 가능성이 높은 설명은 클라크가 무죄라는 것이다.

통계학에서 잘못된 가정 몇 개가 합쳐지면 똑똑한 사람도 대략 1억 배는 틀릴 수 있다는 사실에 주목하자. 심지어 타로 카드도 이 정도까지 위험하진 않다.

이 오심 사건으로 왕립통계협회의 피터 그린Peter Green 교수는 영국의 상위 법무기관인 대법관에게 편지를 써서 메도의 추론에서 잘못된 점을 지적하고 법적 사건에서 통계학을 더 신중하게 활용할 것을 조언했다. 그러나 문제는 결코 완전히 사라지지 않을 것이다. 자신이 통계학을 잘 안다고 생각하는 사람의 수가 실제로 잘 아는 사람보다 압도적으로 많고, 잘못 사용될 경우 수학은 근본적 문제를 야기할 수 있기 때문이다.

간단히 말해서 헛소리에 헛소리를 곱하면
헛소리가 조금 늘어나는 정도가 아니라
기하급수적으로 커진다.

이 사건이 의미하는 바는 모든 사람이 아주 뛰어난 수학자를 적어도 1명은 알고 있어야 한다는 것이다. 그런 사람을 만나는 것은 아주 드문 일이다. 자랑스럽게도 나는 작년에 산타페연구소Santa Fe Institute와 런던수학실험실London Mathematical Laboratory 소속의 대단한 독일 물리학자 올레 페터스Ole Peters를 만났다. 최근에 그가 공동 저자로 집필한 논문[3]은 경제학에서 엄청난 수의 이론적 발견들이 겉으로는 논리적으로 보여도 통계역학에 관한 완전히 잘못된 가정에 기초하고 있다고 지적했다. 그 잘못된 가정이란 어느 도박을 하는 것이 좋을지 어떨지 알고 싶을 때 해당 도박을 동시에 1,000번 한다고 상상하고, 이긴 경우에서 진 경우를 빼서 전체 결과가 플러스면 해당 도박을 최대한 많이 해야 한다는 가정

---

[3]   공동 저자인 머리 겔만Murray Gell-Mann도 훌륭한 물리학자라고 자신 있게 말할 수 있다. 노벨상도 타고 쿼크도 발견한 분이니 말이다. 논문 〈역학을 사용한 도박 평가Evaluating Gambles Using Dynamics〉 참조.

을 말한다.

예를 들어 5파운드의 비용이 드는데 50퍼센트의 확률로 내가 건 돈을 포함해서 12파운드를 상금으로 받는 도박은 좋은 도박이다. 도박을 한 번 할 때마다 평균 1파운드를 버는 것이므로 이 도박은 많이 해야 한다. 절반의 경우는 5파운드를 잃고, 절반의 경우는 7파운드를 번다. 1,000명이 딱 한 번만 이 게임을 한다면, 전체적으로 보았을 때 다 함께 순수 1,000파운드를 버는 셈이 된다. 만약 1명이 이 게임을 1,000번 한다면 결국 약 1,000파운드를 벌 거라고 기대할 수 있다. 동시 진행 결과나 순차진행 결과나 동일하다. 그러나 안타깝게도 이 원칙이 적용되려면 특정 조건이 갖춰져야 하는데 현실은 그렇지가 않다. 이 논리는 각각의 도박이 과거의 결과와는 독립적이라고 가정하고 있다. 그러나 현실에서 도박을 할 수 있는 능력은 과거 도박의 성공에 구속된다.

다른 유형의 도박을 한번 생각해보자. 100파운드를 걸고 동전을 던져서 앞면이 나오면 가진 돈이 50퍼센트 늘어나고 뒷면이 나오면 가진 돈이 40퍼센트 감소한다. 동전을 얼마나 많이 던지고 싶은가? 꽤 많이 던지고 싶을 것이다. 간단하지 않은가? 1,000번을 던졌을 때의 기댓값을 계산하려면 1,000명의 사람이 동시에 이 도박을 했을 때를 상상해서 결과를 평균하면 될 것이다. 지난번처럼 말이다. 그래서 평균적으로 집단의 결과가 나아졌으면 긍정적 결과를 기대해도 좋을 것이다. 하지만 그렇지 않다.

동시 진행의 경우를 살펴보자. 1,000명의 사람이 각자 100파운드를 가지고 이 도박을 한 번씩 한다면 보통 500명은 150파운드, 500명은 60파운드로 끝날 것이다. 그러면 7만 5,000파운드에 3만 파운드를 더하니까 총 10만 5,000파운드가 되고, 순이익은 5퍼센트가 된다. 이런 조건하에서 이들이 얼마나 자주 동전을 던지면 좋겠냐고 물어본다면, 또 나라면 돈을 얼마나 걸겠냐고 물어본다면, "가진 돈을 전부 다 걸 거예요. 그리고 최대한 빨리 던져야죠. 그렇게 번 돈을 가지고 모리셔스(인도양의 마다가스카르 동쪽에 있는 외딴 섬나라—옮긴이)에 갈 거예요"라고 답할 것이다. 그러나 이 경우 동시진행 결과의 평균을 가지고 순차진행의 결과가 어떻게 될지는 전혀 이야기할 수 없다.

수학적 언어로 말하면 앙상블ensemble 관점과 시계열time-series 관점은 같지 않다. 이 도박을 반복적으로 한다면 빈털터리가 될 확률이 훨씬 높다. 100만 명이 모두 반복적으로 이 도박을 한다면 '전체적으로 보았을 때' 더 부자가 되겠지만, 그것은 가장 부자가 된 0.1퍼센트가 수십억 파운드를 벌 것이기 때문이다. 대다수의 게임 참가자는 돈을 잃을 것이다. 믿지 못하겠다면 4명이 동전을 두 번씩 던진다고 생각해보자. 가능한 결과는 앞앞, 앞뒤, 뒤앞, 뒤뒤의 4종류이고 확률은 모두 동일하다. 그러면 네 사람이 모두 100파운드를 가지고 동전을 던져서 서로 다른 조합이 나왔다고 생각해보자.

이 4가지 경우 결과는 각각 225파운드(앞앞), 90파운드(앞뒤), 90파운드(뒤앞), 36파운드(뒤뒤)다. 이것을 바라보는 방법에는 두 가지가 있다. 하나는 이렇다.

"놀라운 수익이네요. 부의 총합이 400파운드에서 441파운드로 총 10퍼센트 증가했으니 다들 돈을 벌고 있는 거예요."

그러나 더 회의적인 관점에서 보면 이렇게 말할 수도 있다.

"그렇죠. 하지만 대부분의 사람은 시작할 때보다 더 가난해졌네요. 한 사람은 심각하게 파산했고요. 사실 36파운드를 가진 사람은 앞으로 세 번 연속 앞면이 나와야만 겨우 밑천을 회복할 수 있어요."

나는 이런 구별을 한 번도 생각해보지 못했다. 그리고 대부분의 경제 전문가들도 미처 생각하지 못했던 듯하다. 이 결과는 행동과학에 굉장한 함의를 담고 있다. 왜냐하면 경제학자들이 바로잡으려고 하는, 편향이라고 생각하는 수많은 현상들이 실은 전혀 편향이 아닐 수도 있기 때문이다. 그것들은 그냥 앙상블 관점에서 보면 비합리적으로 보이는 의사결정이지만 올바른 시계열 관점에서 보면 합리적이기 때문에 나타난 현상일 수도 있다. 실제 현실은 시계열 관점에서 진행되기 때문이다. 1,000명의 사람이 한 번씩 어떤 일을 했을 때 평균적으로 일어나는 일은 한 사람이 어떤 일을 1,000번 했을 때 일어날 일에 관해 시사하는 바가 없다. 그렇게 본다면 인간의 진화된 본능이 어쩌면 현대 경제학자들보다 통계에 훨씬 더 능할지도 모른다.[4] 이런 구별을 극단적 예

4　　짐작건대 경제학자처럼 생각했던 사람들은 모두 죽어 없어졌을 것이다.

로 한번 설명해보자. 10명에게 1,000만 파운드를 주고 러시안룰렛을 한 번씩 하겠느냐고 물어보면 두세 명은 흥미를 보일 수도 있다. 하지만 10번 연속 러시안룰렛을 해야 한다고 하면 1억 파운드를 준다고 해도 아무도 응하지 않을 것이다.

올레 페터스와 얘기를 나누면서 나는 문제가 그보다 훨씬 더 광범위하다는 사실을 깨달았다. 대부분의 가격 모형은 열 사람이 무언가에 한 번씩 돈을 내는 것이 한 사람이 무언가에 열 번씩 돈을 내는 것과 동일하다고 가정한다. 하지만 그렇지 않은 것이 분명하다. 매년 아마존Amazon에서 각각 10가지를 주문하는 10명의 사람들은 매번 약간의 배송료를 지불하는 것을 그리 아까워하지 않을 것이다. 하지만 매년 아마존에서 100가지를 구매하는 한 사람은 매년 자신이 배송비에 쓰는 돈을 보고는 '흠, 다시 월마트를 이용해야겠어'라고 결심할 것이다.[5]

오길비의 고객사 중에 항공사가 있다. 나는 그들에게 늘 비즈니스맨 4명에게 각각 수하물 한 점을 체크인하는 데 26파운드를 내라고 하는 것과 자녀가 둘인 아버지[6]에게 가족들의 짐을 부치는 데 104파운드를 내라고 하는 것은 절대로 같지가 않다고 상기시킨다. 서비스 하나에 26파운드는 합리적인 가격이지만 104파운드는 날강도짓이다. 수하물 가격은 다음과 같은 식으로 정해

---

5   아마존 프라임Amazon Prime(무료 배송 등의 혜택이 있는 유료 구독 서비스—옮긴이) 서비스가 필요한 이유다. 이게 없다면 아마존에는 단골고객이 없을 것이다.

6   나도 여기에 해당한다. 젠장!

져야 한다. 1개당 26파운드, 3개까지는 35파운드. 통근자들에게 연간이용권을 끊어주는 데는 이유가 있다. 통근에는 교환법칙이 성립하지 않는다. 100명이 한 번씩 서비스를 이용할 때가 1명이 100번 서비스를 이용할 때보다 더 많은 돈을 내야 한다. 마찬가지로 지금 영국이 고속철도망에 투자하는 것을 정당화하려고 사용하는 시간 절약 모형은 40명이 1년에 10번씩 1시간을 아끼는 것이 통근자 1명이 1년에 400번씩 1시간을 아끼는 것과 같다고 가정한다. 말도 안 되는 소리다. 첫 번째 경우는 편의에 불과하지만, 두 번째 경우는 인생이 바뀐다.

10

수학을 조심하라
: 합리적으로 보이고 싶은 욕구 때문에
바보 같은 행동을 하는 이유

나는 2류 수학자와 동업을 하느니, 아예 어느 수학자와도 함께 하지 않을 것이다. 무언가를 평균, 합산 또는 곱하는 순간 정보가 손실된다는 사실을 잊지 마라. 동떨어진 이상 데이터가 하나만 있어도 현실을 극단적으로 왜곡할 수 있다는 사실도 기억하라. 빌 게이츠가 미식축구 경기장에 들어서는 순간 모든 사람의 평균 재산이 100만 달러씩 상승하는 것처럼 말이다.

내가 일하는 광고 에이전시가 어느 자선단체 고객을 위해 우편으로 기부 안내문을 발송한 적이 있었다. 결과를 놓고 보니 창의적인 조치 하나가 큰 성과를 낸 것을 알 수 있었다. 우리가 취한 조치는 큰 차이가 아니었기 때문에 결과가 그렇게 크게 달라진 것에 우리는 깜짝 놀랐다. 조사를 해보니 한 사람이 5만 파운드짜리 수표를 보내온 것이었다.[1]

맥락을 제대로 파악하지 않을 경우 동떨어진 데이터 하나가 말도 안 되는 결론을 낼 수 있는 사례를 또 하나 살펴보자. 내가 차에 기름을 넣을 때 사용하는 카드가 있다. 나는 기름을 넣을 때마다 결제 단말기에 주행거리를 기록한다. 1년 후 주유 카드사에서 나의 갤런당 주행거리를 청구서에 표기하기 시작했다. 아름다운 생각이었으나 그것 때문에 나는 미칠 것 같았다. 매월 내 차의 경제성이 떨어지고 있었기 때문이다. 나는 이 문제를 풀려고 오랫동안 고민했다. 연료가 새나? 심지어 누가 내 연료를 훔쳐 가나 하는 생각까지 했다.

그런데 그때 생각이 났다. 회사에서 나에게 주유카드를 지급한 직후에 언젠가 나는 그 카드를 사용하는 것을 깜박 잊고 다른 카드를 사용한 적이 있었다. 그러니 주유카드 회사가 보유한 데이터상으로는 언젠가 내가 기름을 한 번 넣고 두 번 넣은 거리만큼을 주행한 셈이었다. 이 이상 사례가 아직도 주유카드 회사의 데이터베이스에 남아 있기 때문에 이후에 매달 내가 운전을 할 때마다 나의 연료 효율 통계는 수치가 나빠지는 것처럼 보였던 것이다. 내가 평균으로 회귀하고 있었으니 말이다. 하나의 이상 데이터가 다른 모든 데이터를 오인하게 만든 것이었다.

하지만 앞서 이야기한 논지로 돌아가보자. 수학에서는 10×1은 늘 1×10과 동일하다. 그러나 현실에서는 그런 경우가 아주

1   최근에 복권에 당첨된 사람이 아니었을까?

드물다. 10명을 한 번씩 속일 수는 있어도 1명을 10번씩 속이는 것은 훨씬 힘들다.[2] 하지만 얼마나 많은 것들이 그런 가정에 입각해 있을까? 아직 상점이라는 게 발명되지 않았고 모든 거래는 우편으로만 일어나는 평행우주가 있다고 한번 상상해보라. 판타지처럼 보이겠지만 실은 100년 전 미국의 시골 지역이 그와 비슷한 상태였다. 1919년에는 미국 시골 지역의 52퍼센트가 조금이라도 토산품의 범주를 벗어나는 물건을 구매하려면 시어스 로벅 앤드 컴퍼니Sears, Roebuck and Company와 몽고메리 워드Montgomery Ward의 카탈로그를 주된 수단으로 이용했다. 그해 미국인들이 우편 주문으로 구매한 금액은 5억 달러를 넘었고, 그중 절반이 이 두 회사를 통한 것이었다.

그러나 1925년 시어스는 첫 오프라인 매장을 열었다. 1929년까지 두 회사는 800개의 매장을 더 열었다. 아마존이 홀푸드Whole Foods를 인수한 것은 말하자면 역사의 반복이다.[3] 여기에 어떤 심리학적 요인들이 개입했는지 이야기하려면 끝도 없지만, 1 × 10이 10 × 1과 동일하다는 게으른 가정으로 돌아가보자. 이 가정 역시 중요하기 때문이다.[4] 온라인 쇼핑은 10명이 한 가지 물건을 사기에 아주 좋은 방법이다. 하지만 1명이 10가지 물건을 사기에

---

2   사기꾼들이 도시나 경마장 기타 장소처럼 잘 속아 넘어갈 피해자가 안정적으로 공급되는 곳에 둥지를 트는 것은 그 때문이다.
3   이에 대해 영국인들은 우쭐한 기분이 들지도 모른다. 아마존이 오프라인 매장으로 옮겨간 것은 아고스Argos가 줄곧 옳았음을 인정하는 것처럼 보이기 때문이다. 오프라인 매장이 여전히 중요하다는 사실 말이다.
4   나는 이것을 '서덜랜드의 나쁜 수학 법칙'이라고 부른다.

좋은 방법은 아니다. 온라인에서 10가지 물건을 동시에 구매하려고 해보라.[5] 엉망진창이 되어버린다. 물건들은 4일에 걸쳐서 배송되고, 시시각각으로 배송차가 집 앞에 나타나고, 물건 하나는 늘 배송에 실패한다.[6] 반면에 월마트가 정말로 좋은 점은, 투자자들은 간과하지만, 사람들이 나타나서 47가지의 물건을 사고는 자신들의 비용으로 집까지 가져간다는 점이다. 아마존은 한 가지 물건을 47명에게 팔 때는 아주 큰 사업이 되지만 47가지를 1명에게 팔 수 없다면 한계가 있는 셈이다.

인간이 포함된 수많은 수학 모형이 10×1은 1×10과 동일하다고 가정하는 실수를 범한다. 예를 들어 우리의 세제 시스템은 10명이 평생 중 1년 동안만 7만 파운드를 벌었을 때 내는 세금 합계액과 1명이 10년 연속으로 7만 파운드씩 벌었을 때 내는 세금 합계액이 같아야 한다고 가정하고 있는데, 나는 이에 대해 의문을 제기하는 사람을 한 번도 보지 못했다. 이것 역시 나쁜 수학의 예가 아닐까?

최근에 열차 과밀현상에 관한 논의에 참여한 적이 있다.[7] 이 경우에도 지표는 10명이 10퍼센트의 경우에 서서 가는 것과 1명이 늘 서서 가는 것을 구분하지 못한다. 그러나 이 두 가지는 전혀 같지 않다. 내가 가끔 열차를 이용하는 사람이어서 한 달에 한

5   크리스마스 직전에 하듯이.
6   크리스마스이브에 다트퍼드에 있는 산업 단지까지 운전을 해서 가야 하므로 추정되는 시간 절약은 모두 사라진다.
7   이미 눈치챘는지 모르겠지만 내가 이 문제에 좀 집착한다.

번 서서 간다면 별일 아니다. 하지만 내가 3,000파운드를 주고 연간이용권을 샀는데 한 번도 좌석에 앉지 못한다면 속았다는 기분이 들 것이다. 이렇게 보면 문제를 해결하기가 더 쉬워진다. 매일 양방향으로 연간이용권 보유자만 이용할 수 있는 열차 2대를 운행하거나 일반석이 만원일 때는 이들이 1등석을 이용할 수 있게 해주면 어떨까?[8] 더 좋은 것은 1등석을 확장해서 모든 연간이용권 보유자들이 앉을 수 있게 하는 것이다. 이로써 열차 과밀 문제가 해결되는 것은 아니지만 정말로 중요한, 영향을 가장 크게 받는 사람의 문제는 해결된다.

---

[8]   나는 연간이용권을 사용하지 않지만 두 가지 조치 모두 완벽히 공정하다고 생각할 것이다. 식당의 단골손님이 좋은 테이블을 배정받는 것처럼 말이다.

채용과 나쁜 수학

그래, 뭐 기차는 효과가 있을 수 있다고 치자. 하지만 비슷한 통찰을 이용해 직원을 채용할 때 사회적 다양성을 높일 수 있다고 하면 아마 믿기지 않을 것이다. 그러나 다시 말하지만 10×1은 1×10과 같지 않다. 10명의 충원이 필요해서 동료 10명에게 각각 1명씩 채용을 부탁한다고 생각해보자. 각 동료는 자신이 찾을 수 있는 최고의 인재를 뽑으려고 노력할 것이 분명하다. 그렇다면 한 사람에게 최고의 인재 10명을 찾아달라고 하면 어떨까? 같은 결과일까? 아니다. 누구라도 10명을 선택해야 한다면 1명을 뽑는 사람보다는 본능적으로 훨씬 더 다양한 선택지를 고려할 것이다. 왜냐하면 1명을 고를 때는 집단에 잘 어울릴 사람을 찾지만, 10명을 고를 때는 상호보완이 될 사람을 찾기 때문이다.

한 가지 음식밖에 먹을 수 없다면 아마도 감자를 고를 것이다.

몇 가지 비타민과 미량 무기질을 제외하고는 단백질을 만들고 세포를 수리하고 질병과 싸울 수 있는 필수 아미노산을 모두 다 가지고 있기 때문이다. 하루에 감자 5개만 먹어도 몇 주는 버틸 수 있다. 하지만 남은 인생 동안 딱 10가지 음식만 먹을 수 있다고 한다면 10종의 감자를 고르지는 않을 것이다. 실은 감자를 전혀 선택하지 않을 수도 있다. 아마도 더 다채로운 음식을 고를 것이다.

채용에도 같은 원칙이 적용된다. 우리는 1명을 채용할 때보다는 10명을 채용할 때 위험을 감수할 가능성이 더 크다. 10명을 채용한다면 한두 명은 실패할 수도 있다고 생각할 것이다. 2년 후에 2명이 퇴사한다고 해서 혹은 1명이 스테이플러를 훔쳐 가고 크리스마스 파티 때 자기 엉덩이를 복사기에 대고 버튼을 누른다고 해서 당신의 평판에 흠이 가지는 않을 것이다. 하지만 당신이 1명을 채용했는데 그 사람이 막 나간다면 당신의 실패가 눈에 띈다. 그러니 한 사람이 1명을 채용할 때는 괜히 더 리스크를 회피할지 모른다. 감자에 해당하는 사람을 채용하는 것이다.

직원을 채용할 때는 무의식적 동기와 합리적 이유가 중첩되지만 완전히 일치하지는 않을 수도 있다는 점을 알아야 한다. 채용에 참여하는 사람은 자신이 해당 직무에 최선인 사람을 뽑으려고 한다고 생각하지만 그의 무의식적 동기는 살짝 다를 수 있다. 훌륭할 가능성이 높은 후보를 채용하고 싶긴 하지만, 형편없는 것으로 밝혀질 사람을 채용할까 겁이 나기도 할 것이다. 이때는 이변이 적은 선택을 하는 것이 평균적 결과가 훌륭한 것만큼이나 호소력을 가질 것이다. 이변이 없기를 바란다면 전형적인 사람을 채용하고 현 상태를 고수하는 것이 도움이 될 것이다. 반면에 직원들을 '한꺼번에' 채용하는 사람은 좀 덜 전형적인 후보에게도 위험을 감수할 가능성이 훨씬 크다.

이렇게 다양성에 관한 메커니즘은 집을 구할 때도 적용된다. 내가 만약 당신에게 완벽한 집을 고를 수 있는 예산을 준다면 당신은 어떤 집을 살지 분명한 개념이 설 것이다. 하지만 그 집은 다소 지루할 것이다. 왜냐하면 집이 하나일 때는 어느 한 측면에서도 너무 취약해서는 안 되기 때문이다. 너무 작아도 안 되고, 직장에서 너무 멀어도 안 되고, 너무 시끄럽거나 괴상해도 안 되기 때문에 당신은 전형적인 집을 고를 것이다. 반면에 내가 예산을 2배로 늘려서 당신에게 집 '두 채'를 사라고 한다면, 당신은 의사결정의 패턴이 달라질 것이다. 이제 당신은 서로 보완적인 장점을 가진 아주 다른 집 두 채를 사려고 할 것이다. 도시의 아파트 한 채와 시골의 단독주택 한 채처럼 말이다.

국회의원 후보를 고른다면 안전한 선택은 재미는 없더라도 정치, 경제, 철학 합동 과정을 졸업한 사람이 될 것이다. 하지만 10명의 후보를 선택한다면 10명 모두 그런 후보를 고를 사람은 없다. 와일드카드를 몇 명을 추가할 것이다.[1] 세실 블래치Cecil Blatch 는 핀칠리 및 프라이언 바넷 보수주의 연합Finchley and Friern Barnet

---

1   제대로 된 직업을 가졌던 사람 1명, 가난한 집안 출신 1명, 과학 전공자 1명 정도.

Conservative Association 회장으로서 이 점을 잘 알고 있었기에 더 전형적인 후보자 둘 정도를 '잃을' 각오를 하고 마거릿 대처가 첫 의석을 확보할 수 있게 해주었다. 블래치는 속임수를 쓴 것이 아니라 정신적 편향을 바로잡은 것이다. 이 점을 이해하고 나면 채용이나 교육, 정치 분야에서 할당제를 실시하지 않고서도 사회적 다양성 수준을 높일 수 있는 가능성이 커진다. 사람들을 덩어리로 뽑으면 되기 때문이다.[2]

사람들은 계층간 이동이 줄어들고, 불평등이 증가하고, 정치인들마저 서로 아무런 차별성이 없을까봐 다들 걱정한다. 그러나 세상을 더 공정하게 만들려는 훌륭한 의도로 시작해도 그런 결과가 나올 수 있다. 더 공정하고 평등한 사회를 만들어서 기회가 모두에게 돌아가는데도 운이 큰 역할을 할 수도 있고, '운이 전혀 작용하지 않고 완전히 공정한 사회'라는 환상을 유지하는 사회를 만들었는데도 기회는 소수의 사람에게만 열릴 수도 있다는 점이 우리를 난감하게 한다. 문제는 '모두에게 규칙이 동일'할 경우 똑같이 지루한 녀석들만 매번 당첨될 거라는 점이다. 그래서 내가 채용 시스템을 덜 공정하게 만들자고 하면 사람들은 분노한다. 하지만 공정성과 다양성 사이에는 어쩔 수 없이 주고받아야 하는 대가 관계가 있다는 사실을 기억하는 게 좋다. 공정이라는 이름

2　내 개인적인 경험으로도 이 점을 잘 알고 있다. 내가 회사에 채용되고 한참이 지난 후에 채용 과정에 참여했던 한 사람이 이렇게 알려주었다. 그는 회사가 한 번에 한 사람만 채용했다면 나는 결코 채용되지 못했을 거라고 했다. 하지만 4명을 충원해야 했기 때문에 "도박 삼아 괴상한 놈도 하나 뽑아보자"고 결정했다고 한다. 대략 그런 뜻의 말이었다.

으로 모두에게 똑같은 기준을 적용하면 똑같은 사람만 계속 채용하게 된다.[3]

오길비에서는 이제 '파이프The Pipe'라고 하는 인턴십 제도를 통해 창의적인 인재를 채용하고 있다. 지원자는 대학을 졸업할 필요도 없고, 젊을 필요도 없고, 아무런 자격증이 있을 필요도 없다. 사실 우리는 처음 몇 단계 동안 블라인드 방식으로 사람들을 뽑는다. 이 프로그램이 성공인지 여부는 아직 단정적으로 말하기 이르지만, 새로 뽑힌 사람들과 얘기를 나눠보면 옥스퍼드 졸업생들 못지않게 흥미롭고 일부는 그보다 더 재미나다.[4] 새로 채용된 사람들 중에 몇몇은 몇 달 만에 헬만즈Hellmann's의 마요네즈 제품 광고 아이디어로 칸 국제광고제Cannes Festival of Creativity에서 상을 받았다. 이 바닥에서 평생을 보낸 사람들도 달성하기 힘든 성과다.

누구라도 별난 재주 하나만 있으면 쉽게 커리어를 쌓을 수 있다. 영리하게 발휘하기만 하면 된다. 나는 젊은 사람들에게 항상 이렇게 조언한다.

"상사가 못하는 것을 한두 개 찾아내서 능숙하게 해내라."

보완적 재능은 남들과 비슷한 재능보다 훨씬 더 가치가 있다.

---

3 예컨대 학위는 형편없지만 25세 이하 영국 주사위 굴리기 챔피언으로 군림하고 있는 사람에게도 적어도 면접의 기회는 줘야 할까? '공정성 지킴이'는 아니라고 하겠지만, 개인적으로 나라면 매번 그 사람을 만나볼 것이다.

4 1명은 전직 바텐더이고 다른 1명은 시인이다.

12

평균을 믿지 마라

길버트 S. 대니얼스 중위는 신체인류학자로서 1950년대 초 고속 항공기의 조종석 디자인 개선을 위해 미국 육군에 채용되었다. 그는 조종석을 '평균적 남성'에 맞춰 디자인해야 한다는 기존의 가정에 맞서야 했다. 기존에는 수많은 파일럿의 신체 치수 평균을 내서 템플릿을 만들고 그것을 중심으로 조종석을 디자인하면 된다고 생각했다. 장비가 대부분의 사람에게 잘 보이고, 아주 특이한 신체 샘플을 가진 사람을 제외한 모든 사람의 손이 잘 닿는 곳에 제어 장치를 설치하면 된다고 말이다.

그러나 인간의 손을 측정해본 적이 있는 대니얼스는 평균적인 인간의 손이 가장 흔한 인간의 손은 아니라는 사실을 이미 알고 있었다. 마찬가지로 그는 평균적인 인간의 신체(다양한 치수의 평균)를 가진 사람은 놀랄 만큼 드물다는 사실을 알게 됐다. 평균적인 남자에 맞춰 조종석을 디자인한다면 모두를 위한 조종석이 아니라 놀랄 만큼 드문 신체 유형, 심지어 아예 존재하지 않는 신체 유형을 위한 조종석이 됐다. 신체 치수를 측정한 4,000명의 파일럿 중에서 10가지의 신체 치수 모두 평균 범위에 들어 있는 사람은 단 1명도 없었다.[1]

평균에 맞춰 디자인하지 마라.

지표들, 그중에서도 특히 평균은 시장의 중간지대에 집중하게 만들지만, 혁신은 극단에서 일어난다. 10명의 평균적인 이용자보다는 1명의 특이 사례에 집중하는 편이 좋은 아이디어를 생각해낼 가능성이 더 크다. 최근에 우리가 회의에서 이 문제를 이야기하고 있는데 샌드위치가 도착했다. 샌드위치를 가리키며 나는 이렇게 말했다.

"내 논점을 정확히 증명해주네."

샌드위치는 평균적인 사람이 발명한 음식이 아니었다. 샌드위치 백작the Earl of Sandwich은 도박에 미쳐 있던 사람이고, 그래서 카드 테이블에서 일어나지 않고 먹을 수 있는 형태의 음식을 요구했다.

정상적인 소비자보다는 괴상한 소비자가 더 많은 혁신을 이끌

---

1   마찬가지로 몇 년 앞서 여성 신체 유형을 평균 내서 완벽한 여성의 형태를 찾아보려던 시도도 비슷하게 실패했다.

어낸다. 지난 50년간 틀에 박힌 시장조사는 좋은 아이디어를 탄생시키기보다는 말살한 경우가 더 많을지 모른다. '대표성'이라는 잘못된 생각에 집착했기 때문이다.

잘못 측정하면 잘못 관리된다

위 내용들은 지표와 관련해 중요한 시사점을 가진다. 기업들이 지표를 좋아하는 이유는 무언가를 비교, 관리하기 쉽게 만들어주기 때문이다. '측정된 것은 관리 가능하다'는 말은 사실이다. 하지만 그렇다면 '잘못 측정된 것은 잘못 관리된다.' 지표의 한 가지 큰 문제점은 다양성을 파괴한다는 점이다. 지표는 모두가 똑같이 협소한 목표를 종종 똑같이 협소한 방식으로 추구하게 하거나 다들 똑같은 기준으로 선택을 내리게 만든다.

　나는 학문적 성공이 직장에서의 성공을 정확히 예측해준다는 증거는 한 번도 보지 못했다.[1] 저명한 산부인과 전문의이자 불임 치료 전문가인 로드 윈스턴 Lord Winston 교수는 의학 분야의 협력자

1　의학계에는 정반대 규칙이 적용된다는 말이 있었는데 100퍼센트 농담만은 아니다. B학점을 받은 학생은 최고의 의사가 되고, C학점을 받은 학생은 가장 부자인 의사가 된다고 했다.

를 구할 때 얼마든지 최고의 인재를 고를 수 있음에도 학계의 야심가를 찾지는 않는다. 그러나 영국의 기업들은 졸업 평점 B 이상인 사람만 면접을 보는 것이 이제 관행처럼 되었다. 이것은 아무 증거는 없으면서 그냥 논리적으로 보인다는 이유로 적용되고 있는 기준이다. 대학을 졸업한 지원자들 중에서 골라야 한다면 학부 성적을 필터로 사용하는 것이 합리적인 것처럼 보이지만 추가적인 증거가 있지 않은 이상 이 기준은 말도 안 된다. 그리고 널리 실제로 그렇게 해보면 한심한 인재 낭비라는 사실을 알 수 있다.

예를 들어 골드만삭스 혹은 몇몇 엘리트 기관만이 이런 기준을 사용한다면 별문제가 되지 않을 것이다. 하지만 다른 모든 기업이 이들과 똑같은 접근법을 베낀다면 헛웃음이 나올 일이다. 졸업생의 거의 절반은 이 기준을 넘지 못할 것이기 때문에 수천 명의 사람이 대학에서 3년간 허송세월을 한 셈이 되거나 대학에서 학점 인플레가 나타나 학점이 무의미해질 것이다.[2] 사람들이 더 나은 의사결정을 내리기 위해 이성을 사용하는 것이 아니라 이성적으로 보이고 싶어서 이성을 사용하는 또 다른 예다.

게임이론가라면 누구나 알고 있듯이 기존의 규칙을 따르지 않는, 약간은 무작위적인 의사결정은 미덕이다. 채용과 같은 경쟁 상황에서는 아무도 쓰지 않는 비전형적인 방식으로 인재를 발굴하

---

2 최근에 케임브리지대학에서 수학 전공으로 평점 C를 받은 졸업생을 만났는데 취업 면접의 기회조차 구하기가 어렵다고 했다. 어떻게 이럴 수가 있단 말인가? 이건 완전 난센스다!

는 편이 흔히들 사용하는 '더 좋은' 방식보다 훨씬 나을지 모른다. 모두가 과소평가하는 인재를 찾아낼 수 있게 해주기 때문이다.

직원 채용에서 논리로 무장한 시스템의 또 다른 문제점은 야심 찬 중산층들이 '시스템을 가지고 노는' 방식으로 기회를 독차지할 수 있기 때문이다. 바이올린 수업을 받았고, 삼촌의 은행에서 일했고, 빈곤층을 돕는 자선활동을 했고,[3] GPA 점수도 높다고 한다. 반면에 그 뛰어난 주사위 던지기 선수를 채용하면 한 가지는 확실하다. 무언가에 정말로 뛰어나다는 사실 말이다. 그의 부모님이 큰돈을 들여서 주사위 던지기 과외를 시키지는 않았을 것 아닌가.

정말로 뛰어난 것은 이상한 모습을 하고 있을 수 있다. 나심 니콜라스 탈레브는 담당 의사를 선택할 때 이 규칙을 활용한다. 대역배우 알선업체에서 금방 나온 것 같은 귀족 같은 외모에 말씨도 나긋나긋한 은발의 선생님을 고를 것이 아니라, 약간 과체중에 귀족 같지는 않지만 똑같이 경력이 있어 보이고 양복이 몸에 잘 안 맞는 선생님을 골라라. 전자의 선생님은 성공하는 데 약간은 외모 덕을 보았을 수도 있지만, 후자의 선생님은 그 외모에도 불구하고 성공했기 때문이다.

---

3 가끔 나는 노숙자 쉼터들이 겉으로 말은 하지 않아도 그 많은 아이비리그와 옥스퍼드대학교 지원자들이 제발 좀 집에 가줬으면 하고 바라지 않을까 생각한다.

14

편견에 관한 편견

우리가 인종적 편견 혹은 성별에 관한 편견이라고 생각하는 것들 중에 그저 현상태를 옹호하는 것인 편견은 없을까? 내가 채용한 사람이 덜 특이할수록 뭔가 잘못되더라도 비난받을 가능성이 줄어든다는 사실을 고려하는 것 말이다. 현재 광고업계는 남녀 비율과 인종 구성에 집착하고 있다. 이런 것들을 살피는 것은 완벽히 합리적인 생각이다. 하지만 광고업계가 완전히 눈 감고 있는 또 다른 편견이 있는데 바로 신체적으로 매력이 있는 사람을 채용하는 지독한 편견이다.

여기서는 무의식적으로 벌어지고 있는 일을 이해하는 것이 매우 중요하다. 인종 편견만이 무의식적 편견이라 생각한다면 잘못된 대책을 강구할 수 있다. 그러나 다양성 부족 이슈가 일부는 현상태에 관한 편견에서 비롯될 수 있음을 고려한다면 해결책이 크게 달라질 것이다. 내가 잠시라도 무의식적인 인종 편견이 존재한다는 사실을 부정하는 것은 아니다. 다만 사람들이 결과나 기회의 불평등은 모조리 인종 탓으로 돌리려는 건강하지 못한 성향을 갖고 있을 수도 있다는 얘기를 하는 것이다. 실제로는 다른 많은 요인들이 함께 작용하고 있는데 말이다. 문제를 해결하고 싶다면 '진짜 이유'를 알아야 할 것 아닌가.

일부 진화심리학자들, 특히 로버트 커즈번Robert Kurzban은 인간의 심리에서 인종 편견은 상대적으로 약한 영향력을 행사한다고 생각한다. 왜냐하면 기나긴 진화의 역사 동안 우리는 다른 인종의 사람들을 마주칠 일이 거의 없었기 때문이다. 어쩌면 우리는 나와 억양이 다른 사람들에게 '아웃사이더의 지위'를 부여하는 성향을 강하게 가졌는지도 모른다. 그런 식의 구별을 더 자주 경험했을 것이기 때문이다. 역사적으로 억양에 집착하는 국가[1] 출신으로서 이 문제는 조사해볼 가치가 있어 보인다. 사교육을 받은 나이지리아 사람이 런던에서 일자리를 구할 때 강한 리버풀 억양을 쓰는 리버풀 출신 백인보다 더 불리할까? 그럴 것 같지는 않다. 커즈번의 연구는 편견이 맥락에 따라 달라질 수 있다는 의견을 제시한다. 우리가 인종이 다른 사람에게 더 쉽게 '아웃사이더 지위'를 부여할지도 모르지만, 그렇다고 해서 다른 조건에서 타인종의 사람을 '인사이더'로 쉽게 편입하지 못한다는 뜻은 아니

---

1   정도는 줄었지만 여전하다.

라는 것이다.

나는 편견을 해결하는 방편으로 성별 할당제나 인종 할당제를 사용하는 것에 대해서는 다소 회의적이다. 그런 제도는 다양성을 좁은 뜻으로 정의 내리기 때문이다. 예를 들어 매우 재능 있는 나이지리아인 10명을 채용해서 인종 다양성 수치를 개선하는 것도 충분히 가능하다. 그렇게 해서 당신 회사가 기특한 다양성을 보여주었다고 자화자찬할 수도 있지만, 알고 보니 그 10명이 모두 이그보Igbo 부족 출신이고, 똑같이 많은 인구를 가진 요루바Yoruba 부족 출신은 1명도 없다는 사실을 알게 되면 어떻게 할 텐가? 그 사실을 숨기고 인력 구성이 다양해졌다고 계속 거들먹거릴 것인가? 아니면 당신이 내린 다양성의 정의가 피부색을 다소 중시하고 다른 모든 것들은 경시하는 것은 아닌지 자문해볼 것인가?

최근에 〈하버드 비즈니스 리뷰〉에 실린 한 기사는 성별 편견이나 인종 편견처럼 보이는 것들이 실제로는 우리가 생각하는 그런 이유에서만 비롯된 것은 아닐 수도 있음을 보여주었다. 맥락에 따라 다른 무의식적 메커니즘도 개입되었을 수 있다. 기사는 입사 지원자 최종 명단을 바꾸었을 때 어떤 일이 벌어지는 보여주는 연구 세 편을 보도했는데 다음과 같은 사실이 밝혀졌다. "여성이 1명뿐일 때는 고용될 가능성이 없다. 하지만 1명 이상일 때는 결과가 극적으로 바뀐다. 최종 명단에 여성이 1명 추가될 때마다 여성이 고용될 가능성이 높아지는 것은 아니지만, 여성이 1명일 때와 2명일 때의 차이는 중요해 보인다. 지원자가 4명인 명단

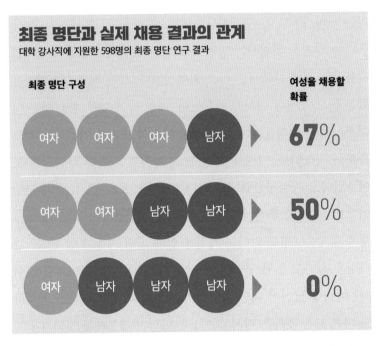

최종 명단과 실제 채용 결과의 관계
대학 강사직에 지원한 598명의 최종 명단 연구 결과

최종 명단 구성				여성을 채용할 확률
여자	여자	여자	남자	**67**%
여자	여자	남자	남자	**50**%
여자	남자	남자	남자	**0**%

- 사람들은 사회적 소수자에 대해 편견을 갖는 걸까, 아니면 누구라도 1명 이라는 소수에 속하면 편견을 갖는 걸까?

을 살펴보니 인종에 대해서도 비슷한 결과가 나왔다."

이런 결과는 흑인 지원자나 여성 지원자가 1명일 때 우리가 가지는 편견이, '아무라도' 1명인 사람에 대해 갖는 편견일 수도 있다는 점을 시사한다.[2]

---

[2]   다음번 채용 면접에 가서 다른 모든 면에서는 훌륭한 모습을 보여주면서 끝까지 모자는 벗지 않
       겠다고 우겨보라. 장담하건대 채용되지 못할 것이다. 물론 다른 지원자에게도 똑같이 하자고 설
       득해볼 수는 있다.

15

우리는 생각만큼
합리적 선택을 하지 않는다

선택의 맥락과 순서는 우리가 의식적으로 생각지 못한 방식으로 영향을 미칠 수 있다. 기업의 의사결정이나 채용뿐만 아니라 사적인 의사결정에서도 마찬가지다. 심리학자이자 행동경제학자인 댄 애리얼리는 저 유명한 '의사결정 과정에서의 미끼 효과'를 가장 먼저 강조한 사람 중 1명이다. 소비자들은 기존의 두 가지 옵션 중 하나보다는 더 바람직하고 다른 하나보다는 덜 바람직한 세 번째 옵션이 나타나면 처음의 선호가 뒤바뀌는 경향이 있다.

애리얼리가 탐구했던 중요 사례 하나는 〈이코노미스트〉 잡지 구독 옵션 사례다. 125달러에 책자를 구독할 수 있는 중간 옵션이 미끼로 알려져 있다. 기술을 아주 혐오하는 사람이 아니라면 누구도 이 옵션을 선택하지는 않을 것이다. 동일 가격에 책자와 온라인 구독권을 모두 구매할 수 있기 때문이다. 하지만 이 옵션

- 맥락이 처음이요 끝이다. 이상하게도 우리가 선택하는 대상의 매력은 우리가 거절하는 대상과의 비교에서 영향을 받는다. 한 친구가 말했듯이 "누구나 나이트클럽에 갈 때는 자기보다 살짝 덜 매력적인 친구와 함께 가고 싶어 한다."

은 사람들의 행동에 엄청난 영향을 미친다. '아주 뻔한' 의사결정을 하나 만들어냄으로써 더 많은 사람이 상대적 가치가 높은 전체 구독권을 신청하게 만들기 때문이다. 애리얼리가 실시한 한 실험에서는 추정 구독자의 84퍼센트가 정가에 모든 옵션이 들어 있는 구독권을 선택했다. 하지만 가짜 옵션을 제거하고 합리적인 옵션 두 가지만 남겨두면 선호가 뒤바뀐다. 68퍼센트가 가격이 더 낮은 온라인 구독권만 선택했다.

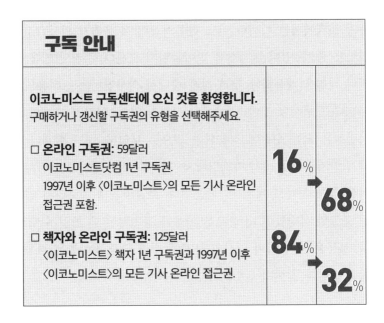

구독 안내

이코노미스트 구독센터에 오신 것을 환영합니다.
구매하거나 갱신할 구독권의 유형을 선택해주세요.

☐ **온라인 구독권**: 59달러
이코노미스트닷컴 1년 구독권.
1997년 이후 〈이코노미스트〉의 모든 기사 온라인
접근권 포함.

☐ **책자와 온라인 구독권**: 125달러
〈이코노미스트〉 책자 1년 구독권과 1997년 이후
〈이코노미스트〉의 모든 기사 온라인 접근권.

16%
→68%

84%
→32%

　부동산 중개업자들은 종종 이 효과를 이용해 미끼 주택을 보여주는 방식으로 그들이 정말로 팔고 싶은 주택 두 채 중 당신이 쉬운 선택을 내리게 만든다. 흔히 엉망인 집을 한 채 보여준 다음, 엇비슷한 집 두 채를 보여주는데, 둘 중 하나가 다른 집보다 더 좋은 것이 분명하다. 이 더 좋은 집이 중개업자가 팔고 싶은 집이고, 나머지 하나를 보여주는 이유는 최종 선택하는 집이 정말로 좋아보이게 하기 위해서다.

　작고 상대적으로 중요하지 않은 수준의 의사결정(휴가나 잡지 구독 결정)에서 볼 수 있는 바로 그 행동상의 결함이 더 큰 의사결정에 반영되는, 인간 행동의 또 다른 예인 셈이다. 사람들은 잡지나 휴가 선택에서는 미끼나 어느 한쪽의 일방적 우위가 의사결정에 영향을 줄 수 있다는 사실을 받아들일지 모른다. 하지만 집을 사거나 직원을 채용하는 것과 같은 중대한 의사결정에는 적용되지 않는다고 생각할 것이다. 하지만 그렇지 않다. 인간의 괴상한 의사결정은 모든 수준에 적용되는 것으로 보인다. 내가 학계나 정책 입안자들이 소비자 마케팅에 좀 더 주목해야 한다고 생각하는 이유 중에 하나도 바로 이 때문이다. 초콜릿을 판매하면서 알게 된 조그만 사항들이 더 중요한 행동을 장려하는 데 쓰일 수도 있다. 보통은 누가 이미 당신의 문제에 대한 답을 찾아놓은 경우가 많을 것이다. 분야가 달랐을 뿐.

16

같은 사실도 맥락에 따라 달라진다

괴상한 의사결정을 내릴 필요 없이 단순한 삶을 살고 싶다면 광고 에이전시의 크리에이티브 부서에서 일하는 사람과는 결혼하지 마라. 비가 오나 눈이 오나 이 직업은 뻔한 것에 대한 편집증적 공포를 주입하고, 정통적인 모든 생각을 의심하고 남들이 다 동의하는 것을 욕하고 싶은 충동을 키운다. 지치는 일이다. 특히나 의도적으로 삐딱한 생각이 집안의 모든 의사결정에 적용된다면 말이다.

몇 년 전 일이다. 우리 집 토스터가 말썽이었다. 자주 스파크를 일으켜서 사람을 깜짝깜짝 놀라게 하더니 가끔은 불이 붙거나 연기까지 피워 올렸다. 게다가 빵 넣는 구멍이 너무 좁아서 슈퍼에 파는 흰색 식빵보다 조금만 더 두꺼운 빵을 넣으면 빵이 구멍에 끼여서 나오지 않았다.[1] "요새 나오는 그 구멍이 넓은 토스터를 하나 사면 어때요?"라고 아내가 말했다. 1시간쯤 후 나는 거대한 박스를 들고 집으로 돌아왔다. 내가 아내에게 보여준 박스 속에는 새 토스터가 아니라 빵 써는 기계가 들어 있었다. 나는 자랑스럽게 이렇게 말했다.

"생각을 처음부터 다시 해봤어. 우리는 구멍이 넓은 토스터가 필요한 게 아니라 더 얇은 빵이 필요해!"

우리는 한동안 이 해결책을 시도했다. 구멍이 좁은 토스터에 맞게 빵을 얇게 썰면서 말이다. 그렇게까지 끔찍하지는 않았다. 다만 빵 써는 기계는 주방 조리대에서 사용 가능한 공간의 절반 정도를 차지했고 믿기지 않을 만큼의 빵가루를 만들어냈다. 또 우리는 아이들이 있었기 때문에 위험천만한 회전 칼날이 아이들의 조그만 손에 닿지 않게 해야 했다. 지금 이 기계는 선반 위에 올라가 있고, 그 위 선반에는 우리가 자주 사용하는, 아내가 처음 제안했던 것과 같은 구멍이 넓은 토스터가 놓여 있다. 그런데…,

빵 기계가 들어 있는 선반은 우리가 사는 침실 4개짜리 아파트의 주방에 놓여 있다. 2층에 우리 아파트가 들어선 이 건물은 1784년 즈음 지어졌다. 이 집은 18세기 영국 건축계의 거장 중 1명인 로버트 애덤Robert Adam이 조지 3세의 개인 담당의를 위해 지은 것이다. 이 집이 자리한 7에이커 규모의 공용 구역은 블레넘 궁전과 하이클레어 저택의 정원 디자인을 책임졌던 영국의 조

---

1   이 두 가지 문제는 서로 연결되어 있을 가능성이 크다. 통밀빵 덩어리가 안에 끼었을 때 스파크가 일거나 불이 붙었다.

경사 케이퍼빌리티 브라운Capability Brown이 조성했다.**2** 그리고 나는 이 모두를 공짜로 얻었다. 물론 아파트를 공짜로 얻은 것은 아니다. 2001년에 39만 5,000파운드가 들었다. 지금 시세는 65만 파운드 정도 되는데, 아파트를 사면 이 건축물과 조경이 모두 공짜로 따라온다.**3** 이 건물은 1등급으로 등록되어 있는데 영국에서 등록된 37만 5,000채의 건물 중 상위 2.5퍼센트 안에 드는 셈이다. 그중 절반은 교회이고, 나머지 다수는 넬슨 기념비나 왕립오페라극장처럼 사람이 주거할 수 없는 곳이다.

그러니 영국에는 실제로 주거할 수 있는 1등급 건물**4**이 2,500채 정도 있는 셈이다. 이런 곳에 사는 특권을 누리면서도 나는 아무런 비용도 내지 않는다. 피카소의 그림은 공원 옆길 일요일 전시전에서 산 그림보다 10만 배는 더 비싸겠지만, 로버트 애덤이 디자인한 집은 같은 구역에 무명의 건축가가 지은 똑같은 크기의 다른 집보다 조금도 더 비싸지 않다.

최근에 모더니즘 건축가 맥스웰 프라이Maxwell Fry와 월터 그로피우스Walter Gropius가 지은 노팅힐에 있는 한 아파트가 매물로 나왔다. 노팅힐에 있으니 말도 안 되게 비싸긴 했지만, 바로 옆의 평범한 아파트보다 조금도 더 비싸지 않았다.

내가 이렇게 근사한 건축물을 돈 하나 들이지 않고 즐길 수 있

---

2   하이클레어 저택은 현재 〈다운튼 애비〉로 더 잘 알려져 있다.
3   그리고 전에 살던 사람이 두고 간 빵 써는 기계도 따라온다.
4   버킹엄 궁전도 포함된다.

● 정말로 싼값에 예술품을 사고 싶다면 건축물을 사라.

게 된 것은 집을 살 때 빵 써는 기계를 살 때와 똑같이 비뚤어진 추론을 사용했기 때문이다. 나는 생각을 처음부터 다시 해봤다. 그리고 평소에 가지고 있던 생각을 버리고 의사결정을 내리려고 노력했다. 나는 이사를 할 때 대부분의 사람이 무슨 생각을 할까 생각해봤다. 내가 대부분의 사람들이 하듯이 집을 선택한다면 결국 나는 같은 집을 놓고 수많은 사람과 경쟁해야 할 것이다. 반면에 내가 다른 사람들과 전혀 다른 기준을 사용해서 집을 산다면 상대적으로 저평가된 곳을 찾아낼 수 있을 것이다. 경쟁시장에서는 특이한 취향을 가진 것이 (그리고 활용하는 것이) 도움이 된다.

대부분의 사람은 집을 살 때 다음과 같은 순서로 물색에 나선다. ① 가격대를 정한다. ② 지역을 정한다. ③ 방 개수를 정한다.

④ 정원의 크기 같은 다른 한도를 정한다. 건축의 질은 이 목록의 상단에 없을뿐더러, 수치화할 수 있는 성질이 아니기 때문에 더욱 평가절하된다. 남들이 중시하지 않는 것을 중시하도록 스스로를 설득할 수 있다면 훨씬 더 적은 돈으로 근사한 집을 누릴 수 있다.[5]

이사를 하기 전부터 나는 흥미로운 곳에 살고 싶었다. 그래서 정확한 위치나 방 개수보다는 건축에 방점을 두겠다고 결심했다. 이렇게 특이한 접근법은 분명 남들의 선망을 사지는 않는다. 종종 우리는 친구들이 보유한 말도 안 되게 비싼 집을 방문한다. 집으로 돌아오는 길에 차 안에서 아내는 이렇게 묻는다.

"어떻게 생각해?"

그러면 나는 대답한다.

"크긴 하더라. 그래도 건축 양식이 좀 쓰레기 같다는 생각은 어쩔 수 없었어."

앞서 말했듯이 우리 아파트는 2층인데 엘리베이터가 없다.[6] 하지만 이번에도 나는 이것을 좀 다른 시각으로 보기로 했다. 엘리베이터가 없는 것은 좋은 일이다. 하루에 몇 번은 운동이 보장되기 때문이다. 내 머릿속에서 우리 아파트는 엘리베이터가 없어서 괴로운 게 아니라 공짜로 스포츠센터가 생기는 축복을 받은 곳이다.

---

5 미국에 살고 있는 독자라면 라이트온더마켓Wright On The Market 웹사이트를 방문해보라. 프랭크 로이드 라이트Frank Lloyd Wright의 건물 중에서 현재 매물로 나온 것들을 알 수 있다.
6 아래층 아파트가 우리보다 20만 파운드 정도 더 나가는 것은 주로 이 때문이다.

여기서 우리는 두 가지 교훈을 배울 수 있다. 첫째 논리적인 게 늘 도움이 되는 것은 아니다. 만약 남들도 다 논리적이라면 말이다. 논리는 의사결정을 설명하고 방어하는 데는 좋은 방법일지 몰라도, 결정까지 이르는 데 늘 좋은 방법은 아니다. 전통적 논리는 뻔한 정신적 과정이라 남들도 다 사용할 수 있기 때문에 남들과 똑같은 결론에 이를 수밖에 없다. 이게 늘 나쁜 것은 아니다. 토스터 같은 대량 생산 제품을 구매한다면 주류의 취향을 키우는 것이 일반적으로 도움이 된다. 그러나 공급이 희소한 것[7]을 선택할 때는 특이한 취향이 도움이 된다. 두 번째로 흥미로운 사실은 뭐가 중요하고 중요하지 않은지 일률적 척도는 없다는 사실이다. 똑같은 속성(예컨대 엘리베이터가 없다는 점)도 어떻게 생각하느냐에 따라 저주가 될 수도 있고 축복이 될 수도 있다. 어디에 주목하고 어떻게 프레임을 짜느냐는 의사결정에 반드시 영향을 미친다.

의사결정을 내릴 때 종종 우리는 수치적인 지표에 과도하게 주목하는 것을 경계해야 한다. 집을 살 때 숫자(방의 개수, 평수, 통근시간 등)는 비교하기 쉬운 지표이고 우리의 관심을 독점하는 경향이 있다. 건축의 수준에는 점수가 없고 그래서 우선순위에서 저 밑으로 내려가 버리는 경향이 있다. 그러나 어떤 것이 숫자로 표시될 수 있다고 해서 그게 더 중요하다고 생각할 이유는 전혀 없다.

7　부동산, 해변, 배우자 등.

과학 분야에서조차
과학적 성공은 드물다

우리는 우리가 가진 추론 능력을 잘못 사용할 때가 많다. 그래서 해결책을 평가할 때는 너무 낮은 기준을 세우고 해결책에 도달하는 조건을 정할 때는 너무 높은 기준을 세운다. 이성은 뛰어난 평가 도구이지만 우리는 마치 이성만이 유일한 문제 해결 도구인 것처럼 취급하는 것이 문제다. 실제로는 그렇지 않은데 말이다. 훌륭한 발명과 발견의 역사를 살펴보면 그중에 순차적인 연역 추론이 기여한 경우는 상대적으로 얼마 되지 않는다. 지난 30년간 가장 중요한 발견 중 하나라고 할 수 있는 그래핀graphene을 발견한 사람은 맨체스터에서 활동하는 물리학자 안드레 가임Andre Geim 이다.[1] 그는 연필과 스카치테이프를 가지고 놀다가 그래핀을 만

1   가임은 이 발견으로 노벨상을 수상했다.

들어냈다. 문구점에서 누구나 사본 적이 있는 물건들이다.

가임은 과학에 대한 자신의 접근법을 이렇게 설명한다.

"저는 몇 년마다 이 연구 주제에서 저 연구 주제로 옮겨 다닙니다. 일부 학자들처럼 '요람에서 무덤까지' 똑같은 것을 연구하고 싶지는 않아요. 그러려면 제가 '치고 빠지기 실험'이라고 부르는 것을 수행해야 합니다. 절대로 효과가 있어서는 안 되는 미친 아이디어들이죠. 당연히 대부분의 경우에는 효과가 없고요. 하지만 가끔 진주를 찾아냅니다. (…) 이런 연구 방식이 매력적으로 들릴지 모르겠지만, 심리적으로나 정신적으로나 육체적으로 아주 힘든 방식이에요. 연구 보조금을 받을 때도 마찬가지고요. 하지만 재미는 있습니다."

우리는 다들 과학적 방법론에 집착하지만 가임은 운과 실험과 본능적 추측이 결합되어 결정적 돌파구가 나타나는 경우가 훨씬 더 많다는 사실을 알고 있다. 추론이 활약하는 것은 오직 그 이후다. 하지만 가임이 활동을 입증해야 할 관료들은 처음부터 연구비 지원을 정당화할 수 있는 근거를 요구한다. 그러나 안정적 발전을 이끌 수 있는 확고한 과학적 프로세스가 있다는 생각은 근거가 없어 보인다.

미국의 위대한 물리학자 리처드 파인만Richard Feynman은 1964년 한 강의에서 자신의 방법론을 이렇게 설명했다.

"일반적으로 우리는 다음과 같은 과정을 따라 새로운 법칙을 찾습니다. 먼저 추측을 합니다. (…) 다음으로 추측 결과를 계산하고, 우리가 추측한 이 법칙이 옳을 경우 어떤 함의를 가질 것인지 알아보려 합니다. 그런 다음 계산 결과를 비교하고 (…) 경험하고 그것을 관찰 결과와 직접 비교해서 효과가 있는지 알아보고 (…) 그 간단한 진술 속에 과학의 핵심이 있습니다. 추측이 얼마나 아름다운가는 전혀 중요하지 않습니다. 당신이 얼마나 똑똑한지, 누가 그런 추측을 했는지, 그의 이름이 뭔지는 전혀 문제되지 않습니다. (…) 실험 결과와 맞지 않으면 틀린 거죠. 그게 전부입니다."

관찰 결과와 일치하는 훌륭한 추측은 여전히 과학이다.
운 좋은 우연도 마찬가지다.

사업하는 사람들이나 정치가들은 이 점을 제대로 이해하지 못한다. 그래서 의사결정을 평가할 때도 결과 자체를 엄정히 평가하는 것이 아니라 그런 의사결정을 만들어낸 과정의 엄정함을 가지고 평가하는 경향이 있다. 그들에게는 추론을 사용하는 것이 과학적으로 '보인다.' 실제로는 엉뚱한 곳에 사용되고 있는데 말이다. 항생제와 엑스레이, 전자레인지, 심박조율기를 만들게 된 과학적 발견이 운 좋은 우연의 산물이었다고 해서 우리가 이것들을 사용하지 말아야 할까?[2] 그런 관점을 견지한다면 정신 나간 순수주의자가 틀림없다. 그랬다가는 결국 굶주리고, 지루해지고,

---

2 더 자세한 내용은 파울 파이어아벤트Paul Feyerabend의 걸작 《방법에의 도전》이나 피터 메더워Peter Medawar 경의 저작을 참조.

죽을 가능성이 크다. 과학 발전의 경우처럼 사업도 마찬가지다. 포드의 모델 T 자동차 이후 아마도 가장 성공한 제품일 아이폰은 소비자의 요구가 있었거나 포커스그룹 인터뷰focus group interview (시장조사에 널리 사용되는 면접조사 기법—옮긴이)를 반복해서 개발된 제품이 아니다. 약간 정상이 아닌 어느 남자[3]의 편집광적인 구상에서 나온 제품이다.

그런데도 공공정책이나 사업상의 해결책을 찾을 때 우리는 합리적 수치화에 대한 집착을 벗어나지 못한다. 관료주의적 문화는 폐쇄적인 생각으로 어느 해결책의 잠재적 가치보다는 방법론적 순수성에 더 큰 중요성을 부여한다. 그래서 우리는 어느 잠재적 해결책이 틀린 것으로 증명되어서가 아니라, 공인된 추론 과정을 통해 해당 해결책이 나올 수 없다는 이유로 그런 해결책들을 무시한다.

그 결과 사업이나 정치는 필요 이상으로 훨씬 더 따분하고 상식적인 영역이 됐다. 스티브 잡스가 졸업식 연설에서 학생들에게 "만족하지 마라, 영악해지지 마라stay hungry, stay foolish"라고 한 것은 언뜻 생각하는 것보다 더 귀중한 조언을 내포하고 있었을 것이다. 이것은 사업가들에게 두드러지는 특징이다. 왜냐하면 사업가는 의사결정을 내릴 때마다 자신의 추론 과정을 변호할 필요가 없기 때문이다. 기업이나 기관에서 일하는 사람들에게는 선을

3　남다른 공포증을 가진 남자이기도 했다. 스티브 잡스는 단추를 무서워하는 단추공포증koumpounophobia이 있었다.

넘는 것에 해당하는 해결책도 사업가들은 얼마든지 실험해볼 수 있다.[4]

우리는 합리적인 것들은 너무 빨리 동조하고 언뜻 상식에 반하는 아이디어는 자주 의혹의 눈초리로 바라본다. 잘 안 팔리는 제품의 가격을 내리자고 해보라. 지루할 만큼 합리적인 이 제안은 아무런 의문 없이 동조를 받을 것이다. 하지만 제품 이름을 바꾸자고 해보라. 녹초가 되도록 파워포인트 자료를 만들고, 사람들을 조사하고, 다변량 분석 기타 등등을 해야 할 것이다. 그 모든 게 당신이 내놓은 아이디어가 전통적으로 말하는 식의 '논리적'이지 않기 때문이다. 그러나 귀중한 발견은 대부분 처음에는 말이 되지 않는다. 처음부터 말이 된다면 다른 누군가가 이미 발견했을 것이다. 그리고 사람들이 싫어하는 아이디어는 좋아하는 아이디어보다 더 강력할지 모른다. 인기 있고 눈에 보이는 아이디어는 모두 누군가 이미 시도해봤기 때문이다.

우리는 상식에 반하는 것들을 테스트해보아야 한다.
남들은 안 할 것이기 때문이다.

4　IBM은 PC 사업부를 만들면서 본사가 위치한 뉴욕과 멀찌감치 떨어진 플로리다를 근거지로 정했다. 관리 만능주의자들이 새로운 아이디어를 질식시키는 일이 없게 막고, T. J. 왓슨이 '야생 오리'라고 불렀던 것들을 실험할 수 있는 공간을 내주기 위해서였다.

산을 내려올 때 보이는 것
: 실험이 성공하면 이유를 만들어 붙인다

아무도 올라본 적이 없는 높은 산을 등반한다고 상상해보자. 밑에서 보면 어느 비탈을 타고 올라야 할지 알 수가 없다. 지형의 대부분이 언덕에 가려 있기 때문이다. 이 산을 오르려면 수많은 시행착오가 필요하다. 이쪽 루트를 시도했다가 포기하고 또 저쪽 루트를 시도했다가 포기한다. 수없이 되돌아오고 가로질러야 한다. 어쩌면 당신이 내린 의사결정의 다수는 직감이나 운에 기초했을 것이다. 그러나 결국 당신은 정상에 올랐고, 거기 서서 보면 이상적인 루트가 어디인지 훤히 보인다. 산을 내려다보면 어떤 길로 오는 게 최선이었을지 보이고, 이제는 그게 '정식 루트'가 된다. 산을 좋아하는 친구에게 그 루트를 설명할 때 당신은 마치 처음부터 그 루트를 따라갔던 양 이야기한다. 이제 모든 것을 알고 있는 당신은 판단이 훌륭해서 그 루트를 골랐었노라고 선언한다.

이게 과연 거짓말일까? 그렇기도 하고, 아니기도 하다.[1] 등반 과정에서 결국 당신은 최적의 루트를 다 가보았을 수도 있다.[2] 정상까지 찾아갈 수 있는 길이 있고, 당신이 처음 등반을 시도할 때는 그 길을 확신하지 못했다는 데까지는 사실이다. 그리고 당신이 설명하는 루트는 '실제로' 존재한다. 그 점에서 당신은 등산을 완벽히 정확하게 설명했다. 그러나 한 가지 점에서 당신의 이야기는 새빨간 거짓말이다. 당신이 정상까지 나아간 과정을 완전히 잘못 설명하고 있다는 점 말이다. 당신의 설명은 합리적 의사결정과 최적화, 순차적 논리에 과도한 찬사를 보내고 있다. 그 찬사는 실제로는 시행착오와 훌륭한 직감과 운의 제단에 바쳐야 하는 것인데 말이다.[3]

이 글을 쓰고 있는 지금 TV에서는 형사물 드라마가 나오고 있다. 저 드라마 속에서도 똑같은 종류의 '선택적 편집'을 사용해서 살인자의 체포 과정을 설명한다. 형사물 드라마는 전통적으로 범죄자의 체포와 관련이 있는 정보만을 언급한다. 형사물 소설에서는 한두 번 옆길로 새는 것도 허용된다. 하지만 드라마든 소설이든 보람 없이 이리저리 수사를 하고 다니느라 장시간 헛걸음을 하고 시간을 보낸 장면을 보여주지는 않는다. 앨프리드 히치콕

---

1 흠, 대부분은 그렇다.
2 물론 당신이 실제로 선택한 루트와 최적의 루트가 전혀 겹치지 않았을 수도 있다.
3 아마도 가네샤Ganesha, 티케Tyche, 포르투나Fortuna 등등 다양한 행운의 여신과 신들이 있었던 고대 종교가 현대 합리주의자들보다는 더 객관적이었을 것이다. 그들은 모든 결과를 개별 인간의 합리성 덕으로 돌리려고 하지는 않았다.

감독이 언젠가 말했던 것처럼 "드라마란 현실에서 지루한 부분을 잘라낸 것에 불과하다."

우리는 내러티브를 만들어내느라 끊임없이 과거를 고쳐 쓰면서 중요하지 않은 부분들은 잘라내고 운과 무작위적인 실험은 의식적인 의도로 대체한다. 한 예로 내 친구는 언젠가 지금 살고 있는 집을 사고 싶었던 이유 중 하나가 훌륭한 식당과 가까워서라고 했다. 그 식당이 친구가 이사를 한 후에 문을 열었다는 사실을 잊어버린 것이다. 현실에서는 거의 모든 것이 우리가 인정하는 것보다 더 많은 진화를 거친다. 광고업계에서 오랫동안 일하면서 나는 우리가 제안을 내놓을 때마다 마치 처음부터 줄곧 우리 제안이 합리적이었던 것처럼 매번 사후 합리화된 설명을 발표한다는 걸 알고 있었다.

나는 우리가 어디로 갈지 아무런 계획도 없이 완전 무작위로 문제를 해결하려 들어야 한다는 얘기가 아니다. 또 데이터와 합리적 판단이 우리의 고민 과정에 아무런 역할을 하지 않는다는 말도 아니다. 그러나 정말로 새로운 것을 생각해낼 때는 무의식적인 본능과 운, 단순한 무작위적 실험이 (우리는 인정하지 않겠지만) 문제 해결 과정에서 훨씬 큰 역할을 한다. 프레젠테이션을 할 때 나는 그게 순전한 연역 논리의 산물인 양 말하고 있는 게 썩 기분 내키지는 않았다. 그러다가 깨닫게 된 것이 현실에서는 인생의 모든 게 이런 식으로 작동한다는 사실이었다. 비즈니스도, 자연선택에 의한 진화도, 심지어 과학까지도 말이다.

심지어 수학자들조차 발견의 과정은 정당화의 과정과는 다르다는 사실을 받아들이는 것으로 보인다. 세드릭 빌라니 Cédric Villani 는 종종 수학자가 받을 수 있는 가장 큰 영광이라고 말하는 필즈상을 수상했다. '비선형 란다우 감쇄 및 볼츠만 방정식에 대한 균형 수렴 증명'으로 상을 받은 그는 이렇게 말한다.

"수학자는 핵심적으로 두 단계를 사용합니다. 직관을 사용해 제대로 된 문제와 옳은 답을 추측하고, 그다음에 논리를 이용해 증명하는 것이죠."

우리는 이 두 번째 부분을 첫 번째와 뭉뚱그려왔다. 우리는 진보라는 것이 사후에 뒤돌아볼 때처럼 진행 중인 그 순간에도 깔끔한 모습이어야 한다고 생각한다. 아이디어라는 것이, 나중에 분석할 때처럼, 만들어지는 그 순간에도 또렷하기를 바란다. 해결책을 찾고 있을 때 본능이나 운은 아무런 역할도 할 수 없다고 생각한다. 그러나 지난 발견들은 이런 방식을 지지해주지 않는다. 물리학이나 수학에서조차 그렇다면 인간 행동에 관한 의문에서는 말할 것도 없을 것이다.

WPP 연례보고서 서문에서 제러미 불모어는 욕조에 들어간 아르키메데스의 전설을 발견의 한 사례로 들었다. 이 전설이 사실일 수도, 사실이 아닐 수도 있다는 것은 그도 인정하지만 어찌 되었든 중요한 진실을 잘 보여주는 것만은 사실이다. 이야기는 이렇다. 시라쿠사의 폭군 히에론 2세가 왕실의 금세공사에게 금덩어리를 주고 신전에 봉헌할 왕관을 만들라고 했다. 그러나 왕관이 도착하자 왕은 금세공사가 금에 은을 섞고 나머지 금은 착복한 것이 아닌가 의심한다. 왕은 아르키메데스에게 진실을 밝히라는 과제를 준다. 물론 아르키메데스는 금의 무게는 정확히 알고 있으나 이 왕관이 순금으로 만들어졌는지 알려면 왕관의 부피를 알아내야 했다.

순전히 논리적인 접근법은 왕관을 녹여서 벽돌 모양으로 만드는 것이었을 수도 있다. 그러면 부피는 쉽게 알아낼 수 있겠지만 왕관이 파괴되는 안타까운 결과가 따랐다. 아르키메데스가 이리저리 해결책을 찾는 동안 히에론 2세의 인내심은 점점 바닥나고 있었다. 이 문제는 한순간도 아르키메데스의 머릿속을 떠나지 않았고 욕조까지 따라 들어왔다. 그곳에서 아르키메데스는 자신이 욕조에 몸을 담그면 수위가 올라가고 몸을 일으키면 수위가 내려가는 것을 알아챘다. 불모어의 표현대로 "그가 관찰하거나 마주쳤던 모든 것이 잠재적으로 이 끈질긴 문제와 연관돼 있었다." 마치 아르키메데스는 자신이 복잡한 고체의 부피를 측정하는 법을 알아냈다는 사실을 이미 알고 있는데, 그 정확한 방법을 몰랐던 것과 같았다.

불모어는 주도면밀하게 계획된 실험이 아니라 직관에 신세를 졌다고 인정하는 사람들에 대해 우리가 눈살을 찌푸리는 경향이 있다고 말한다. 불모어는 만약 아르키메데스가 과학 저널에 그 내용을 발표했다면 자신의 발견을 뭐라고 회고했을까 상상해본다.

"나는 이 문제에 합리적으로 접근했다. 부피란 그 정의에서부터 점유하는 공간을 의미하기 때문에 나는 고체가 액체 내부에서 점유하는 공간을 이용해 고체를 담그기 전과 후의 액체의 부피를 재면 될 거라 추론했다. 두 부피의 차이, 즉 내가 '배수량'이라고 부르는 것은 액체에 담근 고체의 부피와 정확히 일치할 것이다. 따라서 나는 전통적인 방식으로 쉽게 부피를 측정할 수 있는 모양과 크기를 가진 용기를 하나 고르기만 하면 됐다."

불모어가 하려는 말의 핵심은 이런 유형의 설명이 어떤 아이디어나 발견을 입증하는 데는 유용하지만, 해당 아이디어가 최초에 어떻게 떠올랐는지 설명하는 데는 상당히 기만적이라는 얘기다. 불모어는 또한 우리가 나의 성공을 미리 계획된 과학적 접근법의 덕으로 돌리고 우연하거나 계획하지 않은 요소가 차지하는 역할은 과소평가하려는 경향이 있다고 말한다. 그리고 이런 경향이 혁신을 오도하거나 심지어 혁신의 여지를 제한할 수도 있다고 주장한다.

그렇다면 다시 바보 같은 질문을 해볼 차례다. 이성의 진정한 쓸모는 대체 무엇인가? 어리석은 질문 같아도 진화의 관점에서는 결코 사소하지 않은 문제다. 우리가 아는 한, 지구상 다른 모든 유기체는 그런 능력 없이도 완벽하게 잘 살아남았다. 이성이 우리에게 다른 동물에 비해 대단한 우위를 준 것처럼 보이는 것은 사실이다. 이성 없이 우리가 수많은 기술적, 문화적 성공을 이뤘을 것 같지는 않다. 그러나 진화의 관점에서는 이런 것들은 '부산물'임에 틀림없다. 왜냐하면 진화는 장기적 계획을 세우지 않기 때

문이다.[4]

따라서 우리는 우리가 왜 그런 우위를 갖게 됐는지 다른 이유를 찾아보아야 한다. 또한 이성이 과연 수많은 의사결정을 도와주게끔 고안된 것인지 아니면 뭔가 다른 목적을 위해 발전해온 것인지도 질문해보아야 한다. 우리는 내 행동이 이성의 지침을 따르고 있다고 믿는다. 하지만 우리의 의식이 그렇게 생각한다고 해서 실제로 그런 것은 아니다. 그냥 그렇게 믿는 편이 진화의 관점에서 도움이 되는 것일 수도 있다.

이성의 기능에 관해 가능성 있는 놀라운 설명이 등장한 것은 불과 10년 전이다. '논쟁 가설'[5]은 인간의 뇌에 이성이 나타난 것은 우리의 행동이나 신념에 도움이 되는 정보를 제공하기 위해서가 아니라 남들에게 내 행동이나 신념을 설명하고 방어하기 위해서라는 의견을 제시한다. 다시 말해 이성은 고도로 사회적인 종으로서 우리가 필요에 의해 적응한 부분이라는 것이다. 우리는 남의 거짓말을 감지하고, 논란을 해결하고, 남에게 영향력을 미치거나 나의 행동을 사후에 설명하기 위해 이성을 사용할지 모른다. 그러나 개별 의사결정 과정에서 이성이 결정적인 역할을 하는 것 같지는 않다.

논쟁 가설은 수긍이 가는 부분이 많다. 먼저 개인이 이성을 왜

---

4 예컨대 진화가 '이봐, 뇌에 기능을 하나 추가하자. 그래야 100만 년 후에 아폴로 계획을 세우지' 같은 생각을 하는 것은 아니라는 얘기다.

5 당 스페르베르Dan Sperber와 위고 메르시에Hugo Mercier가 처음 주장했고 《이성의 진화》에 상세히 설명되어 있다.

그토록 드물게, 선택적으로, 무엇보다 본인에게만 유리하게 사용하는지 설명해준다. 우리가 왜 이미 가지고 있는 입장이나 이미 결심한 사항의 이유를 고안해내는 데 능숙한지 설명해준다. 또 사람들이 기존의 신념을 뒷받침하는 정보만 찾아다니고 흡수하는 '확증편향'을 설명해준다. 또한 나 자신을 더 좋게 묘사하기 위해 현실에 대한 지각을 바꾸는 '적응적 선호 형성'도 설명해준다. 이 모형에 따르면 이성은 데카르트가 생각한 것처럼 뇌에서 과학과 연구개발을 담당하는 부서가 아니라 법무팀 겸 홍보팀 역할을 하고 있다.

논쟁 가설을 이해하는 게 중요해 보이는 이유는 먼저 인간의 이성이 잘할 수 있는 것과 잘할 수 없는 것을 파악하는 데 도움을 줄 수도 있기 때문이다.[6] 또한 이성의 오용이나 남용이 어떤 역효과로 돌아올지 이해하는 데 도움을 줄 수도 있다. 사람들이 유관 사실을 모두 확보하고 있을 때는 서로 자기 자신을 옹호하는 논쟁이 잘 작동할 수도 있다. 자연과학에서 논쟁이 잘 통하는 이유가 그것이다. 모든 관련 변수가 알려져 있고 숫자로 표현될 수 있기 때문이다. 그러나 사회과학에서는 이런 것이 적용되지 않는다. 사람들이 관심 갖는 다수의 중요한 심리적 요소들을 수치화하는 것은 불가능하다. 정말로 중요한 것들을 측정하는 국제단위 같은 것은 없다.

6　예를 들어 아무리 탄탄한 논증이라고 해도 나의 기질과 충돌하거나 그 주장을 내놓은 사람을 내가 싫어하거나 신뢰하지 않는다면 통하지 않을 수 있다.

자연과학에서는 원인과 결과가 깔끔한 도식으로 그려질지 모른다. 그러나 행동과학은 훨씬 더 복잡하다.

　　원인, 맥락, 의미, 정서, 결과를 모두 다 따져야 하기 때문이다.

19

이성의 남용

겉으로는 논리적으로 보이는 논증이 왜 사람들의 마음을 바꿔놓는 데는 효과가 없을 수 있는지, 그런 논증들을 왜 의심해봐야 하는지 설명할 수 있는 한 가지 방법은 현실에서 이런 논증을 만들어내기가 너무나 쉽다는 점이다. 'GPS 논리'의 경우처럼 그 어떤 행동이든 그럴듯한 이유를 만들어낼 수 있다. 당신이 선택한 모형에 포함할 데이터만 쏙쏙 뽑아내고 불편한 사실들은 무시하면 된다. 앞서 말했던 것처럼 영국에서 브렉시트 국민투표에 진 사람들이나, 미국에서 도널드 트럼프에게 진 민주당원들이나, 다들 자신들의 캠페인이 더 훌륭한 주장을 펼쳤다고 생각했다. 그러나 열혈 잔류파 혹은 열혈 민주당원이 아니고서야 두 경우 모두 그들이 주장을 펼칠 준비가 되어 있던 분야는 지독히 협소했다는 사실을 눈치챌 수밖에 없었을 것이다.

가진 데이터가 많을수록 본인에게만 유리한 그럴싸한 내러티브를 뒷받침할 내용을 찾아내기는 더 쉽다. 미래에 데이터가 많다는 사실은 논쟁을 끝내는 게 아니라 더 악화시킬 것이다.

자동문이 도어맨을 대체하지는 않는다
: 효율성이 늘 도움이 되지 않는 이유

비즈니스나 기술, 많은 부분 정부 역시 지난 수십 년간 효율성을 눈에 띄게 높이려고 가열하게 노력해왔다. 그러나 그들은 과연 사람들이 경제이론에서 말하는 것만큼 효율성을 좋아하는지는 한 번도 물어보지 않았다. 내가 '도어맨의 오류'라고 부르는 것은 전략이 곧 비용 절감 및 효율과 동의어처럼 되어버릴 때 일어난다. 호텔 도어맨의 역할을 '문을 열어주는 것'이라고 정의한 다음 자동문으로 그의 역할을 대체해버리는 경우처럼 말이다.

문제가 생기는 이유는 문을 열어주는 것이 도어맨의 '개념상' 역할에 불과하기 때문이다. 정의하기 힘든, 도어맨의 가치는 문을 열어주는 것 외의 다양한 다른 역할에 있다. 택시를 불러주고, 경비원 역할을 하고, 부랑자들이 접근하지 못하게 하고, 고객에게 인사를 하면서 호텔이라는 지위의 신호를 보내는 것 말이다. 실제로 도어맨은 호텔이 하룻밤 숙박비로 더 많은 돈을 청구할 수 있는 요소일지 모른다.

비즈니스의 모든 부문을 똑같이 협소한 경제적 관점에서만 바라본다면 이 같은 논리가 끝없이 적용된다. 무언가를 협소하게 정의하고 자동화하거나 간소화하거나 혹은 완전히 제거한 후 그 아낀 돈을 이익으로 간주한다. 이 역시 옳은 결론을 내기보다는 논쟁에서 일단 이기고 싶은 '논쟁적 사고'의 한 사례가 아닐까?

얼마 전에 내가 어느 회사의 콜센터에 전화를 걸었는데 도움이 될 뿐만 아니라 박식하고 매력적인 직원이 전화를 받아 더할 나위 없이 훌륭한 대접을 받았다. 그 회사는 우리 회사의 고객사 중 하나였기에 나는 회사 사람에게 어떻게 그렇게 콜센터 직원들을 훌륭하게 교육했냐고 물었다. 그런데 예상치 못한 답이 돌아왔다.

"아주 솔직히 말하면, 보수를 너무 많이 주고 있는 거겠죠."

그 콜센터는 대도시에서 30킬로미터 정도 떨어진 곳에 위치했다. 그 지역 사람들은 돈을 더 많이 받는 직장까지 매일 1시간씩 통근을 하느니 수십 년간 그곳에 살며 아주 능숙한 직원이 된 것이었다. 채용 및 교육에 들어가는 비용은 무시해도 좋을 정도였고, 고객 만족도는 놀랄 만큼 높았다. 이 직원들은 '비용'으로 간주되었던 것이 아니라 이 회사가 성공한 중요한 요인이었다.

그러나 현대 자본주의의 추세로 볼 때 눈빛을 번득이는 컨설턴트 몇 명이 이사회 미팅에 나타나 '해외 이전 및 자원 관리를 통한 고객 서비스 비용 효율화' 같은 제목의 파워포인트를 띄우는 것은 시간문제다. 몇 달 후면 콜센터 전체가 해외로 이전되든지 아니면 한때는 행복한 콜센터 직원이었던 사람들이 '0시간 계약직(우리나라의 일용직 비슷한, 파트타임보다 못한 계약 조건―옮긴이)'을 강요받게 될 것이다. 얼마 후면 아무도 이 콜센터에 전화를 걸어 주문을 넣지 않을 것이다. 직원들이 무슨 말을 하는지 한 마디도 못 알아들을 것이기 때문이다. 하지만 회사가 애널리스트들에게 분기 보고서를 제출하면서 차트 하나에 중요 항목으로 '콜센터 이전 및 다운사이징을 통한 노동비용 절감'이라고 쓸 수 있는 한, 그런 것은 문제가 되지 않을 것이다.

오늘날 공개기업의 주된 활동이 시장의 니즈를 만족시키는 제품을 만드는 것인 경우는 거의 없다. 경영진의 주된 관심은 애널리스트들을 만족시킬 그럴듯한 효율성 스토리를 만들어내는 것이다. 애널리스트들의 다수는, 스프레드시트에서 읽을 수 있는 것을 제외하면, 그들이 분석한다고 주장하는 비즈니스에 관해 아무것도 모른다. 비용 절감 노력을 경험적으로 증명할 필요는 전혀 없다. 그 노력이 정통 경제이론과 일치하기만 하면 된다. 당신의 의사결정이 아무리 나쁜 결과를 낳아도 경제학을 따랐다는 이유로 해고될 일은 없다는 것은 누구나 아는 비즈니스의 원칙이다. 아무리 예측이라는 측면에서 경제학의 가치가 막대기로 수맥 찾기나 손금 보기와 비슷한 수준이라고 하더라도 말이다.

'결합상품'이라는 것을 한번 보자. 요즘 정통 경제학 이론은 모든 이동통신 회사가 광대역 인터넷과 유선전화, 유료 TV 서비스를 제공해야 하고, 모든 유료 TV 회사는 광대역 인터넷과 휴대전화, 유선전화 서비스를 제공해야 한다는 식으로 요구한다. 이렇게 요구하는 '경제학적'[1] 근거는 4가지를 동시에 제공해야만 지원부서의 효율성과 규모의 경제, 가격 경쟁력을 달성할 수 있다는 것이다. 경제학 모형은 누구든 이 4가지 서비스 모두를 가장 저렴하게 공급하는 회사가 시장을 지배할 거라고 말한다. 그러나 현실에서 결합상품은 거지 같은 샌드위치만큼이나 인기가 없다. 진화 과정에서 인간의 뇌는 전면적인 참사의 위험을 감수하면서까지 경제적 최적화를 추구하는 쪽으로 맞춰지지는 않았다. 결합상품은 달걀 4개를 한 바구니에 담는 것이고, 우리는 입지가 약화된 기분이 든다. 아프리카 어느 섬으로 여행을 가면서 250파운드의 데이터로밍 비용을 내지 않겠다고 하면 단일회사가 당신의 휴대전화와 TV, 광대역 인터넷, 유선전화를 모두 끊어버릴 수도 있다. 게다가 이들 비용을 모두 합친 금액이 총 얼마인지 매달 상기하고 싶은 사람이 누가 있을까?[2]

기업들은 사회적으로 유용한 전통적 역할을 내다버린 걸까? 예전에는 어떻게 하면 고객의 니즈를 가장 잘 충족시킬 수 있는지 기업들이 경쟁적으로 다양한 이론을 테스트하면 시장이 그들의 노력을 심판했었는데 말이다. 가끔 보면 사업은 이제 효율성이라

1   즉 '바보 같은'.
2   언젠가 내가 광대역 인터넷과 유선전화, 휴대전화, 유료 TV에 쓰는 금액을 모두 더해본 적이 있는데, 결국 아내가 나를 진정시켜줘야 했다.

는 일신교로 축소되어버린 듯하다. 금융사라는 군주에게 규모의 경제니 비용 절감이니 하는 이미 승인된 관리상의 주문을 외울 수만 있다면 더 이상 그 어떤 질문도 받을 일이 없을 것이다.

오래전에 영국의 대기업 중 한 곳의 CEO와 조찬을 함께 한 적이 있었다. 그는 시티그룹의 애널리스트들에게 들들 볶이다 오는 길이었다. 요즘 사업에 익숙하지 않은 사람이라면 애널리스트들이 이 CEO에게 불만을 토로한 이유가 이상하게 보일지 모른다. 이 CEO의 회사는 시장에서 가장 비싼 물건을 팔면서도 가장 높은 점유율을 갖고 있었다. 그런데 대체 뭐가 잘못될 수 있단 말인가? 애널리스트들이 그에게 감사했을 거라 생각한 사람도 있을 터였다. 그러나 애널리스트들은 카테고리 내에서 가장 비싼 제품이 시장 점유율도 가장 높을 수는 없다며 CEO가 제품 가격을 내렸거나 시장 점유율이 떨어지는 것을 감수했을 거라 주장했다. 오늘 확인해보니 7년이 지난 지금도 그 제품은 여전히 프리미엄 가격을 받고 있고 시장 점유율은 더 높아져 있었다.

정통 경제학은 그쯤 하자. 사실 고가의 제품이 시장 점유율도 높은 것은 보기 드문 일은 아니다. 그 애널리스트들도 자기 주머니에 손을 뻗어 아이폰[3]이나 아우디 자동차 열쇠가 만져졌다면

---

[3] 비운을 맞았던, 클래식 아이폰의 플라스틱 버전처럼 생긴 아이폰5C 제품을 출시하라고 애널리스트들이 애플을 부추겼던 것도 정통 경제학 이론 때문이었다. 그들은 저비용 모델이 없으면 애플이 적정 점유율을 달성할 수 없을 거라고 주장했다. 해당 제품은 실패했다. 신형 아이폰을 살 형편이 안 되는 사람들은 이미 구형 아이폰을 사거나 물려받아서 문제를 해결했지, 눈에 띄게 열등한 버전의 제품을 사용하지는 않았다.

그 사실을 깨달았을지도 모른다. 하지만 그들에게는 기업이 많은 사람들에게 뛰어난 제품을 공급하는 것보다 경제이론과 일치하는 행동을 하는 게 더 중요한 일이었다.

1년 전에 우리 회사가 아무런 상의도 없이 전 세계 직원들(모두 합쳐 7만 명이 넘는다)의 이메일을 새로운 이메일 플랫폼으로 옮겨버렸다. 주말 사이 기습적으로 일어난 일이었다. 이용자 다수가 새 플랫폼이 이전보다 눈에 띄게 못하다고 느꼈다. 그러나 '적어도 이제는 중앙에서 관리가 가능'했다. 나를 경악하게 만들었던 것은 새로운 플랫폼이 생산성에 어떤 영향을 줄지 테스트조차 해보지 않았다는 사실이다. 7만 명의 우리 직원들은 각자 매일 이메일이나 메신저, 업무 스케줄러 등을 3시간 이상을 사용할 수도 있는데, 이 플랫폼이 이전 것보다 5퍼센트만 더 느려도 생산적 시간의 엄청난 손실로 이어질 것이다.

그러나 아무런 테스트가 이뤄지지 않았던 것은 이 일의 목적이 생산성을 향상시키는 것이 아니라 애널리스트들에게 우리가 "지원 부서 통합을 통해 IT 비용 절감"을 달성 중이라고 그럴듯한 이야기를 들려주는 것이기 때문이다. 이 경우에는 우리가 해당 플랫폼으로 옮겨간 이후 플랫폼의 성능이 개선됐다. 하지만 효율성 저하라는 숨은 리스크에 대한 고려 없이 비용 절감에 대한 의사결정을 내릴 수 있다는 사실은 여전히 놀라운 일이다. 그러면 왜 대기업들은 사업을 하면서 이렇게 이데올로기적인 접근법을 취하고 있는 걸까? 원래 이것은 공산주의의 약점이어야 하는데 말이다.

자유시장 자본주의와 관련해 아무도 언급한 적 없고, 다소 창피하지만, 그럼에도 불구하고 필수적인 부분은 자유시장 자본주의가 이성을 조금도 아랑곳하지 않는다는 점이다. 사실 자유시장 자본주의는 운 좋은 바보들에게 자주 보상을 줄 것이다. IQ 80에 제정신이 아닌 게 분명한 사람도 비어 있는 틈새시장의 딱 맞는 시기에 엉겁결에 발을 들이면 큰 보상을 받을 것이다. 마찬가지로 돈으로 살 수 있는 MBA란 MBA는 모두 가지고 있는 사람도 천재적인 제품을 너무 늦게 (혹은 너무 빨리) 내놓으면 실패할 것이다.

지능을 최고의 덕목으로 생각하는 사람들에게는 이 모든 것이 절망적일 만큼 능력주의와 거리가 멀어 보인다. 하지만 바로 그렇기 때문에 시장이 그토록 뛰어난 것이다. 시장은 추론의 질과는 무관하게 필요한 곳에 기꺼이 자금을 대고 보상을 준다. 어쩌면 '운이 좋다'는 것은 보상을 받을 자격이 되지 않을 수도 있다. 하지만 운 좋은 행운을 살려두지 않는 시스템은 시스템의 가치를 대부분 상실할 것이다. 무엇보다 진화론적 발전 역시 운 좋은 우연의 산물이다. 마찬가지로 텅 빈 레스토랑을 그냥 뭔가 계속 존재해야 할 것 같은 이유가 있는 것처럼 보여서 보조금을 지급해가며 계속 유지하는 비즈니스 시스템은 행복한 결론에 이르지 못할 것이다.

이론적으로 자유시장은 주로 효율성의 극대화가 핵심이라고 하지만, 실제로 자유시장은 전혀 효율적이지 않다. 자본주의를 효율성을 이유로 칭찬하는 것은 마치 밥 딜런을 목소리로 칭찬하는 것과 같다. 의견은 훌륭한데 이유는 순 엉터리다. 시장 메커니즘은 대략 효율적이다. 하지만 효율성이 시장 메커니즘의 주된 덕목이라는 생각은 분명히 틀렸다. 경쟁은 매우 비효율적이기 때문이다. 우리 동네에는 내가 식료품을 살 수 있는 가게가 8개 정도 있다. 웨이트로즈Waitrose, M&S, 리들Lidl 기타 모든 가게가 합병해서 하나의 거대한 '인민의 위대한 식품관'이 된다면 훨씬 더 '효율적'일 거라고 나는 확신한다.[4]

여기서 빠진 지표는 반쯤 무작위적인 다양성이다. 정말로 자유로운 시장은 효율성 대신 시장이 검증한 혁신을 택하는데 그 혁신이라는 것은 운에 크게 좌우된다. 이토록 비효율적인 과정이 꼭 필요한 이유는, 소비자 자본주의가 이뤄낸 대부분의 성과는 한 번도 계획된 적이 없고 그저 뒤돌아보았을 때에만 (조금이라도) 설명되기 때문이다. 예를 들어 콜센터 업무를 인건비가 낮은 국가로 이전한 효과를 테스트해본 회사는 거의 없었다. 이것은 그냥 유행이 됐다. 비용 절감에 대한 열렬한 환호가 유행이 된 것처럼 말이다.

다음의 사례는 경제학이 거짓일 때조차 진실인 척하려는 현대 기업들의 경향을 완벽히 보여준다. 런던 서부 지구에 있는 극장들은 과거에 자기네 작품을 보러왔던 사람들에게 자주 이메일을

---

4 그리고 똑같은 정도로 확신하는데 그 가게는 형편없을 것이다.

보내서 티켓 예매를 독려한다. 내 지인 중에 어느 극장의 마케팅 임원으로서 그런 이메일을 보내는 일을 했던 친구가 있었다. 시간이 지나면서 이 친구는 전통적인 경제학의 법칙을 벗어나는 것으로 보이는 현상을 알게 됐다. 연극이나 뮤지컬을 홍보하는 이메일을 보내면서 티켓 할인권을 첨부하면 판매 티켓 수가 오히려 '줄어드는' 것처럼 보인 것이다. 반대로 정가의 티켓을 제안하면 수요가 '증가하는' 것처럼 보였다.

경제이론에 따르면 이것은 전혀 말이 되지 않는 일이지만, 현실 세계에서는 완벽히 있을 법한 일이다. 무엇보다 할인 티켓을 판매하는 극장은 남는 티켓이 많은 것이 분명하고, 그렇다면 해당 연극이나 뮤지컬은 썩 훌륭하지 않다고 추론하는 게 합리적일지 모른다. 티켓에 식사비, 주차비, 베이비시터 비용까지 100파운드에서 200파운드 정도를 썼는데 집에서 TV나 보는 게 더 재미있었겠다는 생각이 들고 싶은 사람은 아무도 없을 것이다. 할인 티켓을 피하는 사람들은 결코 어리석은 게 아니었다. 그들은 높은 수준의 2차적인 사회적 지능을 보여주고 있었다.

내 지인이 알아낸 사실에도 불구하고 지인의 동료들은 계속해서 지인에게 티켓 가격을 할인하라고 요구했다. 지인은 조금이라도 할인을 할 경우 수요가 줄어들어서 낮은 가격에 더 적은 티켓을 팔게 된다고 참을성 있게 설명했지만, 동료들은 그래도 할인권을 첨부하라고 우겼다. 그들이 계속해서 그렇게 한 이유는 경험적으로는 그게 잘못된 행동이지만 경제학적으로는 논리적으로 보였기 때문이다. 만약에 할인된 가격에 좌석의 30퍼센트가 팔리지 않는다면 더 높은 가격에도 못 팔았을 거라고들 생각했다. 반면에 내 지인이 할인권을 제공하지 않았고 안 팔린 좌석이 20퍼센트인 경우에는 지인이 비난을 받을 수 있었다. 사람들의 동기가 늘 사업적 이익과 일치하는 것은 아니다. 최고의 의사결정은 이익을 추구하는 것이 아니라 합리적인 자기 정당화를 추구하는 것이다. 경제학이 사실인 척했다고 해고된 사람은 아무도 없다.

이 책을 시작할 때 보았던 자선단체 사례에서 합리적, 논리적 개선은 실패하고 비합리적 혹은 심리적 개선은 성공했었다. 우리가 모든 문제를 우리 뇌의 다른 부분은 죄다 무시하고 오직 전전두엽을 만족시킬 수 있는 방향으로 해결하려는 시도를 멈춘다면 우리는 얼마나 더 많은 해결책들을 발견할 수 있을까? 2부에서는 그에 관해 알아보자.

어느 연금술사 이야기

감자 대왕과 정어리의 마법

논리를 버렸을 때 얻는 큰 장점
: 마법을 부릴 수 있다

중세 말, 과학은 길을 잘못 들었고 연금술이 효과가 없다는 비뚤어진 결론에 도달했다. 사람들은 비금속을 금으로 바꾸기 위해 오랫동안 고전했으나 기대했던 방식으로는 그렇게 할 수 없다는 사실을 알자 포기하고 말았다.

시간이 흘러 뉴턴이 우리 머릿속을 열역학과 에너지 보존 법칙으로 채운 것도 연금술에는 도움이 되지 않았다. 과학은 속수무책으로 우리를 잘못된 길로 이끌어 우리 모두에게 무에서 유를 창조할 수는 없다는 생각을 주입했다.

과학은 값싼 금속으로 귀금속으로 만들 수는 없다고, 어느 한 곳에서 혹은 어느 한 형태의 에너지를 파괴하지 않고서는 다른 에너지를 창조할 수 없다고 가르쳤다. 물리학이라는 협소한 영역에서 보면 이 모든 게 완벽히 진실이지만, 심리학이라는 전혀 다른 영역으로 오면 완전히 틀린 얘기다.

심리학에서는 이런 법칙들이 적용되지 않는다.
1 더하기 1은 3이 될 수 있다.

나중에 경제학자들은 아무것도 창조할 수도, 파괴될 수도 없다는 똑같이 우울한 개념을 자신들만의 버전으로 만들어냈다. 그들은 "공짜 점심 같은 건 없어"라고 말했다. 그 결과 안타깝게도 더 이상 누구도 마법을 믿지 않게 됐다. 그러나 마법은 여전히 존재한다. 물리학이나 화학이 아니라 심리학, 생물학, 인지과학이라는 분야에서 발견된다. 그리고 마법은 창조될 수 있다.

예전에 광고회사 제이월터톰슨은 카피라이터를 꿈꾸는 사람들에게 테스트를 내주곤 했는데 그중 간단한 문제가 하나 있었다.

'여기 똑같이 생긴 25센트짜리 동전이 2개 있다. 오른쪽에 있는 동전을 나에게 팔아보라.'

채용에 성공한 어느 지원자는 연금술이라는 아이디어를 이해하고 있었다.

'저는 오른쪽 동전을 집어서 메릴린 먼로의 가방에 떨어뜨릴 겁니다.[1] 그런 다음 진짜 25센트짜리 동전을 메릴린 먼로가 소유했던 물건으로 당신한테 팔 겁니다.'[2]

---

[1]   아마도 메릴린 먼로가 아직 살아 있던 시절인 듯하다.
[2]   좀 더 괴상한 대안을 만들어보면 왼쪽에 있는 동전을 연쇄살인범 제프리 다머Jeffrey Dahmer나 프

수학에서는 2 더하기 2는 4가 된다.
심리학에서는 4보다 많을 수도 있고 적을 수도 있다.
그 값은 당신에게 달렸다.

우리가 가치를 두는 것은 물건이 아니라, 물건에 담긴 의미다. 사물의 이름은 물리학의 법칙으로 정해지지만, 사물의 의미는 심리학의 법칙이 정한다.

애플이나 디즈니처럼 마법을 부릴 기회를 찾는 기업들은 세계에서 가장 가치가 높고 수익성이 높은 브랜드에 이름을 올리는 것이 일상이다. 지금쯤이면 경제학자들도 이 점을 눈치챘을 거라 생각할 것이다.

와인은 와인병이 무거울수록 맛이 더 좋다. 약은 비싸다고 생각할수록 더 잘 듣는다. 거의 모든 것들이 공급이 희소하다고 생각하면 더 갖고 싶어진다. 소지품에 유명 브랜드의 이름이 붙어 있으면 더 기분이 좋다.

안타깝게도 공무에 종사하는 사람들은 아무도 마법을 믿지 않고, 마법을 부린다고 하는 사람을 신뢰하지 않는다. 들이는 돈이나 시간, 노력, 자원보다 더 큰 가치를 느끼는 해결책이 있다고 하면 사람들은 믿지 않거나 심하면 당신이 속임수를 쓴다고 생각할

레드 웨스트Fred West에게 빌려주어 가치를 떨어뜨리는 방법이 있을 것이다. 그렇게 되면 대부분의 사람은 이 동전을 원치 않을 것이다. 물론 이베이에서는 아마도 구매자를 찾을 수 있겠지만 말이다.

수도 있다. 기업에서 마케팅이 인정을 못 받는 이유가 바로 이 때문이다. 마케팅이 마법을 부려서 성공하면 그 공은 물류나 원가 관리로 돌리는 것이 사회적으로 더 잘 받아들여진다.

종종 윤리 원칙으로까지 보일 수 있는 마법에 대한 이런 반감은 엄청난 문제를 불러온다. 마법 같은 해결책조차 즐기지 못하는 뿌리 깊은 저항감은 사람들이 고려할 수 있는 아이디어의 수를 제한하는 결과로 이어진다. 이 때문에 정부는 항상 법적 강제 아니면 경제적 인센티브라는 두 가지 방식밖에 생각하지 못하고, 비용 대비 효과가 더 크거나 덜 강압적일 수 있는 다른 해결책들을 무시한다. 그 좋은 예로 최근 영국 정부는 런던과 버밍엄, 맨체스터를 잇는 새로운 고속철도에 600억 파운드를 쓰기로 결정했다. 이런 지출을 감행하는 근거는 두 가지다. 더 빠른 새로운 열차를 통한 시간 절약과 수송 능력 증설 말이다.[3]

그러나 문제는 비용이다. 600억 파운드는 누가 봐도 큰돈이고, 새로운 열차 노선을 구축하는 데 걸리는 시간도 고려해야 한다. 새 열차로 모든 노선의 소요시간이 1시간 단축될 거라는 것은 사실이다. 맨체스터까지 가는 데 지금은 보통 2시간 10분이 걸리지만 앞으로는 70분 정도로 소요시간이 줄어들 것이다. 하지만 이런 혜택을 누리려면 2030년 말까지 기다려야 한다.[4] 60분을 단

---

3   미국의 독자들에게는 놀라울지 모르겠다. 하지만 영국에서 열차 이용은 한동안 계속 증가 추세다. 실제로 1920년대 이후로 최근만큼 영국인들이 열차를 많이 이용한 적은 없다.
4   이 열차가 운행할 때쯤이면 나는 이미 오래전에 은퇴했을 것이다.

축하자고 10년을 기다리는 것이 설득력 있는 제안 같지는 않다. 그래서 내가 맨체스터까지의 소요시간은 약 40분 단축하고 '동시에' 기존 열차의 수송 능력도 증가시킬 수 있는 마법 같은 대안을 제시했다. 6개월 만에 25만 파운드라는 적은 비용으로 이 모든 것을 이룰 수 있는 방법이었다.

내가 사용한 비법은 간단했다. 문제를 수송이라는 측면에서 보지 말고 승객의 관점에서 보라. 여행 시간을 40분 줄이기 위해 사람들이 기차에서 쓰는 시간을 줄여야 하는 것은 아니다. 어찌 되었건 기차를 타고 있는 시간이 사람들에게는 여행 중 가장 즐거운 시간이니 말이다. 그냥 사람들이 '기차를 기다리느라' 낭비하는 시간을 줄이면 된다. 처음부터 끝까지에 걸린 시간이 40분 줄어든다면, 40분을 절약한 셈이 되기 때문이다.

어려운 일은 아닐 것이다. 지금은 대부분의 사람이 런던에서 맨체스터나 버밍엄으로 갈 때 예매표를 산다. 그렇게 하면 비용을 크게 절약할 수 있지만 특정 열차를 타야 하고 그 열차를 놓치면 해당 티켓은 무용지물이 된다. 그 결과 사람들은 기차를 놓칠까 두려워 출발시간보다 45분쯤 일찍 유스턴역에 도착한다. 45분이면 앞선 열차 2대가 기차역을 출발하는 시간이고, 보통 이들 기차에는 빈 좌석이 있다.

모바일 앱을 만들어서 남는 좌석이 있을 때 자진해서 약간의 추가 비용을 내고 앞선 열차 2대 중 1대에 탈 수 있게만 해주면 40분을 줄일 수 있다고 나는 설명했다. 때로는 앞선 열차가 만석

일 테니 항상 효과가 있지는 않겠지만, 대부분의 경우 사람들이 역에서 20분에서 40분 정도를 절약할 수 있게 해주는 쉬운 방법이다. 이 방법은 또한 열차 노선의 수송 능력을 높이는 효과도 있다. 비어 있었을 좌석들에 이제는 사람이 찼고, 다음 열차의 좌석들은 다시 판매할 수 있기 때문이다.

내가 아는 한 아무도 이 제안을 심각하게 받아들이지 않았다. 개선이 어떤 형태를 띠어야 하는지 교통 분석가들의 편협하고 지표 중심적인 개념에 맞지 않기 때문이다. 그들이 생각하는 유일한 시간 절약은 이동시간에만 적용한다. 무언가를 개선하는 수단을 너무 좁게 규정했기 때문이다.[5]

---

5 마찬가지로 항공 여행을 개선하는 최선의 방법은 아마도 비행기를 빠르게 만드는 것이 아니라 공항에서의 시간을 줄이는 것일 것이다.

2

납으로 금 만들기
: 가치란 그것을 따지는 사람의 머리와 마음속에 있다

중세에 연금술사들이 포기한 이유는 문제를 잘못된 방식으로 바라보았기 때문이다. 그들은 납을 금으로 만든다는 불가능한 과제를 설정하면서, 무언가의 가치가 순전히 '그 물건이 무엇인가'에만 달려 있다고 생각했다. 이것은 잘못된 가정이다. 납을 금만큼 가치 있는 것으로 만들기 위해 원자 구조를 고칠 필요는 없기 때문이다. 필요한 것은 납을 금만큼 가치 있게 느끼도록 인간의 심리를 뜯어고치는 것이다. 그러고 나면 그게 '실제로' 금이 아니라 한들 무슨 문제가 될까?

이게 불가능하다고 생각한다면 지갑을 열어서 지폐를 한번 보라. 지폐의 가치는 순전히 심리적인 것이다. 가치란 물건 자체에 있는 것이 아니라 가치를 평가하는 사람들의 마음속에 있다. 따라서 가치를 창조하거나 파괴하는 방법은 두 가지다. 그 물건 자체를 바꾸거나 그게 무엇인지에 대한 사람들의 생각을 바꾸는 것 말이다.

이 책의 주장 중 하나는 정말로 성공한 기업 거의 대부분이, 아무리 그들은 자신들이 합리적인 이유로 인기가 있는 척해도, 실제로는 그 성공의 대부분이 우연히 때로는 자신들도 모르게 발견했던 심리적 마술 덕분이라는 것이다. 구글, 다이슨, 우버, 레드불, 다이어트 콜라, 맥도날드, 저스트잇, 애플, 스타벅스, 아마존은 모두 의도적으로 또는 우연히 일종의 정신적 연금술을 발견했다. 이렇게 크게 성공한 기업들과 함께 우리가 기억해야 할 다른 기업들이 있다. 아마 한 번도 이름을 들어보지 못했을 것이다. 실패한 기업들이기 때문이다. 이들의 사업 아이디어는 완벽하게 논리적인 경우가 많았지만 그 어떤 연금술도 포함되어 있지 않았기에 이들은 실패했다.

연금술사들은 하나의 원소가 다른 원소로 바뀌는, 희망 없는 '변성變性'이라는 아이디어에만 사로잡혀 있었기 때문에 납의 '브랜드'를 바꾸는 실험은 해보지 않았다. 아마도 그들은 신비한 재료를 첨가하거나 광을 내는 기술을 사용해 납을 조금 더 반짝이게 만든 다음 '흑금Black Gold'이라고 이름을 붙일 수도 있었을 것이다. 아니면 더 좋은 방법은 프랑스 사람들이 지형이나 원산지를 이용해[1] 인위적으로 희소성을 만들어낼 때 사용하는 수법을 써서

---

1   샴페인과 부르고뉴 와인도 바로 그런 예다.

자신들의 특별한 납을 '오 드 사블 드 리용-Or de Sable de Lyon' 같은 이름으로 부를 수도 있었을 것이다. 이런 지역 독점은 희소성을 유지시키고 그들의 제품을 따분한 구식 금보다 더 비싸게 만들어 주었을 것이다. 대대적인 홍보 이벤트만 있으면 됐을 것이다. 어느 나라 왕이 이것으로 만든 왕관을 주문하게 만든다면 반은 일을 끝낸 것이다. 당시 기술과 희소성과 브랜드 작업을 결합해 정확히 이런 일을 해낸 장인들도 일부 있었다. 예를 들어 당시 주성분이 구리였던 리모주Limoges 법랑 그릇은 같은 무게의 금보다 훨씬 더 값이 나갔다.[2]

---

2   오늘날 프린터 잉크는 같은 무게의 금보다 더 비싸다.

3

강철과 감자를 금으로 만들기
: 프로이센의 교훈

19세기 프로이센에는 눈부신 솜씨로 국가 재정을 구제한 연금술사가 있었다. 프로이센 왕실은 쇠로 만든 장신구를 금으로 만든 장신구보다 더 갖고 싶게 만들었다. 프랑스와의 전쟁에 쓸 자금을 마련하기 위해서 1813년 마리안 공주는 부유한 모든 귀족 여성들에게 금붙이를 비금속으로 바꿔 전쟁 자금을 지원해달라고 호소했다. 그 답례로 귀족 여성들은 자신이 기부한 금붙이의 쇠로 된 복제품을 받았고, 그 복제품에는 '나는 금을 주고 쇠를 받았습니다'라는 글귀가 찍혀 있었다. 이후 사교 행사에서는 이 쇠로 된 복제품을 착용하고 보여주는 것이 금 자체를 착용하는 것보다 훨씬 더 훌륭한 지위의 상징이 됐다. 금붙이는 부유한 집안임을 증명할 뿐이었지만 쇠로 된 복제품은 부유할 뿐만 아니라 인심이 후하고 애국적인 집안임을 증명했기 때문이다. 동시대의 누군가

- '금을 주고 쇠를 받다Gold gab Ich für Eisen.' 연금술은 쇠로 된 장신구를
  금보다 높은 지위를 나타내는 장신구로 만들었다.

는 이렇게 말하기도 했다.

"쇠로 된 장신구는 애국적인 모든 여성의 유행이 되어 해방 전
쟁을 지원하는 데 자신도 이바지했음을 드러냈다."

그렇다. 귀금속도 가치 있지만, 의미도 가치가 있다. 일반적으
로 의미를 추가하는 것은 비용도 덜 들고 환경에 피해를 적게 준
다. 무엇보다 실제 '용도'를 한번 생각해보면 금으로 된 장신구는
지위에 대한 신호를 내보내는 데 극도로 낭비적인 방식임을 알
수 있다. 적절한 심리적 요소만 추가된다면 쇠가 금이 하는 일을

대신하는 것도 완벽하게 가능했다.

18세기의 군주 프리드리히 대왕은 똑같은 마술을 부려서 감자를 신토불이 작물로 승격시켰다. 심리학이라는 묘약을 통해 아무도 찾지 않는 가치 없는 것을 귀중한 것으로 탈바꿈시킨 것이다. 프리드리히 대왕이 18세기 프로이센의 농부들이 감자를 경작하고 먹기를 바랐던 이유는 탄수화물의 대체원이 있으면 빵 공급이 달리더라도 기근의 위험이 줄어들 거라 생각했기 때문이다. 또한 식품 가격을 안정화시키는 효과도 기대할 수 있었다. 문제는 농부들이 감자를 좋아하지 않았다는 점이다. 심지어 프리드리히 대왕이 강제 수단을 써서 벌금을 매기겠다고 해도 농부들은 감자를 먹을 마음이 없어 보였다. 어떤 사람들은 성경에 감자가 언급되어 있지 않다면서 감자에 반대했고, 또 어떤 사람들은 개도 감자를 먹지 않는데 왜 사람이 먹어야 하느냐고 했다.

강제 수단을 포기한 프리드리히 대왕은 좀 더 교묘하게 설득해 보기로 했다. 그는 자신의 궁전 안에 왕실 감자밭을 만들고, 감자는 왕실의 채소가 될 것이므로 오직 왕실의 일원이나 왕의 허가를 받은 사람들만이 감자를 먹을 수 있다고 선언했다.[1] 무언가를 아주 독점적이고 구하기 힘든 것으로 선언하면 모든 사람이 그것을 훨씬 더 원하게 된다. 말하자면 '희소성이라는 묘약'인 셈이다. 프리드리히 대왕은 이 점을 알고 있었다. 그래서 그의 작물을 지

---

1   17세기 영국의 체더치즈나 현대 영국의 백조 고기와 비슷하다.

• 프리드리히 대왕의 무덤에 놓인 감자들.

키도록 감자밭 주위에 경비원을 배치했지만, 너무 철저하게 지키지는 말라는 비밀 지시를 내렸다. 호기심에 찬 프로이센 사람들은 왕실 감자밭에 몰래 들어가서 감자를 훔쳐 먹었을 뿐만 아니라 극히 일부의 사람들밖에 못 먹는 이 채소를 스스로 경작하기까지 했다. 오늘날 최고의 영양소와 에너지 공급원인 감자는 다른 모든 곳처럼 독일에서도 인기 작물이다.[2]

---

2 여러 힙합 의류 브랜드가 프리드리히 대왕과 비슷한 전략을 전개했다는 루머를 들었다. 자신들의 의상을 비교적 훔쳐 가기 쉽게 만들어서 정가를 주고 산 사람들보다 훨씬 더 쿨한 사람들이 도난 의류를 입게 만들었다는 것이다. 마찬가지로 일부 맥주 회사는 훔쳐 가길 바라면서 맥주잔을 디자인하는 게 분명하다. 어느 고객은 내게 이렇게 말했다. "사람들은 30펜스짜리 유리잔을 공짜로 얻는 거지만, 우리는 그 사람들의 주방에 공짜 광고를 하는 거지요."

4

언어는 현대판 연금술

하지만 이런 종류의 연금술은 오늘날에는 더 이상 효과가 없지 않나? 흠, 혹시 칠레산 농어를 먹어봤는지?[1] 이 생선은 '언어의 연금술'이라는 특별한 연금술의 산물이다. 고급 식당에서 '칠레산 농어'라는 이름으로 우아하게 접시를 장식하고 있는 20달러짜리 이 생선 조각은 실제로는 오랫동안 '파타고니아 이빨고기'로 알려져 있었다. 파타고니아 이빨고기 한 접시에 20달러를 낼 사람은 없다. 그러나 칠레산 농어라고 부르면 규칙이 바뀐다. 리 렌츠Lee Lentz라는 이름의 미국인 생선 도매업자가 이 아이디어를 냈다. 칠레산 농어의 대부분은 칠레가 아닌 다른 곳에서 잡히고, 이빨고기는 농어와 아무런 관련도 없지만 말이다.[2]

1   생선이 정말 싫은 사람이라면 몇 페이지를 건너뛰어도 좋다.
2   이름의 중요성은 대학에까지 미친다. 〈아메리칸 헤리티지〉 1999년 5/6월호에 실린 존 스틸 고

부정직한 것처럼 보일 수도 있지만 렌츠의 조치는 사실 해산물의 이름을 새로 짓는 오랜 전통에 속한다. 아귀는 원래 거위물고기goosefish라고 불렸고, 오렌지러피는 한때 끈적머리slimehead라고 불렸으며, 성게는 한때 '매춘부의 알whore's egg'이었다. 더 최근으로 오면 정어리도 비슷한 일을 겪었다. 콘월 해안에서 잡혀 소금에 절여진 뒤 유럽으로 팔려가던 정어리는 수백 년간 별미였으나, 냉장과 냉동 기술이 발달하면서 소금에 절인 생선에 대한 선호가 줄어들게 됐다(적어도 포르투갈 밖에서는).

"정어리를 팔던 작은 가게들이 문을 닫으면서 시장이 빠르게 죽어가고 있었다. 뭔가 조치를 취해야 한다는 것을 깨달았다."

뉴린에 사는 생선 공급업자 닉 하웰의 말이다. 다행히도 닉은 창의적으로 생각했다. 그는 콘월 사람들이 흔히 정어리라고 부르는 생선이 지중해에서 영국인 관광객들에게 레몬과 올리브 오일을 뿌려서 내놓던 생선과 관련이 있다는 사실을 알게 됐다.[3] 그래서 그는 배급 식량을 연상시키는[4] 정어리pilchard라는 이름을 콘월

든John Steele Gordon의 '과대평가 & 과소평가Overrated & Underrated'라는 기사는 엘리후 예일Elihu Yale을 미국 역사상 '가장 과대평가된 자선가'로 평가해놓았다. 기사는 나중에 예일대학교가 된 학교가 성공한 것은 대체로 제러미어 더머Jeremiah Dummer라는 이름의 후원가 덕분이었다고 주장한다. 그런데 어찌된 영문인지 이 학교의 이사들은 학교가 '더머 칼리지Dummer College'로 알려지는 것을 원치 않았다는 것이다.

3   라틴어 학명은 사르디나 필카르두스sardina pilchardus이다.
4   심지어 어쩌면 고양이밥을 연상시킬 수도 있다. 영국에서는 '정어리맛' 고양이밥이 흔했다. 어느 식품을 애완동물에게 준다면 희소성의 매력을 뽐어내기 힘들다. 흥미롭게도 호화로운 느낌을 풍기는 많은 음식이 한때 그것이 풍부한 시기나 지역에서는 싸구려 음식 취급을 받았다. 19세기 스코틀랜드에서 하인들은 '일주일에 세 번 이상 연어가 나오지 않는다'는 내용을 계약서에 써달라고 요구했다고 한다.

사르딘_{Cornish sardine}으로 바꾸었다. 그러자 프랑스산 사르딘을 주문하려고 전화를 걸었던 어느 슈퍼마켓 구매자는 잽싸게 '콘월산 사르딘'을 구매하는 것으로 바꾸었다. 몇 년 전 닉은 유럽연합에 콘월 사르딘에 '원산지명 보호 상품_{PDO}' 지위를 달라는 청원을 넣어서 받아들여졌는데 파급효과가 엄청났다. 2012년 〈데일리 텔레그래프〉의 보도에 따르면 테스코_{Tesco}에서 생물 정어리 판매는 전년 대비 180퍼센트가 증가했는데, 일부는 '콘월 사르딘' 판매가 급증한 덕분이었다. 이렇게 이름을 바꾼 것은 콘월의 어업계 전체에 새로운 활력을 불어넣었다.

콘월 사르딘은 지리학적 연금술이 발휘된 또 다른 예다.[5] 식품에(식당의 메뉴에든 슈퍼마켓 식품의 포장지에든) 지명 혹은 지형을 나타내는 형용사를 덧붙였을 뿐인데 더 비싼 값을 받고 더 많이 팔 수 있는 것이다. 일리노이대학교 어바나 샴페인 캠퍼스에서 연구한 바에 따르면 식당에서 메뉴 이름에 설명이 붙어 있으면 설명이 없는 음식에 비해 매출을 27퍼센트 높였다고 한다.

메뉴에서는 명사보다는 형용사에 더 많은 돈이 들어 있는 것으로 보인다. 심지어 '즙이 터지는'처럼 규정하는 것이 정확하지 않은 형용사도 음식의 인기를 올려줄 수 있다. 옥스퍼드대학교의 실험심리학자 찰스 스펜스는 음식의 이름이 먹는 사람에게 미치는 영향에 관한 논문을 발표했다. 그는 이렇게 말한다.

---

5   콘월은 영국 남서부 끄트머리에 있는 아름다운 시골로 맛있는 음식을 많이 연상시킨다.

"메뉴에 이탈리아식 이름처럼 국가를 표현하는 이름을 붙이면 사람들은 해당 음식이 더 현지 음식에 가깝다고 생각한다."[6]

음식 이름에 무언가를 연상시키는 설명이 붙어 있으면 우리는 해당 음식의 맛과 매력을 훨씬 더 긍정적으로 이야기한다.

"메뉴의 이름은 사람들의 관심을 해당 음식의 특징으로 향하게 만들어서 특정한 맛이나 식감을 끌어내게 돕는다."

절대로 잊지 마라.
관심의 성격은 경험의 성격에 영향을 준다.

광고[7] 역시 이런 방식으로 작동한다. 광고의 효과는 많은 부분 어느 경험의 호의적 측면으로 관심을 돌려 해당 경험을 더 좋게 바꾸는 데서 나온다. 이상하게도 메뉴를 개선하는 방법 중에 죽음의 입맞춤처럼 보이는 것이 하나 있다. 메뉴에 음식 사진을 추가하면 음식에 매길 수 있는 가격을 크게 제한하는 것으로 보인다. 이유에 대해서는 의견이 갈린다. 그렇게 하면 싸구려 식당을 강하게 연상시키기 때문이라는 사람들도 있고, 매력적인 사진이 기대치를 너무 올려서 실제 음식이 나왔을 때는 어쩔 수 없이 실망하기 때문이라는 사람들도 있다. 파이브가이즈Five Guys나 인앤

---

6 '젤라테리아gelateria'라고 부르는 이탈리아식 아이스크림 가게는 일반 아이스크림 가게보다 더 비싼 값을 받을 수 있다.

7 '광고advertising'라는 단어는 '주의를 돌리다'라는 뜻의 라틴어 'anima advertere'에서 왔다.

아웃In-N-Out을 비롯해 유행하는 많은 버거집들이 글씨만 적힌 단순한 메뉴에 사진이 없다는 점은 확실히 흥미롭다. 반면에 맥도날드는 LCD 스크린에 사진을 대대적으로 사용한다. 이게 맥도날드가 프리미엄 가격을 받을 수 없는 이유일까?[8]

---

[8]   일본은 이 법칙의 예외다. 일본에서는 고급 식당도 고화질 음식 사진을 진열해둘 뿐만 아니라 쇼윈도에 진열할 초밥 기타 음식 모형을 만들어주는 고연봉의 숙련된 장인들도 있다. 런던이나 파리, 뉴욕의 식당이라면 이런 접근법은 추천하지 않는다.

5

약간의 수작질와 무의식 해킹

연금술을 헛소리라고 폄하하는 것은 어렵지 않다. 솔직히 내가 한 말 중에 일부는 나중에 헛소리로 밝혀질 것이다. 하지만 생선의 이름을 바꾸고, 메뉴 이름에 원산지 정보를 잔뜩 추가하고, 쇠에 새로운 브랜드 정체성을 부여하는 것처럼 그중 다수는 '약간의 수작질'이라는 범주로 묶을 수 있다. 생선에 효과가 있는 똑같은 방법이 훨씬 더 중요한 문제도 해결할 수 있기 때문이다. 더 많은 여성들이 기술 분야의 커리어를 추구하도록 장려하려면 어떻게 해야 할까? 아니면 질문을 바꾸어서, 기술 분야 커리어가 여성들에게 비호감으로 보이는 일을 막으려면 어떻게 해야 할까? 답을 찾아낸 대학이 있었다. 2006년 컴퓨터 과학자이자 수학자인 마리아 클로Maria Klawe는 캘리포니아에 있는 하비 머드 칼리지Harvey Mudd College의 총장으로 임명됐다. 당시 이 대학의 컴퓨터 과학 전공자 중에 여성은 10퍼센트밖에 되지 않았다. 컴퓨터 과학과는 여학생들을 유치하고 실제로 여학생들이 컴퓨터 과학 수업을 즐겁게 시작할 수 있도록 안을 짜냈다. 학생들이 전공을 바꿀 수도 있지 않을까 하는 기대에서였다.

이전에 '자바 프로그래밍 입문'이라고 불렸던 수업은 '파이썬을 이용한 과학과 공학 문제의 창의적 해결'로 이름을 바꿨다.[1] 교수들은 수강생들을 그룹으로 나눠서 코딩 경험이 전무한 학생들은 골드 그룹, 약간 있는 학생들은 블랙 그룹으로 불렀다.[2] 이들은 또한 '마초 효과 제거 작전'이라는 것도 펼쳤는데 수업 시간에 거들먹거린 남학생이 있으면 따로 불러서 그만두게 말했다. 거의 하루아침에 하비 머드 칼리지의 컴퓨터 과학 입문 수업은 가장 괄시받던 필수과목에서 가장 선호하는 수업으로 바뀌었다.

이것은 시작에 불과했다. 입문 과목을 개선한 것은 분명히 도움이 되었으나 또 하나 중요한 것은 여학생들이 다른 수업도 신청하게 만드는 것이었다. 여자 교수들은 '기술 분야 여성들의 연례 축제'라고 할 수 있는 '그레이스 호퍼 콘퍼런스Grace Hopper Conference'에 학생들을 데려갔다. 기술 분야에서 일하는 여성들이 전혀 이상하거나 반사회적이지 않다는 사실을 보여줄 수 있는 중요한 조치였다. 마지막으로 대학은 여학생들이 새롭게 발견한 재능을 뭔가 유용하고 사회적으로 도움이 되는 일에 적용할 수 있

---

1   '창의적'이나 '문제 해결' 같은 단어는 덜 따분하게 보인다.
2   색깔을 얼마나 교묘히 사용했는지 보라.

는 여름 연구과제를 제안했다.

"학생들이 교육용 게임이라든가 노년층을 위한 DDR 같은 것을 만들게 했습니다. 컴퓨터 기술을 활용해 실제로 뭔가 중요한 일을 할 수 있었던 거죠."

격려의 자극을 주었을 때 흔히 그렇듯이 이들 조치는 몇 곱절의 효과를 냈고 이 운동은 규모가 계속 커졌다. 첫 4년간의 실험 이후 하비 머드 칼리지에서 컴퓨터 과학 전공자 중 여학생 비율은 10퍼센트에서 40퍼센트로 그토록 짧은 기간에 4배가 늘었다. 할당제 같은 것은 전혀 없었고 모든 게 자발적이었다는 사실에 주목하라. 전공을 선택할 자유가 침해된 학생은 아무도 없었다. 그저 문제가 되는 사안에 훌륭한 마케팅을 적용했을 뿐이었다.

'DD designated driver(전담 운전기사)'라는 말을 만들어낸 것은 이름을 더욱 영리하게 사용해 사회적 재화를 만들어낸 경우다. 친구들이 안전하게 집에 돌아갈 수 있게 술을 마시지 않기로 한 사람을 가리키는 이 신조어는 헐리우드의 적극적 후원으로 확산됐다. 헐리우드는 이 용어를 인기 시트콤이나 드라마의 에피소드에 활용해 달라는 요청을 받아들였다. 스칸디나비아에서 시작된 이 용어는 캐나다의 주류회사 하이럼 워커 Hiram Walker가 받아들여서 알코올 제품의 책임 있는 사용을 장려했고, 이후 하버드 알코올 프로젝트 Harvard Alchohol Project가 의도적으로 미국에 도입했다.

"금요일에 DD할 사람?"이라고 한번 물어보면 이게 얼마나 익숙한 일이 됐는지 알 수 있다. 누가 술을 권할 때 술을 마시지 않는 사람이 자신을 방어하는 것도 훨씬 쉬워졌다. 벨기에나 네덜란드에서는 오늘 술을 못 마신다는 뜻으로 그냥 "제가 밥Bob이에요"라고 말하면 된다. 밥이란 네덜란드어로 '일부러 술을 안 마시는 운전기사Bewust Onbeschonken Bestuurder'라는 말의 머리글자를 딴 것이다.**3** 두 경우 모두 어떤 행동에 이름을 붙이자 암묵적으로 그 행동에 대한 규범이 만들어졌다.

의미를 만들어내면 얼마나 많은 행동이 가능해지는지 생각해보면 흥미롭다. 예를 들어 나는 늘 다운사이징downsizing이라는 단어가 아주 유용한 신조어라고 생각했다. 다운사이징은 정리 해고를 완곡하게 표현할 때도 쓰지만, 자녀들이 모두 떠난 부모가 더 작고 관리하기 쉬운 집으로 옮기기로 자발적으로 결정했다는 뜻으로도 사용된다. 이 단어 덕분에 어른들은 불필요하게 큰 집에 살다가 작은 집으로 옮길 때 '본인의 선호에 따른 선택임'을 분명히 표현할 수 있게 됐다. 그렇지 않으면 경제적 필요에 의한 타협처럼 생각됐을 수도 있는데 말이다. 이름을 만들면 규범이 생긴다.**4**

---

3   정확히 말하면 사실 밥이라는 이름이 먼저 사용됐고 풀어 쓴 말이 나중에 생겼다.

4   영국에서 크게 경멸을 받는 학자금 대출도 '졸업세'로 프레임을 바꾼다면 전혀 다른 느낌이 들 것이다.

콜롬비아 사람들의 상상력

1992년 미국 남동부를 강타한 허리케인 앤드루는 그때까지 미국 역사상 최악의 허리케인이었다. 사람들의 재산에도, 환경에도 계산할 수 없을 만큼 막대한 피해가 유발됐다. 그러나 허리케인 앤드루가 환경에 미친 가장 큰 영향은 아마도 여러 종種의 소실이 아니라 '도입'일 것이다. 허리케인 앤드루는 플로리다 남부 해안에 있던 대형 아쿠아리움 탱크를 파열시켜 반갑지 않은 물고기 종들을 멕시코만과 카리브해에 풀어놓았다.

쏠배감펭은 인도네시아 인근 열대 수역에서 왔다. 보기에는 아름답지만 게걸스러운 포식자여서 다른 물고기들을 1시간에 30마리까지 먹어치울 수 있다. 게다가 암컷 쏠배감펭 한 마리는 연간 200만 개 이상의 알을 낳아서 카리브해 지역에서 특히 문제가 됐다. 카리브해에는 상위 포식자가 전혀 없었기 때문이다. 토착 어종이 몰살당하자 환경은 물론 어업에 크게 의존하고 있던 콜롬비아의 경제까지 위협을 받았다. 산호초 생태계도 파괴됐다. 바로 이때 내 동료들이 프리드리히 대왕의 아이디어를 빌려왔다. 보고타에 있던 오길비앤매더Ogilvy&Mather는 쏠배감펭의 포식자를 만들어내는 게 해결책이라고 판단했고, 그렇게 생각해낸 포식자가 바로 인간이었다. 바다에서 쏠배감펭을 몰아내는 가장 간단하고 비용 대비 효과적인 방법은 사람들이 쏠배감펭을 먹도록 장려하는 것이었다. 그러면 어부들이 자연히 쏠배감펭을 잡으려 할 테니 말이다. 회사는 콜롬비아 최고의 쉐프들을 고용해 최고급 레스토랑용 쏠배감펭 레시피를 만들게 했다. 회사의 설명처럼 쏠배감펭은 겉에는 독이 있어도 속살은 살살 녹았다. 회사는 '끔찍이도 맛있는'이라는 광고를 제작했다. 그리고 콜롬비아 환경청과 협업해 이 침입자를 일상 음식으로 바꾸는 문화의 변화를 만들어냈다. 쏠배감펭은 이내 슈퍼마켓에 등장했다. 콜롬비아인의 84퍼센트 정도는 가톨릭 신자였기 때문에 회사는 성당에 금요일 예배와 사순절 기간에 쏠배감펭을 추천해달라고 부탁했다. 퍼즐의 마지막 조각, 성당을 참여시킨 것이 진짜 연금술이었다. 현재 토착 어종들은 회복 중이고 쏠배감펭의 개체 수는 줄어들고 있다.[1]

---

[1]   이 조치만으로 쏠배감펭을 모두 없앨 수 있을까? 아마도 아닐 것이다. 하지만 문제를 해결하기 위해 쏠배감펭을 몽땅 뿌리 뽑아야 하는 것은 아니다. 개체 수를 특정 수치 이하로 유지하기만 하면 된다. 오리건주립대학교에서 발표한 연구에 따르면 개체 수가 '한계 밀도' 이하로 유지된 산호초에서는 토착 어종의 개체 수가 50퍼센트에서 70퍼센트 정도 증가했고, 침입종과 싸우기 위한 노력을 전혀 하지 않은 곳에서는 토착종들이 계속 사라지고 있다고 한다.

디자인의 연금술

우리는 사람의 손 모양에 잘 맞으려면 물건을 어떻게 디자인해야 하는지 알고 있다. 어린아이가 아니라면, 또는 '저기요, 우리는 완전 달라요'[1]라는 신호를 보내기 위해 모든 것을 골라놓은 허세가 득한 중소 호텔에 머무는 게 아니라면, 문손잡이는 정해진 높이에 우리 손에 잘 맞는 모양으로 놓여 있다. 훌륭한 디자이너는 진화된 우리의 신체에 잘 어울리는 물건을 만들 줄 안다. 혹시 우리 신체의 그 부분들이 처음에는 전혀 다른 목적으로 진화했다고 하더라도 말이다. 우리가 자동차 핸들을 잡으려고 손을 진화시킨

---

1   뉴욕의 한 호텔(아마도 타임스퀘어 광장에 있는 W호텔이었던 것 같다)은 그럴듯한 차별점을 만들려고 엘리베이터 표시 화살표에 미국식인 'elevator'가 아니라 영국식으로 'lift'라고 써놓았다. 물론 정작 영국인들에게는 별 효과를 발휘하지 못할 장치다. 영국의 부동산 광고들이 코스모폴리탄 같은 신호를 보내려고 이제 아파트를 'flat'이라고 표기하지 않고 'apartment'라고 표기하는 것과 비슷하다.

것은 아니다. 또 안경이 흘러내리지 말라고 귀가 튀어나오게 된 것도 아니다. 하지만 훌륭한 디자이너는 그런 모양들이 본래의 목적 외에도 유용하다는 사실을 알고 있다.

일반적으로 물리적 세상은 상당히 잘 디자인되어 있다. 충격적인 예외[2]도 몇몇 있지만, 대부분은 그런대로 디자인을 잘 해놓았다. 왜냐하면 우리는 우리 신체가 웃기게 생겼다는 사실을 인정하고 물건들을 그에 맞게 디자인하기 때문이다. 나아가 부유한 국가에서는 이제 평균적인 신체를 가지지 않았거나 사지를 충분히 사용할 수 없는 사람들에게까지 잘 맞게 환경을 디자인하고 있다. 이런 것들은 장애인들을 위해 캠페인을 추진하는 단체들이 주도한 것이다. 몇몇 경우에는 약간 지나친 경우도 있지만 이런 것들은 원래 의도하지 않았던 사람들에게까지 예상치 못한 도움을 주기도 한다. 왜냐하면 현실에서는 누구나 가끔 손발이 자유롭지 못한 경우가 있기 때문이다. 무거운 짐을 옮길 때는 계단을 이용하기 힘들다. 커피를 손에 들고 있을 때는 한쪽 손을 못 쓰는 것이나 마찬가지다. 안경을 써야 하는 사람이 안경을 벗고 있으면 시력이 온전하지 않다.

---

2 사람들은 왜 대리석을 호텔 욕실 바닥 재료로 합당하다고 생각하는 걸까? 이번에도 나는 그 답이 '대리석이 보내는 신호' 때문이라고 생각한다. 대리석은 희귀한 물질이고 그래서 비싸다. 따라서 호텔이 비용을 아끼지 않았다는 생각이 들게 한다. 하지만 이것은 한심한 관행이다. 그렇게 보여주기를 하는 대신에 안전이 희생되기 때문이다. 호텔을 운영하는 사람들이 욕실을 쓸데없이 호화스럽게 만들어야 한다면, 적어도 '미끄러지지 않는' 값비싼 재료를 써야 한다. 호텔 욕실 사고에 대해서는 데이터를 많이 정리해둔 사람이 없는 듯하다. 하지만 나는 욕실 바닥에서 넘어져 병원에 입원한 동료를 넷이나 알고 있다. 그중 일부는 심지어 술도 마시지 않았었는데 말이다.

몸이 성한 사람들을 위해서 디자인을 할 때도 사용자가 일정한 제약을 가지고 활동한다고 가정하는 것은 훌륭한 원칙이다. 문손잡이를 둥글게 만들기보다는 자루 형태로 만드는 게 좋은 이유는 그 때문이다. 팔꿈치로도 문을 열 수 있지 않은가. 양손이 없는 사람이어서든 아니면 양손에 찻잔을 들고 있어서이든 말이다. 공항에 휠체어용 경사로를 만들면 휠체어를 타는 사람 못지않게 바퀴 달린 짐가방을 가진 사람들에게도 도움이 될지 모른다. 난청인 사람들을 위해 마련해놓은 자막도 술집이나 공항에서 TV를 볼 때 혹은 아이들이 잠들었을 때 유용하다.[3]

이런 종류의 디자인은 건전한 사업 습관이 될 수 있다. 일전에 브리티시 텔레콤British Telecom이 시각 장애인들을 위해서 거대한 버튼이 달린 전화기를 도입했다. 그런데 놀랍게도 이 모델은 브리티시 텔레콤의 베스트셀러가 됐다. 신체 건강한 사람들이 안경 없이 침대에 옆으로 누워서 쉽게 쓸 수 있는 전화기였던 것이다. 아주 성공한 주방 기구 제조업체인 옥소 굿그립OXO Good Grips은 이런 원칙을 폭넓게 적용하고 있다. 샘 파버Sam Farber가 이 회사를 설립한 것은 아내가 관절염을 앓고 있어서 주방 기구를 사용하는 데 어려움이 있었기 때문이다. 그런데 잘 디자인된 제품들이 사용하기 쉽고 편안하다 보니 금세 몸이 건강한 사람들에게까지 인기를 끌게 됐다. 손에 물건을 쥐기가 쉽지 않은 사람들을 위해 디

---

3   또는 할리우드에서 아카데미상을 받는 배우가 말을 웅얼거릴 때도.

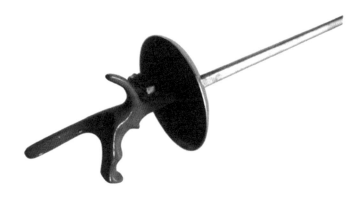

● 이 펜싱 검은 원래 손가락을 잃어버린 사람들을 위해 디자인한 것인데 결국 이 핸들 디자인은 손가락이 모두 있는 전문 펜싱 선수들에게도 채용됐다.

자인된 제품은 손이 젖은(요리할 때 흔한 일이다) 사람들에게도 역시 편리하다는 사실을 기억해둘 만하다.[4]

결국 대부분의 물건은 일종의 자연선택을 통해 우리의 진화된 선호와 본능에 맞는 모양과 기능을 갖추게 된다. 이 원칙은 수십 년 후 소프트웨어 인터페이스 디자인에까지 확대됐다.[5] 가리키고, 클릭하고, 잡아당겨서 확대하는 등의 손가락 제스처들이 기술 장치와 대화할 때의 디폴트 모드가 됐다. 우리가 수십만 년간 해

---

4 《도전자의 전략》과 《제약의 마법》의 저자 애덤 모건Adam Morgan에게 찬사를 보낸다.

5 이렇게 생각하는 학파의 대표주자가 멋진 책으로 보이는 《디자인과 인간 심리》를 쓴 돈 노먼이다. 내가 '보이는'이라고 말한 이유는 내가 가진 책이 문고판이어서 글자가 너무 작아 한 번에 몇 페이지 이상 읽을 수가 없기 때문이다. 돈 노먼이 이런 활자를 선택하지는 않았을 것이다.

왔던 본능적 동작들을 그대로 빼다 박았기 때문이다.[6]

현대 미디어 소비 기기 중에 주된 3가지 형태 즉 노트북/데스크톱 컴퓨터, 태블릿, 휴대전화는 인간의 모습이 낳은 산물이기도 하다. 이론상 수백만 개의 가능성[7] 중에서 인간의 신체가 편안할 수 있는 상태는 3가지다. ① 서 있는 것 ② 누워 있는 것 ③ 똑바로 앉아 있는 것이 그것이다. 우리가 디지털 콘텐츠에 접속할 때 사용하는 이 3가지 기기는 이들 자세를 그대로 반영한다. 휴대 기기는 돌아다니는 자세, 태블릿은 뒤로 기대는 자세, 노트북이나 데스크톱 컴퓨터는 책상에 똑바로 앉아 있는 자세를 반영하고 있다.[8]

그런데 사람들은 진화된 인간의 신체를 중심으로 물리적 물건들이 디자인된다는 사실은 받아들이면서도, 진화된 인간의 '뇌'에 맞춰 세상의 모습이 갖춰진다는 사실은 보편적으로 받아들이지 않는다. 주류 경제학은 수학적 깔끔함을 위해서 인간의 뇌가 시계태엽 장치처럼 움직인다고 가정한다. 경제학자들이 디자인한 세상에서 의자는 오직 앉는 사람의 무게를 안정적으로 지탱하도

---

6 손가락 끝으로 무언가를 가리키는 제스처는 인간에게만 있는 것이다. 그런데 인간과 함께 살아온 개들도 인간이 손가락으로 가리키는 것을 선천적으로 이해하게끔 진화한 듯하다. 옛날부터 개들은 사람이 손가락을 가리키는 방향을 쳐다보았다. 스티브 잡스가 나타나기 수십만 년 전부터 개들은 이미 자신들만의 그래픽 사용자 인터페이스를 진화시켰다. 물론 가리키고 클릭하는 것이 아니라 가리키고 휘파람을 부는 것이었지만 말이다.

7 예를 들어 발가락으로 거꾸로 매달리는 것.

8 겉으로는 커피를 판매하는 것 같지만 스타벅스 매출의 많은 부분은 노트북 컴퓨터 이용자들에게 수평으로 놓인 널빤지 하나(테이블)를 빌려주는 데서 나온다.

록 디자인될 뿐, 신체의 편안함이나 쿠션 같은 것은 전혀 고려하지 않는다. 어쩌면 이것은 '아스퍼거 디자인aspergic design'이라고 불러야 할지 모른다. 시스템의 모든 부분의 작동 원리를 고려하지만 생물학적인 부분은 고려하지 않는 디자인 말이다.[9] 그러나 신체처럼 우리의 뇌도 진화를 거듭했고 모양도 바뀌었다.

인간의 신체에 대한 지식은 의자를 디자인할 때 필수불가결한 것으로 간주된다. 그러나 연금 계획이나 휴대용 음악 플레이어, 철도를 디자인할 때 인간의 심리에 대한 지식이 (필수요건이 아닌 것은 물론이고) 유용한 것으로 간주되는 경우는 거의 없다. 연금계의 허먼 밀러, 소득 신고 설계의 스티브 잡스는 누굴까? 그런 사람들이 이제 나타나기 시작했지만 우리는 괴롭도록 오래 기다렸다. 이 책의 중심이 되는 미스터리가 있다면 어떻게 심리학은 그토록 특이할 만큼 비즈니스나 정책 결정에 아무런 영향력을 행사하지 못했을까 하는 점이다. 잘되든 못되든 심리학은 어마어마한 영향을 미치는데 말이다.

---

9 이런 경우의 극단적 예를 종종 주차장 디자인에서 본다. 주차장에서 올라가고 내려가는 경사로는 차가 이동할 방향의 90도로 놓여 있다. 소요되는 콘크리트를 최소화하기 위해서다. 하지만 그렇게 되면 사람들은 반복적으로 어려운 조작을 해야 하고 자동차를 손상할 가능성이 높다. 반대로 스티브 잡스처럼 디자인한 주차장을 보고 싶다면 런던의 블룸스버리 공원을 방문해보라. 지하 주차장은 이중 나선 모양으로 되어 있다. 자동차 핸들을 한 번만 움직여서 잡고 있으면 바닥 끝까지 내려갔다가 다시 올라올 수 있게 되어 있다.

8

심리학적 디자인
: 왜 때로는 적은 것이 더 많은 것인가

경제 논리는 적은 것보다는 많은 것이 좋다고 말한다. 심리학은
종종 더 적은 게 곧 많은 거라고 믿는다. 모리타 아키오는 17세기
중반 이후 줄곧 간장과 된장을 생산, 판매했던 일본의 어느 집안
출신이다. 그는 1946년 동업자 이부카 마사루와 함께 소니Sony를
설립했다. 소니가 처음 초점을 맞추었던 사업은 자기 테이프 녹
음기였고, 이어서 세계 최초 트랜지스터 포켓 라디오[1]가 나왔다.
하지만 그의 천재성이 가장 빛났던 순간은 아마도 아이팟의 원조
라고 할 수 있는 소니 워크맨Sony Walkman을 만든 때일 것이다.

 1975년 이후 출생자라면 사람들이 돌아다니거나 열차에 앉

---

1   엄밀히 말하면 이들 라디오는 주머니에 들어갈 크기는 아니었다. 하지만 일찌감치 천재성을 드
     러냈던 모리타는 직원들을 위해 특별히 주머니가 큰 셔츠를 주문했다. 라디오를 작게 만들 수
     없다면 주머니를 크게 만들어라.

아 있을 때 헤드폰을 낀 모습이 전혀 이상하지 않을 것이다. 하지만 1970년대 후반에는 그게 정말로 이상한 행동이었다. 1980년대 말 사람들 앞에서 초창기 휴대전화를 사용하려면 웃음거리가 될 위험을 감수해야 했던 것과 비슷했다.[2] 시장조사 결과에서 워크맨은 사람들의 흥미를 거의 끌지 못했고 오히려 많은 적대감을 불러일으켰다.

"머릿속으로 음악을 연주하면서 돌아다닐 이유가 뭔가요?"

하지만 모리타는 그런 조사 결과를 무시했다. 처음에 워크맨을 만들자고 한 것은 일흔 살의 이부카였다. 이부카는 도쿄와 미국을 오가는 비행기에서 오페라 전곡을 들을 수 있는 소형 기기를 원했다.[3]

엔지니어들은 뿌듯한 결과를 가지고 돌아왔다. 엔지니어들은 모리타가 만들어달라고 간략히 알려준 내용(미니 스테레오 카세트 플레이어)을 구현하는 데 성공했을 뿐만 아니라 녹음 기능까지 넣는 데 성공했다. 모리타가 그 추가 기능을 없애라고 했을 때 엔지니어들은 크게 낙담했을 것이다. 대량 생산의 경제성을 고려하면 녹음 기능에 필요한 기술[4] 때문에 최종 소비자가 크게 달라지지는 않을 것이다. 그런데 이 중요한 추가 기능을 왜 포함하지 '않

---

2   나는 또 1970년대에 조깅하는 사람을 처음 보았던 순간도 기억한다. 잠깐 나는 그가 보이지 않는 깡패에게 쫓기고 있는 줄 알았다.

3   아니면 모리타 본인의 아이디어였을 수도 있다. 설명이 나뉜다.

4   워크맨의 내부는 소니 프레스맨Pressman에서 일부 가져왔다. 프레스맨은 저널리스트들이 많이 사용하던 소형 녹음기다.

는단' 말인가?[5] '합리적인' 사람이라면 누구나 모리타에게 엔지니어들의 조언대로 하라고 했을 것이다. 하지만 여러 사람의 말에 따르면 모리타는 녹음 버튼을 거부했다고 한다.

이는 정통 경제학의 논리에 전적으로 반하는 일이었다. 하지만 심리학에 반하는 일은 아니었다. 모리타는 녹음 기능이 있으면 사람들이 이 새 기기가 무엇에 쓰는 물건인지 헷갈릴 거라고 생각했다. 녹음에 쓰는 물건인가? 내가 가지고 있는 LP들을 카세트에 녹음해야 하나? 라이브 음악을 녹음해야 하나? 맥도날드가 햄버거를 어떻게 먹어야 하는지 분명히 보여주기 위해서 매장에 나이프를 구비하지 않는 것처럼, 소니는 워크맨에서 녹음 기능을 없앰으로써 기능은 적지만 사람들의 행동 변화를 유도할 가능성은 훨씬 큰 제품을 만들어냈다. 기기 사용을 단일 용도에 국한함으로써 이 기기가 무엇에 쓰는 물건인지 분명히 한 것이다. 이것을 디자인 전문용어로 '어포던스affordance'라고 한다. 더 많은 사람이 알아야 할 용어다. 돈 노먼은 다음과 같이 말했다.

"어포던스라는 용어는 어떤 사물의 지각된 속성, 실제 속성을 말한다. 주로 해당 물건의 가능한 용처를 결정하는 기본적 속성을 말한다. (…) 어포던스는 물건의 작동 방법에 대한 강력한 단서를 제공한다. 판은 미는 것이고, 둥근 꼭지는 돌리는 것이고, 슬롯은 물건을 밀어넣는 곳이고, 공은 던지거나 튕기는 것이다. 어포

---

5 그런데 최초의 워크맨에 마이크가 있기는 있었다. 하지만 그 마이크는 내가 헤드폰을 끼고 있을 때 옆 사람이 말을 걸 수 있게 하기 위해서였다.

던스를 잘 활용하면 이용자는 척 보기만 해도 뭘 어떻게 해야 할지 안다. 그림도, 이름표도, 설명서도 필요하지 않다."

어포던스라는 개념을 이해하고 나면 모리타가 왜 옳았는지 아마도 이해가 갈 것이다.[6] 무언가에 기능을 추가하는 것은 언제나 가능하다. 그렇게 되면 새 물건의 용도는 많아지지만 어포던스의 명확성이 감소한다. 해당 물건을 사용하는 것이 크게 즐겁지 않고, 구매해야 할 정당성이 오히려 줄어들 가능성이 상당히 높다.

세상은 이렇게 눈에 보이지 않는 정보로 가득하다. 전통 건축을 옹호할 때 내가 늘 주장하는 것이 '사용자 친화적'이라는 점이다. 몇 년 전에 나는 어느 콘퍼런스의 강연자로 나섰는데 행사 장소가 런던 사우스뱅크 지역에 있는 1960년대 브루탈리즘brutalism 건물이었다. 우리는 다들 건물 밖을 배회하며 여기저기 유리문을 밀어보면서 대체 어디로 들어가야 하는지 찾고 있었다. 영국박물관이 마음에 안 들 수도 있다. 하지만 지난 150년 동안 영국박물관의 포르티코(기둥으로 지붕을 받치고 있는 형태의 현관—옮긴이) 앞에 서서 '흠, 문이 어디지?'라고 생각한 사람은 아무도 없을 것이다.

문에 자루 형태의 손잡이와 '함께' 밀어서 여는 '판' 부분도 있고, 그 위에는 '펄시 PULSH('당기시오 PULL'와 '미시오 PUSH'를 합쳐서 쓴 것—옮긴이)'라고 써 있다고 한번 상상해보라. 소니가 만약 녹음

6　소니 워크맨의 아이디어에 대한 공로는 (더불어 1,000만 달러까지) 결국 안드레아스 파벨에게로 넘어갔다. 파벨은 브라질에 사는 동안 '스테레오벨트stereobelt'라는 것의 특허를 내놓았다. 하지만 나는 기기에서 녹음 기능을 제거하는 중요한 아이디어를 내놓은 점에 대해서는 모리타나 이부카가 인정을 받아야 한다고 생각한다.

● 문이 어디 있는지 알겠나요?

기능이 있는 워크맨을 만들었다면 바로 이런 꼴이 났을 것이다.

펄시는 모호하지 않을 만큼 기능이 분명하지 않았다. 워크맨 또한 분명한 심리학적 휴리스틱heuristics 내지는 경험칙('만능 휴리스틱')을 활용했다. 경험칙상 자연스럽게 우리는 한 가지 기능만 하는 물건이 여러 가지를 다 할 수 있다고 주장하는 물건보다 더 낫다고 생각한다. 마찬가지로 '소파 침대'라는 말을 들으면 우리는 본능적으로 소파만큼 훌륭하지는 않고 침대만큼 좋지도 않은 가구를 떠올린다. 그리고 스포크를 본 적 있는 사람도 있겠지만, 이건 스푼으로도 만족스럽지 않고 포크로도 많이 쓰지 않는다.

과학 쪽으로 기우는 사람들은 워크맨에서 녹음 기능을 없애는 것이 좋은 생각이라는 증거는 하나도 없다고 주장할 것이다. 틀린 말은 아니다. 다기능 모델이 출시되었다가 폭삭 망한 평행 우주가 있는 것도 아니다. 워크맨의 나중 모델에 녹음 기능이 추가된 것도 사실이다. 하지만 이것은 워크맨이라는 기기의 기능이 널리 수용되고 이해된 후였다.[7] 하지만 여기서 내가 유일하게 증거라고 내놓을 수 있는 것은 이런 일이 반복적으로 계속 일어났다는 사실이다. 어떤 기능을 추가해서가 아니라 제거함으로써 중요한 혁신이 일어난 경우는 놀랄 만큼 흔하다. 구글은 대놓고 말하면 검색 페이지를 꽉꽉 메우고 있던 아무 관련 없는 잡다한 쓰레기를 제거한 야후Yahoo다. 한편 전성기의 야후는 내장된 인터넷 접속 기능을 없앤 AOL이었다. 각각의 경우에 더 성공한 쪽이 지배력을 획득할 수 있었던 것은 경쟁자가 내놓은 상품에 무언가를 추가했기 때문이 아니라 오히려 제거한 덕분이었다.

마찬가지로 트위터는 사용할 수 있는 글자 수를 멋대로 제한한 것이 곧 존재 이유다. 우버는 원래 자동차를 사전 예약하는 것이 가능하지 않았다. 〈위크Week〉처럼 잘 나가는 출판사는 사실상 전 세계 신문을 가지고 와서 무관한 수많은 콘텐츠를 없앰으로써 소화하기 좋게 만들었다. 맥도날드는 미국 식당의 전통적인 메뉴에서 99퍼센트를 삭제했다. 스타벅스는 처음 10년간은 음식은 거의 강조하지 않고 커피에만 집중했다. 저가항공사들은 기내 서비스 중에서 뭘 더 '뺄 수' 있나를 가지고 경쟁했다. 소비자에게 사용편의성(그리고 구매 편의성)을 제공하고 싶다면 맥가이버칼은 안

---

7   마찬가지로 사람들이 대체로 첫 번째 아이폰을 잘 이해할 수 있었던 것은 이미 아이팟에 익숙해져 있었기 때문이다.

주는 게 좋을 때가 많다. 뭐든 다 할 수 있다고 하니 말이다.[8] 휴대전화라는 눈에 띄는 예외만 제외하면 우리는 단일 목적에만 사용되는 물건들을 더 쉽게 산다.

하지만 소니의 경우에서 보듯이 엔지니어들의 사고방식은 이와 정반대다. 그들에게는 무언가 기능을 제거한다는 것이 완전히 비논리적으로 보인다. 그래서 어떤 기업이건 정부건 이런 전통적 논리를 무시하는 주장을 펼치기란 극히 어렵다. 회장이나 CEO 혹은 담당 장관이 아니고서는 말이다. 사람들이 본능적으로 최선의 의사결정을 내리고 싶어 할 거라 생각하는 사람도 있겠지만, 비즈니스 의사결정을 움직이는 더 강한 힘은 따로 있다. 바로 비난의 대상이 되거나 해고당하고 싶지 않은 욕망이다.

그 어느 회사에서도 'IBM을 샀다는 이유로 해고된 사람은 없다'가 공식 슬로건은 아니겠지만, IT시스템을 구매하는 기업들 사이에 이 말이 통용되기 시작하면서 여러 평론가가 말했듯이 '현존하는 가장 가치 있는 마케팅 구호'가 됐다. B2B 사업이라는 맥락에서 가장 강력한 마케팅은 우리 제품이 훌륭하다고 설명하는 게 아니라 대안이 될 수 있는 다른 제품들에게 공포와 불확실성, 의심(지금은 흔히 줄여서 FUD fear, uncertainty, doubt라고 부른다)의 씨앗을 심는 것이다. 훌륭한 의사결정을 하고 싶은 욕망과 해고되거나

---

8 맥가이버칼을 갖고 있다면 알겠지만 그 칼을 쓰는 경우는 다른 게 아무것도 보이지 않을 때뿐이다.

비난받고 싶지 않은 충동은 처음에는 비슷한 동기처럼 보일지 몰라도, 실제로는 한 번도 같았던 적이 없으며 때로는 180도 다를지 모른다.

PSYCHO-
LOGIC

3부

Alchemy

신호 보내기

가치 있다는 신호를 보내라

앨버트 공과 블랙캡

앞서 인간의 행동이 우리가 전통적으로 합리성이라고 생각하는 것과 달라지는 데는 4가지 주된 이유가 있다고 했다. 첫 번째가 신호 보내기이다. 약속과 의향에 대한 안정적인 신호를 보내주어야 확신과 신뢰를 줄 수 있다. 기만과 속임수를 방지할 수 있는 메커니즘이 마련되어 있지 않으면 협력은 불가능하다. 신뢰를 전달하고 평판을 쌓으려면 종종 어느 정도의 효율성은 희생할 수밖에 없다.

예를 들어 나는 런던에서 전혀 모르는 사람이 운전하는 차에 두 딸을 태우고도 아이들이 목적지까지 안전하게 갈 거라고 믿을 수 있다. 전혀 모르는 그 사람이 블랙캡을 몰고 있기 때문이다. 블랙캡을 운전하려면 누구든지 날리지Knowledge라고 알려진 혹독한 4년짜리 입문 프로그램을 수행해야 한다. 이 프로그램은 채링크로스역 10킬로미터 반경에 있는 모든 거리의 이름과 주요 건물, 상업지구를 암기할 것을 요구한다. 해당 지역에는 무려 2만 5,000개의 거리와 2만 개의 주요 지형지물이 있다. 그래서 지원자는 저녁 시간과 주말 시간 대부분을 모터 자전거를 타고 테스트 구간을 돌아다니며 보낸다. 그리고 나면 정규 시험관이 아무렇게나 두 지점을 정해주고 가장 빠르고 짧은 경로가 무엇인지 지식을 테스트한다. 이 과정이 얼마나 혹독한지 참가자 뇌의 해마가 확대된 것처럼 보일 정도다. 택시 운전사들의 전설에 따르면 날리지 프로그램 모형을 처음 제안한 사람은 앨버트 공이라고 한다.[1] 테스트는 독일인들만큼 까다로운 게 틀림없다(빅토리아 여왕의 남편이었던 앨버트 공은 독일 출신이다―옮긴이). 지원자의 70퍼센트 이상이 테스트에서 떨어지거나 중도에 포기한다.[2]

한때는 유용했으나 GPS와 구글맵이 등장하면서 많은 사람들이 날리지 프로그램이 불필요하다고 느끼게 되었다. '시장 효율성'에 집착하는 정통 경제학적 사고라면 이 프로그램이 택시 운전사의 희소성을 유지하기 위해 세워진 '진입장벽'으로 보인다고 주장할 것이다. 나도 동의하고 싶은 마음이 들었지만, 곧 깨닫게 된 것은 날리지 프로그램은 길 찾기 기술이라기보다는 신호로서의 가치가 크다는 점이다.

---

[1] 전설이 사실이든 아니든 모든 영업자가 자격증이 있어야 한다는 생각은 약간 독일스러운 면이 있다.

[2] 런던의 거리는 미국처럼 가로세로로 나눠서 숫자를 붙이는 시스템이 아니다. 거리마다 이름이 따로 붙어 있고, 더욱 혼란스러운 것은 같은 거리명이 런던 내 다른 지역에 또 등장할 수도 있다는 점이다.

같은 사람을 한 번 이상 마주치기가 힘든 런던의 택시업계 같은 시장이 제대로 작동하려면 높은 수준의 신뢰가 필요하다. 그런 확신을 줄 수 있는 한 가지 방법은 업계의 일원이 되기 전에 확고한 의지의 증명을 요구하는 것이다. 신뢰의 기준을 세워두는 것은 정직한 모든 택시 운전사에게 이익이 된다. 택시를 이용하면서 바가지나 강도를 당한 경우가 0.5퍼센트만 되더라도 전체 시스템에 대한 신뢰가 물거품이 될 것이며 업계 전체가 무너져 내릴 것이다.

중세에 길드가 존재했던 이유가 바로 이것이다. 도시에서는 익명성 때문에 신뢰를 얻기가 어렵다. 이 문제를 해결해준 것이 길드였다. 어딘가에 가입하는 데 돈도 많이 들고 시간도 오래 걸린다면 거기에 들어간 사람들은 해당 기술에 대한 의지가 확고한 사람들이다. 길드는 또한 자체 규율이 있어서 가입에 앞서 드는 비용 외에 쫓겨날까 하는 두려움이 작용했다.

이런 약속의 장치들은 시간이든 돈이든 노력이든 일단 한 번 투자하고 나면 되돌릴 수는 없다는 사실을 이용했다. 다시 말해 만약 블랙캡 면허가 사나흘 저녁 수업을 듣고 약간의 돈만 내면 취득할 수 있는 것이라면 과연 내가 그 운전사에게 딸들의 안전을 믿고 맡길 수 있을까?

상호성, 평판, 사전약속 신호 보내기는 신뢰를 뒷받침하는 중요한 3가지 메커니즘이다. 나의 충성도를 필요로 하는 내 지역의 작은 기업은 반복적으로 이용해도 된다. 애디슨 리 Addison Lee 나 그린

토마토 카즈Green Tomato Cars처럼 브랜드 평판이 있는 대기업은 이용해도 된다. 배지를 얻기 위해 큰 투자를 하고 속임수를 쓰다가 걸리면 모든 것을 잃게 되어 있는 사람은 신뢰해도 된다. 못 믿겠으면 아테네에 가보라. 거기서는 외국인 택시 승객들은 아테네 사람들보다 평균 10퍼센트 먼 길로 돌아가게 된다. 세비야를 가보라. 거기서 나는 존재하지도 않는 '공항 할증료' 20유로를 내라는 협박을 받았다. 로마는 또 어떤가. 로마에서 내 동료는 택시 운전사에게 직접 강도를 당했다.[3]

우버는 다른 메커니즘으로 신뢰를 증진하는 택시 회사다. 운행마다 디지털 기록이 남고, 별점 시스템이 있으며, 운전사의 이력에 대해서도 날로 검증이 엄격해지고 있다. 나는 날리지 프로그램이 이 문제에 대한 유일한 해결책이라는 얘기가 아니다. 다만 그 프로그램에서 길 찾기가 가지는 가치는 일부에 불과하다는 얘기를 하려는 것이다. 날리지 프로그램이 가지는 가치의 큰 부분은 신호 보내기 장치로서의 가치다. 또한 블랙캡 운전사는 경험이 매우 많을 것이라는 의미도 된다. 왜냐하면 잠깐 거쳐 가는 직업으로 택시 운전을 생각하고 있다면 4년씩 걸리는 입문 프로그램을 이수할 이유가 없기 때문이다. 그렇게 본다면 날리지 프로그램은 장기적 약속의 증명으로서 선불로 내는 비용인 셈이다.

---

3   런던의 시스템이라고 해서 완벽하지는 않다. 존 워보이스John Worboys라는 택시 운전사는 2009년에 12건의 강간과 성추행으로 유죄 판결을 받았고 훨씬 더 많은 범죄를 저질렀을 것으로 짐작된다. 하지만 이런 경우는 실제로 매우 드물다. 2016년 런던에서 면허를 가진 택시 운전사 중에 성범죄로 기소된 사람은 31명이었는데 그중에 블랙캡 운전사는 1명도 없었다.

게임이론

논리적 맥락에서는 말도 안 되는 수많은 것들이 물건 자체가 아닌 '의미'를 생각해보면 갑자기 완벽하게 수긍이 된다. 예를 들어 약혼반지는 물건 자체로는 아무런 실용적 용도가 없다. 그러나 반지라는 물건과 거기에 쓴 비용은 많은 의미를 상기시킨다. 비싼 반지는 한 남자가 자신의 결혼 생활이 오래도록 지속될 거라고 믿고 있고 또 그럴 작정이라는 자기 자신의 신념에 큰돈을 거는 도박이다.

이런 유형의 책이라면 신뢰나 상호성의 본질을 다루는 '최후통첩 게임[1]'이라든가 기타 실험적이고 게임이론적인 내용을 다룬 챕터가 있을 거라고 기대한 사람도 있을지 모르겠다. 이 책에 그

---

[1] '최후통첩 게임'과 '죄수의 딜레마'는 어떻게 해야 협력이 작동할 수 있는지 알아보는 이론상의 연습과제다. 얼마든지 인터넷으로 검색해보라. 다만 인위적 게임이라는 사실을 기억하라.

런 챕터는 없다. 그 이유는 최후통첩 게임은 말도 안 되는 소리고 죄수의 딜레마도 마찬가지이기 때문이다. 이들 게임은 아무 맥락 없이 존재하므로 '평행 현실'이 따로 없는 '이론 우주' 같은 것이다. 이 둘은 상대의 정체를 전혀 모르는 낯선 두 사람이 참여하는 거래, 일회성 교환을 상정한다. 대체로 현실에서 그런 거래는 절대로 일어나지 않는다. 우리는 가게에서 물건을 사지, 길거리에 처음 보는 아무한테서나 물건을 사지는 않는다.[2]

우리가 거래를 할 때는 보통 상대의 정체를 알고 있고 상대가 얼마나 진지한지 단서가 보인다. 예를 들어 내가 한 번도 가본 적 없는 어느 동네의 상점에 들어갔다면 가게 주인이 돈만 받고 물건을 건네지 않을 가능성도 아주 약간은 있다. 상대가 사기꾼일지 모른다. 하지만 이번에는 그 가게의 이름이 젠킨스앤선즈Jenkins&Sons이고 문 위에는 '1958년 설립'이라고 적혀 있다고 해보자. 주인은 가게와 상품에 돈을 들인 것이 분명하다. 이 사람의 비즈니스 모델이 동네 사람들에게 바가지를 씌우는 것이었다면 수십 년간 사업을 계속해올 수는 없었을 것이다.[3] 이쯤 되면 이 사람은 뭐가 되었든 우리의 거래를 더럽혀서 얻는 이익보다는 명

---

2 내가 아는 사람들 중에 모르는 사람과 큰 금액이 오가는 일회성 거래를 했던 경우는 딱 한 번뿐이고, 역시나 낭패를 보았다. 친구는 영국에서 호주로 이사를 가서 중고차를 사려고 했다. 차를 팔겠다는 사람이 친구에게 슈퍼마켓 주차장에서 보자고 했다. 내 친구는 이렇게 말했다. "이상하게 보였어. 하지만 나는 방금 호주에 도착했으니 여기서는 다들 그렇게 하는 줄 알았지." 친구는 바보같이 거래를 완료했고 자동차는 결국 도난 자동차로 밝혀졌다.

3 가게가 주로 관광객만 상대하는 곳이라면 이런 얘기는 모두 해당되지 않는다. 적어도 트립어드 바이저TripAdvisor가 등장하기 전까지는 안심하고 관광객들에게 사기를 칠 수 있었다.

성을 잃어서 입는 손실이 훨씬 더 클 것이다. 그렇다면 나는 거래가 일어나는 맥락을 통해 신뢰를 끌어낼 수 있다. 사전 투자는 장기적 의지의 증거로서 정직한 행동을 보증한다. 명성이란 일종의 투자다. 명성을 잃는 것은 한순간이어도, 얻는 데는 훨씬 긴 시간이 걸린다.

만약 최후통첩 게임이 효과를 내서 모든 사람이 협조하게 만들고 싶다면 간단한 메커니즘이 있다. 게임을 하려는 모든 사람에게 게임에 참가하려면 런던에 있는 2만 5,000개의 거리 이름과 2만 개의 주요 지형지물부터 암기해야 한다고 요구하라. 그러면 사람들은 참가하는 데 4년이 걸릴 테고, 그때쯤 되면 속임수를 쓰는 사람을 추방할 수 있는 간단한 방법만 찾으면 될 것이다. 이런 환경에서는 누구도 속임수를 쓰려고 하지 않을 것이다. 왜냐하면 그렇게 했다가는 애초에 참가 자격을 얻기 위해 투자한 노력을 회수하기도 전에 게임에서 쫓겨날 것이기 때문이다.[4]

그러면 남는 문제는 하나다. 게임장을 떠나기 전에 속임수를 쓸 가능성 말이다.[5] 이론상으로는 런던의 택시 운전사가 은퇴하는 날 마지막 손님을 태워다주면서 끔찍할 정도로 길을 돌아가는 것도 불가능하지는 않다. 면허를 잃는다고 해서 희생해야 할 미

---

4 어쩌면 기업들이 그토록 졸업장을 가진 사람을 채용하고 싶어 하는 것은 바로 이 때문일지 모른다. 좋은 직장을 구하려고 시간과 돈을 투자한 사람이 사무실을 돌아다니면서 노트북 컴퓨터나 훔쳐서 자신의 모든 투자를 물거품으로 만들 가능성은 별로 없기 때문이다.

5 직장에서 마지막 날에 물건을 슬쩍하는 사람은 상당히 많은 것 같다. 물론 많은 경우 '기념품'이라고 말하겠지만 말이다. 출근 첫날 물건을 슬쩍하는 것이 훨씬 더 위험한 일이다.

래 소득은 없다. 미래 소득 자체가 없기 때문이다. 의도적이든 아니든 런던의 택시 운전사들은 이에 대한 해결책이 있는 듯하다. 몇 년 전에 내가 런던 중심가에서 택시를 타고 15파운드가 나왔을 때였다. 내가 20파운드를 내밀었더니 젊은 운전사는 이렇게 말했다.

"받을 수 없어요, 손님. 제가 태운 최초의 손님이시거든요."

"네? 정말요? 왜요?"

"전통이에요. 최초의 손님에게는 돈을 받지 않아요."

당시 나는 기분이 좋았지만 지금 생각해보니 믿기지 않을 만큼 고상한 전통이라는 생각이 든다. 만약 내가 런던에 사는 동안 은퇴 전 마지막 손님으로 나를 태우는 택시 기사를 만나 그가 나에게 약간 바가지를 씌운다고 한들, 나와 런던의 택시 기사들은 비긴 셈일 테니 말이다.

지속가능성의 신호
: 신뢰의 또 다른 이름

앞서 고객이 다시 찾는다고 생각하면 사업을 정직하게 하게 된다고 했다. 그렇다면 여기서 우리는 또 다른 결론을 도출할 수도 있다. 바로 나의 비즈니스 모델이 단골에게 의존하는 형태임을 보여서 내가 정직하게 사업을 하고 있다는 신호를 보낼 수도 있다는 점이다.

아래 항목들의 공통점은 뭘까?

1. 대형 육식 어종이 양놀래기처럼 자신의 몸에서 기생충을 청소해 주는 유용한 생선은 잡아먹지 않는 것.
2. 옷이나 화장품에 상당한 돈을 썼을 때 우아한 끈이 달린 쇼핑백을 주는 것.
3. 파이브가이즈에서 프렌치프라이를 공짜로 한 주걱 더 주는 것.

4. 결혼식에 큰돈을 쓰는 것.

5. 미니바를 얼마 사용하지 않았을 때 호텔에서 요금을 청구하지 않는 것.

6. 은행 지점들이 대리석과 오크 인테리어를 아낌없이 사용하는 것.

7. 회사가 당신을 값비싼 교육 과정에 보내주는 것.

8. 광고를 아낌없이 쏟아붓는 것.

9. 식사 후 리몬첼로 한 잔을 공짜로 주는 것.

10. 브랜드에 투자하는 것.

단순하게 단기의 경제적 합리성 관점에서만 보면 이들 행동 중에 말이 되는 것은 하나도 없다. 은행은 컨테이너 박스 안에서도 얼마든지 영업을 할 수 있을 것이다. 우아한 끈이 달린 쇼핑백도 비싸기만 하지 방수도 안 되는 것들이다. 리몬첼로는 값이 싼 술도 아니고 싫어하는 사람도 많다. 그 교육 과정이 정말로 5,000파운드만큼의 가치가 있을까?

이런 것들은 모두 어떤 신호 보내기가 진행 중이라고 했을 때만 이해가 가는 일들이다. 이런 행동은 단기적으로는 비용이고 혹시라도 효과가 있다면 오직 장기적으로만 도움이 될 것이다. 따라서 이것들은 그 행동을 하는 주체가 사람이든 동물이든 기업이든 단기적 관점에서 내키는 대로 행동하는 것이 아니라 장기적으로 본인에게 득이 되는 행동을 하고 있다는 안정적인 신호다.

이 구분은 매우 중요하다. 진화생물학자 로버트 트리버스가 보여주었듯이 단기적 편의와는 달리 장기적 이득은 종종 상호 이익이 되는 협력과 구분이 안 되는 행동을 이끈다. 대형 어종이 청소부 물고기를 잡아먹지 않는 이유는 이타심 때문이 아니라 '장기적으로' 보았을 때 청소부 물고기가 살아 있는 것이 더 가치가 높기 때문이다. 반대로 청소부 물고기는 외부기생충은 무시하고 숙주 물고기의 아가미를 뜯어 먹는 식으로 속임수를 쓸 수도 있지만, 장기적으로 보면 대형 어종을 단골고객으로 삼는 편이 앞으로 더 도움이 된다.[1] 정직하고 서로에게 도움이 되는 관계를 유지하게 해주는 것은 다름 아닌 앞으로도 같은 일이 반복될 거라는 기대에 있다.

게임이론에서는 이런 반복에 대한 기대를 '지속가능성'이라고 한다. 미국의 정치학자 로버트 액설로드Robert Axelrod는 '미래의 그림자'라는 시적 표현을 사용했다. 일회성 거래보다는 거래가 반복될 거라고 굳게 믿을 때 사람들이 협력할 가능성이 훨씬 커진다는 데는 게임이론가들과 진화심리학자들의 의견이 일치한다. 심지어 클레이 셔키Clay Shirky는 사회적 자본을 '사회적 차원에서의 미래의 그림자'라고 표현했다. 우리는 그것을 장기적으로 서로에게 도움이 되는 행동을 하겠다는 신호로 받아들인다. 하지만 이런 점을 거의 고려하지 않는 사업도 있다. 조달 사업 같은 경우에는 계약 기간을 점점 더 짧게 설정하는데, 어쩌면 저도 모르게 협

---

[1]   그리고 실제로 단골이 된다. 물고기들은 개별 청소부 물고기에 대해 놀라울 정도의 브랜드 충성도를 나타내는 것으로 보인다.

조 가능성을 줄이고 있는 것일 수도 있다.

그런데 생각해보면 사업을 할 때는 대조적인 두 가지 접근법이 있다. '관광객용 식당'식 접근법은 한 번 방문한 사람들에게 최대한 많은 돈을 벌려고 노력하는 것이다. '동네 식당'식 접근법은 손님들의 한 번 방문에서 버는 돈은 더 적을 수도 있지만, 그들이 다시 오게 만들어서 장기적으로 더 큰 이익을 얻는 것이다. 전자보다는 후자 유형이 신뢰를 만들어낼 가능성이 훨씬 크다.

그렇다면 우리는 전자와 후자를 어떻게 구별할까? 파이브가이즈에서 프렌치프라이를 공짜로 한 주걱 더 주는 것이 바로 그런 제스처다. (큰돈이 아니라면) 당장 비용은 좀 들지만 보상을 나중으로 미루면서 회사가 일회성 거래에서 최대한의 이득을 짜내는 것이 아니라 반복될 관계에 투자하고 있다는 안정적 신호를 보내는 것이다. 마찬가지로 회사가 매달 월급을 주는 것은 당신이 지금 그 돈만큼의 가치가 있다는 뜻이지만, 값비싼 교육 과정에 보낸다면 적어도 향후 몇 년간은 당신과의 관계를 유지하겠다는 신호다.[2]

물고기조차(심지어 일부 공생 식물도) 이런 구별을 할 수 있게끔 진화했다면, 인간이 본능적으로 그렇게 할 수 있고 장기적 관계를 맺는 브랜드와의 사업을 선호한다는 주장도 충분히 일리가 있어 보인다. 그게 사실이라면 이 이론은 얼핏 상식에 반하는 듯한 고

---

2   회사가 교육에 투자했을 때 가장 큰 이득은 직원들의 충성심이라는 게 교육업계에서는 널리 알려진 사실이다.

객들의 일부 행동도 설명할 수 있다. 많은 사람들이 놀랐던 관찰 결과를 보면, 고객은 어느 브랜드가 문제를 아주 만족스럽게 해결했을 경우 애초에 실수가 없었던 경우보다 오히려 더 충성도가 증가한다고 한다. 이상하게 보이지만, 생각해보면 기업이 자체 비용으로 고객의 문제를 해결해준다는 것은 고객과의 장래 간계에 투자하겠다는 훌륭한 신호다. '지속가능성 이론'은 또한 기업이 편협하게 단기 이익 극대화에만 초점을 맞출 경우 고객들에게는 신뢰성이 떨어질 보일 것이라고 말한다. 충분히 일리가 있어 보인다.

인간의 모든 거래에는 말은 하지 않아도 다음과 같은 질문의 그림자가 드리우고 있다는 사실을 기억하라.

'내가 이 거래에서 뭘 원하는지는 내가 알아. 그런데 당신은 대체 이 거래에서 뭘 바라지? 당신이 약속을 지킬 거라고 내가 어떻게 믿지?'

우리는 상대가 정직한 사람인지는 알 필요가 없다. 다만 상대가 이 거래에서 정직한 사람처럼 행동할 거라는 사실만 알면 된다. 좀 더 친밀한 공동체 내에서는 그냥 전방위적으로 정직한 사람이라는 평판을 쌓을 수 있을지도 모른다. 그렇다면 더 이상의 문제는 없다. 1950년대에는 그 어떤 은행장도 감히 단 1명의 고객도 속일 수 없었다. 왜냐하면 1명의 고객만 자신이 속았다는 사실을 발견해도 마을 전체에서 그 은행장의 평판은 바닥에 떨어질 것이기 때문이다.

비용에는 다양한 형태가 있다. 돈을 쓸 수도 있고 노력을 쏟을 수도 있다. 이런 것들은 관계라는 맥락 내에서만 성립되지, 일회성 거래에서는 성립되지 않는다.

승객이 약간 잘못된 기차표를 샀더라도 추가 요금을 물리지 않는다거나 식사가 끝났을 때 서비스로 초콜릿을 주는 것처럼 할 수 있는 한도에서 인심을 쓰는 작은 행동들은 고객에게 신뢰해도 좋다는 안심을 주는 지표로 간주된다. 따라서 그런 신호가 없다면 우려의 원인이 된다.

우리가 어느 회사를 판단할 때 고객 서비스가 그처럼 중요한 지표가 되는 이유 중 하나는 그게 시간과 돈이 드는 일임을 우리가 잘 알고 있기 때문이다. 우리가 물건을 사고 비용을 지불한 이후에도 실망하는 부분이 없게끔 기꺼이 시간을 쓰는 회사라면 대금 지불이 완료되자마자 우리를 나 몰라라 하는 회사보다 더 믿을 만하고 품위 있는 회사일 가능성이 크다. 인간관계에서도 똑같은 것이 적용된다. 무례한 것과 공손한 것이 큰 차이는 아니지만, 무례함에는 노력이 덜 들어간다. 공손하려면 문을 열어주는 것부터 누가 방에 들어왔을 때 자리에서 일어나는 것까지 수백 가지의 작은 의식들을 행해야 한다. 이런 의식을 행하려면 그러지 않는 것보다 더 많은 노력이 든다. 그렇게 간접적인 수단을 통해 우리는 상대의 의견을 존중한다는 사실을 전달한다. 그리고 이것은 나의 평판을 존중하는 길이기도 하다.

4

왜 값비싼 신호가 더 좋은 것일까

20년 전에 어느 동료와 내가 작지만 중요한 광고 브리핑을 준비하고 있었다. 우리의 과제는 고위급 IT 전문가 수천 명에게 편지를 보내서 마이크로소프트의 윈도우 NT 32비트 서버 소프트웨어를 대대적으로 공개하기 전에 미리 한번 써봐 달라고 부탁하는 것이었다. 우리는 그냥 일반 우편물을 보내 이 제품이 무엇이고 어떤 기능이 있는지 알려줄 수도 있었다. 그렇게만 해도 정보는 전달됐을 것이다. 하지만 그렇게 하면 의미가 담기지 않았다. 그래서 우리는 공들여 박스를 제작했다. 안에는 공짜 마우스 매트[1]와 펜을 비롯해 이것저것 잡다한 것들을 넣고 쓸데없이 비싼 포장을 했다.

---

[1]   1990년대였다.

우리가 그렇게 한 것은 이 제품이 존재한다는 사실뿐만 아니라 이 출시가 아주 중요하고 여기에 마이크로소프트가 막대한 돈을 쏟아부었다는 사실을 전달하기 위해서였다. 우리는 또 이 소프트웨어를 공짜로 테스트할 수 있는 특권을 누리는 사람은 아주 소수라는 사실도 전달해야 했다. 편지에 글로 그렇게 쓸 수도 있겠지만 무의미했을 것이다. 누가 뭘 팔든 할 수 있는 '싸구려 멘트'였다. 주장일 뿐 증명할 수 없는 말 말이다. 실제로 보통 우편으로 (더 최악은 요금별납 대량우편으로) '특별 초대'를 보내봤자 자기 모순이었을 것이다.

'우리는 이 특별 초대를 엄청 많은 사람에게 보내고 있어요.'(정말로 회원제인 클럽은 대중매체에 광고를 못 하는 이유가 바로 그 때문이다.)

그렇게 우리는 공들여서, 대량으로 제작하기에는 경제성이 떨어지는 유형의 우편물을 만들었고, 이것으로 광고 부문에서 상을 수상하기도 했다. 하지만 내가 이 일을 기억하는 것은 대부분 우리와 함께 일을 했던 스티브 바턴Steve Barton이라는 중서부 고객 책임자 때문이다. 프로젝트 브리핑을 하면서 그는 많은 것을 알 수 있는 얘기를 해줬다.

"저기요, 나는 여러분이 이번에 눈에 띄게 창의적인 작품을 만들어주면 좋겠어요. 하지만 만약에 그게 안 된다면, 내가 여러분한테 바라는 건 정말로 괜찮은 1쪽짜리 편지를 쓰는 거예요. 그러면 우리는 그걸 페덱스로 보내는 거죠."

스티브가 설명하고 있던 것은 사실상 생물학자들이 '값비싼 신호 보내기 이론^{costly signalling theory}'이라고 부르는 것이다. 무언가에 붙는 의미와 중요성은 커뮤니케이션에 들인 비용에 정비례한다는 이론이다.

당신이 수신자라고 치자. 페덱스로 온 봉투를 열어보지도 않고 버릴 수 있을까? 분명히 아닐 것이다. 우리가 수신자에게 바랐던 것은 단순히 우리가 준 정보를 소화하는 것이 아니었다. 우리가 바란 것은 관심과 확신, 중요하다는 느낌이었다. 경제적으로 합리적인 50펜스짜리 우표로는 결코 얻을 수 없고, 10파운드짜리 페덱스 봉투여야만 얻을 수 있는 바로 그것 말이다. 결국 이 광고 캠페인은 엄청난 성공을 거뒀다. 거의 모든 수신자가 박스를 열어봤고 내용을 읽었다. 그리고 10퍼센트가 넘는 사람들이 우리 제품을 테스트해봤다. 상당한 노력이 요구되는 일이다. 2018년의 디지털 합리주의자였다면 수백 명의 고위직 IT 담당자와 연락할 방법은 페이스북이나 이메일이라고 제안했을 것이다. 천만다행으로 1990년대 중반의 우리에게는 그런 방법들이 가능하지 않았다. 합리적으로는 맞는 제안이었겠지만, 정서적으로는 완전히 틀린 제안이 됐을 것이다.²

2   한번은 어느 광고주가 '값비싼 신호 보내기' 원리를 활용해 불과 200~300명에 불과한 타깃 시청자를 대상으로 TV 광고를 한 적이 있었다. 문제의 타깃 시청자는 미국의 대형 다국적기업들의 영국 지부 CEO들이었다. 당시는 이들 대부분이 미국인이었고, 그래서 1980년대 말 이 회사는 영국 채널4에서 슈퍼볼을 중계하고 있을 때 자신들을 홍보하는 광고를 내보냈다. 당시 영국에는 미식축구가 거의 알려져 있지 않았기 때문에 광고비가 특별히 저렴했다. 물론 이들 미국인에게는 1년 중에 영국 TV로 반드시 시청하는 단 하나의 프로그램이었다. 이 미국인들한테는 그 광고가 '슈퍼볼 광고'였다. 우리 영국인들에게는 이해할 수 없는 모호한 스포츠 중간에 광고 시간을 채워주는 반가운 광고에 불과했지만 말이다.

비트bit는 정보를 전달한다. 하지만 값비싼 것들은 의미를 전달한다. 이메일로 사람들을 결혼식에 초대하지는 않는다. 금박 장식이 있는 카드에 정보(이메일에도, 심지어 문자로도 충분히 쓸 수 있는 내용이다)를 쓰려면 큰돈이 든다. 같은 날 청첩장을 2개 받았다고 치자. 하나는 값비싼 금박 테두리 봉투에 들어 있고, 다른 하나(담긴 정보는 똑같다)는 이메일로 왔다. 솔직히 말해보라. 첫 번째 결혼식에 가지 않겠는가?[3]

---

[3]   미안하지만 그럴 것이다. 이메일 초대장은 결혼식장의 음료가 유료이지 않을까 하는 불안한 의심이 들게 만든다. 신랑, 신부가 우편 비용도 낼 수 없다면 근사한 고급술을 펑펑 서비스하지는 않을 것이다.

5

효율, 논리, 의미
: 2개만 골라봐

"터무니없기 때문에 믿는다 Credo quia absurdum est."

　성 아우구스티누스가 한 말이라고 한다. 아우구스티누스는 기독교에 관해 한 말이었지만, 삶의 다른 수많은 측면에도 해당되는 얘기다. 우리가 무언가에 의미를 부여하는 이유는 그게 합리적으로 보이는 것으로부터 벗어나 있다는 바로 그 이유 때문이다. 우리가 늘 반복되는 일상의 '잡음'보다는 이례적이거나 놀랍거나 혹은 예상치 못한 자극과 신호에 더 많은 의미를 부여하게끔 진화한 것은 전혀 놀랄 일이 아니다. 그 결과 사회적 종들이다 그렇듯이 우리는 우리 종의 다른 구성원들에게 안정적으로 의미를 전달하기 위해 겉으로 '황당무계하게' 보이는 행동도 해야한다.

　정신물리학자 마크 챈기지 Mark Changizi는 물이 왜 아무런 맛도 나지 않는지에 대해 간단한 진화론적 설명을 내놓는다. 그는 인간의 미각 메커니즘이 물맛을 느끼지 못하도록 조종되었다고 생각한다. 그래야 혹시라도 물을 오염시킨 것이 있다면 즉각 알아차릴 수 있을 것이기 때문이다. 만약에 물이 닥터페퍼 Dr. Pepper 같은 맛이었다면 감각의 과부하로 인해 '죽은 양'의 냄새 같은 힌트는 눈치챌 수가 없었을 테고, 500미터 상류에서 동물의 사체가 썩어가고 있다는 사실을 알 수가 없었을 것이다. 물이 '아무 맛도 안나는' 것은 아주 작은 것이라도 거기에서 벗어났을 경우 눈치챌 수 있기 위해서다. 어린아이들에게 비슷한 실험을 해볼 수도 있다. 아이가 가장 좋아하는 음식을 내놓으면서 약간의 허브나 양념을 추가해보라. 아이는 역겹다고 할 것이다. 왜냐하면 기대하고 있던 것에서 아주 약간만 벗어나도 뭔가 안전하지 않다는 '경고음'이 들릴 것이기 때문이다.[1]

내 말은 우리 지각이 더 광범위하게 이런 식으로 맞춰져 있다는 것이다. 우리가 편협한 경제 상식에서 벗어난 것들을 눈치챌 수 있고 거기에 중요성과 의미를 부여하는 이유는 그것들이 상식을 '벗어났다'는 바로 그 이유 때문이다. 편협한 경제적 합리주의를 추구할 경우 세상은 물질은 풍부하지만 의미가 결핍된 곳이 될 것이다. 그렇게 만들어진 것이 바로 건축에서의 모더니즘이다. 모더니즘은 장식이나 '불필요한' 세부 양식을 없앴고 그래서

---

1   어린아이는 기어다닐 때쯤 되면 보수적인 입맛을 발달시킨다. 그래야 위험한 음식을 시험 삼아 먹는 일이 벌어지지 않기 때문이다.

'의미'가 상실됐다.[2] 나는 3D프린팅을 이용한 건축이 가능해져서 21세기 건물에도 가우디 같은 면이 다시 나타나기를 남몰래 희망하고 있다.[3]

2 경제학자인 내 친구 니콜라스 그루언은 최근 바르셀로나에 갔다가 가우디의 사그라다 파밀리아 성당을 보고 이렇게 말했다. "모더니즘만 아니었다면, 20세기 전체가 이런 식으로 생길 수도 있었는데!"

3 그건 그렇고 건축 스타일로서 모더니즘이 특별히 효율적인 것은 아니다. 하중을 지탱하는 데는 기둥보다 아치가 나으며, 평평한 지붕은 공학적으로 봤을 때 끔찍한 구조. 하지만 경제학자나 경영 컨설턴트 같은 모더니즘의 건축가들은 효율적으로 '보이는' 외관을 만들어내는 데 능하다.

6

값비싼 신호로서의 창의성

종이나 청첩장에 쏟아부을 돈이 없다면 희소성이 있는 다른 상품, 내가 '창의성'이라고 부르는 것을 이용할 수 있다. 창의성에는 디자인, 예술성, 손재주, 아름다움, 사진 기술, 유머, 음악성, 심지어 장난을 칠 수 있는 용기까지 다양한 재능이 포함된다. 직접 만든 생일카드는 돈은 덜 들겠지만 값비싼 카드보다 더 큰 감동을 줄 것이다. 하지만 그러려면 어느 정도의 노력이 들어가야 한다.[1] 자작곡으로 영상을 만들어서 결혼식에 초대한다면, 어느 정도의 재능과 제작 수준이 된다고 했을 때, 이메일로 초청장을 보낼 수도 있을 것이다. 하지만 직설적이고 사실을 열거한 재미없는 이메일 청첩장은 전혀 다른 것이다. 아무런 창의성이 없고 사실의

---

1   4세가 지났다면 그냥 종이 쪼가리에 휘갈기는 것으로는 부족하다.

> # 5월 5일까지
> ## 회신주신다면 대단히 감사하겠습니다.
>
> _____ 열렬히 참석하겠습니다.
> _____ 애석하지만 거절하겠습니다.
> _____ 애석하지만 참석하겠습니다.
> _____ 열렬히 거절하겠습니다.

● 용기와 위트도 값비싼 신호의 한 형태가 될 수 있다.

진술에 지나지 않기 때문이다.

이런 것들이 의미를 갖는 이유는 값비싼 자원을 사용했기 때문이다. 돈이 아니라면 재능, 노력, 시간, 기술, 유머 혹은 야한 농담이라면 '용기'라는 자원 말이다.[2] 하지만 그러려면 값비싼 무언가가 들어 있어야 한다. 그렇지 않다면 소음에 불과하다.

효과적인 의사소통을 하려면 언제나 어느 정도의 비합리성이 필요하다. 왜냐하면 완벽하게 합리적일 경우 '물'처럼 아무런 맛이 느껴지지 않을 것이기 때문이다. 광고 에이전시에서 일하는 게 좌절감이 들 수 있는 것은 그 때문이다. 좋은 광고를 제작하는

---

2   마르셀 뒤샹Marcel Duchamp의 〈샘〉이 예술이 되는 것은 아마도 그 용기 때문일 것이다.

것은 어려운데, 좋은 광고가 좋은 이유는 오직 '만들기 어렵기 때문에' 좋은 것이다. 의사소통이 얼마나 강력한가, 얼마나 의미를 함축하는가는 그 소통을 만들어내는 과정에 들어가는 비용에 정비례한다. 제작과 배포 과정에 들어간 고통과 노력, 재능(혹은 이런 게 없다면 비싼 유명인이나 TV 광고비)의 양에 비례한다. 이는 비효율적일 수 있다. 하지만 바로 그렇기 때문에 효과가 있는 것이다.

간단히 말해 강력한 메시지라면 반드시 부조리함, 비논리성, 높은 비용, 불균형, 비효율, 희소성, 어려움, 사치스러움 같은 요소를 포함해야 한다. 왜냐하면 합리적 행동이나 말은 아무리 장점이 있다고 해도 아무런 의미를 전달할 수 없기 때문이다. 나이키는 경기 시작 전 애국가가 울릴 때 서 있지 않고 무릎을 꿇었던 콜린 캐퍼닉을 2018년 광고 캠페인의 대표 인물로 선택했다. 바로 용기를 통해 값비싼 비용을 치른 사례였다. 캐퍼닉을 쓰는 것이 돈이 많이 드는 선택은 아니었다. 그는 커리어가 불확실한 상태였기 때문이다. 하지만 캐퍼닉은 경찰의 잔혹성에 맞서 항의한 NFL과 거의 동일시될 만큼 용감한 인물이다. 이 광고가 보여준 것처럼 우리가 나 자신의 단기적 이익에 부합하지 않는 무언가를 했을 때, 자발적으로 비용을 치르고 위험을 감수했을 때 바로 '의미'가 전달된다.

이 책이 담고 있는 가장 중요한 아이디어 중 하나는 우리가 싸구려 멘트 이상의 무언가를 만들어내고 싶다면, 편협한 단기적 사리사욕에서 벗어나야 한다는 것이다. 따라서 합리적인 경제이

론이 시키는 대로만 따라서는 신뢰와 애정, 존경, 명성, 지위, 충
성심, 관대함 혹은 이성과의 기회조차 만들어내는 게 불가능하다.
진화의 관점에서 합리성이 가치가 있었다면 회계사들이 섹시하
게 보일 것이다. 하지만 남자 스트리퍼는 소방관 복장이지, 회계
사 복장은 아니다. 용기는 섹시하지만, 합리성은 섹시하지 않다.
이 이론을 더 확장할 수도 있을까? 예를 들어 시가 산문보다 더
감동적인 것은 쓰기가 더 어렵기 때문일까?**3** 음악이 연설보다 더
강력한 정서적 영향을 주는 것은 말하는 것보다 노래하는 게 더
어렵기 때문일까?**4**

---

3   미안하다. "산문이 시보다 더 쓰기 쉽다. 따라서 산문의 설득력이 떨어진다"라고 썼어야 했는데.
   시는 내리막이라고들 생각하지만 최근에 나는 축구선수 웨인 루니가 아내 콜린에게 쓴 사랑시
   를 반갑게 읽었다. 헌신을 이메일로 전달하기는 쉽지 않다.

4   미안하다. 다음과 같이 썼어야 하는 건데. "무언가에 음을 추가하면 좋은 점이 하나 있다. 우리가
   어떻게든 거기에 의미를 부여한다는 사실이다. 설사 전혀 말이 안 된다고 하더라도 말이다." 베
   토벤의 '환희의 송가' 음에 맞춰서 불러보았다.

7

광고가 늘 광고처럼 생긴 것은 아니다
: 길가에 놓인 의자들

몇 년 전 우리 집에서 1킬로미터 정도 떨어진 상당히 붐비는 거리에 카페가 하나 문을 열었다. 가게 내부에 좌석이 20개 정도 있고 밖에 길가에 벤치 몇 개가 놓여 있었다. 카페치고 나쁘지는 않았는데 얼마 후 가게는 망했다. 새로운 사람들이 가게를 인수했고, 똑같은 공식을 따르는 듯하더니, 그들도 망했다.

그곳을 인수한 세 번째 주인들은 똑같은 공식을 시도하면서도 너무나 자신만만해 보였다. 그런데 어찌 된 일인지 이들은 기적처럼 사업을 성공시켰다. 음식이나 가격은 앞선 주인들과 별 차이가 없어 보였다. 실은 그들이 바꾼 것은 아주 하찮은 것 하나밖에 없어 보였다. 이들은 더 매력적인 의자와 테이블을 샀고, 아침부터 그것들을 밖에 내놓았다. 또 허리 높이까지 오는 철조망 울타리로 의자들을 둘러쳐서 테라스 같은 분위기를 냈다. 이것들은 전에 있던 벤치보다 효율성이 떨어졌다. 이 이동식(따라서 훔쳐 갈 수도 있는) 가구들은 매일 영업이 끝날 때마다 다른 곳에 치워두었다가 아침마다 다시 꺼내놓아야 했기 때문이다.

하지만 나는 새 가게의 성공이 바로 이 변화 때문이었다고 생각한다. 이 카페는 붐비는 거리에 있다고 앞서 말했다. 사실 운전에 집중하고 있는 사람이라면 여기에 카페가 있다는 사실조차 금세 알아보기가 힘들었다. '커피'라는 간판을 보지 못했더라도, 아무도 밖에 앉아 있지 않아도, 이 카페가 열었는지는 멀리서부터 분명히 알 수 있었다. 그렇지 않으면 5분 동안 헤매면서 겨우 주차를 하고 왔더니 가게 문이 닫힌 경우도 있을 수 있는데 말이다![1] 길가에 영구적으로 놓여 있는 이전의 벤치들은 가게가 열렸는지 알려주는 신호로서는 무의미했다. 반면에 새 의자와 울타리는 주인이 보지 않으면 도난을 당하거나 날아갈 수도 있었고 가게가 열었다는 사실을 보장해줬다. 가게를 닫은 주인이 그것들을 길거리에 버려두고 집에 갈리는 만무했다.

"에이, 저기요"라는 소리가 들리는 듯하다.

"이론상은 그런데요, 운전을 하면서 길가에 놓인 가구가 움직일 수 있는 가구냐를 가지고 카페가 열었을 가능성을 의식적으로 계산하는 사람은 없어요."

어찌 보면 당신 말이 맞다. 하지만 사람들이 의식적으로 그렇

---

1   영국에서 런던이 아닌 곳의 찻집이나 카페에 자주 가본 사람이라면 그들의 영업시간이 세상에서 제일 괴상하다는 걸 잘 알 것이다.

게 하는 것이 아니다. 본능적으로 하는 것이다. 그리고 그런 계산을 하는 정신적 과정은 의식적 자각의 저편에서 이뤄진다. 우리는 어디를 가든 환경 속 신호들을 통해 무의식적으로 추론을 하며, 내가 그렇게 하고 있다는 사실을 전혀 알지 못한다. 말하자면 '내가 생각하고 있다는 생각'을 하지 못하는 생각 과정인 셈이다.

이런 정신 과정은 전통적으로 말하는 논리적 과정이라기보다는 심리적 과정이며, 우리가 의식적으로 추론을 할 때 사용하는 규칙들과는 전혀 다른 규칙에 의존한다. 하지만 그렇다고 해서 우리가 꼭 비합리적인 것은 아니다. 우리의 뇌가 진화해온 환경을 고려해보면 말이다. 우리 뇌는 수학적 정확성을 사용해 완벽한 의사결정에 이르도록 진화한 게 아니다. 아프리카 사바나에서는 그런 것들이 필요할 일이 별로 없었다. 대신에 우리는 수치가 아닌, 일부 기만적일 수도 있는 제한된 정보를 바탕으로 상당히 괜찮은, 크게 낭패 보지 않는 의사결정에 도달하는 능력을 발달시켰다. 우리가 카페 밖에 있는 의자만 보고도 끌어낼 수 있는 추론 내용은 그 뒤에 있는 추론 과정을 알고 보면 전혀 비합리적인 것이 아니며 오히려 놀랄 만큼 영리하다.

'영업중'이라고 적힌 표지판은 무의미한 외침일 수 있다. 왜냐하면 누군가 표지판을 '정기휴무'로 뒤집어놓는 것을 깜박한 것일 수도 있기 때문이다. 또 어느 쪽이 되었든 차를 타고 가면서 읽기는 힘들 것이다. '영업중'이라고 쓰인 네온사인은 좀 더 믿을 만한 신호일 것이다. 전기세를 아끼기 위해 가게를 닫는 사람이 아마도 스위치를 끄고 갈 것이기 때문이다.[2] 그러나 바람막이 뒤에 포개어 쌓을 수 있는 가벼운 의자가 놓여 있다면 이건 믿어도 좋은 신호다. 다시 말하면 이 의자들은 효과적인 광고의 역할을 한다. 이 의자들을 사는 데 들인 비용과, 그것들을 가게 앞에 내놓았다가 매일 영업이 끝날 때면 다시 쌓는 수고는 모두 여기에 영업을 제대로 하고 있는 카페가 있다는 믿을 수 있는 신호다. 그리고 이 신호는 인간의 이성이 의식적으로 처리하는 내용이 아니라 암묵적으로 이해되는 신호다. 25년 넘게 광고업계에서 일하면서 나는 주로 예산이 많은 큰 회사들의 광고를 맡아왔지만, 무의식적인 신호가 아주 작은 업체의 운명에도 얼마나 큰 영향을 미칠 수 있는지를 보면 아직도 놀랍다. 또한 몇 가지 별것 아닌 신호만 보냈어도 망하지 않았을 수많은 가치 있는 업체들이 망한 것을 생각하면 무서운 생각도 든다.[3]

어떤 식으로든 전형적 광고를 낼 형편이 전혀 안 되는 상대적으로 작은 업체라 하더라도 심리가 작동하는 방식에 약간의 관심만 기울이면 운명을 바꿀 수 있다. 더 폭넓은 행동 체계를 이해하기만 하면 된다. 카페는 메뉴 디자인을 바꿔서 매출을 올릴 수 있다. 작은 가게들은 조명이 부족해 지나가는 사람들이 가게가 닫힌 줄 아는 경우가 많다. 그렇게 놓치는 장사가 얼마나 많을까?[4]

---

2   하지만 네온사인은 영국의 카페보다는 미국의 식당에 더 잘 어울릴 것이다.
3   내가 아는 어느 존 루이스John Lewis 지점은 주차장 입구의 표지판을 바꾸는 것으로 매출이 2배로 뛰었다.
4   세인즈버리 체인 설립자 J. 세인즈버리의 잊혀가는 구호가 있다. '반드시 가게의 조명을 잘 켜둬라.'

술집들은 창문을 괜히 불투명 유리로 만들어서 선뜻 다가서지 못하게 만드는 경우가 많다. 사람들은 안이 보이지 않으니까 들어가지 않는다. 피자 배달업체는 피자와 함께 차나 커피, 우유, 화장지를 배달해주기로 한다면 포화 상태의 시장에서 차별화를 꾀할 수 있다. 식당이라면 차에서 내리지 않고 포장 음식을 받아갈 수 있게 해주거나 '건물 뒤편 주차 가능'이라는 표지판을 붙여둔다면 매출이 늘어날 수도 있다.[5]

그럴 일은 없었겠지만 만약 실패한 두 번의 카페가 사업상의 고민을 해결하려고 경영 컨설턴트를 고용했다 하더라도 아마 가구를 바꾸라는 조언을 해준 사람은 없었을 것이다. 틀림없이 사업의 좌뇌적 측면들이 기다란 조언 목록을 뒤덮고 있었을 것이다. 가격, 재고 관리, 직원 운용 같은 것들 말이다. 스프레드시트에 넣을 수 있는 것들은 모두 분석하고, 수치화하고, 최적화해서 효율성을 높일 수 있다. 하지만 의자를 언급해준 사람은 아무도 없었을 것이다.[6]

여기서 한 걸음 더 나가보자. 나는 우리가 테이블과 의자가 놓여 있다는 사실에서 카페가 문을 열었다는 사실을 믿을 만하게 추론할 수 있을 뿐만 아니라, 더 깊이 들어갈 수도 있다고 생각한다. 나는 우리가 부지불식간에 길가에 의자를 펼쳐놓는 정도의

---

5   나도 우리 동네 식당 뒤편에 숨어 있던 공용 주차장을 발견한 뒤 해당 식당 이용이 2배로 늘었다.
6   나는 매킨지나 베인Bain, 보스턴컬설팅그룹Boston Consulting Group 같은 곳에서 일해본 적은 없다. 그러니 내가 그들에게 큰 폐를 끼치고 있는 것일 수도 있다. 하지만 적어도 그렇게 기술관료적인 조직 내에서 가구에 관해 얘기를 꺼냈다가 칭찬을 받기는 힘들 것이 분명하다.

수고를 하는 가게라면 적어도 커피가 끔찍한 수준은 아닐 거라고 추론하리라 본다. 이건 정신적 에너지를 멍청하게 사용하는 일처럼 보인다. 커피가 맛있는지 알려면 한 잔 사서 먹어봐야 아는 것 아닌가?

"난 의자를 보고 커피가 맛있을 줄 알았어"라고 하는 것은 아주 바보 같은 소리처럼 보인다. 하지만 잠깐, 어쩌면 심리학과 약간의 사회적 지능을 사용한다면 연관성을 찾을 수도 있을 것이다. 먼저 새 의자에 투자를 하고, 수고스럽게 매일 길가에 의자를 내놓는 사람이라면 게으른 사람은 아니며 사업에 투자를 하는 것이다. 나아가 이 사람은 사업이 잘될 거라고 기대하는 듯 보인다. 그렇지 않았다면 지출을 감행하지 않았을 것이다. 의자들이 놓여 있다고 해서 완벽하리라는 보장은 없지만, 적어도 합리적 수준을 될 거라고 알려주는 데는 무리가 없을 것이다. 바람막이와 의자를 구매한 사업주는 아마도 쓸 만한 커피머신과 적절한 우유, 커피콩에도 투자했을 테고 직원들도 교육했을 것이다. 이는 이 가게 주인이 당장의 이익을 극대화하는 단기적 게임을 하는 것이 아니라, 평판을 쌓고 단골층을 확보하면서 장기적 게임을 하고 있다고 알려준다. 적어도 카푸치노가 맛은 있을 거란 얘기다.

물론 이런 식의 신호 보내기를 지나치게 사용하는 것은 조심해야 할지 모른다. 값비싼 안락의자를 밖에 내놓으면 사람들은 이 가게의 커피도 비쌀 거라고 생각할 수 있다. 완전히 비합리적인 추론도 아니고 말이다. 이 문제는 슈퍼마켓 디자인에서도 중요한 딜레마다. 가격에 대한 사람들의 인식에 가장 큰 영향을 주는 요소는 희한하게도 실제 가격이 아니라 매장이 얼마나 화려하냐이다.

이렇게 광고를 강조하는 것이 지나치고 자화자찬처럼 보인다면 나도 그렇게 생각한다. 하지만 그것은 모두 여러분이 광고를 어떻게 정의하느냐에 달려 있다. 우리는 종종 정말로 설득력 있는 메시지를 내놓아야 할 때가 있고, 그럴 때 가짜는 통하지 않는다. 정보는 공짜지만 진실성은 그렇지 않다. 메시지를 만들고 전송하는 데 드는 비용에 비례해서 중요성을 부여하는 것은 인간만 유독 그런 것은 아니다. 벌들도 그렇게 한다.[7]

---

7   콜 포터Cole Porter가 얘기하지 않았던가(뮤지컬 작곡가 콜 포터의 〈렛츠 두 잇Let's do it〉 가사 중 'Birds do it. bees do it ~ Let's do it. Let's fall in love' 부분을 말한 것—옮긴이).

8

벌들도 하잖아요

벌들은 둥지를 틀 곳이 나타났다고 신호를 보낼 때 좋은 정도에 따라 격하게 몸을 흔든다. 신호를 보낼 때 쏟는 에너지의 양은 벌의 열정에 비례한다. 그런데 벌들은 어디에 시간과 관심을 쏟을지 결정하기 위해 값비싼 '광고'도 활용한다.

벌들이 유용하게 활용하는 광고는 꽃이다.
생각해보면 꽃은 광고 예산을 가진 잡초에 불과하다.

꽃은 자신이 가진 자원의 상당 부분을 방문할 고객 설득에 사용한다. 타깃 관객은 벌이나 기타 벌레, 꽃, 동물 등 꽃의 수분受粉을 도와줄 수 있는 대상이다. 수분은 적어도 공룡 시대까지 거슬러 올라가는 절차다.[1] 수분이 효과적으로 이뤄지려면 꽃은 고객에게 자신의 가치를 설득해야 한다. 《미슐랭 가이드》식으로 말하면 꽃은 '들러볼 만하다' '길을 우회해서라도 가볼 만하다' '그 자체를 목적지로 삼을 만하다' 중 하나일 것이다. 이를 위해 꽃은 값비싼 도박을 한다. 벌이 방문한 보상으로 꿀을 아낌없이 내주며 꽃 위에 오래 머물게 한다. 벌이 꽃가루를 몸에 묻혀 다른 곳에 옮길 수 있도록 말이다. 그런데 이 꿀이라는 게 눈에 보이지를 않는다. 그렇다면 꽃은 어떻게 해야 멀리서도, 벌이 시간과 노력을 들여 스스로 검증하지 않아도, 여기에 보상이 있다고 벌을 설득할 수 있을까?[2]

답은 '광고'와 '브랜드 전략'이다. 꽃들은 흉내 낼 수 없는 독특한 향기와 환한 색상의 커다란 꽃잎을 만들어낸다. 이런 것들은 눈에는 잘 띄지만 위험도 있다. 자신들을 먹어치울지 모를 초식동물의 관심을 잡아끌 수도 있기 때문이다. 독특한 향기와 꽃잎은 (가끔 틀릴 때도 있지만) 믿을 만한 간판 역할을 해서 꿀이 있음을 알려주어, 벌이 방문할 가치가 있는지 결정하도록 도와준다.

꽃잎과 향기를 생산할 충분한 자원을 가진 식물이라면 꿀을 생산할 만큼 건강한 것이 분명하다. 하지만 이렇게 눈에 띄는 장식에 자원을 사용한 것이 정말로 효과를 발휘하려면 벌이 한 번 이상 방문하거나 아니면 친구 벌들을 불러와야 한다. 제품을 하나

---

1   꽃과 벌의 관계는 엄밀히 말하면 공생관계. 이 책에서 벌이 너무 많이 등장한다면 사과하겠다. 하지만 공생관계는 특히 정직한 협력관계를 시작하고 유지할 수 있는 메커니즘을 잘 밝혀준다.

2   나라면 음식이 정말로 대단하다고 어느 정도 확신하지 않는 이상 식당까지 80킬로미터를 운전하지는 않을 것이다.

밖에 팔지 못한다면 대대적인 광고를 할 이유가 없다. 화려한 장식은 이렇게 말한다.

"여기로 오면 나를 또 찾게 될 거예요. 그렇지 않으면 나의 이 모든 수고가 물거품이 되겠지요."

꽃과 벌 사이의 정보 공유 시스템은 또한 안정적이다. 꽃잎의 크기와 꿀의 양 사이에는 상관관계가 있는 경우가 많다. 그 덕분에 헛수고 방문을 많이 줄일 수 있다. 벌이 멀리서도 어느 식물이 '그 자체를 목적지로 삼을 만한지' 판단할 수 있기 때문이다. 식물은 눈에 띌 뿐만 아니라 다른 것들과 구별되는 독특함을 갖도록 자원을 활용해야 한다. 꿀을 더 많이 공급할 수 있는 꽃이 있다면 벌이 이 꽃을 알아볼 수 있어서 계속 반복적으로 찾아오는 '고객 충성도'가 있어야 그런 후한 인심이 보상을 받을 수 있기 때문이다. 모든 꽃이 모습도 냄새도 똑같다면 벌에게 그 어떤 인센티브(아마도 꿀)를 제공해도 효과가 없을 것이다. 벌이 보상이 많은 꽃과 적은 꽃을 구별하지 못할 것이기 때문이다. 꽃은 벌이 알아볼 수 있는 정체성을 가져야만 가치 교환[3]을 향상시키고 반복 방문 확률을 높일 수 있다.

여기서 나는 마케팅 전문 용어를 사용했다. 왜냐하면 꽃이 벌의 마음에 정립하려고 노력하는 게 사실상 바로 '브랜드'이기 때

---

3 '눈에 띈다'는 게 꼭 시각적인 것만 말하는 것은 아니다. 향기가 더 중요할 수도 있다. 꽃의 향은 다른 식물이 흉내 내기도 더 어려워 보인다. 그런데 '벌은 꽃을 색깔과 냄새로만 알아보는 게 아니라 미세한 전기장까지 감지할 수 있다'는 새로운 메커니즘이 최근 발견되었다.

문이다. 꽃들은 왜 거대한 꽃잎이라는 광고로 꾀어 들이기만 하고 값비싼 꿀은 제공하지 않는 속임수를 쓰지 않는 걸까? 사실 종종 그럴 때도 있다. 가짜 광고는 난초들 사이에 흔하다. 난초는 마치 식물 왕국의 사기꾼처럼 보일 때가 많다. 적어도 난초 중에 한 종은 암놈 벌레의 생식기 외관과 냄새를 흉내 내며, 많은 난초들이 식량원을 흉내 내고, 일부는 다른 식물을 흉내 내기도 한다. 그러나 이런 전략은 오직 소규모로만 효과가 있다.[4] 그런 수법을 너무 자주 사용하면 벌레들이 그런 놈들만 피하는 법을 배우게 된다.

다시 말해 벌이 어느 식물을 다시 찾지 않으려 하거나 친구 벌들 사이에 널리 보이콧을 장려할 가능성이 있다면 꽃이 향기와 색깔을 통해 광고에 쏟은 자원은 비용만 들고 보상을 받지 못한다. 하지만 난초는 꽃의 세계에서 관광객용 식당과 같다. 이런 식당들은 딱 한 번만 방문하는 손님들에게 의존하기 때문에 방문객에게 바가지를 씌우는 것도 덜 걱정한다. 어차피 해당 손님들이 다시는 오지 않을 것을 알기 때문이다. 그러나 손님들이 재방문할 가능성이 있거나 긍정적인 평판을 얻는 것이 미래 손님들에게 전파될 가능성이 있다면[5] 속임수를 쓰지 않는 편이 득이 된다. 이 메커니즘은 완벽하지 않다. 인간의 경우도 그렇듯이 이 메커니즘

---

4   어쩌면 그래서 그런 난초가 희귀하고 계절 초입에만 번성하는 것일 수도 있다. 벌들이 똑똑해지기 전까지 말이다.

5   트립어드바이저 기타 평가 메커니즘이 게임의 판도를 바꿔놓았듯이.

은 교환이 자주 반복되거나 평판 공유 메커니즘이 있을 때만 효과가 있다. 구매가 어쩌다가 일어나거나[6] 만족도에 관해 서로 이야기를 나누지 않는 카테고리에서는 메커니즘이 유지되지 않을 것이다.

경제학자들은 브랜드 전략이라는 아이디어를 싫어하는 편이고 브랜드 전략을 비효율로 치부하는 경향이 있으니 꽃도 잡초의 비효율적 형태라고 생각할지 모른다. 꽃이 향기나 색깔을 만들어내는 데 자원을 펑펑 쓰면서 그렇게 사치를 부리는 이유를 경제학자들이 아마도 이해하지 못하는 이유는 꽃이 뭘 하려는 것인지 혹은 꽃이 그렇게 하려는 의사결정이나 정보 전달 맥락을 온전히 이해하지 못하기 때문이다.

인간인 소비자들이 대대적인 광고를 한 제품에 웃돈을 더 지불하는 것이나 벌들이 대대적으로 '광고를 하는' 꽃들을 더 많이 찾는 것이나 비합리적이기는 매한가지다. 기업이 자신 없는 제품을 광고하는 데 희소한 자원을 쏟아부을 것 같지는 않다. 그랬다면 나쁜 제품에 대한 나쁜 평판이 더 빨리 퍼질 뿐일 테니 말이다. 게다가 질 좋은 제품으로 오랫동안 명성을 쌓아온 회사라면 명성이 없는 회사에 비해 실망한 고객 때문에 잃을 게 더 많다. 카리브해 속담을 인용하면 "신뢰는 코코넛 나무의 속도로 자라나 코코넛 열매의 속도로 떨어진다." 벌들처럼 이 메커니즘이 작용하

---

6   혹은 연금이나 장례식 계획처럼 딱 한 번만 일어날 수도 있다.

는 것은 우리가 속임수를 응징하기 때문이다. 개인이라면 다시는 찾지 않을 테고, 집단이라면 부정적인 입소문으로(혹은 벌이라면 흔들기 춤으로) 다 함께 해당 브랜드를 보이콧할 수도 있다.[7]

광고 예산이 많다고 해서 제품이 좋다는 증거는 아니다. 하지만 광고주가 홍보에 자원을 쓸 만큼 이 제품의 장래 인기에 대해 자신감을 가지고 있다는 뜻은 된다. 우리가 구매 결정을 하는 순간에는 광고주가 우리보다 그의 제품을 더 잘 알고 있기 때문에 판매자가 비싼 돈을 들여 신념을 보여주는 것은 어쩌면 적어도 무언가를 고려해볼 만한 가치는 있는지 가장 믿을 만한 지표일 수 있다(런던 택시 운전사의 날리지 프로그램을 기억해보자). 또한 이것은 애초에 판매자가 광고를 진행할 만큼 재무 상태가 건강하다는 증거도 된다. 하지만 이 메커니즘이 효과가 있으려면 안정적이고 남들과 구별되는 정체성이 있어야 하고, 제조자가 자신의 제품을 다른 누군가의 것인 양 행동하는 것(상법에서는 이것을 '사칭'이라고 하고, 생물학에서는 '베이츠 의태 Batesian mimicry'라고 한다)을 예방하는 법률도 필요하다.[8]

---

7   벌들은 방문할 만한 곳의 방향을 알려주는 정교한 춤으로 꿀과 꽃가루가 있는 곳을 서로에게 알려준다.

8   독이 없는 왕뱀은 치명적인 독을 가진 산호뱀을 흉내 낸다.

값비싼 신호와 성선택

진화심리학자 아모츠 자하비Amotz Zahavi가 처음 제시한 '값비싼 신호 보내기' 이론은 사회과학 분야에서 가장 중요한 이론 중 하나라고 생각한다.[1] 성性선택에서 신호 보내기의 개념과 그것이 차지하는 역할은 수많은 진화의 결과를 설명하는 데 반드시 필요하다. 하지만 늘 그렇게 보이지는 않았는데, 이는 찰스 다윈에게도 마찬가지였던 듯하다. 다윈은 친구에게 쓴 편지에서 "공작 꼬리의 깃털을 보면 토할 것 같다"고 했다. 다윈이 이렇게 이상한 혐오를 품은 이유는 수컷 공작이 자연선택 진화론에 대한 살아 있는 반증처럼 보였기 때문이다. 너무나 아름답지만 겉으로는 아무런 이유가 없어 보이는 대상은 자연선택보다는 신의 창조라는 개

---

1   세상이 공정하다면 자하비의 이름은 훨씬 더 잘 알려져 있을 것이다.

념과 더 어울리는 것처럼 보였다. 무엇보다 화려한 꼬리는 적합성이나 생존 능력을 높여줄 리 만무하고, 오히려 포식자의 눈에 잘 띄게 만들거나 포식자를 피해야 할 때 장애물이 된다. 그림자 속에서 눈에 띄지 않게 다닐 수 있는 능력은 포식자나 먹잇감 모두에게 장점이지만, 심하게 눈에 띄는 능력은 양자 모두에게 불이익인 것처럼 '보였다.'

동물이 미래의 짝이 될 상대에게 성적인 광고를 하는 것 외의 목적으로도 눈에 띄는 색깔이나 이상한 모양을 발달시키는 경우가 있다는 점은 짚고 넘어가야 한다. 예를 들어 '경고색'은 포식자에게 나를 잡아먹거나 공격하지 말라는 경고의 역할을 한다. 예를 들어 독이 있거나 딱정벌레처럼 역겨운 맛이 난다면 확연히 구분되도록 생긴 편이 오히려 도움이 된다. 새들이 나를 피해야 한다는 사실을 금세 배우게 될 것이기 때문이다.[2] 기억날지 모르겠지만 쏠배감펭도 이런 전략을 썼다. 반대로 과일(먹힐 의도로 만들어졌다)이나 꽃(벌레의 관심을 끌기 위해 존재한다)은 눈에 확 띄는데 '계속 찾아오게' 만들어야 하기 때문이다.

다윈은 1867년 2월 23일 앨프리드 러셀 월리스Alfred Russel Wallace에게 쓴 편지에서 이렇게 말했다.

"월요일 저녁에 베이츠Bates를 찾아가서 어려움을 토로했더니 답을 못하면서 전에도 몇 번 그랬던 것처럼 첫 마디에 이렇게 추

---

2   예를 들어 무당벌레는 잡아먹히면 역겨운 맛이 나는 화학물질을 분비한다. 등에 있는 화려한 점들은 못 먹는 곤충임을 광고하기 위한 것이다.

천하더군. '월리스에게 물어보시는 편이 낫겠어요.' 내가 어려워
하는 문제는 이거라네. 왜 애벌레들은 종종 그렇게 아름답고 예
술적인 색깔을 하고 있는 거지?"

눈에 띄는 색깔이 성적 욕망의 신호로 작용한다는 다윈의 성
선택론은 애벌레에게는 적용될 수 없었다. 애벌레는 탈피를 해서
나비나 나방이 되기 전까지는 성적 능력이 활성화되지 않기 때문
이다. 월리스는 다음날 답을 하면서 이런 의견을 내놓았다.

"일부 애벌레는 불쾌한 맛이나 냄새로 자신을 보호하니까 혹시
라도 다른 맛있는 애벌레로 오인받지 않는 게 긍정적 장점이 될
것입니다. 왜냐하면 새의 부리에 쪼여서 작은 상처라도 입는다면
아직 성장 중인 애벌레는 죽어버릴 테니까요. 그러니까 요란하고
눈에 확 띄는 색깔로 다른 먹을 수 있는 갈색이나 녹색 애벌레와
자신들을 구분하면 새들이 먹지 못할 음식이라고 쉽게 알아봐서
아예 붙잡힐 일이 없겠지요. 일단 붙잡히는 것 자체가 잡아먹히
는 것만큼이나 안 좋으니까요."3

---

3 맞춤법이 엉망인 사람을 만나면 혹시라도 무시하기 전에 이 글을 기억하기 바란다. 생물학계의
   가장 위대한 지성 중 1명인 월리스는 14세에 학교를 떠났다. 1858년 린네 학회에 제출한 유명
   한 논문에서 그는 진화에 대해 이렇게 말했다. "이런 원리가 작동하는 것은 증기기관의 원심 속
   도 조절기와 똑같다. 원심 속도 조절기는 어떤 이상이 채 눈에 띄기도 전에 그것을 확인하고 바
   로잡는다. 동물의 왕국에서 뭔가 균형이 맞지 않는 결함이 있더라도 결코 눈에 띌 만큼의 규모
   에 도달할 수 없는 것도 같은 이치다. 아주 초창기에 이미 그런 결함을 느끼고 생존을 어렵게 만
   들기 때문에 거의 확실하게 금세 멸종해버리는 것이다." 1970년대에 인공두뇌학자 그레고리 베
   이트슨은 자신은 월리스의 말이 비유라고 생각하지만 월리스는 "아마 19세기에 누군가 남긴 말
   중에서 가장 강력한 말을 했을 것"이라고 했다. 복잡계 이론의 용어로 표현하면 월리스는 자기
   규제 시스템과 피드백의 원리를 이해하고 있었다.

다윈이 이 아이디어에 열렬히 동의했기 때문에 월리스는 런던 곤충학회에 자신의 가설을 시험해달라고 요청했다. 곤충학자 존 제너 위어John Jenner Weir은 그의 조류 연구장에서 애벌레와 새들을 가지고 실험을 했고 1869년 동물의 경고색에 대한 최초의 실험 증거를 내놓았다. 말 그대로 '물러나라는 신호' 내지는 '썩 꺼지라는 경고'를 뜻하는 경고색의 진화는 19세기 동식물학자들을 깜짝 놀라게 만들었다. 눈에 띄는 신호는 잡아먹힐 가능성이 더 높다는 뜻이었기 때문이다. 그러나 경고색은 값비싼 신호 보내기의 한 형태로 설명할 수 있을지도 모른다.

'나는 숨으려고 하고 있지 않아. 그러니 나를 잡아먹지 말아야 할 충분한 이유가 있을지도 몰라.'[4]

동물들에게는 화려한 색상의 동물은 먹지 말아야 한다는 게 훌륭한 경험칙일 수도 있다. 위장술이 전혀 필요하지 않은 동식물이 살아남았다면 숨는 것 말고 뭔가 다른 전략이 있는 게 분명하기 때문이다. 그러니 피하는 편이 최선일 수도 있다. 역시나 여기서도 우리는 겉으로 비합리적으로 보이는 무언가를 하는 것이 합리적 행동보다 더 많은 의미를 전달하는 경우를 볼 수 있다. 그런 행동이 의미를 가지는 이유는 그렇게 하기가 어렵다는 바로 그 이유 때문이다. 가짜로 공갈을 치는 것도 불가능하지는 않지만 그러려면 위험이 따른다. 예를 들어 눈에 확 띄면서도 독이 없는

4　심지어 똑같은 추론을 18세기 영국 군인의 빨간색 코트에도 적용할 수 있을지 모른다. '나는 워낙 거친 놈이라 양키들처럼 수풀에 숨을 필요가 없어.'

것은 독사가 아닌 일부 뱀이 채택한 모방 전략이기도 있다. 하지만 이것이 위험한 전략인 이유는 모방 전략을 채택한 종과 실제로 위험한 종을 구분하는 법을 알게 된 포식자가 하나라도 생기면 모방 종을 잡아먹을 테고 그것은 고스란히 모방 종이 치를 비용이기 때문이다.

LA 중남부에서 남자가 금으로 된 장신구를 착용하는 것은 2배로 더 값비싼 비용을 지불하는 신호다. 그렇게 하려면 그런 금붙이를 가질 수 있는 만한 돈도 있어야 하지만, 도난을 당할까 하는 두려움 없이 공공장소에서 그걸 드러내고 다닐 만큼 겁 없는 사람이라는 뜻을 전달하기 때문이다. 나도 가진 돈으로 꽤 번쩍거리는 것을 살 수는 있겠지만, 런던이나 세븐오크스의 차분한 거리에서조차 몸매가 망가진 뚱뚱한 중년 남성으로서 그런 걸 착용하는 데 필요한 자신감은 없지 싶다.

10

필요한 낭비

성선택론을 설명하고, 또 의도적 설계가 아닌 자연 과정으로서 종의 기원의 개념을 방어하기 위해 다윈은 자신의 두 번째 대표작 《인간의 유래》[1]를 썼다. 이 책은 여러 이례적인 것들 중에서도 특히 적자선택이 어떻게 복잡한 깃털처럼 적합성을 감소시키는 것으로 보이는 특징을 만들어냈는지 설명하기 위해 성선택론을 끄집어냈다.

성선택론의 개념은 단순했으나 쉽게 이해되는 내용은 아니었다. 유전자가 살아남으려면 그 유전자를 가지고 다니는 신체가 살아남아야 할 뿐만 아니라 번식을 해야 한다. 그렇지 않으면 해당 유전자는 멸종될 것이다. 예민한 시력이나 청력, 빠르게 움직

1　정확한 제목은 《인간의 유래와 성선택The Descent of Man, and Selection in Relation to Sex》이다.

일 수 있는 능력 같은 특징이 생존에 우위를 주듯이, 번식 성공에 우위를 가져다줄 수 있는 다른 특징들도 있을지도 모른다. 나의 유전자를 더 많은 수의 짝과 섞이게 해주거나 더 질 높은 유전자를 가진 짝과 섞이게 해주는 특징 말이다. 인간도 그렇고 많은 종들이 질에 강조점을 두느냐 양에 강조점을 두느냐는 양성 간에 차이가 있을 수 있다. 인간의 경우 여성은 자신이 낳을 수 있는 후손의 수에 자연히 제약이 있을 수밖에 없다. 따라서 무분별하게 짝짓기를 하는 것으로는 큰 우위를 획득할 수 없다. 여성은 유전자의 질이라든가 후손에게 자원을 제공할 수 있는 능력 같은 다른 요소들을 고려해야 한다.

하지만 여성이 그걸 어떻게 선택할까? 여성이 무슨 유전자 염기서열 분석기를 들고 다니는 것도 아닌데 말이다. 따라서 여성은 짝짓기를 할 상대가 생존 가능하고 성공적인 후손을 생산할 것 같은지 다양한 감각적 단서에 의존할 수밖에 없다. 나이, 몸집, 기생충이나 질병에 대한 저항력 같은 것이 모두 유용한 지표가 될 수 있다. 거대한 몸집이 되거나 나이가 들 때까지 살아남은 동물이라면 생존에 필요한 무언가를 가지고 있을 게 분명하다. 황소개구리는 개골거리는 소리를 통해 자신의 몸집과 건강을 광고한다. 개골거리는 소리가 깊다는 것은 몸집이 크다는 뜻이고 오랫동안 개골거릴 수 있다는 것은 건강하다는 뜻이다. 우연히도 더 깊은 목소리에 더 오래 개골거릴 수 있는 개구리를 선호했던 암컷은 결과적으로 더 잘 적응된 후손을 낳았을 것이다. 이 특징이 유전자의 질과 안정적인 상관관계가 있기 때문이다. 이후 목소리가 깊은 수컷과 그에 대한 선호를 갖고 있던 암컷은 확고히 성장했을 것이다. 두 가지 유전자가 함께 발견되는 일이 점점 더 많았을 것이기 때문이다.

하지만 문제가 하나 있다. 건강과 관련해 믿을 만한 지표로서 시작된 울음소리가 군비확장 경쟁처럼 될 수 있다. 건강한 황소개구리라면 짝짓기를 위한 울음소리를 대체 얼마나 계속 내어야 하는 걸까? 유일하게 안전한 답이 있다면 '근처에 있는 다른 황소개구리들보다 조금 더 길게'가 될 것이다. 그 결과 건강에 대한 상징으로 소중하게 생각되었던 자질이 우스꽝스러운 수준으로까지 과장되는 일이 생겼다. 종종 이 과정을 '피셔의 폭주이론Fisherian runaway'이라고 한다. 동물의 경우 이는 비정상적인 낭비가 될 수 있다. 뿔 크기를 놓고 펼쳐진 경쟁(결국 말도 안 되는 비율까지 뿔이 자랐다)이 큰뿔사슴이 멸종한 원인일 수도 있어 보인다.

이런 경쟁은 인간에게도 똑같이 해가 될 수 있다. 극단적 행동을 통한 무분별한 경쟁이라는 형태로 나타난다면 말이다. 일부 학자들은 남태평양 이스터섬 문명이 파괴된 것도 누가 더 크고 많은 수의 석상을 건축할 수 있느냐를 두고 펼쳐진 부족들 사이의 경쟁 때문일지 모른다고 말한다. 현대의 인간들 사이에는 누가 더 큰 석상을 짓느냐를 놓고 경쟁이 벌어지지는 않는다.[2] 하지

---

2   적어도 우리 동네는 그렇다.

만 자동차 전시장이나 DIY 센터, 여성 의류 가게, 쇼핑몰, 혹은 더 비싼 휴가지로 여행을 떠나는 것 역시 똑같이 통제되지 못한 경쟁 충동이 소비 지상주의로 나타난 것 아닐까?

물론 경쟁적인 소비 지상주의가 처음 있는 일은 아니다. 1759년 애덤 스미스는 《도덕감정론》에서 다음과 같이 말했다.

> 마찬가지로 하루에 2분씩 느려지는 시계는 시계에 관심 있는 사람에게는 경멸을 당한다. 이 사람은 아마도 2기니에 그 시계를 팔아버리고 50기니를 주고 새 시계를 살 것이다. 2주일에 1분 이상은 느려지지 않는 시계다. 그런데 시계의 유일한 용도는 지금이 몇 시인지 알려주는 것이다. 우리가 약속을 어기지 않고 어느 시점에 시간을 몰라서 다른 불편을 겪는 일이 없도록 말이다. 하지만 시계라는 기계를 너무나 좋아하는 이 사람은 남들보다 딱히 정확하게 시간을 지키는 것도 아니고 하루 중에 정확한 시간을 알고 싶어 남들보다 더 안달하는 것도 아니다. 그의 관심사는 시간을 정확히 아는 것이 아니라 시간을 정확히 알려줄 수 있는 완벽한 시계 그 자체에 있기 때문이다.

현대 환경주의자들 역시 인간들 사이에 지위의 신호를 보내려는 이 경쟁이 지구를 파괴하고 있다고 말한다. 환경주의자들은 우리가 다들 겸손하게 살 준비만 되어 있다면 지구는 지금의 인구를 편안하게 지탱할 수 있는 충분한 자원을 갖고 있다고 말한다. 하지만 타고난 라이벌 의식 때문에 기대치는 계속 높아지기만 하고 소비도 계속 증가할 수 있다. 여러모로 이것은 건강하지 않은 경쟁이며 인간의 행복에 반드시 기여한다고도 말할 수 없다. 어찌 보면 이 경쟁은 사람들이 쓰지 않았을 돈도 쓰게 만든다. 오직 다른 사람과 비교되는 자신의 지위를 유지하기 위해서 말이다.

여기서 사업가와 환경주의자 사이에는 흥미로운 논쟁이 벌어질 수 있다. 내 주장은 이렇다. 일단 인간의 무의식적 동기에 대해 이해하고 나면, 사람들 사이에 널리 퍼져 있는 신념 즉 평등주의 국가에서는 인간이 지위를 놓고 경쟁하지 않더라도 만족스럽게 살 수 있을 거라는 신념은 이론상으로는 멋있어도 심리학적으로는 있을 수 없는 일로 보인다.

하지만 우리가 놓고 경쟁하는, 지위를 알려주는 표지들이 반드시 환경 파괴적일 필요는 없다. 사람들은 이기적인 소비뿐만 아니라 박애주의를 통해서도 지위를 끌어낼 수 있다. 예를 들어 제프리 밀러 Geoffrey Miller가 말한 것처럼 남자들이 잡아 온 고기를 과시적으로 나눠주어 자신의 사냥 솜씨를 광고하는 부족은 경제적으로 비합리적인 행동의 결과로 오히려 번성할 것이다. 반면에 다른 것은 모두 똑같고 남자들이 서로 폭력적인 싸움을 통해 힘이라는 신호를 내보내는 부족은 고통받게 될 것이다. 싸움에서 승자가 된다고 해도 심한 부상을 입어 기대 수명이 감소할지 모르니까 말이다. 첫 번째 부족은 결국 모두가 승자가 되는 게임을 하고 있고 두 번째 부족은 모두가 패자인 게임을 하고 있다.[3] 극단적 회의주의자라면 부의 표지를 놓고 경쟁하는 것이 지구에는 낭비이고 해가 되더라도, 오히려 다른 수많은 형태의 개인 또는 집단 간 경쟁에 비하면 나은 편이라고 말할지도 모른다.[4]

지위를 추구하는 것은 여러 형태가 있고 많은 사람들에게 큰 이득에서부터 영락없는 참변에 이르기까지 다양한 영향을 미칠 수 있다. 나는 여러 정부가 일반적으로 다양한 형태의 소비에 대해 긍정적, 부정적 외부효과에 따라 (담배나 술, 석유에 하는 것처럼) 차등적인 세금을 물리지 않는 것이 이상하다고 늘 생각해왔다. 내 직업을 보면 알겠지만 나는 어지간한 형태의 소비지향에 대해서는 꽤 관대한 편이다. 그런데 보석에 쓰려고 다이아몬드를 채굴하는 것처럼 전혀 좋은 점이 없어 보이는 활동들도 있다. 나만 이렇게 말하는지는 모르겠지만 나는 자연선택에 의한 진화론이 다윈이 내놓은 가장 흥미로운 아이디어는 아니라고 생각한다. 루크레티우스에서 패트릭 매슈Patrick Matthew에 이르기까지 그전의 사상가들도 자연선택의 기본적 원리를 인식하고 있었다. 또 비둘기나 개를 사육하는 사람들처럼 생업에 종사하는 이들도 핵심 원리는 파악하고 있었다. 다윈이나 월리스가 없었다 해도 누군가는 비슷한 이론을 생각해낼 수밖에 없었으리라 본다.

그러나 성선택론만큼은 정말로 아무도 생각조차 해보지 못했

---

3 지금 러시아의 과두정부는 이 두 번째 유형의 특징을 일부 보여주고 있는 듯하다.

4 예를 들어 살짝 소시오패스 같은 남자들이 커다란 요트를 갖고 싶어 하는 편이 비밀경찰을 운영하고 싶어 하는 것보다는 낫다고 주장할 수도 있다.

을 특별한 아이디어였고 지금도 마찬가지다. 이 이론을 이해하고 나면 그전에는 당황스럽고 비합리적으로 보이던 수많은 행동이 갑자기 완벽하게 이해가 되기 시작한다. 성선택론에서 나온 아이디어들은 공작의 꼬리와 같은 자연 속의 비정상적인 모습만 설명해주는 것이 아니라, 캐비아 같은 베블런재Veblen goods[5]의 존재에서부터 타자기 같은 좀 더 일상적인 부조리에 이르기까지 말도 안 되는 여러 행동과 취향이 왜 그토록 인기가 있는지 설명해준다.

타이핑을 할 수 있는 사람이 몇 명 안 되었던 거의 100년 동안 타자기는 비즈니스의 생산성을 깜짝 놀랄 만큼 저하했던 게 틀림없다. 왜냐하면 회사와 정부의 모든 소통 내용을 두 번씩 써야 했기 때문이다. 원안자가 손으로 한 번 쓰고 다시 타이피스트가 한 번 더 써야 했다. 간단한 수정사항 때문에 서류가 일주일씩 늦어질 수도 있었지만, 타자기를 가지고 있거나 사용할 수 있다는 것은 진지하게 사업을 한다는 신호였다. 시골의 어느 법무사가 끝까지 나는 손으로 쓰겠다고 우겼다면 꼬리 없는 공작 신세가 되었을 것이다.

성선택론에 관해 쓰면서 나도 남들과 똑같은 잘못을 저질렀다. 나는 타자기나 페라리, 공작처럼 통제를 벗어나 값비싼 비효율로 이어진 사례만 예로 들었다.[6] 이는 불공평하다.

---

5   가격이 올라가면 수요가 늘어나는 재화.
6   눈치챈 적이 있을지 모르겠는데 유명한 벨기에 사람은 아주 드물다. 왜냐하면 마그리트Magritte

모든 중요한 혁신의 초창기에는 대체하려는 구제품보다 신제품이 전혀 나을 게 없는 당황스러운 단계가 있을지 모른다. 예를 들어 초창기 자동차는 대부분의 측면에서 말보다 못했다. 초창기 비행기는 말도 안 될 만큼 위험했다. 초창기 세탁기는 안정적이지 않았다. 그런데도 이런 제품들이 호소력을 가졌던 것은 유용성 못지않게 그것이 나타내는 지위에 이유가 있었다.

어쩌면 여기서 정말로 중요한 스토리는 성선택과 자연선택 사이의 긴장관계, 그리고 둘 사이의 상호작용일지 모른다. 지위를 나타낼 수 있는 신호에 대한 인간의 본능이 없었다면 수많은 혁신이 첫발조차 떼지 못했을 것이다.[7] 그렇다면 자연도 마찬가지가 아닐까? 다시 말해 제프리 밀러가 말한 것처럼 성선택이 자연 최고의 실험에 '초기 자본'을 대었던 것은 아닐까? 예를 들면 새의 옆구리에 털을 많은 것을 보여주는 것이[8] 성적 신호로서 우위를 갖다 보니 어느 날 새들이 날 수 있게 된 것은 아닐까? 인간의 뇌가 방대한 어휘를 처리할 수 있는 용량을 갖게 된 것은 주로 유혹의 목적이었을 수도 있지만, 그 덕분에 여러분은 지금 이 문장을 읽을 수 있다. 대부분의 사람들은 성선택에 공로를 돌릴 수 있

나 심농Simenon, 브렐Brel처럼 벨기에 사람이 유명해지면 사람들은 그가 '프랑스 사람이겠지'라고 생각하기 때문이다. 마찬가지로 성공한 성선택의 사례가 자주 인용되는 경우는 극히 드물다. 성선택이 성공하면 사람들은 무심코 '자연선택이 성공한 경우겠지'라고 치부해버리기 때문이다.

7   10여 년간 운송 수단으로서 자동차는 말보다 열등했다. 포드자동차가 탄생할 수 있었던 것은 인간이 '실용성'을 추구해서가 아니라 새로운 것을 좋아하고 지위를 추구했기 때문이다. 헨리 포드는 젊은 시절 레이서처럼 운전하는 것을 좋아했다.

8   공작처럼 무분별하게 꼬리털에 과도한 투자를 하는 것이 아니라.

는 경우조차 그렇게 하지 않으려 할 것이다. 왜냐하면 그럴 경우 성선택을 자연선택이라고 불러야 하기 때문이다.

인생이 그저 더 큰 효율성을 추구하는 것이 아니라 사치와 허세의 여지가 있다는 사실을 인정하는 게 왜 그렇게 어려운 걸까? 물론 값비싼 신호 보내기가 경제적 비효율로 이어질 수도 있다. 하지만 동시에 그런 비효율이 신뢰나 약속 같은 귀중한 사회적 자질을 확립해준다. 공손함이나 예의는 대면 상황에서 나타나는 값비싼 신호 보내기의 예다. 사람들은 왜 자연에 회계 부서가 있다고 생각하면서도 마케팅 부서가 있다는 생각은 불편해할까? 꽃이 풀보다 덜 효율적이라고 해서 우리가 꽃을 경멸해야 할까? 다윈과 동시대에 살았고 함께 협업했던 월리스조차 성선택이라는 아이디어를 싫어했다. 무슨 이유에선지 성선택은 대부분의 사람들, 특히 지식인들이 그저 믿고 싶지 않은 카테고리에 속해 있다.

11

정체성의 중요성

다른 것들과의 구별되지 못한다면 벌과 꽃에게서 발견되는 것과 같은 공생관계는 작동할 수 없다는 사실을 기억할 것이다. 꽃이 아무리 생산물의 질을 높인다고 한들 그에 맞춰 벌의 충성도가 증가하지 않을 것이기 때문이다. 정체성과 그로 인한 차별화 없이는 어느 종의 꽃이 더 많은 꿀을 나눠준다고 한들 아무 소득이 없을 것이다. 다음번에 벌은 그냥 인심은 덜 후하지만 생긴 모습이 똑같은 바로 옆에 있는 다른 꽃으로 가버릴 테니 말이다. 시간이 지나면 꽃들은 '바닥치기 경쟁'을 펼치면서 값비싼 꿀은 최대한 적게 생산하고 서로 비슷비슷한 외형에 의존할 것이다. 더 인심 후한 꽃들이 꿀 공급을 유지해 벌들이 계속 이 꽃 저 꽃 돌아다니게 하는 인센티브가 될 것이다.

똑같은 과정이 자연뿐만 아니라 비즈니스에서도 일어나지는 않을지 생각해봐야 한다. 자본주의가 작동하기 위해 브랜드는 필수일까?

호버보드와 초콜릿
: 구별이 왜 중요한가

이 책을 읽고 있는 독자의 다수가 배추머리 인형이나 〈토이스토리〉 피규어를 놓고 싸우던 장면을 기억하기에는 너무 어릴 수도 있다. 하지만 잠깐 2015년 크리스마스에 사람들이 '별로' 열광하지 않았던 게 무엇인지 떠올려보자. 브랜드가 갖는 더 폭넓은 경제적 중요성과 관련해 소중한 교훈을 얻을 수 있을 것이다.

지금 내가 얘기하려는 것은 호버보드Hover Board다. 스웨그웨이Swagway, 소어보드Soarboard, 펑키덕PhunkeeDuck, 에어보드Airboard 등등으로 부르기도 한다. 이것들을 부르는 합의된 이름이 있었던 적은 한 번도 없다. 중국 선전深圳에 있는 다양한 제조업체에서 아웃소싱을 해온 지역별 유통업자들이 붙인 이름이기 때문이다. 이 제품 아이디어는 어느 대형 기업 한 곳에서 의뢰를 한 것이 아니라 실험을 통해 나온 것으로 보인다. 이렇게 평범하지 않은 방식

- 이 제품에 필요한 것은 브랜드다. 다른 것들과 구별되는 브랜드 정체성
  이 없다면 제품을 개선해야 할 인센티브가 없다. 고객들이 최고의 제조
  사를 골라낼 방법도, 해당 제조사에 보상을 해줄 방법도 없다.

으로 시작되었기 때문에 브랜드가 없으면 혁신은 결국 어찌 되는
지 보여주는 희귀하고 이례적인 사례가 되어주고 있다.

　이 보드는 흥미로운 제품이다. 여러분 중에서도 분명히 이 제
품을 한 번 타보거나 사보고 싶었으나 그렇게 하지 않았던 사람
이 많이 있을 것이다. 그렇지 않은가? 첫째, 어느 것을 사야할지
알 수가 없다. 조명이나 블루투스 스피커가 달린 것도 있고,[1] 바퀴

1　대체 왜?

의 크기도 다르고 가격도 다양하다. 이름을 알 만한 브랜드가 없기 때문에 전체 제품이 모두 불가해하다. 신경과학자들이 얘기하듯이 우리는 브랜드를 '선택'하는 게 아니라 '선택의 보조 도구'로 사용한다. 선택이 어려우면 우리는 안전한 차선책을 택한다. 아무것도 안 하는 것 말이다.

둘째, 알 만한 이름이라는 안심 장치도 없이 수백 파운드짜리 제품을 사기에는 마음이 불안하다. 영국의 광고 전문가 로빈 와이트Robin Wight는 이런 본능을 '평판 반응Reputation Reflex'이라고 부른다. 이는 본능적이고 대체로 무의식적으로 일어나는 과정이지만 합리적인 반응이다. 왜냐하면 명성이 있는 브랜드 정체성을 가진 사람은 아무런 평판의 위협이 없는 사람보다 나쁜 제품을 팔았을 때 잃을 게 더 많다는 것을 우리는 직관적으로 알기 때문이다.[2] 마지막으로 우리가 모험을 해볼지 아직 결정을 내리지 못했을 때 몇몇 보드가 충전 도중에 화염에 휩싸였고 한번은 집이 불탔다는 뉴스가 퍼졌다. 문제는 몇몇 제조사에 국한되었지만 정확히 어떤 브랜드를 피해야 하는지 알지 못하다 보니 비슷한 제품 전체가 오명을 쓰게 됐다.

브랜드 피드백 메커니즘이 없다 보니, 그 어느 제조업체도 더 안전하고 훌륭한 버전의 보드를 만들어야 할 인센티브가 없었다. 그로 인한 수확을 거둘 수 있는 위치가 아니었기 때문이다. 그 결

---

2 만약 삼성이나 LG, 다이슨에서 나온 호버보드가 있었다면 여러분도 하나쯤 샀을 가능성이 크다.

과 시장은 이름 없는 제품들 사이에 바닥치기 경쟁이 벌어지는 곳이 되어버렸고 혁신도 품질 관리도 실패했다. 만든 사람이 나인지 아무도 모를 텐데 더 나은 제품을 만들 이유가 무엇인가? 그래서 실제로 아무도 더 좋은 보드를 만들지 않았고 결과적으로 제품군 전체가 거의 죽은 거나 다름없게 되었다. 더 좋은 보드가 등장했다면 혹은 삼성처럼 기민한 업체가 최고의 제품에 자신들의 이름을 붙였다면 상황은 바뀌었을지도 모른다. 비슷하게 무질서한 전자담배 시장에서는 쥴Juul이나 바이프Vype 같은 브랜드가 나타나기 시작했다는 점을 주목해볼 만하다.

여러모로 값비싼 광고와 브랜드가 해결책이 될 수 있는 이 문제가 처음 확인된 것은 조지 애커로프George Akerlof가 1970년 《계간 경제학 저널Quarterly Journal of Economics》에 게재한 논문 〈레몬 시장The Market for Lemons〉을 통해서였다. 바로 '정보 비대칭'이라고 하는 문제다. 정보 비대칭이 발생하면 구매자가 자신이 사려고 하는 물건에 관해 아는 것보다 판매자가 자신이 팔려고 하는 물건에 대해 아는 것이 더 많다. 공산주의하의 동유럽 국가들은 이 교훈을 어렵게 깨달았다. 당시 브랜드는 반反마르크스주의적인 것으로 생각됐고 그래서 빵에는 그냥 '빵'이라는 라벨만 붙어 있었다. 고객들은 누가 이 빵을 만들었는지 전혀 알 수 없었고 구더기가 득실거린다고 한들 누구를 탓해야 할지 몰랐으며 이후에 해당 제조사를 피할 방법도 없었다. 모든 빵의 포장이 똑같아 보였기 때문이다. 불만족한 고객들도 제재를 위협할 방법이 없었고, 만족한 고객들도 반복 구매를 통해 생산자에게 보상을 줄 희망이 없었다. 그래서 모든 빵이 쓰레기 같았다.

소련의 대갈못rivet 제조도 비슷한 패턴을 보였다. 흔히 공장은 매달 제조해야 할 물량을 할당받았다. 그러면 브랜드가 없는 대갈못들이 중앙 대갈못 보관소로 보내지고 거기서 다른 공장의 대갈못들과 섞여 이제 출처를 전혀 구분할 수 없는 상태로 필요한 곳에 보내졌다. 소비에트는 제품에 제조자의 이름이 붙어 있지 않으면 누구도 질 좋은 제품을 만들 인센티브가 없고, 생산량은 증가하는데 품질은 하락하게 만든다는 사실을 얼마 못 가 알게 됐다. 매달 100만 개의 대갈못을 생산하는 가장 쉬운 방법은 형편없는 대갈못 100만 개를 만드는 것이고, 이내 선박들이 망가지기 시작했다. 설상가상으로 대갈못은 브랜드명이 없이 익명화되었기 때문에 어느 공장을 탓해야 할지도 알 수 없었다. 결국 공산주의 정권은 이데올로기적 자부심을 뒤로 하고 각 공장이 대갈못에 그들의 이름을 찍도록 했다. 피드백 메커니즘이 복원됐고 품질은 용인될 만한 수준으로 돌아왔다.

최근에 나는 공산주의 루마니아에 살았던 분을 만났다. 이분 말씀이 당시 루마니아에 인기 있는 초콜릿 바가 있었다고 한다. 당시 이 초콜릿 바를 만드는 공장이 3개였는데 공장마다 생산의 질이 너무 달라서 사실상 전혀 다른 품질의 초콜릿 3종이 같은 브랜드명으로 나오는 것이나 마찬가지였다. 그런데 포장지를 뒤로 젖히면 아마도 안전상의 이유로 만들어진 영문과 숫자로 된

코드가 보여서 세 공장 중 어느 공장이 이 초콜릿 바를 생산했는지 알 수 있었다. 당시 어린 소녀였던 이분은 초콜릿 포장지의 접힌 부분 아래에 'B'라고 적혀 있을 때만 초콜릿 바를 사라고 어머니로부터 엄격한 지시를 받았다. 다른 두 가지 글자 중 하나가 적혀 있으면 초콜릿 바를 아예 살 수 없었다.

눈에 띄고 다른 것들과 구분되는 꽃잎 혹은 브랜드를 통한 피드백 고리가 없다면 그 무엇도 개선될 수 없다. 피드백 고리가 존재하는 이유는 벌레나 사람들이 더 훌륭한 식물이나 브랜드를 구별하고 그에 맞게 행동할 수 있게 하기 위해서다. 이 메커니즘이 없다면 제품을 개선할 인센티브가 없다. 혜택이 모두에게 똑같이 돌아갈 것이기 때문이다. 나아가 제품의 질을 떨어뜨릴 인센티브만 계속해서 생긴다. 이득은 즉각 얻는 반면, 평판에 대한 타격은 모두가 동일하게 입을 것이기 때문이다. 서로 다른 제품이 경쟁하면서 비싼 비용을 들여 정체성을 차별화하는 것이 겉으로는 비효율적으로 보일 수도 있다. 하지만 시장이 이를 감내해야 하는 이유는 바로 품질 관리와 혁신에 보상을 주기 위해서다.

몇 년 전에 영국에서는 육류 공급의 신뢰와 관련해 전국적인 위기가 있었다. 인증된 소고기에 말고기가 몰래 섞여 들어간 것이 발견된 때문이었다.[3] 죽은 사람은 없었지만(실은 병에 걸린 사람도 없었다) 이 사건은 식품업계에 대한 대중의 신뢰에 큰 흠집을

---

3   사실 프랑스인이었다면 대단한 위기는 아니었을 것이다. 하지만 영국인들에게는 말을 먹는다는 것이 상상조차 할 수 없는 일이었다.

남겼다. 당연한 일이었다. 문제가 된 제품은 브랜드 소고기는 아니었다. 맥도날드는 이 스캔들의 영향을 전혀 받지 않았다. 말고기가 섞인 소고기는 흔히 '여러 업체에서 공급된 인증 소고기'라고 표시가 붙어 있는 제품이었다. 내가 공급하는 소고기가 남들의 소고기와 섞일 것임을 안다면 그 어느 공급업자도 오명에 대한 두려움을 갖지는 않을 것이다. 그러니 이들 소고기 공급업자가 이름 없는 소고기에 약간의 말고기를 섞지 않을 이유가 전혀 없었다.

이게 중요한 이유는 브랜드 마케팅에 관한 대화는 상당히 훌륭한 제품들 사이의 실오라기 같은 차이에 초점이 맞춰지는 경향이 있기 때문이다. 우리는 종종 잊고 있지만, 이렇게 품질이 보장되지 않는다면 시장이 제대로 작동할 수 있는 정도의 신뢰조차 형성되지 않을 테고 그렇게 되면 완벽하게 훌륭한 아이디어도 실패할 수 있다.

> 브랜드 전략은 단순히 훌륭한 제품의 부가물이 아니라
> 훌륭한 제품이 존재하기 위한 필수 조건이다.

우리 조상들이 아직 숲속에 살던 시절에 벌써 진화는 꽃과 벌 사이의 비대칭 정보와 신뢰의 문제를 해결했다. 벌들이 존재한 지는 족히 2,000만 년이 넘었고, 꽃은 그보다 훨씬 오래되었다. 생물계의 신호 보내기와 상업계의 광고를 서로 비교해보면 내

가 오래전부터 눈치챈 한 가지 사실이 설명될지 모른다. 그 사실이란 경제학자와 이야기를 나눠보면 그들은 광고를 싫어하는 경향이 있고 제대로 이해하지도 못한다. 반면에 생물학자와 얘기를 나눠보면 광고를 완벽하게 이해한다. 수십 년간 〈이코노미스트The Economist〉에서 내 말을 가장 공감하며 들어줬던 사람은 마케팅 분야 기자(마케팅을 진심으로 싫어하는 듯했다)가 아니라 진화심리학을 전공한 과학 담당 기자였다.

PSYCHO-
LOGIC

4부

Alchemy

무의식 해킹

플라시보 효과를 활용하라

플라시보 효과

앞서 남들의 행동을 바꾸려면 종종 에둘러가는 접근법을 사용하는 게 필요하다는 얘기를 했다. 이번에는 '당신 자신'의 행동을 바꾸는 데도 비슷한 접근법이 똑같이 필요할 수 있다는 얘기를 하려고 한다.

플라시보(가짜 약)의 힘을 살펴보는 것으로 이야기를 시작해보자. 내 할아버지는 1922년부터 1950년대 중반까지 의사로 일했다. 할아버지는 페니실린이 발명된 후에야 비로소 본인이 의료인이 됐다고 말씀하셨다. 항생제가 나오기 전에는 어떤 면에서는 잘 포장된 주술사이기도 했다는 것이다. 의사가 방문했다는 사실의 심리적 가치를 통해 환자를 지원한 것이 할아버지가 처방한 그 어떤 약의 가치 못지않게 중요했다고 말씀하셨다.

위약이나 동종요법 같은 플라시보 치료법은 과연 과학적일까?

그렇기도 하고, 아니기도 하다. 도움이 될까? 가끔 된다. 위약은 직접적인 의학적 효험은 전혀 없다. 하지만 일부의 경우 위약이 우리의 심리에 미치는 영향은 의학적 효과만큼이나 중요할 수도 있다. 특히나 해당 증상이 만성 통증이나 우울증처럼 생리학적이 기보다는 심리적인 문제일 때는 말이다.[1]

내가 하려는 얘기는 간단하다. 어떤 것이 이미 알려진 논리적 메커니즘으로 이해되지 않는다고 해서 받아들이기를 꺼려서는 안 된다. 우리는 100년 동안 아스피린의 원리를 눈곱만큼도 이해 하지 못하면서 아스피린으로 통증을 완화했다. 아스피린이 유니콘의 눈물로 만들어졌다고 믿었다면 바보 같은 생각이었겠지만 그렇다고 해서 아스피린의 효과가 조금이라도 줄지는 않았을 것 이다.

---

[1] 마찬가지로 내가 이 책에서 심리학적 해결책들을 제안하고 있는 사회적, 상업적 문제들은 물리 적 문제라기보다는 심리적 문제들이다. 기근을 심리학적 개입으로 해결할 수는 없겠지만, 과식 은 해결 가능할지도 모른다.

2

아스피린이 비싸야
안심이 되는 이유

몇 년 전에 호주경쟁소비자위원회Australian Competition and Consumer Commission의 흥을 깨기 좋아하는 합리주의자들이 4가지 제품 때문에 글로벌 생활용품 제조기업 레킷벤키저Reckitt Benckiser를 고발했다. 그 4가지 제품은 뉴로펜 편두통약, 뉴로펜 긴장성두통약, 뉴로펜 생리통약, 뉴로펜 요통약이었다. 위원회 측의 주장은 "각 제품이 특정 종류의 통증을 타깃으로 하고 있다고 주장하지만 실제로는 똑같은 양의 똑같은 활성성분 이부프로펜 라이신이 들어 있었다"는 것이다. 이들 제품이 종종 기본 제품보다 더 높은 가격에 판매되었다는 점이 문제였다. 약학적으로는 완전히 동일한데 말이다.

물론 호주경쟁소비자위원회가 이야기한 사실은 화학적으로 정확하겠지만, 심리학적으로는 잘못된 것으로 보인다. 나로서는 뉴

312

로펜이 선을 넘은 것 같지는 않기 때문이다. 오히려 나는 더 구체적인 통증을 타깃으로 하는 진통제들이 나왔으면 좋겠다. '자동차 키가 안 보일 때 뉴로펜'이나 '이웃이 레게를 좋아할 때 뉴로펜' 같은 식으로 말이다. 이런 수요에도 추가적인 성분은 필요 없다. 포장과 약속만 달라지면 된다. 내가 순전히 경솔한 얘기를 하고 있는 것은 아니다. 플라시보 효과를 조사한 연구에 따르면 브랜드가 있는 진통제는 효과가 더 있다고 한다. 나아가 뉴로펜이 했던 것처럼 더 좁게 정의된 증상에 대한 치료제라고 선전하면 위약의 효과가 더 커졌다. 위약의 가격을 올리거나 색깔을 바꾸어도 마찬가지였다. 레킷 벤키저가 하고 있던 일은 모두 제품의 효험을 증가시켰다.

영국에서는 비싼 아스피린을 사는 것이 불가능하다. 하지만 이렇게 놀라운 약을 칙칙한 포장에 넣어 79펜스에 파는 것은 낭비다. 화려한 포장을 하고 알약을 빨간색으로 물들이고[1] 돈을 더 받으면 훨씬 더 많이 팔릴 텐데 말이다. 나는 79펜스짜리 두통이 아니라 3.29파운드짜리 두통이 생길 때도 있다. 나는 미국에 가면 더 비싼 브랜드의 아스피린을 잔뜩 사오려고 노력한다. 더 잘 듣기 때문이다.

그렇다. 나도 헛소리라는 걸 안다. 하지만 이미 보았듯이 위약은 위약이라고 알려주어도 여전히 효과가 있다. 달리 표현하면

---

[1] 진통제는 빨간색일 때 더 효과가 크다.

소리쟁이 이파리도 쐐기풀에 찔린 리처드 도킨스의 다리 통증을 완화해줄지 모른다. 아무리 도킨스가 소리쟁이 이파리가 아무 쓸모도 없다는 과학적 증거를 갖고 있다고 해도 말이다.

심리학자 니콜라스 험프리는 위약이 효과가 있는 이유가 신체가 회복에 더 많은 자원을 쓰게 만들기 때문이라고 주장한다.[2] 그는 진화가 우리의 면역 체계를 지금보다 더 혹독한 환경에 맞게 조정해놓았다고 본다. 그래서 면역 체계가 최고 속도로 작동하게 만들려면 회복 환경이 나에게 특별히 더 유리하다고 우리의 무의식을 설득해야 한다. 의사(주술사이든 병원이든)나 신비의 묘약(동종요법이든 항생제든), 가족이나 친구의 간호 등에서 도움을 받으면 그런 착각을 만들어낼 수 있다. 그런데도 정책 입안자들은 이런 무의식적 과정과 관련된 해결책 아이디어는 무조건 싫어한다. 플라시보 효과의 중요성에 비해 그 연구에 사용되는 돈은 너무 적다.[3]

플라시보 효과를 이해하는 것은 다른 형태의 무의식적 영향력을 이해하는 데 유용한 방법이다. 나 또는 남의 무의식적 과정에 영향을 주기 위해 우리가 겉으로 비합리적인 행동을 하는 이유를 설명해주기 때문이다. 게다가 플라시보 효과를 탐구하기를 꺼리는 우리의 태도는 여러 문제에 심리학적 해결책을 채택하는 것을

---

2   이 주제와 관련한 그의 저작은 R. L. 그레고리가 엮은 《옥스퍼드 마음 길잡이Oxford Companion to the Mind》에 실린 '플라시보 효과The Placebo Effect' 참조.

3   보건국에 더 정교한 약 포장에 투자해달라고 제안한다면 그들은 경기를 일으킬 것이다.

꺼리는 우리의 더 폭넓은 태도에 대해 몇 가지 단서를 제공해줄지도 모른다. 특히나 약간이라도 상식에 어긋나거나 전통적 논리와 다를 때는 말이다. 좀 더 설명해보자.

플라시보 효과는 다른 많은 형태의 연금술과 마찬가지로 인간의 정신 또는 신체의 자율 과정에 영향을 미치려는 시도다. 우리의 무의식, 그중에서도 '적응적 무의식adaptive unconsciousness'은 심리학자 티모시 윌슨이《내 안의 낯선 나》에서 말한 것처럼 우리가 의식적으로 하는 것과 같은 방식으로 정보를 알아채거나 처리하지 못하며, 의식과 같은 언어를 말하지도 못한다. 그러나 우리의 많은 행동에 고삐를 죄고 있는 것은 무의식이다. 이 말은 곧 우리가 의지하는 대로 직접적인 논리적 행동을 통해 무의식적 과정을 바꾸지 못할 때가 많다는 뜻이다. 대신에 우리는 우리가 통제할수 '있는' 것들을 손봐서 우리가 통제할 수 없는 것들에 영향을 미치거나 아니면 우리의 환경을 조작해서 우리가 뜻대로 할 수 없는 정서 상태에 영향을 주어야 한다.

생각해보라. 영어에서 다음과 같은 표현은 절대로 등장할 수 없다.[4]

1. 나는 화가 나지 않기로 했다.
2. 그는 내일 오후 4시 30분에 사랑에 빠지기를 계획한다.

4　다른 언어에서도 마찬가지다.

3. 그녀는 더 이상 그가 있어도 불안을 느끼지 않기로 결정했다.

4. 그 순간부터 그녀는 더 이상 높은 곳을 두려워하지 않기로 결심
했다.[5]

5. 그는 거미와 뱀을 좋아하기로 결정했다.

이런 것들은 우리가 직접적으로 통제할 수 있는 사항이 아니라 본능적이고 무의식적인 감정의 산물이다. 왜 우리가 이렇게 강력하고 나의 의사와 무관한 감정에 빠지는지에 관해서는 진화론적으로 충분한 이유가 있다. 감정은 물려받을 수 있지만 이성은 가르쳐야 한다. 그렇다면 진화는 이성보다는 감정을 택하는 편이 훨씬 더 믿을 만하다. 진화의 입장에서 생존을 확실히 보장하기 위해서는 태어날 때부터 뱀에 대한 본능적 공포를 심어주는 편이 세대마다 후손에게 뱀을 피하라고 가르치는 것보다 훨씬 더 믿을 만하다. 이런 것들은 우리의 소프트웨어에 들어 있는 게 아니라 하드웨어에 내재한다.

마찬가지로 다들 인정하듯이 우리에게는 직접 통제할 수 없는 신체 기능이 광범위하게 존재한다. 나는 내 동공을 내 의지에 따라 수축하거나 확장할 수 없다. 또 내 심장에게 속도를 높여라, 낮

---

5 내 친구 중에는 높은 곳을 질색할 뿐만 아니라 토마토를 무서워하는 친구가 있다. 나도 스티브 잡스처럼 단추를 무서워하는 단추공포증이 있다. 나는 증상이 가벼운 정도여서 어른이 된 지금은 단추가 옷에 단단히 붙어 있으면 기꺼이 잘 입지만, 단추가 헐거워지면 불안하다. 스티브 잡스의 경우에는 증상이 심한 편이어서, 그는 눈에 보이는 단추가 있는 옷은 절대로 입지 않았다. 이 점이 그의 디자인 철학에 영향을 미쳤다는 이론을 펼치는 사람들도 있다. 그래서 그가 키보드 '버튼'이 없는 전화기를 만들 수 있을 때까지 전화기를 만들지 않았다고 말이다.

쳐라 말해서 심박수를 올리거나 늦출 수도 없다. 소화 작용, 성적 흥분, 췌장 분비, 내분비계의 활동, 면역 체계의 작용 등은 말할 것도 없다. 진화적 관점에서 완벽하게 타당한 이유가 있기 때문에 이들 기능의 조절은 의식을 침범하지 않는다.[6] 이런 과정들이 작동하는 방식은 요즘 카메라에 있는 '자동 촬영 모드'와 비슷하다. 이 유용한 기능 덕분에 우리는 그럭저럭 괜찮은 사진을 찍으려고 할 때마다 매번 조리개와 초점, 셔터 스피드 설정을 만지작거리느라 시간을 쓸 필요가 없다.

[6] 만약에 의식을 침범한다면 다소 이상할 것이다. "자기야, 잠깐만 기다려줄래? 내가 지금 테스토스테론 설정을 올리고 발기 수준을 8로 맞추는 중이야."

3

통제할 수 없는 것을 해킹하려면

자동카메라와 마찬가지로 우리 신체의 자동 시스템도 어느 것 하나 직접 통제할 수는 없다. 하지만 내가 원하는 자동 반응을 일으킬 조건을 의도적으로 획책하는 방식으로, 우회적으로 시스템을 '해킹'할 수는 있다. 카메라의 비유를 이어가보면, 전자동카메라를 이용해 의도적으로 과다 노출된 사진을 찍고 싶다고 상상해보자. 이 카메라에는 셔터 스피드를 늘리거나 조리개를 확대할 수 있는 다이얼은 따로 없다. 하지만 뭔가 어두운 것을 가리켜서 자동 노출 메커니즘을 작동시킨 후 재빨리 카메라를 다시 더 밝은 피사체 쪽으로 돌려서 똑같은 효과를 낼 수는 있다.

　나는 늘 유럽인답지 않게 자동변속기를 탑재한 자동차를 좋아했는데,[1] 자동변속기 차량을 잠시라도 운전해본 사람이라면 누구든지 알겠지만, 가속 페달을 조종하는 것만으로도 기어가 변속되는 것을 유도하거나 막는 방법을 금방 깨치게 된다. 이게 가능한 이유는 자동변속기의 동작에 차츰 익숙해지면서 우리가 무의식적으로 변속기에게 내가 원하는 것을 시킬 수 있는 기술을 발달시키기 때문이다. 예를 들어 언덕 꼭대기가 가까워지면 본능적으로 가속페달에서 발을 뗄지 모른다. 남은 짧은 오르막 때문에 변속기가 불필요하게 기어를 바꾸는 것을 막기 위해서다. 수동변속기 자동차 애호가들은 이 기술을 알 수가 없다. 왜냐하면 이 기술은 똑같은 자동변속기 자동차를 반복적으로 운전했을 때에만 익히게 되는 기술이기 때문이다. 그러니까 우리는 자동변속기 차량의 변속기를 통제할 수 '있다.' 다만 에둘러가는 방법을 취해야 한다. 이와 똑같은 것이 인간의 자유 의지에도 적용된다. 우리는 나의 행동과 감정을 어느 정도까지는 통제할 수 있지만 직접적으로 통제할 수는 없다. 우리는 간접적으로 행동과 감정을 통제하는 법을 배워야 하고 그것은 손으로 배우기보다는 발품을 팔아야 하는 일이다.

이렇게 간접적으로 영향력을 행사하는 과정은 모든 복잡계에 적용된다. 자동변속기와 인간 심리는 복잡계의 두 가지 예시에 불과하다.[2] 우리가 직면하는 문제들이 발생하는 이유는 정책

---

1   이것 때문에 내 친구들 중 자동차에 관심이 많은 순수주의자들은 늘 나를 놀리곤 했다. "친구야, 운전할 때 제어되는 느낌이 절대로 똑같지가 않아." 지금은 말도 안 되는 얘기다. 하지만 나의 독일인 친구들을 위해 변론을 좀 하자면 30년 전에는 유럽의 자동변속 자동차 성능이 형편없는 경우가 많았다.

2   물론 증기기관의 원심 속도 조절기(3부에 나왔던 앨프리드 러셀 월리스를 기억할 것이다)는 또 다른 예다.

의 문제를 수동변속기 자동차 운전자와 똑같은 지식인들에게 주기 때문이다. 그들이 인정할 수 있는 유일한 기어 변속 방법은 (가속 페달을 사용해 간접적으로 유도하는 방식이 아니라) 기어스틱을 사용하는 것뿐이다. 여기서 관건은 자동변속기 차량을 운전하는 것은 수동변속기 차량을 운전하는 것보다 훨씬 더 창의적인 작업이라는 사실을 인정하는 것이다. 수동변속기 차량을 운전한다면 변속기에게 뭘 하라고 지시하는 방법뿐이지만, 자동변속기 차량을 운전한다면 살살 꾀는 방법을 사용해야 한다.[3]

우리가 동공을 확장하고, 심박수를 올리고, 심박수를 내리고, 면역 체계를 활성화하고 싶다고 치자. 역시나 의지를 통한 직접적 행동으로는 이런 일들을 할 수가 없다. 하지만 의식적인 메커니즘을 이용해 무의식적인 효과를 만들어낼 수는 있다. 예를 들어 전구를 노려보아 동공을 수축시키거나 어두운 방에 들어가서 동공을 확장할 수는 있다.[4] 조깅을 해서 심박수를 올리거나 요가나 명상을 통해 심박수를 내릴 수는 있다. 그리고 니콜라스 험프리가 맞다면 면역 체계도 같은 방식으로 활성화할 수 있을 것이다. 면역 체계가 지금이 상처를 치유하거나 감염과 싸우기 위해 자원을 투자하기에 적기라고 믿게 만드는 환경을 조성하기만 하면 된다. 그런 환경을 만들어내는 데 필요한 활동 중에는 약간은

---

[3] 지금 읽고 있는 사람이 영국 독자라면, 여기서 내가 약간 '스위스 토니Swiss Toni(BBC 시트콤에 나오는 캐릭터 이름으로 모든 상황을 성적 농담으로 표현한다—옮긴이)'처럼 들릴 수도 있다는 걸 나도 안다.
[4] 아니면 당연히 포르노 사진을 보는 방법도 있겠다.

수작질처럼 보이는 것들도 포함될지 모른다. 하지만 그게 수작질처럼 보이는 이유는 우리가 원리를 모르기 때문이다.

무의식적인 감정 메커니즘 혹은 심리 메커니즘을 이렇게 우회적으로 해킹하는 방법은 플라시보 효과 아니냐, 모종의 연금술과 관련된 것 아니냐는 의심을 자주 불러일으킨다. 사실 우리는 실제보다 더 많은 자유 의지를 갖고 있다고 믿고 싶어 한다. 그래서 덜 논리적으로 보이는 우회적 개입보다는, 개인의 자율성이라는 내면의 착각을 계속 유지해줄 직접적 개입을 더 선호한다.

의식은 자신이 백악관 집무실인 줄 알지만
실제는 홍보실이다

우리의 의식은 내가 모든 행동을 의도적으로 선택한다는 착각을 그대로 지키려고 기를 쓴다. 실제로는 다수의 의사결정 과정에서 의식은 기껏해야 방관자였고 심지어 많은 경우 그런 의사결정이 내려지고 있다는 사실조차 눈치채지 못했다. 그럼에도 불구하고 의식은 본인이 결정적 행위자인 스토리를 구성해낼 것이다. 예를 들면 '버스가 오는 것을 보고 얼른 인도 위로 다시 뛰어 올라갔어'라고 생각하겠지만, 실제로는 의식적으로 버스를 인식하기조차 전부터 이미 당신의 몸은 점프를 시작했을 가능성이 높다.

조너선 하이트식으로 표현하면[1] "의식은 자신이 백악관 집무실인 줄 알지만, 실제는 홍보실이다." 우리는 우리가 행정 명령을 내

---

1   《바른 마음》 중에서.

리고 있다고 생각하지만, 대부분의 경우 실제로는 다른 곳에서 결정한, 이유도 잘 모르는 의사결정을 설명하기 위해서 황급히 그럴듯한 사후 합리화를 만들어내고 있다. 그러나 우리가 이성을 사용해서 사후에 내 행동을 설명할 수 있다는 사실이 애초에 이성이 그 행동을 결정했다거나 이성을 사용하는 게 의사결정을 도울 수 있다는 뜻은 아니다.

자유자재로 잠이 들 수 있는 외계종족이 있다고 한번 상상해보자. 그들은 잠이 들 때쯤 인간이 취하는 행동들이 우스꽝스럽다고 생각할 것이다. 외계종족의 인류학자는 이렇게 평가할지도 모른다.

"그냥 잠이 드는 게 아니라 이상한 종교적 의식을 거친다. 불을 끄고, 모든 소음을 최소로 줄이고, 아무 이유도 없어 보이는 머리맡의 장식 쿠션 7개를 치운다.[2] 그런 다음 어둠 속에 조용히 누워서 잠이 들기를 바란다. 그리고 원할 때 그냥 잠을 깨는 게 아니라 정해진 시간에 벨이 울리는 이상한 기계를 설정해놓아서 다시 의식이 돌아오도록 자극을 준다. 어이가 없다."

마찬가지로 내가 얼마나 행복할지를 스스로 결정할 수 있는 외계종족이 있다고 한번 상상해보자. 그들은 인간의 엔터테인먼트 산업 전체가 엄청난 경제적 낭비라고 생각할 것이다.

우리는 자유자재로 잠이 들 수 있다거나 내 만족 수준을 통제

---

2 이 부분에서는 나도 외계종족과 같은 생각이다. 다른 사람들도 이런 걸 참고 있나? 나는 정말 미칠 것 같다.

할 수 있는 척하지는 않는다. 하지만 많은 경우 우리는 인간이라는 의식의 행사자가 내 행동을 유발하는 유일한 원동력인 척한다. 우리가 무의식적 과정을 해킹하기 위해 채용한 덜 명백한 행동들은 마치 비합리적이고 낭비적이거나 터무니없는 것인 양 폄하한다. 그래서 마치 수동변속기 차량 운전자가 처음으로 자동변속기 자동차를 제어할 때와 같은 좌절을 느끼게 된다. 우회적으로 영향력을 행사하는 기술을 마스터하지 못한 사람은 바라는 효과를 내기 위해 직접적 개입밖에 상상하지 못한다. 아래와 같이 말이다.

1. 기어를 바꾸고 싶다면 기어스틱을 움직여야 한다.
2. 사람들이 더 열심히 일하길 바란다면 돈을 더 주어야 한다.
3. 사람들이 담배를 끊게 만들려면 담배 때문에 죽을 거라고 말해야 한다.
4. 사람들이 연금을 넣기를 바란다면 세제 혜택을 주어야 한다.
5. 사람들이 내 제품에 돈을 더 내게 하려면 객관적으로 더 훌륭한 제품을 만들어야 한다.
6. 기차 여행을 개선하고 싶다면 기차를 더 빨리 가게 만들어야 한다.
7. 행복을 증진하고 싶다면 더 많은 자원을 소비해야 한다.
8. 사람들이 낫게 하려면 실제 약을 주어야 한다.

플라시보 효과에 대한 내 설명은 주창자인 니콜라스 험프리의 것을 따왔다. 내 생각에 험프리의 이론은 심리학 분야에서 가장 중요한 이론에 속한다. 실제로 그의 이론이 인간의 건강에 대해서 가지고 있는 잠재적 가치를 생각한다면 아직까지 더 활용되지 않은 것이 불가사의다. 최소한 더 폭넓은 연구라도 이뤄졌어야 하는데 말이다. 그의 이론은 의료 행위 전체를 바꿀 수도 있는 잠재력을 갖고 있다. 하지만 사람들이 더 열정적으로 험프리의 아이디어가 지닌 함의를 탐구하지 않는 것은 거기에 약간의 연금술이 포함되어 있기 때문이 아닐까 싶다.

2012년 〈뉴 사이언티스트 New Scientist〉에 플라시보 효과의 본질을 다룬 기사가 실렸다. 기사는 플라시보 효과에 대해 진화론적 설명을 내놓은 모형이 제시한 새로운 증거를 소개했다. 이 모형은 면역 체계가 '정신이 제어하는 온오프 스위치'를 갖고 있다고 했다. 10여 년 전 심리학자 니콜라스 험프리가 내놓은 아이디어였다.

브리스틀대학교의 생물학자 피트 트리머 Pete Trimmer가 관찰한 바에 따르면 시베리아 햄스터는 우리 위에 설치된 조명에 따라 감염과 싸우는 능력이 달라졌다. 빛이 비치는 시간이 길수록(여름을 흉내 낸 것) 더 강한 면역 반응이 촉발됐다. 트리머의 설명은 이랬다. 면역 시스템을 운영하려면 비용이 든다. 따라서 감염이 치명적이지 않은 이상 면역 시스템은 이 감염과 싸우는 것이 다른 방식으로 해당 동물을 위험하게 만들지 않을 거라는 신호를 기다린다. 시베리아 햄스터는 여름이면 무의식적으로 더 힘을 내서 감염과 싸우는 듯했다. 여름에는 면역 반응을 지탱할 만큼 식량 공급이 충분하기 때문이다. 트리머의 모형은 열악한 환경에서는 감염을 견디고 자원을 아끼는 것이 동물들에게 더 좋다는 것을 보여주었다.

험프리는 사람들이 가짜 치료에 무의식적 반응을 보이는 것도 해당 치료가 신체의 자원에 과도한 부담을 주지 않으면서도 감염을 약화시킬 거라고 믿게 만들기 때문이라고 주장했다. 이론상 식량이 많은 곳에서는 언제든지 면역 반응을 전면 가동할 수 있다. 하지만 험프리는 무의식의 스위치가 아직 여기에 적응하지 못했다고 본다. 그래서 플라시보를 통해 지금이 면역 반응을 일으키기에 적기라고 머릿속을 설득해야 한다는 것이다.

5

플라시보와 면역 반응

흥미롭게도 험프리는 우리 신체의 면역 체계가 지금 우리가 살고 있는 세상보다 훨씬 더 거친 환경에 맞춰 조정되어 있다고 말한다.[1] 내 부모님 세대는 제2차 세계대전의 식량난과 이후 오랜 배급제 기간을 견뎠다. 내 이모는 말년에 이른 지금까지도 먹지 않은 음식을 내다버리지 못한다. 냉장고의 음식이 썩어서 엉망진창이 되어도 말이다. 버리는 것에 대한 이모의 태도는 극빈기에 맞춰져 있다.

마찬가지로 인간의 면역 체계는 오랫동안 지금보다 훨씬 더 혹독한 환경에서 살아남도록 맞춰져 있었다. 이전에는 신체의 면역 반응 때문에 굶어 죽거나 얼어 죽거나 움직이지 못하게 될 위험

---

1   인간의 비만을 설명할 때도 종종 비슷한 설명이 동원된다. 인간이 진화해온 대부분의 기간 동안 '맛있는 것이 있으면 많이 먹어라'가 믿을 만한 본능이었다.

이 늘 있었기 때문에 그런 위험을 감수하고 성급하게 자원을 낭비할 수는 없었다.[2] 현대인이 일상에서 경험하는 것과 같은 더 양호한 환경에 맞게 우리의 면역 반응을 재조정하려면 약간의 수작질[3]을 활용하는 게 필요할 수도 있다. 아마도 이런 게 바로 항생제가 발명되기 전 내 할아버지가 하던 일이었을 것이다. 따뜻한 농담으로 환자의 기운을 북돋워주고, 몸을 따뜻하게 감싸고 침대에서 나오지 말고 식사를 잘하고 약용 위스키를 마시라고 말해주는 것 말이다. 별 효과 없는 약도 좀 처방했을 것이다. 약은 효험이 없어도 환자의 몸이 '치유 모드'로 들어갈 수 있게 낙관적인 착각을 일으키기에는 충분했을 테니 말이다.

내가 런던에 있는 어느 인도 식당에서[4] 니콜라스 험프리를 만났을 당시 그는 이미 자신의 이론을 건강이나 면역 체계 너머에까지 확장해놓고 있었다. 그는 면역 체계를 해킹하는 것뿐만 아니라 인간이 의식적으로 통제할 수는 없지만 달래서 만들어내는 것은 가능한 신체 상태나 감정을 만들려고 자주 우회적 방법을 활용한다고 믿고 있다. 특히 그가 언급했던 것은 '용기 플라시보'로, 우리가 의식적인 의지만으로 달성할 수 있는 것보다 더 높은 수준의 용기를 내기 위해 설계된 장치였다.

---

2 고열과 같은, 질병이 만들어내는 불쾌한 증상의 다수는 질병 자체가 유발하는 것이 아니라 질병과 싸우려는 신체가 유발하는 것이다.

3 그게 동종요법일 수도 있다.

4 이 이론과 관련해 더 자세한 내용을 알고 싶은 사람은 유튜브에 아주 쓸 만한 영상이 있다. '이성의 적들enemies of reason'이라는 영상 시리즈에서 니콜라스 험프리는 환원주의적 합리주의의 대사제 리처드 도킨스에 대한 반론을 펼친다.

잠시 생각해보자. 용기란 대부분의 사람에게는 의식적으로 결심한 상태가 아니다. 즉 수동이 아니라 자동이다.[5] 초등학교에 가는 아이에게 어머니가 "용기를 내"라고 응원할 수는 있겠지만, 솔직히 말해서 우리가 용기가 난 상태를 만들기 위해 할 수 있는 일은 별로 없다. 우리가 '잠이 들기로 결심'할 수 없는 것이나 마찬가지다. 그래서 험프리의 설명에 따르면 군대에서 사용하는 많은 물건이나 관행들은 사실상 용기 플라시보일지 모른다. 용기와 결속을 북돋을 수 있게 설계된 환경적 자극 말이다.

잠이 들 때와 마찬가지로 용기를 만들어낼 때 관건은 용기라는 감정 상태를 끌어내기에 좋은 환경을 의식적으로 조성하는 것이다. 잠이 들 때는 푹신한 베개와 어두운 조명, 조용한 분위기 등[6]이 그런 것일 수 있다. 용기의 경우에는 트럼펫, 북, 깃발, 유니폼, 동지애 등이 필요할지 모른다. 병사들은 함께 생활하고, 스스로를 '전우'라고 부르고, 발을 맞춰서 행진하고, 똑같은 옷을 입고, 소대, 연대, 사단처럼 '가족 같은' 집단에 배정된다. 이런 것들 다수가 내 집단에 있는 사람들을 위해 어쩌면 궁극의 희생도 할 수 있다는 착각을 키워준다.

이 이론은 처음에는 터무니없어 보이는 많은 행동을 이해하게 해준다. 이 개념을 한번 받아들이고 나면 오래도록 마음에 남아

---

5   특수부대 요원들은 예외일지 모른다. 그 사람들은 공포 모드를 꺼버릴 수 있는 능력 때문에 선발되었을 수도 있고 일부는 사이코패스의 징후를 강하게 보인다. 그러나 대부분의 경우 우리는 겁에 질리거나 질리지 않는 게 내가 선택할 수 있는 문제는 아니다.

6   혹은 위스키 몇 잔.

서 사람들의 행동을 전혀 다른 시각에서 보게 된다. 그중에 정말로 이상한 부분은 우리가 '나 자신에게' 신호를 보내기 위해 상당한 양의 시간과 돈을 쓴다는 점이다. 우리가 하는 많은 행동은 나에 관한 무언가를 타인에게 광고하기 위한 것이 아니라 나 자신에게 광고하기 위한 것이다.[7] 진화심리학자 조너선 하이트는 그런 행동을 '셀프 플라시보self-placebbing'라고 부른다. 이 개념을 한번 이해하고 나면 괴상한 소비 지상주의의 많은 부분을 좀 더 이해할 수 있을 것이다.

---

[7]   로레알L'Oréal 제품을 살 때 우리는 아마도 나 자신에게 '나는 소중하잖아'라고 광고하고 있을 것이다.

6

행동 뒤에 숨은 목적

인간의 행동을 평가하다 보면 중요한 교훈을 하나 얻을 수 있다.

"'진짜' 목적을 생각해보기 전에는 그 어떤 행동도 비합리적이라고 폄하하지 마라."

매일 사용할 교통수단으로 25만 파운드짜리 페라리 Ferrari를 사는 것은 분명히 비합리적이다. 그보다 몇 분의 1 가격이면 충분히 쓸 만한 차를 살 수 있기 때문이다. 하지만 이성에게 어필할 용도로 쓸 거라면 혹은 사업 라이벌에게 굴욕감을 안겨줄 수단이라면 혼다 시빅보다는 페라리가 월등한 효과가 있을 것이다. 나는 비록 페라리에 빠져 있지는 않지만[1] 아마도 페라리가 차주에게 일종의 자신감 같은 것을 불어넣어주리라는 것은 이해가 간다.

---

[1] 혹시라도 이혼을 하면 살지도 모른다!

재미난 사고 실험의 하나로 나는 종종 다양한 제품의 가짜 광고 문구를 구상해보곤 한다. 특히 사람들이 자기네 제품을 왜 사 가는지 아주 솔직할 수 있다면 채택할 법한 문구들을 생각해본다. 그것들은 영화 〈그곳에선 아무도 거짓말을 하지 않는다〉[2]에 줄줄이 나오는 슬로건들과 비슷하다. 영화는 모든 사람이 모든 것에 관해 진실을 말하는 세상을 그리고 있다.

'펩시, 코카콜라가 없을 때를 위해.'[3]

내가 이렇게 잔혹할 만큼 솔직한 광고 문구를 생각해내는 이유는 대부분의 제품은 겉으로 드러나는 '공식' 기능과 이면에 숨은 기능이 따로 있다는 사실을 강조하기 위해서다. 식기세척기의 주된 가치는 더러운 접시를 씻는 것이 '아니라' 더러운 접시를 눈에 안 보이게 넣어버릴 수 있는 공간을 제공하는 것이다. 집에 수영장이 있을 때 주된 가치는 그 안에서 수영을 하는 것이 아니라 수영복을 입고 정원을 돌아다녀도 바보 같은 기분이 들지 않는다는 점이다. 호화 요트에서 주말을 보낼 수 있게 초대를 받았던 어느 친구가 과대망상증 환자들이 호화 요트를 그토록 좋아하는 이유를 설명해준 적이 있다.

"휴가 때 친구들을 초대해놓고 일주일 내내 〈바운티호의 반란〉에 나오는 블라이 선장처럼 굴 수 있어서야."

2 아주 솔직히 말하면, 결과물보다는 전제가 흥미로운 영화다.

3 가끔 이런 생각으로 낸 광고를 볼 때도 있다. '거시기가 작은가요? 당신한테 딱 맞는 차가 여기 있습니다!' 캐나다에 있는 어느 포르셰 대리점 광고였다(이후에 본사에서 가맹권을 빼앗지 않았을까 싶다).

세상에서 제일 멋진 별장이 있다고 해도 친구나 라이벌들이 차를 빌려서 멋대로 어디로든 가버릴 수가 있다. 하지만 대형 호화 요트에서는 모두가 내 포로다.[4]

소비에트식 계획경제가 지닌 수많은 문제점 중 하나는 사람들이 자기가 무엇을 원하고 필요로 하는지 알고 있고 그것을 제대로 정의하고 표현할 수 있어야만 작동할 수 있는 경제 방식이라는 점이다. 하지만 이는 불가능하다. 사람들은 자신이 뭘 원하는지 모를 뿐만 아니라 본인이 구매하는 물건을 왜 좋아하는지조차 모른다. 사람들이 정말로 원하는 게 뭔지(경제 용어로 말하면 '현시 선호') 발견할 수 있는 유일한 방법은 여러 가지 맥락과 상황에서 사람들이 실제로 돈을 어디에 쓰는지 지켜보는 수밖에 없다. 그러려면 시행착오가 필요하고 경쟁시장과 경쟁 마케팅이 필요하다.

우버가 혁신으로서 흥미로운 점은 우버가 나타나기 전에는 아무도 우버를 요청한 사람이 없다는 점이다.[5] 우버의 성공은 두 가지 약삭빠른 심리적 조작에 있다. 그중에서도 차를 타고 가는 동안 돈을 주고받을 필요가 없다는 점이 가장 강력한데, 이렇게 되

---

4   과대망상증 환자가 아니라면 대형 호화 요트는 사지 마라. 내 친구 중에 오랫동안 요트를 팔고 있는 친구가 있다. 그 친구 말이, 자기가 요트와 관련해 얻게 된 가장 큰 교훈은, 일정한 최소 크기를 넘어서면 요트가 주는 즐거움이 요트의 크기에 반비례한다는 사실이라고 했다. 또한 아주 큰 요트는 정박할 수 있는 항구가 몇 개 안 된다. 이 말은 곧 당신 요트보다 더 큰 요트 옆에 정박해야 하는 일이 자주 발생할 거라는 뜻이다.

5   실은 나는 원했다. 나는 오랫동안 불확실한 대기 시간의 영향에 관해 집착해왔기 때문이다. 내가 의견을 제시했더니 다른 사람들은 대부분 어깨만 으쓱했다.

면 거래가 아니라 서비스처럼 느껴지기 때문이다.[6]

엘리베이터의 숫자판을 한번 보자. 거기에 '문닫힘'이라는 아주 흥미로운 버튼이 하나 있다. 많은(아마도 대부분) 엘리베이터에서 이 버튼은 플라시보 버튼이다. 버튼 뒤에 아무것도 연결되어 있지 않다. 그런데도 거기 그 버튼이 있는 이유는 참을성이 부족한 사람들에게 뭔가 할 수 있는 일과 함께 본인이 상황을 통제하고 있다는 착각을 주어 기분을 낫게 만들어주기 위해서다. 말하자면 교양 있는 버전의 샌드백 같은 것이다. 나는 이게 나쁜 일인지 모르겠다. 분명히 일종의 거짓말이기는 하지만 '하얀 거짓말'이라고 할 수 있을 것이다. 누군가의 기분을 낫게 만들어줄 뿐이니까 말이다. '문닫힘' 버튼의 유일한 목적이 참을성 없는 사람들의 기분을 풀어주기 위한 것이라면, 정신적 수단으로 그 목적을 달성하든 기계적 수단으로 달성하든 어쩌면 아무 차이가 없을 것이다.[7]

플라시보 버튼은 생각보다 흔하다. 보행자 건널목에 설치되어 있는 버튼들도 아무 효과가 없는 경우가 많다. 즉 교통 신호등은 여전히 시간에 맞춰 켜진다.[8] 하지만 여기에 버튼이 있는 것은 비

---

6 또 하나. 우리는 거래를 신용카드로 할 경우 동일한 현금 거래에 비해 15퍼센트 이상 더 저렴하다는 느낌을 받는다.

7 나는 지금 비행기 조종석에 플라시보 버튼을 사용하자고 제안하고 있는 게 아니다. 물론 내장 컴퓨터가 조종사의 명령에 직접 따르기보다는 조종사의 의도를 해석하는 방식으로 작동하는 플라이바이와이어fly-by-wire식 비행기에 비슷한 게 있긴 하다.

8 피자 배달 앱 중에는 '주문 확인─굽는 중─포장 중─배달 중'처럼 단계별로 업데이트를 해주는 것들이 많다. 이 중 과연 진짜 실시간 정보는 얼마나 되고, 그저 무언가 진척되고 있는 듯한 안심되는 느낌을 주려고 표시해놓은 정보는 얼마나 될까? 나는 상당히 회의적으로 보지만, 착각이라 하더라도 무언가 진척되고 있다는 그 느낌이 나는 좋다. 이 기능들은 '마음 놓으세요, 고객

교적 양호한 거짓말이다. 만약 거기 버튼이 없었다면 녹색불이 켜질 때까지 기다릴 사람은 얼마나 줄었을까? 또 기다려야 할 시간이 디지털 화면으로 표시된다면 초록불을 기다릴 사람은 얼마나 더 늘어날까? 한국이나 중국 같은 나라에서는 녹색불이 들어오기까지 남은 시간을 초 단위로 표시하는 것만으로 교차로 교통사고를 줄였다.[9]

이것은 포유류의 뇌에 뿌리 깊이 박힌, 통제력과 확실성에 대한 선호 때문이다. 런던 지하철이 승객들의 만족도를 상승시켰던 최고의 투자를 하나만 꼽으라고 한다면 열차를 더 빠르게 만들거나 더 자주 운행하기 위해 돈을 쓴 일이 아니라 플랫폼에 설치한 디스플레이에 다음 열차가 도착할 때까지 걸릴 시간을 점으로 표시한 일이다.

이런 통찰을 좀 더 중대한 일에 적용해보자. 만약 우리가 사람들은 불확실성을 싫어하고 또 남자들은 특히나 병원에서 검사받는 것을 꺼린다는 사실을 알고 있다면, 이 두 가지 통찰을 결합해서 해결책을 생각해낼 수는 없을까? 남자들이 특정 검사를 싫어하는 이유가 결과를 기다리는 동안 경험하게 될 불확실성을 무의식적으로 꺼리는 것이라면 어떨까? 남자들은 이 점을 우리에게 말해줄 수가 없는데, 왜냐하면 본인들도 이유를 모르기 때문이다.

님이 주문했다는 걸 우리는 잊지 않았어요'라고 말하고 있다.

9 한국인들은 심지어 정반대의 아이디어도 테스트한 적이 있다. 녹색 신호등 위에다가 다가오는 운전자에게 빨간불로 바뀌기까지 남은 시간을 숫자로 표시해준 것이다. 잠깐만 생각해보면 알겠지만, 이건 정말로 나쁜 아이디어였다.

망가진 쌍안경의 렌즈를 기억할 것이다. 논리도 이 점을 알려줄 수 없는 것은 마찬가지다. 하지만 우리는 테스트를 해볼 수가 있다. 다음과 같은 약속을 했을 때 무슨 일이 벌어지는지 보면 된다.

'이 검사를 받으신다면 24시간 내에 결과를 문자로 알려드리겠습니다.'

지금까지 이런 종류의 약속이 중요할지 모른다고 생각한 사람은 아무도 없었다. 검사를 받는 것과 결과를 받는 것 사이의 불확실한 시간 지연이 애초에 검사를 받고 말고의 성향에 영향을 줄 거라고는 아무도 생각지 못했다.

신용카드 회사들은 이 점을 이미 알고 있었다. 그래서 '지금 신청하세요. 12시간 내에 승인 보장합니다' 같은 약속을 하는 것이다. 신용카드 회사들은 의도적인 테스트와 우연, 실험을 통해 이런 약속이 사람들의 빠른 반응에 영향을 미친다는 사실을 알아냈다. 시장조사를 아무리 하고 신고전주의 경제학의 가정들을 아무리 사용해도 불확실한 시간의 길이가 중요한 요소일 수 있다는 사실은 깨닫지 못했을 것이다.

여기서 간단한 사고 실험이 도움이 될지 모르겠다. 버튼 하나만 누르면 즉시 검진 결과와 함께 전립선암 초기 경보가 뜨는 의료기기가 있다면 대부분의 남자가 바로 검사를 받으려 하지 않을까? 반면에 예약을 하고, 채혈을 하고, 결과를 2주 동안 기다리고 싶은 사람은 얼마나 될까?

셀프 플라시보

앞서 보았듯 유니폼이나 트럼펫, 북, 휘장 같은 군대 물건들을 이해하는 한 가지 방법은 '용기 플라시보'로서의 가치를 생각해보는 것이다. 그런데 그것 말고 비슷한 '험프리 플라시보'를 이용해서 우리가 해킹하고 싶은 다른 감정들은 없을까? 두 가지가 바로 생각난다. 나 자신에게 자신감을 불어넣고 싶은 욕구와 타인에게 신뢰를 고취하고 싶은 욕구다.

　나는 열입곱 살짜리 쌍둥이 딸이 있는데 둘을 너무나 사랑하지만 집을 나설 시간이 다가올 때는 예외다. 아이들의 화장법이 터무니없을 정도이기 때문이다. 파티나 모임이라도 있을 때면 아이들은 준비하는 데만 1시간 반이 걸리는 게 예사이고, 그중 대부분은 페이스 페인팅과 눈썹 수정에 쓰는 시간이다. 나는 매일 아침 면도하는 것만도 짜증이 나는데, 우리 아이들은 어떻게 그렇게 길고 복잡한 작업을 참아내는 건지 나로서는 도저히 이해가 안 된다. 어쩌면 진화심리학을 통해 내 딸들의 짜증 나는 행동을 몇 가지로 설명할 수 있을 것이다. 아이들은 본인의 외모를 개선하고 이성에게 신호를 보내 자손 생산의 적합성을 높이려고 하는 중일 수 있다. 아이들은 동성들 사이에서 본인의 지위를 유지하거나 높이려고 하는 중일 수 있다. 아니면 자기 자신에게 신호를 보내기 위해서 화장을 하고 있는 것일 수 있다.

어느 쪽이 정답이든(두 가지 이상에 해당할 수도 있다) 비단 내 자손들만 이런 행동을 하는 것은 아닌 것이 분명하다. 언젠가 나는 세계 미용산업 발표회에 참석한 적이 있다. 의류, 향수, 화장품 등을 망라한 발표회였다. 거기서 보여주는 차트가 단위로 10억 달러를 표시해놓고 연간 소비액은 1,000 단위로 표시가 되어 있어서 나는 잠깐 어리둥절해졌었는데, 생각해보니 우리가 얘기하고 있는 연간 지출액은 '조 달러' 단위였다. 알고 보니 우리는 교육에 쓰는 돈보다 여성 미용용품에 쓰는 돈이 더 많았다.[1]

플라시보를 한번 이해하고 나면 여성들이 자기 미용에 쓰는 2조 달러 중에서 상당 부분은 이성에게 어필하려는 게 아니라는 사실을 알 수 있을 것이다. 대놓고 말해서 여성이 남성에게 어필하도록 옷을 입는 것은 별로 어려운 일이 아니다. 옷을 아주 조금

---

[1] 내 생각에 여자들은 이 정도의 사치를 부리는 것에 비해 비난을 별로 받지 않는 것 같다. 만약 남자들이 아주 비합리적인 무언가, 예컨대 기차놀이 세트 모형을 만든다든가 하는 것에 연간 2조 달러를 썼다면 눈물이 쏙 빠지도록 비난을 받았을 것이다.

만 입으면 된다.[2] 그리고 한 예로 여성 패션에서 유행하는 하이 웨이스트 바지를 남자들은 질색한다.[3] 몸단장에 2시간을 쓸 때는 자신감 플라시보를 스스로 투약해서 의식적인 의지만으로는 만들어낼 수 없는 감정을 끌어내려는 게 큰 몫인 것으로 보인다.[4]

물론 남자들도 그런 플라시보 습관이 있다. 앞서 언급했던 자동차나 기기에 대한 사랑은 유용한 제품들의 개발을 촉진하고 자금처가 되어준다. 그러나 내가 보기에 비싼 와인에 대한 집착은 즐거움과는 별 관련이 없는, 전적으로 셀프 플라시보이거나 지위 추구의 행동으로 보인다. 고급 와인이 그런대로 괜찮은 와인보다 정말로 그렇게 맛이 훨씬 더 나을까?[5]

넷플릭스의 다큐멘터리 〈신 포도Sour Grapes〉는 세상에 대한 놀라운 통찰을 보여준다. 사기꾼이지만 똑똑한 인도네시아 출신의 와인 전문가 루디 커니아완은 싸구려 와인을 몇 가지씩 섞어 고급 부르고뉴 와인을 복제한 다음 가짜 코르크와 라벨을 장식했다. 그가 유일하게 들통이 났던 것은 존재하지 않는 빈티지의 와인이라고 속이려 했기 때문이었다. 내가 들은 바로는 커니아완의 가

---

2   생각해보면 포르노 영화가 남자들이 흥분하는 데 꼭 필요한 무대의상이라고 해서 유행하는 의류 구매에 몇십만 달러씩 쓰는 일은 없다. 또 2,000파운드짜리 가방이 눈앞에 있다고 해서 성적 흥분을 느껴본 남자는 아무도 없다.

3   이 부분은 진화심리학자 못지않은 날카로운 관찰력을 가진 코미디언 새라 파스코Sara Pascoe 덕분에 알게 됐다.

4   똑같은 효과를 얻기 위해 남자들은 큰 잔으로 맥주를 네 잔 정도 스스로 투약한다.

5   로마네 콩티 포도원도 로레알처럼 세속적인 슬로건을 만들어낸다면 '나는 소중하니까요' 정도가 될 것이다.

짜 와인을 라벨을 보고 알아낼 수는 있어도 맛으로는 알아낼 수 없다고 한다.

이렇게 말하고 싶진 않지만 커니아완도 연금술사다. 내가 얘기를 나눠본 최고급 와인 사업에 종사하는 전문가들은 자기네 사업이 사실상 '플라시보 시장'이라고 생각하고 있었다. 한 사람은 자신이 파는 제품에는 비교적 관심이 없고 한 병에 수천 파운드씩 하는 고급 부르고뉴 와인 시음회에서 몰래 빠져나가 맥주를 가져올 거라고 인정했다. 또 한 사람은 자신을 '매음굴의 고자'로 묘사했는데, 본인이 홍보하는 제품의 매력에 전혀 휘둘리지 않아서 그것 때문에 오히려 가치가 높은 사람이라는 의미였다.[6]

---

6   지금 우리가 와인에 집착하는 것은 아마 잔뜩 부풀려진 현상일 것이다. 자신이 와인 전문가라고
     믿는 사람들은 이제 생산지니 기후니 하는 소소한 것들에 엄청나게 신경 쓰는 척해야 하는 것이
     필수인 듯하다. 프랑스 요리로 유명한 줄리아 차일드Julia Child는 언젠가 "가장 좋아하는 와인이
     뭔가요?"라는 질문에 "진Gin이에요"라고 답했다.

8

효과적인 플라시보의 요건

효과적인 플라시보의 요건으로 니콜라스 험프리가 제시하는 규칙 중 하나는 어느 정도의 노력과 희소성, 비용이 들어가야 한다는 것이다. 민간요법이 효과적인 플라시보가 될 수 있는 이유는 거기에 쓰이는 약초가 그리 흔하지 않기 때문이다. 앞으로 과학 연구가 진행되어야 할 분야가 하나 있다면 바로 이 부분이다. 지금 우리는 의약품을 개선하는 데는 매년 수십, 수백억 달러를 쓰면서, 내가 알기로 플라시보를 더 잘 이해하기 위해 쓰는 돈은 거의 전무하다. 플라시보가 너무 연금술처럼 보이기 때문이다. 나는 또 창밖에 나무가 보이는 병실을 쓰는 환자의 결과가 더 좋아 보이는 이유도 알아내고 싶다. 상담 과정에서 의사가 환자에게 어떤 이야기를 들려주면 플라시보 효과가 극대화되는지도 궁금하다.

이 책의 앞부분을 집필하는 동안 나는 한바탕 지독한 독감으로 고생을 했다.[1] 나는 저녁이면 증상을 완화하려고 나이트너스Night Nurse[2]라는 팅크제를 섭취했다. 신기한 기원을 가진 이 제품은 성공의 범위를 너무 좁게 정의하지 않아서 창의성의 여지를 남겨둔 제품의 교과서적인 사례다. 이 약을 고안한 과학자들은 효과적인 감기 및 독감 약을 개발해달라는 요청을 받았다. 과학자들은 성공했으나 문제가 되는 부작용이 하나 있었다. 이 약이 심각한 졸림을 유발한다는 점이었다. 안타깝게도 처음부터 다시 시작해야 할 위기에 처했을 때 마케팅 부서의 어느 연금술사가 아이디어를 냈다.

"이 제품을 밤 시간대에 사용하는 감기 및 독감 약으로 포지셔닝한다면, 졸음은 문제가 되지 않을뿐더러 오히려 장점이 될 겁니다. 감기나 독감 증상을 최소화해줄 뿐만 아니라 그런 증상을 가지고도 여전히 푹 잘 수 있게 도와주니까요."

그렇게 탄생한 것이 나이트너스였다. 관점의 변화가 가져오는 마법을 기막히게 보여준 사례였다.

지난달에 아내가 며칠 집을 비울 예정이었다. 아내는 걱정이 되는지 나이트너스의 약병에 적힌 지시사항을 열심히 읽어주었다. 내 스스로 지시사항을 읽을 일은 없다는 걸 워낙 잘 알기 때문이었다.[3]

---

1   티가 나지 않았으면 좋겠다.
2   북미 독자들은 약국에 가면 나이퀄NyQuil 옆에 놓인 것을 볼 수 있다.
3   오히려 나는 효과를 확실히 보려고 권장량의 2배를 섭취할 사람이었다.

"어떤 상황에서도 4일 밤 이상 연속으로 먹으면 안 된다고 적혀 있어."

아내는 불안한 듯이 말했다. 나는 플라시보 효과가 2배가 되겠구나 직감했다. 다량 섭취해서는 안 된다는 사실은 약효가 강력하다는 증거였다.[4] 나는 또 한 번 레드불이 생각났다.

---

[4]   플라시보의 또 한 가지 중요한 측면으로, 의료 효과가 있다고 주장하는 모든 소비용 제품은 맛이 약간 이상해야 할 거라는 게 내 생각이다. 피부에 바르는 제품은 얼얼하거나 따끔거리면 더 효과가 있을 것이다. 한 친구가 내게 얘기해준 바로는, 강장제 사나토겐Sanatogen을 제조할 때 제일 마지막에 첨가하는 화학약품의 유일한 목적은 약간 역겨운 맛을 내는 것이라고 한다. 마찬가지로 다이어트 콜라는 일반 콜라보다 살짝 더 쓴맛이 나야 한다. 그렇지 않으면 사람들이 다이어트 음료라고 믿지 않을 것이기 때문이다.

레드불 플라시보

레드불은 지금까지 등장한 상업용 플라시보 중에서 가장 성공한 제품에 속한다. 레드불이 무의식을 해킹하는 능력이 얼마나 강력한지는 유럽 최고의 경영대학원 중 하나인 인시아드INSEAD의 피에르 샹동Pierre Chandon을 비롯해 전 세계 심리학자와 행동경제학자들에 의해 반복적으로 연구된 바 있다. 레드불의 연상작용이 어찌나 강력한지 레드불의 로고만 보아도 사람들은 행동이 바뀌는 듯하다. 그러나 계획경제에서는 결코 레드불이 나올 수 없었을 것이다. 관료주의적 대형 다국적기업도 마찬가지다. 레드불이 나오려면 진정한 기업가가 필요했다.

　레드불의 믿기지 않는 성공에 대해 가장 그럴듯한 설명은 일종의 플라시보 효과다. 어쨌든 레드불은 훌륭한 플라시보의 특징을 다수 공유하고 있기 때문이다. 값이 비싸고, 이상한 맛이 나고,

'한정된 용량'으로 나온다. 초창기 레드불은 유효성분인 타우린이 곧 금지될 거라는 루머가 여러 차례 돌아 득을 보았다. 가격과 맛 외에 캔 사이즈가 작은 것도 특히 강력한 요소다. 새로운 청량음료가 나온다면 코카콜라 크기의 표준 사이즈 캔에 담겨 있을 거라고 기대할지 모른다. 따라서 레드불의 작은 캔은 눈에 띄고 우리는 무의식적으로 이렇게 추론한다.

'진짜 강력한 음료인가 보네. 작은 캔에 담아서 판다는 건 330밀리리터를 다 마셨다가는 돌아버린다는 뜻이겠지.'

2017년 〈애틀랜틱 Atlantic〉에 베로니크 그린우드 Veronique Greenwood 의 기사가 실렸다. 기사는 카페인과 알코올이 섞인 음료를 먹었을 때 우리가 위험한 행동을 더 쉽게 하는 이유가 음료 자체 때문이라기보다는 해당 음료에 대한 우리의 인식에서 비롯된 것일 수 있다는 의견을 제시했다. 그린우드는 카페인이 알코올의 효과를 가려버릴 수가 있기 때문에 FDA가 2010년에 이미 이런 종류의 포장 음료 판매를 금지했다고 설명했다. 이런 음료를 마신 사람들이 카페인이 없는 알코올 음료를 마신 사람들보다 알코올 관련 교통사고나 성범죄에 연루될 가능성이 2배나 높다는 2013년 연구 결과도 위 주장을 확인해주는 듯하다.

그린우드가 설명하는 보다 최근의 연구를 보면 이런 효과는 화학적이기보다는 심리학적일 지 모른다. 인시아드와 미시건대학교 연구진은 파리에 사는 154명의 젊은 남자들에게 에너지 드링크가 알코올의 효과를 강화해준다고 생각하는지 물었다. 그런 다음 모두에게 보드카와 과일주스, 레드불이 섞인 똑같은 음료를 주면서 라벨을 3종류로 다르게 붙였다. '보드카 칵테일' '과일주스 칵테일' '보드카 레드불 칵테일'이라고 말이다.

그런 다음 남자들에게 3가지 과제를 주었다. 먼저 풍선을 부는 도박 게임을 하게 했다. 풍선을 조금 더 크게 불 때마다 매번 돈을 받지만 만약 풍선이 터지면 돈을 몽땅 잃는 게임이었다. 다음으로 여성들의 사진을 보고 만약 바에서 해당 여성들에게 다가가면 전화번호를 받을 수 있을 것 같은지 생각해보게 했다. 마지막으로 지금 얼마나 취했다고 느끼는지, 운전을 하려면 얼마나 기다렸다가 할 것인지를 묻는 설문지를 작성하게 했다. 실험 결과 분명한 트렌드가 나타났다. 모든 참가자가 정확히 똑같은 음료를 마셨음에도, '보드카 레드불'을 마셨다고 생각하는 그룹이 훨씬 더 많이 취한 것 같다고 보고했고 위험한 행동을 더 많이 감행했으며 여자에게 다가갈 때도 더 자신감이 있었다. 나아가 에너지 드링크와 알코올을 섞으면 더 위험을 잘 감수하고 쭈뼛함이 줄어든다고 믿고 있는 참가자의 경우 이런 효과가 더 강하게 나타났는데, 이는 행동이 변하는 것이 단지 음료의 구성에 따른 것이 아니라 음료가 어떤 역할을 한다고 스스로 믿느냐에 따라 달라진다는 사실을 시사했다. 이 그룹이 다른 그룹보다 위험을 더 많이 회피했던 영역은 운전과 관련된 영역이었다. 역시나 음료의 실제 효과가 아니라 우리가 지각하는 느낌에 따라 태도가 달라진다는 점을 보여준 것이다.

피에르 샹동에 따르면 레드불은 '레드불이 날개를 달아드려요'

같은 슬로건이나 익스트림 스포츠 후원 등의 브랜드 전략을 통해 사람들의 구매 의사결정뿐만 아니라 사람들이 음료에 붙은 레드불이라는 이름에 어떻게 반응하고 그 효과를 어떻게 해석할지에까지 영향을 주는지도 모른다. 그렇다면 여기서 제약 회사들이 배울 수 있는 교훈은 없을까? 예를 들어 약병에 그냥 아이들이 열 수 없는 뚜껑만 씌워놓을 게 아니라 이 약은 열쇠가 있는 금속 용기에 보관해야 한다고 주장하는 건 어떨까? 그렇게 한다면 내용물이 특별히 강력하거나 독성이 있지 않더라도 우리 내면에 있는 원숭이는 마치 그런 것처럼 추론할 수도 있다. 대뇌 전전두엽은 이런 결정에 전혀 관여하지 않으며 플라시보가 효과가 있을지 여부는 내면의 원숭이 혼자서 결정하는 사항임을 잊지 마라.

기분을 바꿔주는 물질을 판매하는 기존의 5대 산업(알코올, 커피, 차, 담배, 엔터테인먼트) 외에 플라시보 산업을 추가해야 하는 건 아닐까? 이런 식으로 설명할 수 있는 것은 비단 화장품 구매만이 아니다. 나는 소비 지상주의의 많은 부분이 똑같은 효과를 노리고 있다고 생각한다. 사실 사치품에 지출되는 많은 돈은 '이런 식으로밖에' 설명할 수 없다. 사람들은 서로에게 깊은 인상을 남기거나 아니면 자기 자신에게 깊은 인상을 남기려고 애쓰고 있다.[1] 거의 모든 것들이 우리 기분을 바꿔주는 물질 아닐까?

---

[1] 내 말을 곧이곧대로 들을 필요는 없다. 나야 일개 광고쟁이에 불과하기 때문이다. 하지만 제프리 밀러의 《연애》나 《스펜트》 혹은 로버트 H. 프랭크의 《경쟁의 종말》이나 《사치열병》 등을 읽어보면(두 사람 모두 걸출한 진화심리학자다) 둘 다 거의 같은 결론에 이른다는 사실을 알 수 있을 것이다. 개드 사드 역시 특히 《소비 본능》 같은 책에서 이 현상을 훌륭하게 설명해준다.

10

말이 안 되어야 하는 이유

건강상의 이점을 누리든(면역 체계 활성화), 화장을 하든(자신감 고취), 또는 사치품을 구매하든(지위 강화), 나 자신이나 타인에게 신호를 보내려면 논리적 관점에서는 도저히 이해할 수 없는 행동이 수반되는 것으로 보인다. 그런데 이는 어쩌면 우연의 일치나 유감스러운 부산물이 아니라 필연일지 모른다.

스스로 투약한 플라시보가 효과를 내려면 비논리성이나 낭비, 불쾌감, 노력, 값비싼 비용 같은 요소가 반드시 포함되어야 한다. 어느 정도의 희생을 수반하는 것들은 논리적으로 말이 되지 않는다는 바로 그 점 때문에 오히려 무의식에 더 큰 효과를 미치는 것으로 보인다. 맛있고 영양가 풍부한 음식을 먹는 게 면역 체계에 어떤 신호를 보낼 수는 없을 것이다. 평범한 상태를 벗어난 느낌이 전혀 없기 때문이다. 반면에 역겨운 무언가를 마시면 훨씬 더 중요한 일처럼 느껴진다. 왜냐하면 그런 행동은 오직 이례적인 상황에서만 하는 것이기 때문이다.

이 책의 앞부분으로 다시 돌아가보자. 우리 몸은 순수한 물의 맛을 느끼지 못하게 되어 있다. 왜냐하면 진화론적으로 보았을 때 정상적인 물맛에서 조금이라도 벗어난 것을 알아채는 게 무척 중요하기 때문이다. 말이 안 되는 것들은 우리 눈에 띈다. 그리고 종종 우리에게 가장 큰 영향을 미친다. 어찌 보면 무의식의 관심을 끌고 '의미'를 만들어내기 위해서는 틀에 박힌 합리성을 벗어나 비논리적으로 보이는 일을 해야 한다. 대성당들은 단순히 비만 피하기에는 지나칠 만큼 정교한 모습을 하고 있다. 오페라는 스토리를 들려주기에 효율적인 방법은 아니다. 심지어 예의라는 것도 사실상 수많은 불필요한 노력을 동반하는 교류 방식이다. 그리고 광고는 어마어마하게 비싼 방식으로 '우리를 믿어도 돼요'라는 메시지를 전달한다.

내 말은, 플라시보가 효과를 내려면 약간은 부조리한 측면이 필요하다는 것이다.[1] 레드불을 그토록 강력한 정신 해킹 도구로 만들어주는 3가지 요소[2]는 논리적 관점에서 보면 전혀 말이 되지 않는다. 사람들은 당연히 값싸고 양 많고 맛 좋은 음료를 좋아하지 않았던가? 그러나 레드불의 성공은 그렇지 않다는 사실을 증명한다. 비논리적인 이 3가지 요소는 무의식에 호소하는 데 반드

---

1   다시 말해 리처드 도킨스가 좋은 아이디어라고 생각하는 것들은 훌륭한 플라시보가 될 수 없다.
2   높은 가격, 적은 용량, 이상한 맛.

시 필요한 것들이다. 그래야 레드불이 강력한 플라시보가 된다. 어떤 음료가 의학적 효과 내지는 향정신적 효과가 있다고 사람들이 믿기 위해서는 그 음료의 맛이 전통적으로 '맛있다'고 하는 맛과는 분명히 달라야 한다. 의사가 이렇게 말한다고 상상해보라.

"아주 공격적인 암을 치료하는 약들을 처방해드릴 테니 원하는 만큼 많이 드세요. 딸기맛으로 드릴까요, 블랙베리맛으로 드릴까요?"

마지막 문장은 어쩐지 말이 되지 않는다. 무의식을 해킹하기 위한 행동들을 살펴보면 죄다 뭔가 낭비적이고 불쾌하고 완전히 바보 같아 보이는 요소를 가지고 있다. 화장품은 말도 안 되게 높은 가격이 책정되어 있고, 바르는 데 시간도 많이 걸린다. 술은 생각해보면 그렇게 맛있지는 않다. 정말 정말 더운 날 갈증이 심하게 날 때 솔직히 어느 쪽을 마시겠는가? 샤토 디켐인가, 라즈베리맛 슬러시인가? 동종요법 같은 플라시보 치료법은 상당량의 의식적인 절차와 난센스를 포함하고 있다. 약은 쓴맛이 나야 한다.

우리는 꼭 한 번 이런 중요한 질문을 해봐야 한다. 이런 것들은 과연 비논리적인데도 '불구하고' 효과가 있는 걸까, 아니면 비논리적이기 '때문에' 효과가 있는 걸까? 우리의 무의식적 본능이 경제적으로 최적이 아닌 행동에 대해 반응하고 또 그런 행동을 만들어내게끔 프로그램되어 있다면 진화론적으로 보았을 때 무슨 이유가 있는 걸까? 이와 비슷해 보이는, 저널리스트 지망생들에게 가르치는 교훈이 있다.

'개가 사람을 물면 뉴스가 아니다. 사람이 개를 물면 뉴스다.'

의미가 전달되려면 예상치 못한 것, 비논리적인 것이 필요하다. 좁은 의미의 논리적인 것들은 아무런 정보를 전달하지 못한다. 이렇게 한 바퀴를 다 돌고, 다시 값비싼 신호 보내기로 돌아가보자.

최소만족

실망하지 않을 지점을 찾아라

대충 맞는 게
정확히 틀린 것보다 낫다

현대 교육 시스템은 완벽하게 확실한 조건 아래서 의사결정을 내리는 방법을 가르치는 데 대부분의 시간을 쓰고 있다. 학교를 나오자마자 우리가 내려야 하는 의사결정의 절대 다수는 전혀 그런 종류가 아니다. 우리가 직면하는 대부분의 의사결정은 뭔가가 하나씩 빠져 있다. 중요한 사실이 빠져 있거나 통계자료가 없거나 결정을 내려야 하는 시기에는 알 수 없는 어떤 요소가 있다. 교육이 중시하는 지능과 진화가 중시하는 지능은 서로 완전히 다른 유형으로 보인다. 게다가 많은 학교에서 중시하는 기술은 자동화하기 가장 쉬운 것들이다. 계산 능력으로 치면 당신의 GPS가 당신보다 훨씬 뛰어나다는 점을 잊지 마라.

학교에서 흔히 가르치는 수학 문제는 다음과 같은 식이다.

'정오에 버스 2대가 같은 정류장을 출발했다. 하나는 시속

48킬로미터로 계속 서쪽으로 가고 다른 하나는 시속 56킬로미터로 북쪽으로 간다. 두 버스 사이의 거리가 160킬로미터가 되는 것은 몇 시인가?'[1]

실생활에서 흔히 접하는 문제는 다음과 같은 식이다.

'나는 런던 개트윅 공항에서 아침 8시에 출발하는 비행기를 타야 한다. 거기까지 전철로 갈 것인가, 택시로 갈 것인가, 직접 운전할 것인가? 나는 몇 시에 집을 나서야 하는가?'

인간의 정신세계가 이상한 점은 많은 사람들이 첫 번째 문제가 어렵다고 느끼고 두 번째 문제는 쉽다고 느낀다는 점이다. 컴퓨터로 계산을 해야 한다면 두 번째 문제가 훨씬 더 복잡한데 말이다. 이 점은 문제 자체의 어려움보다는 우리 뇌의 진화 과정에 관해 많은 것을 시사한다. 첫 번째 문제는 계산을 위해 맞춤식으로 만들어낸 문제다. 말하자면 '맥락이 좁은' 문제다. 인위적으로 단순화시켜서 재단한 세상에(기적처럼 버스가 일정한 속도로 달린다) 아주 적은 변수(모두 수치화 가능하고 애매한 것이 하나도 없다)가 있고, 이론의 여지가 없는 단일한 정답이 있다.

반면에 개트윅 공항까지 어떻게 갈 것인가 하는 문제는 '맥락이 넓은' 문제라고 할 수 있다. 모호한 부분이 있고, 여러 개의 정답이 가능하며, 철저히 따라야 할 그 어떤 정확한 규칙도 없다. 답을 내는 공식이란 없고, 가능성 있는 온갖 '정답일 듯한' 답들이

1 이론 수학의 세계에서 이 질문에 대한 답은 오후 2시이다. 하지만 현실에서는 버스 1대는 펑크가 나서 늦게 가고, 다른 1대는 교통체증에 꼼짝 못 하고 서 있을 것이다.

있으며, 답을 찾을 때는 온갖 정보가 고려될 수 있다.

우리는 본능적으로 바로 이런 유형의 문제를 해결하는 데 더 잘 준비되어 있는 듯하다. 컴퓨터는 이런 유형의 문제를 어려워 하는데 말이다. 만약 다음번에 내가 공항에 가야 할 때 내 무의식을 뒤져서 머릿속에서 진행 중인 몇 가지 변수를 밝힌다면 아마 다음과 같은 것들이 고려되고 있을 것이다.

'비가 오나? 오늘 짐이 몇 개지? 여기서부터 거리가 얼마나 되지? A 도로를 탈 때와 B 도로를 탈 때 평균 시간이 얼마나 걸리지? A 도로를 탈 때와 B 도로를 탈 때 시간 편차가 얼마나 생기지?[2] 오늘 출발이 북쪽 터미널이야, 남쪽 터미널이야?'

개트윅 공항까지 가는 문제를 GPS가 계산하듯이 좁은 문제(공항까지 가는 가장 빠른 방법)로 생각한다면 위 질문 중 몇 가지는 무관하게 보일지도 모른다. 하지만 현실에서는 위 질문들이 모두 다 중요하다. 날씨는 교통상황에 영향을 준다. 하룻밤이 아니라 2주 출장을 간다면 주차비가 다르므로 전철이나 자동차, 택시를 이용할 때의 상대적 비용이 달라지고, 가져갈 짐의 개수도 다르다. A 도로를 탔을 때의 이동시간 편차는 그런 위험을 감수할 만한지에 영향을 준다. 짐이 많다면 전철은 불편할 테고 특히나 전철역에서 멀리 떨어진 북쪽 터미널에서 출발한다면 더욱 내키지 않을 것이다.

---

2   단순한 최적화 모형에서는 간과하기 쉬운 2차적 질문.

우리가 이처럼 복잡한 문제 해결을 쉽게 생각한다는 게 흥미롭다. 이는 또한 우리 뇌가 '맥락이 넓은' 문제들을 해결하도록 진화해왔음을 시사한다. 우리가 발전하는 동안 직면했던 대부분의 문제가 그렇게 맥락이 넓은 유형이었기 때문이다. '꽤 괜찮은' 모호한 의사결정이 정확한 논리보다 더 유용한 것으로 증명되었던 것이다. 100만 년 전에 비하면 지금은 '맥락이 좁은' 문제를 풀어야 할 경우가 훨씬 많다는 사실은 나도 인정한다. 또한 공학이나 물리학, 화학과 같은 분야에서 합리적 접근법이 우리 삶에 기여한 부분도 결코 부정할 수 없다. 그러나 나는 우리가 사는 환경이 그렇게 많이 바뀌지는 않았다고 생각한다. 인간으로서 대부분의 큰 문제와 비즈니스 의사결정의 다수가 여전히 '맥락이 넓은' 문제들이다.

문제는 사람들이 넓은 문제를 해결하는 데 좁은 사고를 쓰려고 할 때 발생한다. 케인스는 언젠가 이렇게 말했다.

"대충 맞는 게 정확히 틀린 것보다 낫다."

진화도 케인스의 편인 것으로 보인다. 비용이 적게 드는 컴퓨터 계산이 늘면서 우려되는 부분은 우리가 복잡한 문제 중에 간단하고 수학적으로 표현 가능한 부분만을 취해서 높은 수준의 수학적 정확성으로 문제를 해결해놓고 마치 문제를 전부 다 해결한 것처럼 생각하게 된다는 점이다. 내 GPS는 '개트윅 공항까지 운전을 해서 가면 얼마나 걸릴까?'라는 좁은 문제에 대해서는 아주 뛰어난 대답을 내놓을 수 있다. 하지만 '개트윅 공항까지 어떻게 가고 언제 출발해야 할까?'라는 더 넓은 문제는 여전히 남는다. 그러니까 GPS는 잘못된 문제에 대해 뛰어난 대답을 내놓고 있다. 같은 맥락으로 예를 들어 기업은 고도의 정확성을 가지고 디지털 광고비를 최적화할 수는 있다. 하지만 그렇다고 해서 '어떻게 해야 사람들이 우리가 파는 물건을 구매할 만큼 우리를 신뢰할 수 있을까?' 같은 더 넓은 마케팅 문제의 답이 나오지는 않는다.

우리는 정확한 숫자로 된 답에 집착한다. 그래야 내가 과학적인 사람처럼 보이기 때문이다. 우리는 확실성이라는 환상을 갈망한다. 그러나 인간의 진정한 천재성은 '대충' 옳을 수 있다는 점에 있다. 무엇이 합리적인 행동인지 경제학자들의 가정대로 우리가 행동하지 않는 이유는 반드시 우리가 멍청해서는 아니다. 그것은 어쩌면 우리 뇌의 일부가 도식을 무시하거나 처음의 질문을 다른 질문으로 대체하게끔 진화했기 때문이다. 우리는 옳은 답을 찾기보다는, 큰 낭패를 부를 수 있는 틀린 답을 피하는 쪽으로 진화한 것이다.

무의식적 질문은 우리가 물어봐야 할 내용도 아니고, 합리적 의사결정의 규칙을 정하려고 할 때는 무시될 수도 있는 질문이다. 광고 에이전시가 잠재적 고객을 유치하기 위해 발표를 한다고 생각해보자. 발표를 듣는 고객은 흔히 '평가표'나 '점수카드' 같은 것을 준비한다. 업체 선정 과정이 투명하고 객관적으로 이뤄지게 하기 위해서다. 각 에이전시가 발표를 하면 전략의 질, 크리에이티브 작업, 기업문화 적합성, 분야 전문성, 비용 경쟁력 등의 항목에 표시를 하게 되어 있다. 본래 의도는 이런 항목들을 독립적으로 점수를 매겨서 합계를 가지고 최종 에이전시를 선정하려는 것이다. 하지만 이런 과정에 참여해본 사람에게 물어본다면 누구든 그냥 선정되었으면 하는 에이전시를 먼저 결정해놓고 그에 맞춰 점수표를 채웠다고 인정하는 경우가 많을 것이다. 어쩌면 이런 상황에서 사람들은 본인이 받은 질문을 전혀 다른 질문으로 대체해서 그 대체된 질문에 대한 답을 내놓는 것일 수도 있다. 이렇게 더 쉬운 대체 질문에 대한 답변을 내놓기 때문에 '비합리적인' 인간 행동이 수없이 많이 나오는 것이다. 그렇게 내놓은 답은 완벽하게 합리적이지 않을 수도 있고 심지어 의식적인 답이 아닐 수도 있지만, 그렇다고 해서 이게 영리한 행동이 아닌 것은 아니다.

상대가 뭘 하려는지 제대로 알기 전까지는 그 어떤 행동도 비합리적이라고 단정하지 마라. 대학을 졸업하고 몇 년 후 나는 친구들 몇 명과 함께 런던에 살고 있었다. 우리는 각자 생애 최초의 중고차를 살 수 있을 만큼 돈을 모았다. 우리는 이유를 모르는 채로 다들 똑같은 행동을 했다. 우리는 각자 자신이 자란 소도시로 가서 지인이나 친구, 친척 등 부모님이 어렴풋이 아는 사람한테서 차를 샀다. 이방인 구경꾼이 보았다면 괴상한 행동처럼 보였을 것이다. 특히나 지방 도시의 중고차는 런던보다 살짝 더 비싼데 말이다. 하지만 무의식적으로 우리는 '어디서 무슨 차를 사야 할까?'라고 묻고 있었던 게 아니라 '나한테 차를 정말로 싸게 판다고 믿을 수 있는 사람이 누구일까?'라고 묻고 있었다. 우리는 세상에서 제일 좋은 차를 사려고 하고 있었던 게 아니라 끔찍한 차를 구매하는 위험을 피하려고 노력 중이었다.

우리가 묻고 있었던 질문, '나한테 바가지를 씌우지 않을 사람이 누굴까?'라는 질문은 현명한 질문이었다. 예산이 아주 적을 때 절대로 피해야 할 일은 사기꾼의 희생양이 되는 것이기 때문이다. 그렇기 때문에 우리는 본인의 평판을 걸고 차를 팔 사람이 필요했다. 우리의 대체 질문 즉 '누구한테서 사면 믿을 만할까?'라는 질문은 좋은 물건을 사고 싶을 때 완벽하게 합리적인 대체 질문이다. 자신의 평판을 걸고 물건을 팔 사람을 찾아서 조언을 구하고 그 사람한테서 물건을 사라.[3]

꽃을 찾아가는 벌처럼 우리는 상대가 정직한 의도를 가졌다는 믿을 만한 신호에 끌린다. 우리는 그런 신호를 찾을 수 있는 사람과 비즈니스를 한다. 일반적으로 우리가 TV를 구매할 때 길거리의 낯선 사람이 아니라 매장에서 물건을 사는 것은 그 때문이다. 매장은 재고에 투자를 했고, 확실한 장소가 있으며, 평판의 영향을 크게 받는다. 우리가 이렇게 하는 것은 본능적인 일이다. 우리가 얼마를 지불할 준비가 됐느냐는 단순히 제품 자체만이 아니라 그 제품을 파는 사람의 평판과 신뢰도의 영향을 받는다.

---

3 '죄수의 딜레마' 같은 수많은 이론적 협력 모델이 말도 안 되는 소리인 이유 중에 하나다. 현실 세계에서는 누구와 비즈니스를 할지 우리가 선택할 수 있다. 우리가 과연 골목에서 만난 부랑자 한테서 거리낌 없이 자동차를 살까? 당연히 아닐 것이다.

간단한 사고 실험을 하나 해보자. 중고차를 사러 누군가의 집을 방문했다. 길가에 세워진 차를 찬찬히 살펴보니 4,000파운드짜리는 되어 보였다. 당신은 4,000파운드를 지불할 각오로 초인종을 눌렀다. 시나리오 A는 문을 연 사람이 목사님이다.[4] 시나리오 B는 문을 연 사람이 남자인데 팬티 바람이다. 자동차는 그대로지만, 차의 출처가 '바뀌었다.' 목사님은 청렴결백하다는 평판을 듣기 위해 많은 것을 투자했을 테지만, 두 번째 남자는 수치심을 모르는 사람이다. 첫 번째 시나리오 경우 기꺼이 지불할 금액이 올라가지 않았을까? 두 번째 시나리오의 경우는 내려가지 않았을까?

이런 행동을 비합리적이라고 볼 수는 없을 것이다. 실제로는 오히려 영리한 행동이다. 돌아가신 내 어머니는 자동차에 관해서는 아무것도 몰랐지만 사람을 보는 데는 매의 눈을 갖고 계셨다.[5] 만약 어머니에게 어머니의 본능대로 차를 파는 사람을 판단해서 자동차 10대를 구매하게 하고, 자동차 엔지니어들에게 경매에서 자동차 10대를 사오라고 했다면 흥미로운 결과가 나왔을 것이다. 장담하건대 어머니가 사온 자동차는 엔지니어들이 선택한 자동차들보다 어느 한 구석 덜 미더운 구석이 없었을 것이다. 아니 더 믿을 만했을 것이다.

---

4   이때 당신이 진실한 신자일 필요는 없다. 당신은 그냥 목사님이 진실한 신자일 거라고 믿기만 하면 된다.

5   사기꾼을 감별하는 어머니의 재능은 변조된 자동차를 알아채는 능력보다는 훨씬 뛰어났던 게 확실하다.

최소만족

1950년대에 경제학자이자 정치학자였던 허버트 사이먼은 '최소 만족satisficing'이라는 단어를 만들어냈다. '만족하다satisfy'와 '충분하다suffice'를 결합한 합성어였다. 최소만족은 종종 '극대화maximizing'와 대비된다. 극대화는 특정 문제에 대해 최적의 단일한 정답을 구하거나 '구한 척'할 수 있는 문제 해결 접근법을 말한다.

위키피디아Wikipedia[1]는 이렇게 설명하고 있다.

사이먼은 '최적의 해결책을 판단할 수 없는 환경에서 의사결정자의 행동을 설명하기 위해 최소만족이라는 단어를 사용했다. 그는 자연스

---

[1] 위키피디아를 인정하는 것이 전문가로서는 자살행위와 같다는 것을 알고 있다. 하지만 최소만족에 관한 장에서는 이상하게도 위키피디아가 적절해 보인다. 위키피디아는 완벽하지는 않아도 정말, 정말 괜찮은 사이트다.

럽게 발생하는 많은 문제가 컴퓨터로 다루기 힘들고 정보가 부족한 특징을 갖고 있다고 주장했다. 두 경우 모두 수학적 최적화 절차를 무용지물로 만든다. 1978년 노벨상 수상 기념 연설에서 그는 이렇게 말했다. 결과적으로 "의사결정자는 단순화된 세상에서 최적의 해결책을 찾든지 아니면 더 현실적인 세상에서 그런대로 만족할 만한 해결책을 찾든지 둘 중 하나의 방법으로 최소만족을 달성할 수 있습니다. 일반적으로 둘 중 어느 방법도 다른 하나의 방법을 압도하지는 못하며, 그동안 경영학계에서는 두 방법이 공존해왔습니다."

나는 이때 이후 균형이 깨졌다고 생각한다. 지금은 전자의 방법(세상에 대한 단순화된 모형을 만들어서 논리적 접근법을 적용하는 것)이 후자의 더 미묘한 방법을 압도할 위험에 처해 있다. 2008년 금융 위기가 발생한 것은 사람들이 현실을 인위적으로 단순화시킬 때에나 가능한, 깔끔한 수학적 모형을 맹신했기 때문이다.

빅데이터는 확실성을 약속하는 것 같지만 실제로는 좁은 영역의 지식에 대해 어마어마한 양의 정보를 제공할 뿐이다. 슈퍼마켓은 고객이 우리 매장에서 무엇을 샀는지 속속들이 알지 몰라도, 다른 곳에 가서 무엇을 샀는지는 알 수 없다. 그리고 어쩌면 더 중요한 점일 수도 있는, 고객이 그 물건을 '왜' 우리 매장에서 샀는지도 알 수 없다.

이익만을 좇고 그 이윤 추구가 고객 만족이나 신뢰, 장기적 회복력에 미치는 영향을 고려하지 않는 회사는 단기적으로는 아주 잘나가더라도 장기적 미래는 위태로울 수 있다.[2] 예를 들어 만약 우리가 차를 살 때 가속과 연비만을 기준으로 삼는다면 아마도 처음 몇 년간은 별문제 없겠지만 시간이 지나면 자동차 회사가 그 점을 이용하려 들 것이다. 그래서 못 생기고, 위험하고, 불편하고, 신뢰할 수 없는데도 수치화할 수 있는 그 두 가지 측면에서만 환상적인 성능을 가진 자동차를 생산할 것이다.

벌들의 행동에도 비슷한 점이 있다. 벌들은 꿀과 꽃가루를 수집하기 위해 진화시킨 시스템을 최대한도까지 활용하지 않는다. 벌들은 믿을 만한 식량원이 있는 곳을 알려줄 수 있는 효율적 방법으로 흔들기 춤을 가지고 있지만 같은 무리에서 상당수의 벌은 동료가 추는 춤을 무시하고 아무 곳으로나 출발한다. 모든 벌떼가 흔들기 춤을 맹목적으로 따르는 게 단기적으로는 더 좋을 것이다. 벌들의 이런 무작위적인 행동이 한동안 과학자들을 당황하게 만들기도 했다. 과학자들은 벌들이 2,000만 년 동안 진화하면서 왜 더 높은 수준의 일치단결된 행동을 보여주지 않는지 의아해했다. 하지만 과학자들이 알아낸 사실은 감탄이 절로 나오게 만들었다. 그렇게 멋대로 쏘다니는 벌들이 없다면 벌떼는 복잡계 이론에서 '국지적 최댓값local maximum'이라고 부르는 것에 갇히게 된다. 이 경우 이미 알려진 곳에서 식량을 수집하는 데는 너무나 효율적이겠지만, 기존의 식량원이 고갈되고 나면 다음번에는

---

2   그 결과 현대의 공개기업은 걱정될 만큼 짧은 수명을 갖고 있다.

어디로 가야 할지 모르게 되고 결국 벌떼는 굶어 죽고 말 것이다. 따라서 어찌 보면 그런 말썽꾼 벌들은 벌떼 내에서 연구개발 부서의 역할을 하고 있는 셈이다. 말썽꾼 벌들이 당장은 비효율적으로 보이지만 이들이 새로운 식량원을 찾아낸다면 두둑한 보상이 된다. 벌들이 수백만 년을 살아남을 수 있었던 것은 벌들이 단기적인 효율에만 집중하지 않았기 때문이다.

무언가를 일방향으로만 최적화한다면 다른 어딘가에 약점이 만들어질 수 있다. 흥미롭게도 바로 이런 접근법을 현재 암 치료 분야에서 고민하고 있었다. 최근에 나는 암 치료 개발의 최전선에서 일하는 사람과 얘기를 나눴다. 암세포는 빠르게 돌연변이를 일으킨다. 즉 빠르게 진화한다. 한 가지 독성으로 암세포를 죽이려고 하면 그 독성에 강력한 저항성을 가진 새로운 돌연변이가 만들어진다. 그래서 지금 개발 중인 해결책은 먼저 어느 화학물질로 암세포를 겨냥해서 암세포가 면역력을 키우게 한다. 하지만 그렇게 되면 암세포는 다른 물질에 대한 면역력이 약화되는 비용을 치러야 한다. 바로 이때 다른 화학물질로 암세포를 다시 공격하는 것이다. 말하자면 내가 만들어낸 아킬레스건을 집중 공략해 첫 번째가 아니라 두 번째 공격에서 상대를 전멸시키는 방법이다. 여기서 우리가 배울 수 있는 교훈이 있다.[3]

그 어떤 복잡계든 한 가지 지표의 중요성을 지나치게 강조하

---

[3]   시험 문제: 주주 가치 운동은 자본주의를 파괴하고 있는가?

면 간과된 다른 지표들에 약점이 생긴다. 나는 사이먼의 최소만족 중 두 번째 유형을 더 선호한다. 비현실적인 세상에서만 효과가 있는 완벽한 해결책을 찾기보다는 현실 세계에서 효과를 내는 그런대로 만족할 만한 해결책을 찾는 게 틀림없이 더 낫다. 그런데 최소만족은 너무 쉽게 '비합리적'이라고 묘사된다. 하지만 어떤 것이 비합리적이라고 해서, 반드시 그게 틀린 것은 아니다.

만족을 주는 브랜드

조엘 라파엘슨과 마리케이 라파엘슨 부부는 1960년대에 데이비드 오길비 밑에서 카피라이터로 일했다. 최근 시카고 오헤어 공항 근처의 더블트리 호텔에 있는 깁슨스 스테이크하우스에서[1] 두 사람과 저녁을 먹으며 브랜드 선호와 관련된 조엘의 50년 지론을 들었다. 조엘의 생각을 아주 간단히 표현하면 다음과 같다.

'사람들이 B라는 브랜드 대신 A를 선택하는 것은 A 브랜드가 B 브랜드보다 낫다고 생각해서가 아니라 A 브랜드가 좋다는 걸 좀 더 확실히 알기 때문이다.'[2]

---

1   공항 근처 호텔은 피하라는 경험칙은 유용한 내용이다. 공항 근처 호텔은 일종의 전속시장captive market을 갖고 있기 때문이다. 하지만 모든 경험칙에는 예외가 있는 법이고, 라파엘슨 부부는 그들답게도 공항 호텔 식당 중에서는 세상에서 유일하게 훌륭한 레스토랑일 이곳을 약속 장소로 골랐다. 멋진 곳이었다.
2   이 논의는 대니얼 엘스버그가 '엘스버그 패러독스'를 만든 것과 비슷하고 거의 동시대이기도 하다.

이 통찰도 너무나 중요하지만 우리가 그렇게 행동하는 게 의식적 과정이 아니라는 사실을 깨닫는 것도 중요하다. 의사결정을 내릴 때 우리는 다양한 요소를 저울질해보고 점수를 매겨야 한다고 생각한다. 하지만 우리가 그렇게 생각하는 것은 의식적인 뇌가 이해할 수 있는 계산 방법이 오직 그것뿐이기 때문이다. 이는 무언가를 '최고'라고 믿는 논쟁적 가설에는 적합하지만, 우리가 실제로 행동하는 모습을 보면 그런 식으로 의사결정을 내린다는 신호는 비교적 적다.

누군가 B 브랜드가 아닌 A 브랜드를 선택했다면 A 브랜드를 '더 낫다'고 생각하는 것처럼 보이겠지만 실제로는 전혀 다른 의미일 수도 있다. 구매자는 A 브랜드가 끔찍하게 나쁠 확률은 1퍼센트에 불과한데, B 브랜드의 동일한 확률은 2.8퍼센트니까 나는 A 브랜드를 선호하는 거라고 무의식적으로 판단하고 있는 것일 수도 있다. 이 구별은 매우 중요하며 의사결정을 연구하는 여러 분야에서 증명되고 있다. 우리는 약간의 불확실성만 제거해주어도 엄청난 프리미엄을 지불하려고 한다. 이게 그토록 중요한 이유는 브랜드 프리미엄에 소비자들이 지불하는 비용을 마침내 설명해주기 때문이다. 브랜드 이름이 붙어 있다고 해서 어느 제품이 내가 살 수 있는 최고의 제품이라고 안정적으로 보장해주는 것은 아니다. 하지만 적어도 그 제품이 끔찍하지 않다는 것을 말해주는 지표로서는 믿을 만한 것이 일반적이다. 앞서 설명했듯이 자신의 이름에 이미 상당한 투자를 한 사람은 우리가 들어보지 못한 사람에 비해 잘못된 제품을 팔았을 때 잃을 것이 훨씬 더 많다. 따라서 '쓰레기가 아니라는 것'을 보증하는 측면에서 브랜드는 효과가 있다. 이는 사실상 휴리스틱, 즉 경험칙이다. 판매자가 더 많은 명성을 쌓고 있어서 잃을 게 더 많을수록 어느 정도의 품질 관리가 되어 있을 거라고 우리는 더 확신할 수 있다. 누군가 "괜히 이름값 때문에 더 비싼 거야"라는 말로 브랜드 선호를 비난한다면, "맞아. 그게 잘못됐어?"라고 대꾸해도 충분히 합리적인 답이 될 걸로 보인다.

TV가 2대 있다고 생각해보자. 크기나 화질, 기능은 둘 다 똑같아 보인다. 하나는 삼성이 제조했고, 다른 하나는 처음 들어보는 브랜드(예컨대 '왕웨이'라고 치자)인데 200파운드가 더 싸다. 이상적으로는 당연히 최고의 TV를 사고 싶겠지만, 우리에게는 나중에 끔찍한 제품으로 밝혀질 TV를 사지 않는 게 더 중요하다. 삼성이 200파운드를 버는 것은 이 두 번째 요소 때문이지 첫 번째 때문이 아니다. 그리고 이 경우에 우리가 이름 때문에 돈을 더 주는 것은 백번 옳은 일이다.

알려진 브랜드에 비하면 왕웨이는 잘못된 TV를 팔아도 잃을 것이 거의 없다. 왕웨이는 이름으로 인한 프리미엄 가격이 없으므로 왕웨이라는 이름은 아무 가치도 없다. 제조상의 실수로 작동하지 않는 TV 2만 대를 생산했다면, 최고의 전략은 아무 의심 없는 바이어에게 물량을 떠넘기는 것이다. 그러나 만약 삼성이 기준 미달 TV를 2만 대 생산했다면 이보다 훨씬 큰 딜레마에 빠지게 된다. 잘못된 TV를 팔아서 명성에 타격을 입는 것은 삼성이라는 이름을 달고 있는 모든 제품의 판매 손실로 이어져 잘못된 TV를 팔아서 얻는 이득보다 오히려 훨씬 더 큰 비용을 치르게 될 것이다. 이때 삼성에게는 두 가지 선택이 있다. 잘못된 TV를 모두 파기하든가 아니면 평판에 투자한 것이 별로 없는 다른 누군가에게 이 TV를 파는 것이다. 심지어 왕웨이에게 팔 수도 있겠지만 절대로 삼성이라는 이름을 붙이지는 못하게 할 것이다. 그러니 이 이름에 더 많은 돈을 지불하는 게 뭐가 문제인가?

우리가 인간만의 독특한 방식으로 최소만족을 추구하도록 진화한 주된 이유는 불확실성의 세계에서 의사결정을 내리고 있기 때문이다. 이럴 경우 의사결정의 규칙은 완전하고 완벽한 정보를 갖고 있을 때와는 전혀 딴판이 된다. 만약 우리가 삼각형의 빗변의 길이를 계산해야 하는데 한 내각의 크기와 다른 두 변의 길이를 알고 있다면 완벽하게 정확한 답을 찾을 수 있다. 그리고 수학이나 공학, 물리학, 화학 분야의 많은 문제는 이런 수준의 확실성을 달성할 수 있다. 그러나 우리가 내려야 하는 대부분의 의사결정은 이런 방법이 적절치 않다. 누구와 결혼을 하고, 어디에 살고, 어디서 일하고, 토요타를 살지 재규어를 살지, 회의 때 무엇을 입을지 같은 문제들은 그 어떤 수학적 해결책도 내놓지 않는다. 알려지지 않은 미래와 변수는 너무 많고 그중 다수는 수학적으로 표현할 수 없거나 측정할 수 없다.

주관적으로 결정해야 하는 문제의 예를 또 하나 들어보면, 경제적인 차를 살 것인지 성능이 좋은 차를 살 것인지 하는 선택의 문제가 있다. 일반적으로 이 두 가지 속성은 서로 교환관계다. 성능을 위해 경제성을 최소만족할 것인가, 아니면 경제성을 위해 성능을 최소만족할 것인가?[3]

당신이 야생의 세계에 살고 있다고 상상해보라. 나무 꼭대기에 아주 먹음직스러운 체리가 열려 있다. 달콤하고 영양가도 높겠지만 당신은 저걸 따려다가 떨어져 죽을 수도 있다는 사실을 알고 있다. 그럴 위험이 1,000분의 1, 그러니까 0.1퍼센트라고 해보자. 조야한 수학 모형은 이 위험이 저 체리의 유용성을 10분의 1퍼센트 감소시킨다고 말할 것이다.[4] 하지만 현실에서 이 모형은 바보 같은 것이다. 이런 유형의 리스크에 일상적으로 노출된다면 1년도 못 가서 죽을 것이기 때문이다. '정말로' 배가 고프지 않은 이상 당신은 그런 위험을 감수하지는 않을 것이다. 당신이 저 체리를 먹지 않으면 굶어 죽을 정도가 되어야만 저 나무를 오르는 게 말이 될 것이다. 하지만 당신이 굶주리지 않았고 저것보다 맛은 약간 못하더라도 완벽하게 영양가 있는 음식들이 다른 곳, 죽을 위험이 낮은 곳에도 있다는 걸 안다면 당신은 발길을 돌려 더 안전한 영양 공급원을 찾으러 갈 것이다.[5] 불확실성 아래서 의사결

---

3 이 의사결정은 이미 차를 1대 가지고 있느냐 여부에 따라 결과가 크게 달라질 것이다. 매일 가까운 곳에 타고 다니려고 부가티 베이론을 사는 사람은 거의 없다. 롤스로이스 소유주의 80퍼센트 정도는 메르세데스 벤츠도 가지고 있다. 직원을 한꺼번에 채용하는 것에 관해 이야기했던 내용을 기억할 것이다. 소유하는 자동차가 많을수록 선택도 다양해진다. 쉐보레 코르벳만 3대 가지고 있다면 소형 전기차도 꼭 1대 사기 바란다.

4 체리의 원래 가치에서 '나무에서 떨어져 죽을 경우'라는 높지 않은 확률을 뺀다.

정을 한다는 것은 개트윅 공항을 찾아가는 것과 같다. 당신은 두 가지를 고려해야 한다. 기대되는 평균적 결과뿐만 아니라 최악의 시나리오까지 감안해야 한다. 다양한 경우의 수를 고려하지 않고 기댓값의 평균을 기준을 무언가를 판단한다는 것은 결코 좋은 일이 아니다.

비슷한 정신적 메커니즘이 인간의 구매 의사결정에도 적용된다는 증거를 이베이에 관한 데이터에서 찾아볼 수 있다. 극단적으로 단순화시킨 논리적 세상이라면 95퍼센트의 만족도[6]를 기록한 판매자도 100퍼센트의 만족도를 기록한 판매자의 제품보다 가격이 10퍼센트만 싸다면 완벽하게 성공적으로 제품을 팔 수 있을 것이다. 그러나 이베이 데이터를 슬쩍 한 번만 보아도 이게 사실이 아니라는 것을 알 수 있다. 97퍼센트 이하의 만족도를 기록한 사람들은 동등한 물건이라 해도 100퍼센트의 만족도를 기록한 판매자의 반값에도 팔기가 힘들다.

논리적으로만 생각하면 비용을 15퍼센트 줄이는 대신 우리 제품이 도착하지 않을 위험이 5퍼센트가 된다면 그 정도 위험은 받아들여야 한다고 생각할지 모른다. 그러나 이들 통계가 말해주는

---

5   모든 성공한 문학 작품이나 재미난 영화의 플롯라인을 보면 (로맨틱 코미디이든 액션이든) 주인공들이 큰맘 먹고 대담한 일을 저지를 수밖에 없는, 아드레날린을 솟구치게 하는 예외적인 순간들이 있다. 기술 시대에 그런 순간을 만들어내려면 할리우드는 어쩔 수 없이 다소 진부한 장치에 의존한다. 예를 들면 주인공 1명이 휴대전화를 높이 쳐들고 "젠장, 신호가 안 잡혀"라고 소리치는 것처럼 말이다. 그래야 관객들이 '이해가 안 되네. 그냥 경찰을 부르면 되잖아?' 같은 생각으로 인내심을 상실하는 일을 막을 수 있다.

6   이베이 기준에서는 상당히 낮은 수치다.

교훈은 그러지 말라는 것이다. 미도착 가능성이 어느 기준치를 넘는 순간 우리는 무슨 대가를 치르더라도 그 위험을 감수해서는 안 될 것으로 보인다. 만약 아마존이 모든 택배의 10퍼센트가 도난을 당하거나 분실되는 국가에서 영업을 하려고 한다면 아무리 많은 할인을 해준다고 해도 사실상 그 어떤 제품도 팔 수 없을 것이다.

이처럼 우리가 의사결정을 내릴 때는 기대되는 결과의 평균값만을 살피는 것이 아니라 편차를 최소화할 방법을 찾는다. 이는 불확실한 세상에서 충분히 이해가 가는 일이다. 어찌 보면 이는 맥도날드가 왜 아직까지 전 세계에서 가장 인기 있는 식당인지를 설명해준다. 맥도날드는 《미슐랭 가이드》에 나오는 식당에 비하면 평균 품질은 낮을지 몰라도 편차 역시 낮기 때문이다. 우리는 맥도날드에 가면 어떤 음식이 나올지 정확히 알고 있고, 언제나 실제로 그 음식이 나온다. 맥도날드에서의 한 끼가 내 인생 최고로 멋진 음식 경험이었다고 말할 사람은 아무도 없겠지만, 절대로 실망할 일 없고, 바가지 쓸 일 없고, 배탈 날 일 없다. 《미슐랭 가이드》의 별 3개짜리 식당은 평생 소중히 간직하게 될 경험을 제공할지도 모르지만, 실망하거나 배탈이 날 위험도 훨씬 높다.[7]

---

7   2011년에 영국에 있는 《미슐랭 가이드》 별 3개짜리 최고급 식당이 단일 식당으로서는 역대 최악이었던 노로바이러스 사고를 겪었다. 그런데 이상하게도 이런 사고를 겪는다고 해서 별점이 위태로워지지는 않는 듯했다. 아마도 미슐랭 조사관은 해당 식당이 고기 육즙과 타프나드 소스를 흠잡을 데 없이 만들 수만 있다면, 손님이 사흘간 내리 설사를 해서 그날의 식사 경험이 크게 손상되는 것은 개의치 않는 듯하다.

완벽한 정보가 구비되고 계산 능력의 한계가 없는 세상이라면 이런 휴리스틱 내지는 경험칙을 쓰는 게 다소 적합하지 않을지 모른다. 그러나 시간도 부족하고 믿을 만한 데이터나 쓸 수 있는 계산 능력의 한계가 존재하는 현실 세계에서는 휴리스틱 접근법이 그 어떤 대안보다 우수하다.

예를 들어 크리켓을 하는 사람이 높이 떠오른 공을 잡으려고 할 때 2차 방정식을 써서 탄도를 계산하지는 않는다. 대신에 '보는 각도'라는 경험칙을 사용해 날아가는 공을 바라보면서 위를 향하는 시선의 각도가 바뀌지 않을 때까지 그쪽으로 계속 이동한다. 이렇게 하면 직선이 아니라 약간 곡선으로 이동해야 할 수도 있지만, 공이 낙하할 가능성이 큰 지점에 가서 설 수가 있을 것이다. 우리가 이런 종류의 휴리스틱을 사용하는 데는 몇 가지 이유가 있다. 당연히 수비수는 계산기를 손에 들고 있다고 해도 수학 계산을 할 시간이 없다. 게다가 충분한 시간과 계산 도구가 있다고 해도 공이 맞은 속도와 각도를 모른다면 데이터가 충분치 않기 때문에 정확도는 고사하고 탄도 계산 자체를 할 수 없을 것이다. 공을 맞힌 타자도 이들 데이터를 모르기는 마찬가지일 것이다.[8]

8   안다고 해도 말해주지 않겠지만.

4

경험은 바보가 아니다

2009년 1월 15일 지금은 '허드슨강의 기적'으로 알려진 사고가 발생했을 때 체슬리 설렌버거Chesley Sullenberger 기장은 휴리스틱의 가치를 몸소 증명했다. 새와 충돌해 엔진 2개가 모두 불능이 되자 그는 빠르고 안전한 대처로 비행기를 허드슨강에 착륙시켰다. 유튜브에 가면 설렌버거 기장이 관제탑과 나눈 대화를 들을 수 있다. 그는 엔진을 재가동하려고 노력하면서 출발지 공항과 통신을 나눈다. 라구아디아 공항으로 돌아가는 것을 일언지하에 거절당한(나중에 보니 정확한 판단이었다) 그는 우측에 있는 뉴저지의 테터보로 공항에 착륙이 가능하다는 얘기를 듣는다. 겨우 20초 남짓한 시간 동안 그는 두 번째 공항 역시 착륙이 불가능하겠다는 판단을 내린다. 이번에도 계산이 아닌 휴리스틱으로 내린 판단이었다. 그는 서류가방에서 과학용 계산기를 꺼내 비행속도와 고도와

하강률을 입력하고 테터보로의 활주로까지 거리를 계산한 게 아니라, 그보다 훨씬 더 빠르고 쉽고 믿을 만한 방법을 썼다.

미국 공군 전투기 조종사 출신인 설렌버거는 여가시간에 글라이더 조종을 했다. 글라이더를 조종하는 사람들은 다들 내가 닿을 수 있는 범위 내에서 지상에 착륙할 수 있는 곳이 있는지 판단할 수 있는 간단한 본능적 규칙을 익히게 된다. 그들은 하강률이 가장 낮은 방향으로 글라이더를 위치시키고 전방을 주시한다. 시야에 들어오는 곳 중에서 내려가는 것처럼 보이는 곳은 모두 안전하게 착륙할 수 있는 장소이고, 올라가는 것처럼 보이는 곳은 모두 너무 먼 곳이다. 설렌버거는 바로 이 규칙을 적용해서 불과 몇 초 만에 착륙 가능한 유일한 지점은 허드슨강뿐이라는 걸 판단할 수 있었다.

당시 설렌버거의 판단은 그 이상 좋을 수 없는 판단이었다. 사망자는 1명도 없었고 가벼운 부상자 몇 명이 전부였다. 만약에 그가 테터보로 공항에 성공적으로 착륙할 수 있었다면 비행기도 살릴 가능성이 있었다는 것은 사실이다. 하지만 그렇게 시도했다가 실패했다면 단 한 사람이라도 살아남을 수 있었을지 의문이다.

휴리스틱 규칙 중에 어떤 게 학습된 것이고 어떤 건 타고난 것인지 항상 명확한 것은 아니다. 하지만 그런 규칙들이 없다면 일상생활이 불가능하다. 비좁은 진입로에서 대형 트레일러트럭을 후진시키고 있는 운전자를 보면 정말 대단한 판단력을 습득했구나 하는 감탄이 나온다. 이는 휴리스틱을 사용하는 것이지 계산

에 의한 것이 아니다. 운전을 할 때도, 집을 고를 때도, 그리고 아마
도 배우자를 고를 때도 우리는 휴리스틱을 사용한다.[1] 혹시나 계산
을 통해 해결책을 찾을 '가능성'이 있을 때조차 휴리스틱은 쉽고
빠르고 우리의 지각 구조에 잘 맞는다. 그리고 계산으로 정답을
찾을 수 없는 대다수의 경우 휴리스틱은 우리가 가진 전부다.

언제나 최적의 의사결정만 내려야 한다고 생각하는 사람에게
는 휴리스틱이 마치 차선책처럼 보일 것이다. 그러나 최소만족이
반드시 필요한 세상에서 휴리스틱은 가장 쉬운 선택일 뿐만 아니
라 최선의 선택인 경우가 많다.

---

1 우리가 생각하는 것보다 냄새가 매력에 훨씬 큰 역할을 차지한다는 것은 거의 확실한 사실이다.
   어느 실험을 보면 우리는 나의 면역 체계와 보충적 관계에 있는 면역 체계를 가진 사람의 냄새
   에 끌린다고 한다.

5

스포츠에서 배우는 교훈

스포츠 종목별로 서로 다른 점수 체계는 늘 나의 호기심을 자극했다. 나는 점수 체계에 따라 경기를 즐기는 데 기여하는 정도가 천차만별인 점도 흥미로웠다. 언젠가 내 친구가 얘기했던 것처럼 만약 테니스의 점수 체계가 야구와 같은 식이었다면 경기를 하는 사람은 물론 지켜보는 사람도 참 지루했을 것이다. TV를 틀었는데 조코비치가 '57대 31'로 머레이를 앞서고 있다면 어깨를 한 번 으쓱하고 바로 좀 더 흥미진진한 것을 찾아 채널을 돌렸을 것이다!

테니스의 점수 체계는 별로 사회주의적이지 않다. 선수 1명이 다른 선수를 완파할 수 있는 시스템이다. 하지만 그렇게 격차가

---

1   예를 들면 영화 〈지난해 마리앙바드에서〉 같은 것.

많이 나는 경우에는 다행히 경기가 금방 끝난다. 그런데 테니스의 점수 체계에는 일종의 사회 안전 보장 시스템 같은 것이 있다. 그래서 어떤 경기이든 경기가 진행되는 동안에는 지고 있는 쪽도 여전히 이길 승산이 있다고 느낀다. 솔직히 천재적인 시스템이다.

'게임'과 '세트'로 빈틈없이 구성된 점수 체계는 한 게임을 러브(상대에게 내준 점수가 0점)로 이기든 몇 번의 듀스(동점)를 거치든 아무런 차별을 두지 않는다. 게임스코어 6 대 0으로 이겨도 한 세트이고, 7 대 5로 이겨도 여전히 한 세트다. 이 말은 곧 지고 있는 선수도 결코 극복하지 못할 산을 마주하는 것은 아니라는 얘기다. 이런 점수 체계는 또한 게임에 걸린 이해관계가 오르락내리락하게 만드는 역할도 한다. 30-0의 점수에서 서브를 넣는 선수는 상대적으로 잃을 게 많지 않은 반면, 중요한 브레이크 포인트(상대방의 서비스 게임인데 내가 이기기 직전인 상황)가 되면 모두가 손에 땀을 쥐게 된다. 그래서 흥분의 강도가 오르락내리락하게 되고 경기를 하는 선수도, 지켜보는 관중도 게임을 훨씬 더 즐길 수 있다.[2]

흥미진진한 여러 스포츠의 점수 체계가 지닌 또 하나의 특징은 최고 점수를 노리면 높은 위험이 함께 수반된다는 점이다. 셔브 하페니 Shove ha'penny(동전이나 주사위를 던져 영역에 따라 점수를 얻는 방식의 게임 —옮긴이)도 그렇고, 바빌리어드 bar billiards(당구 테이블 비슷한

---

2   사실 점수 체계를 이해하지 못하는 사람에게는 테니스가 오히려 지루한 스포츠라는 점이 흥미롭다.

곳에서 장애물을 피해 공을 넣는 게임—옮긴이)도 마찬가지다. 바빌리어 드의 경우 최고 점수를 얻는 구멍은 검은색 버섯(정확히 말하면 '스키틀skittle') 뒤에 있는데, 실수로 이 버섯을 쓰러뜨리게 될 경우 지금까지 딴 점수가 모두 지워진다. 이런 위험은 다트를 지켜보는 것이 재미난 반면 양궁은 그렇지 않은 이유를 설명해줄 수도 있다. 양궁에서는 점수가 동심원으로 정해진다. 10점인 정중앙을 향해서 쏘았다가 살짝 벗어나면 9점을 얻는다. 9점을 놓치면 8점을 얻고, 계속 그런 식이다. 양궁의 유일한 전략은 10점을 노리는 것이다. 완벽하게 논리적인 점수 체계이지만 TV로 중계하기 좋은 점수 체계는 아니다. 반면에 다트판은 전혀 논리적이지 않은데도 기발한 측면이 있다. 20점을 딸 수 있는 영역이 5점과 1점이라는 절망적인 점수들 사이에 놓여 있다.

다트를 하는 선수들은 대부분 최고 점수 20점을 노린다. 프로 선수라면 그래야 하기 때문이다. 그러나 최고의 다트 선수가 아닌 대다수 사람들에게 이것은 실수다. 다트 솜씨가 아주 훌륭하지 않다면[3] 최선의 접근법은 20점 영역은 아예 노리지 말고 16점에서 19점을 받을 수 있는 남서쪽 사분면을 노리는 것이다. 이렇게 하면 180점을 기록하지는 못하겠지만 3점을 받는 일도 없을 것이다. 다트를 하면서 단순히 최고 점수를 노려야 한다고 생각하는 것은 흔히들 저지르는 실수다. 빗나갔을 때의 결과도 염두

3   혹은 술이 취했거나.

에 두어야 한다.

현실에서 의사결정의 다수는 양궁보다는 다트와 유사한 점수표를 가지고 있다. 예를 들어 결혼할 사람을 정할 때는 최고를 노리기보다는 최악을 피하는 게 더 중요할지 모른다. 결과치를 극대화하려고 노력하기보다는 낭패를 볼 가능성이 낮은 두루두루 꽤 괜찮은 해결책을 찾아야 할지 모른다. 주야장천 보드의 남서쪽 사분면만 노리는 다트 선수가 수많은 구경꾼들 눈에는 정신이상처럼 보일 것이다. 구경꾼들은 "20점을 노려야 해요. 그게 제일 높은 점수라고요"라고 말할지도 모른다. 그러나 편차를 최소화하거나 손실을 최소화하는 식의 접근법을 취하는 사람의 행동은 이 사람이 뭘 하려는지 모르는 사람이 봤을 때는 황당하게 보일 수도 있다.

같은 맥락에서 휴가라는 게 평생 새로운 경험의 추구여야 한다고 생각하는 사람에게는 해마다 똑같은 휴양지를 찾는 사람이 어이없게 보일 수도 있다. 하지만 휴가를 망치지 않는 게 우선인 사람에게는 이 방법이 아주 훌륭한 접근법이다. 늘 똑같은 것만 하는 사람은 종종 비합리적으로 보일 수도 있지만, 뜻하지 않는 불쾌한 일을 피하는 게 목표인 사람에게는 그게 완벽하게 현명한 일이다.

소셜 카피social copying 즉 인기 있는 물건을 사고 남들이 많이 하는 행동이나 유행을 받아들이는 것 역시 또 하나의 안전한 행동방식이다. 어찌 되었든 영국에서 가장 많이 팔리는 차가 끔찍할 가능성은 낮다. 불확실성 속에서 의사결정을 내릴 때 위험을 줄일 수 있는 또 하나의 전략은 전통적 논리와는 좀 다른 방식으로 질문을 바꿔보는 것이다. '무슨 차를 사야 되지?'라고 묻는 대신 '나한테 차를 팔 사람 중에 믿을 만한 사람이 누가 있을까?'라고 묻는 것이다. '최고의 TV가 어느 거지?'라고 묻는 게 아니라 '안 좋은 TV를 팔았을 때 잃을 게 가장 많은 사람이 누구지?'라고 묻는 것이다. '뭘 입어야 근사하게 보일까?'라고 묻지 않고 '남들은 뭘 입을까?'라고 묻는 것이다.

직원을 채용할 때 흔히들 쓰는 방법은 기존 직원들에게 추천을 받는 것이다. 사실 중간 규모의 기업들은 말단 사원을 뽑을 때 대부분 이 방법을 사용한다. 이렇게 하면 채용의 풀이 너무 좁을 것 같지만, 기존 직원의 추천은 끔찍한 사람을 채용하는 위험을 피할 수 있는 훌륭한 방법이다. 물론 누구나 지인에게 좋은 일을 해주고 싶겠지만, 직장에서 자신의 평판이 위험해지는 것을 무릅쓰고 알코올 중독자나 병적인 도벽이 있는 사람 혹은 방화범을 추천할 사람은 아무도 없다. 제3자 추천은 완벽한 방법이 아니고 전혀 과학적이지도 않지만 낭패를 볼 가능성은 적다.

모순적으로 보이는 여러 소비자 행동도 비슷한 정신 메커니즘으로 잘 설명된다. 몇 년 전에 우리 회사는 남자들이 바에서 칵테일 주문을 꺼린다는 사실을 발견했다. 그 이유 중에는 내가 시킨 칵테일이 어떤 잔에 담겨 나올지 사전에 알지 못한다는 것도 포함되어 있었다. 만약 내가 주문한 칵테일이 속을 파낸 파인애플에 담겨 나올 가능성이 아주 조금이라도 있다면 남자들은 차라리 맥주를 주문했다. 한 가지 해결책은 메뉴판에 칵테일 사진을 보여주는 방법이었다. 이후 유행하는 일부 음식점들은 모든 칵테일을 잼 통처럼 생긴 유리병에 담아서 내오는 식으로 이 문제를 해결했다. 기존에 계좌를 갖고 있는 사람을 이율이 더 높은 다른 은행으로 갈아타게 하거나 지금 이용하고 있는 인터넷 서비스를 다른 공급자로 갈아타게 하는 게 그토록 어려운 이유도 바로 이런 머릿속 계산 때문이다. 악몽을 겪을 위험이 1퍼센트만 되어도, 5퍼센트를 개선해줄 99퍼센트의 확률 따위는 아무것도 아니게 된다.

6

JFK vs 뉴어크
: 최선이 최악이 될 때

언젠가 나는 뉴어크가 아닌 뉴욕 JFK 공항을 이용하는 게 특별한 장점이 있냐고 트위터로 물어본 적이 있다.[1] 뉴저지에 있는 것이라면 뭐든 무시하고 보는 일부 뉴요커들의 답변을 제외하면 JFK 공항을 이용하라는 사람은 별로 없어 보였다. 뉴어크가 맨해튼에서 더 가깝고 도로 공사 중이거나 일정이 지연될 위험도 더 적었다. 의사결정과 관련해 전 세계에서 가장 저명한 과학자 중 한 사람인 리처드 탈러는 뉴어크를 강력히 지지하는 트윗을 보냈다.[2] 만약에 정보를 잘 갖춘 소비자들만 선택을 내린다면 뉴어크가 더 잘 나가는 공항이 됐겠지만 더 흔히들 선택하는 공항은 JFK다. 아

---

1   JFK 공항이 왜 인기가 있는지 도무지 이해할 수가 없었던 나는 내가 모르는 무슨 장점이 있나 싶었다.
2   하지만 탈러는 뉴저지에서 태어났으니 고향에 대한 편향의 영향을 받았을 수 있다.

이러니하게도 JFK가 더 인기 있는 이유는 어쩌면 그냥 더 인기가 있다는 바로 그 이유 때문일 것이다. 난센스처럼 들리겠지만 끝까지 들어보라.

JFK가 더 인기 있는 공항이다 보니 JFK를 택하는 것은 덜 특이해 보인다. JFK 공항으로 간다는 말은 1978년에 IBM 메인프레임 컴퓨터를 구매한다는 말과 같은 소리다. 다시 말해 손쉬운 디폴트 옵션이다. 디폴트 항목을 선택할 때 정말로 좋은 점이 뭐냐면 어쩐지 내가 의사결정을 내린 일 같지가 않다는 점이다. 회사에 다니거나 공공 부문에서 일하는 사람들이 정말로 좋아하는 요소다. 눈에 띄는 의사결정을 내리지 않으면 총알을 피할 수 있기 때문이다. 뉴어크에는 합리적 정당화가 필요하다.

"내 항공편이 왜 JFK가 아니라 뉴어크죠?"

반면에 "JFK행 예약했습니다"라고 했을 때 "왜 하필 JFK인가요? 뉴어크에 무슨 문제라도 있나요?"라는 말을 듣는 경우는 거의 없다.

자, 그러면 당신이 런던에서 어느 심술궂은 상사의 개인 비서로 일하고 있다고 상상해보자. 상사가 뉴욕으로 가는 비행기를 예약하라고 한다. 당신에게는 두 가지 선택이 있다.

1. JFK로 가는 비행기를 예약해서 티켓을 건네고 마음 편히 쉰다.
2. 뉴어크로 가는 비행기를 예약하고 조마조마하게 행운을 빈다.

더 나은 선택인 2번으로 행동했을 때 대부분의 경우에는 결과도 좋을 것이다. 뉴어크에서 뉴욕으로 가는 길이 더 수월하고 입국심사대 직원들도 더 친절하다는 사실을 심술궂은 상사가 눈치챘다면 돌아와서 당신에게 고마워해야겠다고 생각할지도 모른다. 어쩌면 "잘 골랐어. 다음번에도 뉴어크로 가라고 말해줘"라는 소리를 들을지도 모른다. 하지만 그것 때문에 상사가 당신에게 빈티지 샴페인을 사준다거나 몇백만 원의 보너스를 즉시 지급할 것 같지는 않다. 당신이 얻는 것이라고는 기껏해야 고맙다는 말 정도가 전부다.

그런데 만약 비행기가 연착되거나 취소된다면? 당신이 조마조마하게 행운을 빌어야 하는 이유가 바로 이 때문이다. 뭔가가 잘못되는 일은 종종 벌어진다. 그럴 때 1번 선택과 2번 선택의 차이가 극명해진다. 만약 JFK에서 출발하는 비행 편이 3시간 지연된다면 상사는 항공사를 탓할 것이다. 하지만 뉴어크에서 출발하는 비행 편이 지연된다면 상사는 아마 당신을 탓할 것이다. 왜냐하면 당신이 2번을 선택했다는 의사결정이 눈에 띄기 때문이다. 당신은 디폴트를 택하지 않았다. 상사는 이렇게 말할지도 모른다.

"JFK에서 출발하는 비행기를 예약했더라면 이런 문제는 없었을 거야. 그쪽 항공편은 괜찮았다고. 대체 무슨 생각으로 이런 이상한 공항에서 출발하는 항공편을 예약한 거야? 당신 바보야?"

공로와 달리 비난은 절대로 과녁을 피해가는 법이 없다. 그리고 JFK를 예약했다고 해고된 사람은 지금까지 아무도 없다. 디폴트를 선택하면 전체적으로는 더 나쁜 의사결정이지만 개인적으로 당신에게 참변이 일어날 가능성은 막아준다. 독일의 심리학자 게르트 기거렌처 Gerd Gigerenzer는 《지금 생각이 답이다》에서 이런 정신적 과정을 '방어적 의사결정'이라고 불렀다. 의사결정자의 행복을 극대화하는 것이 아니라 부정적 결과가 나왔을 때 손실을 최소화하게끔 되어 있는 의사결정을 무의식적으로 내리는 것을 말한다. '비합리적'이라고 조롱을 받는 인간 행동의 많은 부분이 실은 영리한 최소만족 본능의 증거다. 과거의 행동을 반복하거나 남들이 하는 그대로 따라 하는 것은 최적의 의사결정은 아닐지 몰라도 낭패를 볼 가능성은 낮다. 우리는 모두 치명적인 실수를 저지르기 전에 후손을 생산할 수 있었던 조상들의 후손이다. 그러니 우리의 뇌가 이렇게 구성되어 있는 것도 놀랄 일은 아니다.

제도적 환경 속에서 우리는 회사를 위해 좋은 것과 개인적으로 좋은 것의 차이에 민감할 수밖에 없다. 아이러니하게도 훌륭한 성과를 바라고 설정해놓은 인센티브들이 오히려 사람들에게는 개인적으로 불리한 그 어떤 위험도 감수하지 않게 만드는 수가 있다. 위험을 감수하는 편이 회사 차원에서는 최선인데도 말이다. 예를 들어 사람들은 50퍼센트의 확률로 매출을 20퍼센트 늘리는 방법보다는, 확실하게 매출을 5퍼센트 늘리는 방법을 더 선호할지 모른다. 그게 아니라면 경영 컨설팅 회사가 어떻게 그렇게 부자가 되었겠는가?

정신물리학

세상은 보는 사람에 따라 달라진다

객관성은 과대평가되어 있을까

'정신물리학psychophysics'이라는 단어를 처음 들어본 사람도 있을 것이다. 정신물리학이란 간단히 말하면 종에 따라 지각의 신경생물학적 측면이 어떻게 달라지는지를 연구하는 학문이다. 우리가 보고 듣고 맛보고 느끼는 게 '객관적' 실제와 어떻게 다른지 연구한다. 예를 들어 조금 있다가 설명하겠지만 종에 따라서 색깔을 아주 다르게 인식한다. 눈에 있는 수용체가 빛의 스펙트럼에서 예민한 부분이 서로 다르기 때문이다. 게다가 더욱 중요한 것은 서로 다른 감각들은 (비록 우리는 깨닫지 못하고 있지만) 서로 영향을 주고받으며 작동한다. 우리가 보는 것은 듣는 것에 영향을 미치고, 촉감으로 느끼는 것은 미각에 영향을 준다.[1]

---

[1]   해외에 사는 나의 지인 중에 안타깝게도 청력을 잃어가고 있는 친구가 있다. 하지만 최근에 이 친구를 만났을 때 나는 그런 사실을 전혀 깨닫지 못했다. 친구는 입술을 읽는 방법을 놀랄 만큼

몇 년 전에 영국의 초콜릿 제조업체 캐드버리Cadbury's에 고객 불만이 잔뜩 쏟아졌다. 고객들은 '데어리 밀크Dairy Milk' 제품의 맛이 바뀌었다고 주장했다. 처음에 캐드버리는 어리둥절했다. 왜냐하면 재료 구성이 몇 년째 전혀 바뀐 게 없었기 때문이다. 하지만 캐드버리는 끝부분을 둥글게 처리하면서 초콜릿 바에서 부러뜨려 먹는 블록의 모양을 바꿨다. 모양이 매끄러우면 똑같은 음식도 더 달게 느껴진다. 정말이다.

우리는 마치 지각이 아주 객관적인 것처럼 행동하지만 지각에 있어서 완전히 객관적인 것은 아무것도 없다. 방이 덥다고 불평을 할 때 과연 몇 도가 '더운' 것인지 합의된 사항은 전혀 없을 수도 있다. 그냥 '내가 익숙해진, 전에 내가 있던 방보다 몇 도 더 높은 것'일 수도 있다. '즐거울 때는 시간이 쏜살같이 지나간다'는 것은 정신물리학이 일찌감치 지적한 통찰 중 하나다. 시계의 입장에서 보면 1시간은 늘 똑같은 의미다. 내가 샴페인을 마시고 있든, 물고문을 당하고 있든 말이다. 그러나 인간의 뇌에서 시간의 지각은 훨씬 더 탄력적이다.[2]

어떤 업종에서는 정신물리학이 물리학보다도 가치 있고, 그 외 많은 업종에서는 두 가지 모두 마스터해야 한다. 항공업계가 그 좋은 예다. 항공업계는 비행의 물리학과 함께 맛의 정신물리학도

잘 익힌 상태였다. 그런데 정말로 신기했던 것은 병증이 꽤 진행될 때까지도 친구는 자신이 청력을 잃어가고 있다는 사실을 깨닫지 못했다는 점이다. 친구는 무의식적으로 입술을 읽는 법을 배워가고 있었기 때문에 실제로는 '보이는 것'에 불과한 소리를 계속 듣고 있었다.

2   내가 카타르의 감옥에서 24시간을 보낸 적이 있었는데 하루가 마치 한 달 같았다.

이해해야 한다. 고도가 높은 곳에서는 음식 맛이 아주 달라지기 때문이다. 지상에서는 맛나던 음식이 상공에서는 밋밋할 수 있다.[3] 한때 스탠드업 코미디의 단골 소재였던 기내 음식에 대한 끝없는 불평은 어쩌면 항공사 입장에서는 억울한 일일 수도 있다. 음식이 별로였던 게 아니라 3만 피트 상공에서 먹기에 적합하지 않은 음식이었을 수도 있기 때문이다.

신형 보잉 787 드림라이너Dreamliner는 여러모로 정신심리학의 개가다. 조명, 가압, 습도가 모두 시차로 인한 피로를 완화하게끔 만들어져 있다. 게다가 시각적인 착각, 특히 널찍한 입구는 공간이 넓다는 인상을 준다. 드림라이너는 실제로 보잉 777보다 41센티미터 더 좁은데도 많은 승객들이 훨씬 넓다고 느낀다. 비행기에 들어설 때 약간의 추가 공간으로 쾌적한 인상을 만들어낸 것이 기내에까지 연결된다. 실제 기내는 다른 여객기들과 다름없이 빽빽한데 말이다. 보잉에서 제품 차별화를 책임지고 있는 심리학자 블레이크 에머리는 그의 팀이 하는 일을 "사람들이 딱히 꼬집어 말할 수 없으나" 탑승 경험을 개선할 수 있는 것들을 찾아내는 일이라고 설명한다. 사실 여객기 내부의 습도나 가압 상황은 아무도 모르는 내용이지만 승객의 기분에 큰 영향을 미친다. 역사적으로 여객기는 승객보다 회계사들을 염두에 두고 설계되다 보니 비용과 수용 능력에만 관심을 가졌다. 따라서 승객의 경

---

3 전 세계 항공사에 부탁드린다. '카레를 좀 더 자주 주세요.' 높은 곳에 올라가면 인도 음식이 정말 훌륭하게 느껴진다.

험을 차별화하겠다는 보잉의 시도는 상당히 대담한 조치다.[4]

엔지니어나 회계사들은 자신이 만든 것의 인간적 측면을 무시하는 경향이 있다. 그게 늘 잘못된 것만은 아니다. 무인 우주 로켓이나 교량을 건설한다면 객관적으로 정의된 지표를 통해 성공 여부를 평가하는 것이 가능하기 때문이다. 하지만 어떤 식으로든 인간의 지각이 역할을 하는 무언가를 설계한다면 그와는 다른 규칙들을 적용해야 한다. 예를 들어 정해진 교통량을 감당하고 합리적 수준의 여러 기후 조건에 견딜 수 있는 교량은 훌륭한 교량이라고 할 수 있다. 물론 못생긴 것보다야 매력적인 모습이면 '더 좋겠지만' 이는 부차적인 고려 사항이다. 교량을 설계할 때는 연금술이 작용할 여지가 적다.

그런데 열차 서비스나 세금 체계를 설계한다거나 로터리에 차선을 그린다면 인간의 행동을 기준으로 하지 않고서는 성공 여부를 정의하는 것 자체가 불가능하다. 이런 프로젝트에서는 일반적으로 어느 정도의 연금술이 작용할 잠재적 여지가 있다. 왜냐하면 이때의 성공 여부는 실제가 아니라 인간의 지각이 결정할 것이기 때문이다. 세금의 이름을 바꾸는 것만으로도 사람들이 세금을 기꺼이 낼 것인지 여부에 엄청난 영향을 미친다.[5]

---

4 보잉 787을 여러 번 타본 내 주관적 경험을 보면 이런 시도는 분명히 보상을 받으리라 본다. 최근 나는 LA를 다녀왔는데 대서양을 건너본 것이 이번이 처음이었음에도 시차로 인한 피로를 전혀 느끼지 못했다.

5 일부 사람들이 상속세나 유산세가 아니라 '불로소득세windfall tax'로 이름을 바꾸고, 망자의 부동산이 아닌 수령자에게 세금을 부과해야 한다고 말하는 이유는 이 때문이다.

애완 원숭이용 TV 사기

아마 못 느끼고 있겠지만 TV는 여러분을 속이고 있다. 컴퓨터 모니터[1]나 잡지에 나와 있는 컬러 사진도 마찬가지다. LCD 모니터에 나타나는 모든 게 사기에 가담한 것은 아니다. 화면이 순수한 파란색, 녹색, 빨간색을 비추고 있을 때는 거의 진실에 가깝다. 파란색 불빛은 순수한 파란색 광자를 만들어내고, 녹색 불빛은 녹색 광자를, 빨간색 불빛은 빨간색 광자를 만들어낸다. 화면의 각 픽셀은 저 3가지 색의 LCD 빛을 포함하고 있다. 빨간색 불빛만 표시되면 화면은 빨간색이 된다.

하지만 TV에 나오는 노란색은 새빨간 거짓말이다. 보기에는 노란색 같을지 몰라도 실제로는 노란색이 아니다. 이 노란색은

---

1   그걸로 지금 이 책을 읽고 있는 것은 아니길 바란다!

빨간색과 초록색을 섞은 것으로, 빛을 인식하는 우리의 기관을 해킹해서 우리가 진짜 노란색을 보고 있다고 생각하게 한다. 노란색은 우리 뇌에서 만들어진 것이지, 화면에 구현된 것이 아니다. 색의 혼합은 생물학적 현상일 뿐, 물리적 현상은 아니기 때문이다. 녹색 광자와 빨간색 광자를 섞어서 노란색 광자를 만들 수는 없다. 하지만 빨간색과 녹색 광자를 섞어서 적절한 비율로 뇌에 보내면 그 결과로 만들어지는 자극은 노란색 광자가 만들어내는 자극과 구별이 불가능하고 그 결과 우리는 노란색을 보게 된다. 그래도 노란색의 거짓말은 자주색[2]에 비하면 양반이다. 노란색은 적어도 빛의 스펙트럼에 존재하기라도 한다.[3] 자주색은 아예 존재하지 않는다. 남색과 보라색은 무지개에 있지만 자주색은 무지개에 없다. 자주색은 오로지 우리 머릿속에만 존재한다.

이 모든 현상이 일어나는 이유는 인간이(실은 모든 유인원이) 3색 시각을 가지고 있기 때문이다. 우리 망막에는 세 종류의 추상체(색깔 센서)가 있는데, 각각 서로 다른 색깔 스펙트럼에 민감하게 반응한다. 그러면 뇌는 이 3가지 자극의 상대적 크기를 가지고 스펙트럼의 나머지 색깔을 구성한다. 자주색의 경우 빨간색과 파란색 센서는 켜지는데 녹색 센서는 켜지지 않을 경우 빈 공간을 채우려고 뇌가 만들어낸 색이다.[4] 그래서 이렇게 3가지 색만 있으

---

2 정확히 말하면 자홍색.

3 '빨주노초파남보'의 '노'다.

4 만약에 뇌가 좀 더 객관적이었다면, 우리에게 자주색을 보여줄 것이 아니라 회색으로 깜박거리는 '시스템 에러'라는 글자를 띄웠을 것이다.

● 암컷 마모셋 원숭이의 다수는 3가지 색으로 사물을 보지만, 수컷은 두 가
지 색으로밖에 보지 못한다.

면 폭넓은 색깔 스펙트럼을 재현할 수 있다. 화면이 아니라 우리
머릿속에서 말이다. 그렇게 구현된 일부 색깔은 실제로는 전혀
존재하지 않는다.

색의 혼합이 생물학적 현상이기 때문에 이게 작동하는 방식은
그것을 재현하는 종에 따라서(때로는 개체에 따라) 다르다.

만약에 여우원숭이와 로리스원숭이가 TV를 산다면 이들 전용
으로 값싼 2색 LCD TV를 제조하라고 하는 편이 좋을 것이다. 이
들 영장류는 녹색과 파란색으로만 색깔 스펙트럼을 구성하기 때
문에 각 픽셀에서 빨간색을 만들어내는 부품은 생략해도 된다.

마모셋 원숭이가 TV를 구매하지 않는 것은 다행한 일이다. 부

부싸움의 원인이 될 수 있기 때문이다. 마모셋 원숭이의 암컷과 수컷은 전혀 다른 색깔을 지각한다. 암컷의 다수는 3가지 색으로 사물을 보지만, 수컷은 두 가지 색으로밖에 보지 못한다. 암컷이 800파운드를 주고 65인치 OLED TV를 극사실주의적 3색 TV로 바꿔왔다면, 수컷은 "옛날 거랑 다를 게 없잖아"라고 불평을 했을 것이다.[5] 가장 좋은 것은 애완용으로는 올빼미원숭이를 키우는 것이다. 올빼미원숭이는 흑백 TV로도 충분히 만족했을 것이기 때문이다. 올빼미원숭이는 다른 수많은 야행성 포유류처럼 색깔을 전혀 보지 못한다.

아무도 TV를 '고등 영장류용'이라고 광고하지 않지만, 그렇게 했더라도 틀린 말은 아니었을 것이다. 여기서 얻을 수 있는 교훈은 객관적으로 틀린 것이 주관적으로 옳을 수도 있다는 사실이다. TV는 '무엇을 보여줄 것인가'가 아니라 우리가 '어떻게 보는가'를 기준으로 설계됐다. TV를 만드는 과정에는 영리한 공학적 설계가 많이 동원됐지만[6] 정말로 천재적인 부분은 기술이 아니라 심리학적 연금술이다. 인간이 색깔을 어떻게 인지하는가에 관한 이해가 없었더라면 TV를 만드는 것은 거의 불가능했을 것이다.

앞서 이야기했듯이 심리학과 정신물리학은 TV 설계뿐만 아니라 복지 프로그램, 세금 체계, 교통, 보건, 시장조사, 제품 가격 설

---

5 수컷 영장류가 암컷 영장류에게 TV에 너무 많은 돈을 쓴다고 비난하는 보기 드문 일이 벌어졌을 것이다.

6 파란색 LED를 발명한 세 사람(아카사키 이사무, 아마노 히로시, 나카무라 슈지)은 2014년 노벨물리학상을 받았다.

정, 민주주의 설계에도 적용되어야 한다. 만약 인간의 지각으로 느낄 수 없다면 객관적 실재에 변화를 만들어내려고 기를 쓸 이유가 전혀 없다. 이런 것들은 모두 인간의 지각에 최적화되어야 한다. 나아가 자주색의 경우처럼 특정한 방식으로 무언가를 설계하면 사람들은 현실에 존재하지 않는 것도 지각할 수 있다는 사실을 기억해야 한다.[7]

> 실제로 존재하는 것과 우리가 지각하는 것은
> 크게 다를 수 있다.

바로 여기서 물리 법칙과 심리 법칙이 갈라진다. 그리고 바로 이런 분리가 연금술을 가능하게 한다.

---

[7]   광고계의 지인 중에 지중해 마요르카섬으로 이사 간 친구가 있다. "위치가 정말 멋진 곳이야. 야간 페리를 타면 프랑스도 1시간, 바르셀로나도 1시간이면 갈 수 있어." 친구는 잠시 쉬었다가 이렇게 말했다. "사실은 9시간인데 그중 8시간은 잠들어 있으니까."

3

번역 과정에서 사라지고 생기는 것
: 현실과 지각은 서로 다른 언어다

인간 행동을 마치 물리 현상처럼 모형화할 수 있다는 일념으로 만들어진 학문 분야가 있다. 소위 '경제학'이라는 분야다. 그러나 인간 행동의 모든 면에서 현실과 지각은 서로 다른 두 언어와 같다는 게 명료한 팩트다. 각 언어에 속한 개념은 다른 언어로 번역이 거의 불가능하다.[1]

그래도 더 이상한 쪽은 감정이다. 감정은 마치 자홍색처럼 마음속에서 만들어진다. 숲에서 나무 하나가 쓰러졌는데 아무도 그 소리를 듣지 못했다면 소리가 났을까? 그렇다. 왜냐하면 기계 센서가 여전히 그 소리를 녹음할 수 있었을 것이기 때문이다. 그런데 자동차 1대가 초록불에서 미적거리고 있는데 뒤에 아무 차도

---

1   자주색이라는 개념을 자주색 광자로 바꿀 수 없는 것과 마찬가지다. 자외선 광자를 인간 시각으로 바꿀 수도 없다.

없어서 화난 사람이 없다면 그건 짜증 나는 일일까? 아니다. 짜증이란 살아 있는 것들에게만 해당하는 지각 개념이기 때문이다. 분명 지각과 현실은 종종 서로 아주 유사하다. 하지만 어떤 때에는 마치 언어의 공백처럼 둘 사이와 완전한 단절이 있기도 하다. 아무거나 언어를 두 가지 골라보면, 때로는 서로 아주 다른 언어여서 각각 고유한 개념들을 갖고 있을 수도 있다.[2] 또 다른 경우에는 서로 헷갈릴 만큼 유사한 언어 쌍도 있을 것이다.[3] 하지만 두 경우 모두 제 나름대로 문제가 있기 때문에 어느 경우든 번역을 하면 오류는 생길 것이다.

그래서 설계자의 역할은 번역가의 역할과 같다. 객관적 실재라는 원료를 가지고 놀면서 제대로 된 지각과 감정이라는 결과를 만들어내야 한다.

---

2   아메리카 원주민의 언어들이 이렇다.

3   예컨대 스페인어와 포르투갈어가 그렇다.

4

모쿠사츠

번역 오류는 값비싼 대가를 치를 수 있다. 가끔은 그 대가가 섬뜩할 만큼 커지기도 한다. 아래는 국가안보국 〈기술 저널Technical Journal〉 1968년 가을호에서 기밀 해제된 〈모쿠사츠 : 하나의 단어, 두 가지 교훈Mokusatsu : one word, Two Lessons〉이라는 기사의 일부다.

1945년 7월 포츠담에서 만난 연합군 리더들은 완고한 언어로 된 항복 조건 선언문을 작성하고 초조하게 일본의 답을 기다렸다. 그 조건에는 조금이라도 부정적인 답을 할 경우 '즉각적이고 전면적인 파괴prompt and utter destruction'가 일어날 것이라는 선언도 함께 포함되어 있었다. 트루먼과 처칠, 스탈린, 장제스는 일본이 조건 없이 항복에 동의하여 일본 본토가 초토화되는 일을 막기를 바란다면서 일본의 답을 참을성 있게 기다린다고 했다.

도쿄의 기자들은 일본 내각총리대신 스즈키 간타로에게 포츠담선언에 대한 일본 정부의 반응을 물었다. 그때까지는 아직 공식적인 의사결정이 내려지지 않았기 때문에 스즈키 수상은 정치가들에게 늘 준비된 대답을 했다. 언급을 보류하겠다고 답한 것이다. 그는 '침묵'이라는 단어에서 파생된 '묵살黙殺(모쿠사츠)'이라는 단어를 사용했다. 그러나 이 단어에는 스즈키의 의도와는 상당히 거리가 먼 다른 뜻이 있었다.

그런데 안타깝게도 국제 뉴스 기관들은 일본 정부의 눈에는 최후통첩이 '언급의 가치가 없다'고 전 세계에 보도하는 것이 적절하겠다고 판단했다. 스즈키의 어조에 분노한 미국 관리들은 일본인 특유의 광신도적 결사 항쟁과 가미카제 정신이 또 한 번 드러난 것이라 보고 엄중조치를 결정했다. 열흘 만에 원자폭탄을 투하하자는 결정이 내려졌고, 실제로 투하되었으며, 히로시마는 초토화되었다.

맥락에 따라 '묵살'은 많은 의미를 가질 수 있다. 이 단어는 '침묵[黙]'이라는 의미와 '죽음[殺]'이라는 의미에서 파생되어 '지금으로서는 아무 말도 할 수 없다'에서부터 '당황스러워 아무 말도 할 수 없다' '말 같지도 않은 제안에 답을 거절한다'까지 수많은 의미를 가질 수 있다.

일본어는 맥락에 민감한 언어지만 사실 모든 언어가 그렇다. 영국 영어에서는 맥락과 어조만 잘 맞아떨어지면 '아, 이 멍청한 녀석'이라는 말이 애정의 표현이 될 수도 있지만 미국인이 듣는다면 깜짝 놀랄 수도 있다. 미국인은 영국인과 같은 언어를 쓰지

만 좀 더 문자 그대로 해석하는 경향이 있기 때문이다.[1]

번역에서 번역자가 전달하는 말이 화자의 의도였을 거라고 생각하는 것은 어마어마한 실수다. 이는 내가 말하려고 하는 것을 상대가 그대로 알아들을 거라고 생각하는 것만큼이나 바보 같은 짐작이다. 아마도 오역의 가장 유명한 사례는 1977년 미국 대통령의 폴란드 방문일 것이다. 바르샤바에 착륙한 지미 카터 대통령은 활주로 위에서 짧은 연설을 했는데 폴란드인들이 들은 바로는 카터 대통령이 "미국을 떠났고 다시는 돌아가지 않을 것"이며 "폴란드인들에 대한 애정이 너무 커서 폴란드인들과 섹스를 하고 싶을 정도"라고 했다.[2]

이 이야기는 번역가가 실력 미달의 멍청이였던 사례로 종종 이야기되지만, 실제로는 그렇지 않다. 스티븐 세이무어 Steven Seymour 는 뛰어난 번역가로 W. H. 오든의 시를 러시아어로 번역하기도 했고 폴란드 시에도 조예가 깊다. 하지만 폴란드어의 시적 표현을 연구하다 보니 안타깝게도 그는 현대 폴란드인들이 더 이상 사용하지 않거나 적어도 같은 뜻으로는 사용하지 않는 19세기(혹은 그 이전) 폴란드 어휘와 너무 친숙해졌다.[3]

---

1   나는 평생 영국식 영어를 사용해왔지만 '매우'를 뜻하는 'quite'와 '약간'을 뜻하는 'quite'를 구별하는 방법을 믿을 만하게 설명해줄 수 있을지 의문이다. 이런 건 그냥 성장하면서 알게 되는 부분이다.

2   통역이 읽은 카터의 발언은 종종 "나는 폴란드인들을 성적으로 알기를 열망합니다"라고 영어로 다시 번역되기도 한다. 그나마 이것도 완곡하게 표현한 것이다.

3   현대 아미시 교도들도 이제는 펜실베이니아에 있는 마을의 이름을 '인터코스 Intercourse('교류' 또는 '성교'라는 뜻—옮긴이)'라고 짓지는 않을 것이다.

세이무어의 모국어는 러시아어이고, 폴란드어는 그에게 네 번째 언어에 불과하다. 하지만 폴란드어가 헷갈리게도 러시아어와 유사하지 않았다면 그 점은 문제가 되지 않았을 것이다. 폴란드어는 어휘나 문법 측면에서 러시아어와 유사한데[4] 가끔 의미가 완전히 다르기도 하다. 번역가들은 이렇게 헷갈리는 유사 어휘들을 '가짜 친구false friends'라고 부른다. 전혀 다른 내용을 의미하는 것처럼 생각하기가 아주 쉽기 때문이다.[5]

언어가 서로 비슷하면 오히려 더 큰 오해를 부르기 쉬울지도 모른다. 한 예로 라틴 아메리카 국가에서는 스페인어 단어가 다른 뜻을 가질 수 있다. 저녁 식사를 대접해준 사람에게 "당신 아내는 엄청난 창녀네요"라고 인사의 말을 건네는 것은 이상하게 보이겠지만, '일부' 국가에서는 '여주인'이라는 격식 있는 용어에 '창녀'라는 뜻이 합쳐진 경우가 있다.

희한하게도 언어적 혼란이 가장 많이 벌어지는 사례 중 하나는 영국인과 네덜란드인이 영어로 대화를 나눌 때이다. 네덜란드인은 거의 모든 사람이 유창하게 영어를 한다.[6] 숙어도 잘 파악하고 억양도 흠잡을 데가 없으며 영국 사람들과 비슷한 냉소적인 유머 감각을 가지고 있다. 나이대가 비슷한 네덜란드인 부부와 저녁

---

4   아마 폴란드인들은 인정하지 않으려고 하겠지만.

5   스페인어의 'Constipado'는 영어나 프랑스어 사용자에게 가짜 친구다. 프랑스 어느 번역가의 유명한 사례처럼 이 단어가 스페인 사람에게는 '감기로 코가 막혔다'라는 뜻임 깜박 잊고 '변비에 걸렸다'로 번역하기가 매우 쉽다.

6   네덜란드에서는 영어로 된 영화는 더빙을 하지 않고 자막을 단다는 점이 아마도 도움이 되었을 것이다.

식사를 한다면 언어적 장벽을 전혀 느끼지 못하고 오히려 오해가 생길 수 있다는 사실이 믿기지 않을 것이다. 하지만 오해는 정말 흔하다. 네덜란드인들의 대화가 깜짝 놀랄 만큼 직설적인 반면, 영국인들은 에둘러가고 종종 사람이 돌아버릴 정도로 간접적으로 표현하기 때문이다. 비즈니스 상황에서 네덜란드 사람이라면 "시도해봤는데 엉망이더라고요. 다시는 안 하려고요"라고 말할 것을 영국인은 "그걸 다시 한번 시도해보려면 시간이 조금 걸릴 수도 있을 것 같아요"라고 말할 수도 있다.

결국 네덜란드 사람들은 영국 영어를 네덜란드식 영어로 번역해주는 숙어집을 만들었다.

영국인이 한 말	외국인이 알아들은 뜻	영국인의 속뜻
무슨 말인지 알겠습니다.	내 관점을 받아들이는구나.	나는 그렇게 생각하지 않고 그 문제를 더 이상 논의하고 싶지 않다.
정말 존경합니다만,	내 말에 귀를 기울이는구나.	야, 이 멍청아.
나쁘지 않네요.	형편없네요.	좋네요.
과감한 제안이네요.	내게 용기가 있다고 생각하는구나.	미쳤구먼.
꽤 좋네요.	상당히 좋네요.	약간 실망이에요.
저라면 ~ 하겠습니다.	한번 생각해보고 알아서 하라는 소리군.	시키는 대로 해. 아니면 제대로 된 이유가 있어야 할 거야.

영국인이 한 말	외국인이 알아들은 뜻	영국인의 속뜻
약간 실망스럽더라고요.	별로 중요하지 않군.	짜증났어요.
정말 흥미롭네요.	좋은 인상을 받았구나.	뭔 헛소리냐.
염두에 두겠습니다.	아마 해보겠구나.	벌써 잊었어.
제 잘못이 확실합니다.	왜 자기들 잘못이라고 생각하지?	너희 잘못이야.
저녁 먹으러 꼭 오셔야 해요.	곧 식사 초대를 받겠구나.	초대 아닙니다. 예의상 하는 말이에요.
별 건 아니지만 몇 가지 얘기할 게 있어요.	오타를 몇 개 발견했나 보네.	처음부터 다시 써와.
다른 옵션도 좀 생각해볼 수 있을까요?	아직 결정을 못했구나.	마음에 들지 않아요.

네덜란드인의 영어와 영국인의 영어 사이의 장벽은 현실과 지각의 관계와도 비슷하다. 둘은 어찌 보면 비슷하지만 맥락에 따라 현격히 달라질 수도 있다. 다시 말하지만 이 구분(우리가 전하려는 메시지와 메시지를 통해 전달된 의미 사이의 격차)은 아주 중요하다. 종종 우리는 남들의 행동에 당황할 때가 있다.

'나는 이렇게 하라고 말했는데, 저 사람은 왜 저렇게 행동하지?'

우리는 상대가 비합리적으로 굴고 있다고 생각하지만, 실제로는 상대가 들은 말이 내가 했다고 생각하는 말과 다른 경우다.

마찬가지로 '내가' 보는 것 혹은 상대가 보고 있다고 '내가' 생각하는 것을 기초로 누군가의 행동을 설명해서는 안 된다. 왜냐하면 상대는 '그가' 보고 있다고 생각하는 것에 따라 그의 행동을 결정하기 때문이다. 거의 모든 일이 이런 식으로 구별된다. 물리적 물체의 행동을 결정하는 것은 사물 자체이지만, 살아 있는 생물의 행동을 결정하는 것은 그 사물에 대한 나의 지각이다.

이 구별이 너무나 중요한 이유는 인간 행동에 관한 모형이나 경제학 모형 대부분이 이런 구별을 전혀 하지 않기 때문이다. 놀랍지도 않겠지만 나는 '빅데이터'의 전망에 대해 회의적이다. 사람들은 마치 빅데이터가 무슨 만병통치약이라도 되는 것처럼 자주 홍보한다. 기술 부문에서 이미 수없이 그래왔듯이, 우리는 어느 기술이 가져다줄 것으로 예상되는 혜택에 지레 도취되어 2차적인 문제들을 생각해보지 않는다.[7] 빅데이터의 전도사들은 '빅big'이 마치 '굿good'의 동의어인 양 이야기한다. 그러나 데이터가 많아진다고 해서 더 훌륭하거나 윤리적이거나 공정한 의사결정이 나오는 것은 아니다.[8]

---

[7] 이메일이 처음 발명됐을 때 우리는 전 세계와 즉시 그것도 무료로 소통할 수 있는 힘이 생긴 것에 환호했다. 하지만 전 세계 다른 사람들도 우리와 그런 식으로 통신할 수 있게 됐을 때 과연 어떤 일이 벌어질지는 물어보지 않았다.

[8] 민족지학자 트리샤 왕Tricia Wang은 2016년 TEDx케임브리지 강연에서 빅데이터가 만들어낸 수치화 편향 때문에 노키아가 휴대전화 제조업체로서 사망선고를 받았다는 의견을 제시했다. 당시 노키아가 가지고 있던 데이터에 따르면, 사람들이 휴대전화 기기에 쓸 수 있는 돈은 봉급의 일정 비율로 정해져 있었고, 따라서 개발도상국의 스마트폰 시장은 규모가 작을 것으로 예상됐다. 그러나 왕이 관찰한 바로는 사람들이 일단 한번 스마트폰을 보고 나면 휴대전화 기기에 쓰겠다는 금액은 높이 치솟았다. 왕의 발견은 '데이터가 너무 적다'는 이유로 무시됐다. 그러나 실제로 가치 있는 정보는 모두 처음에 데이터가 거의 없다. 타이타닉호의 망루에서 관찰한 데이터는 단 하나뿐이었다. "저 앞에 빙산이 있어." 하지만 이 정보는 빙산의 출현에 관한 그 어떤 대규모 조사 결과보다 중요했다.

'건초 더미에서 바늘 찾기' 비유를 사용해보면 데이터가 늘어나면 바늘의 수가 늘어나는 것은 사실이다. 하지만 이 경우 건초 더미의 양도 늘어나기 때문에 바늘로 착각하는 빈도도 함께 늘어난다. 우리는 중요한 정보라고 믿었으나 실제로는 그렇지 않은 경우가 늘어나는 것이다. 거짓 상관관계나 교란 변수, 확증편향 때문에 통찰력은커녕 더 바보 같은 의사결정을 내릴 수도 있다. 데이터는 타당하지도 않은 이런 의사결정에 대해 오히려 우리의 자신감만 키워줄 것이다.

어느 대형 기술기업이 취업 지원자들을 걸러주는 AI 시스템을 개발했다. 그런데 이 시스템은 금세 극단적인 젠더 편견을 발달시켰다. 예를 들어 이력서에 '여성' 농구팀에 있었다고 하면 감점을 주는 식이었다. AI가 어떤 식의 추론을 사용하는지 우리가 항상 정확히 알 수는 없다. 어쩌면 AI는 직원들 중 고위직에 남자가 많은 것을 보고 성별이 남성인 것이 성공의 예측 변수라고 생각했는지도 모른다.

빅데이터 접근법을 사용했던 또 다른 기업은 다른 그 어떤 변수보다 훌륭한 직원을 잘 예측해주는 변수를 찾아냈다.

그 변수는 취업 지원자의 교육 수준도, 성격 테스트에 포함된 변수도 아니었다. 그 변수란, 나중에 최고의 직원이 되는 지원자는 컴퓨터에 기본 제공되는 브라우저가 아니라 구글 크롬이나 파이어폭스 브라우저를 사용해 온라인 지원서를 작성한 경우가 압도적으로 많다는 점이었다. 노트북 컴퓨터의 브라우저를 다른 것으

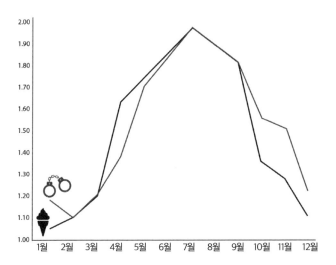

아이스크림 판매는 폭력 범죄를 부추기는가?

- 위 데이터에 빠져 있는 교란 변수는 바로 날씨다. 날씨가 이 거짓 상관관계의 원인이다. 멍청한 알고리즘이 위 그래프를 보면 아이스크림 소비가 사람들이 범죄를 더 많이 저지르게 만든 것처럼 보일 수도 있다. 그러나 진짜 이유는 간단하다. 사람들은 햇빛이 쨍한 날 아이스크림을 더 많이 먹고, 날이 따뜻한 저녁에 범죄를 더 많이 저지른다.

로 바꿨다는 사실이 어떤 자질을 알려줄 수 있다는 점은 나도 알겠다. 성실함이나 기술 사용 능력, 만족을 뒤로 미룰 수 있는 성향 같은 것들 말이다. 하지만 이 정보를 가지고 직원을 차별하는 게 과연 용인될 수 있는 일일까? 이 기업은 아니라고 결론내렸다. 여기에는 지원서를 작성하는 데 도서관 컴퓨터를 이용해야 했던 보다 열악한 환경의 지원자들에게 불공평하다는 판단도 작용했다.

데이터 모형의 또 다른 문제점은 정신물리학적 문제가 생길 수 있다는 점이다. 데이터 모형은 실재와 행동이 완벽한 상관관계가 있는 것처럼 둘을 짝짓는다. 그러나 이는 사실이 아니다. 예를 들어 데이터는 사람들이 커피 한 병에 49파운드 이상은 쓰지 않을 거라고 말할지 모른다. 또 대부분의 경우는 그게 사실이다. 하지만 사람들은 비슷한 비용이 드는 네스프레소 캡슐 하나에 29펜스를 쓸 것이다. 인간의 지각을 이해하지 않고서는 두 가지를 구분하는 게 불가능하다. 사람들이 신발 한 켤레에 100파운드를 쓸까? 월마트에서는 절대 그럴 리 없지만, 니만 마커스Neiman Marcus 백화점 명품 매장에서는 얼마든지 쓸 것이다. 사람들이 휴대전화 기기에 500파운드를 쓸까? 노키아의 데이터는 아니라고 했지만, 애플은 사람들이 그 정도 돈도 쓴다는 걸 발견했다. 빅데이터는 실재와 행동이 깔끔하게 일치할 거라고 가정한다. 하지만 실제로는 그렇지 않다. 모든 것은 맥락에 따라 바뀐다.

지각은 행동과 깔끔하게 일치할지 몰라도,
실재는 지각과 깔끔하게 일치하지 않는다.

또한 모든 빅데이터는 동일한 발원지, 즉 '과거'에서 나온 것임을 잊지 말아야 한다. 맥락의 한 부분만 바뀌어도 인간의 행동은 크게 달라질 수 있다. 예를 들어 1993년에 나왔던 인간 행동에 관한 모든 데이터는 팩스 기계의 미래가 창창할 거라고 예측했었다.

5

하늘 아래 새로운 것은 없다

고대 그리스인들도 정신물리학의 원리를 깨치고 있었다고 말할 수 있다. 파르테논을 자세히 보면 일직선이 거의 없다. 바닥은 가운데가 위로 솟고 가장자리로 가면서 굽어지며 기둥은 가운데가 볼록하다.[1] 왜냐하면 파르테논은 실제로 완벽하도록 설계된 것이 아니라 언덕 아래 100미터쯤 떨어진 곳에 서 있는 사람이 '보기에' 완벽해 보이게끔 설계되었기 때문이다. 파르테논이 만들어지기 훨씬 전에도 자연은 이 같은 수법을 알고 있었다.

자연은 '지각 해킹perception hacking' 내지는 비즈니스 용어로 말하면 '마케팅'이라 부를 수 있는 것에 엄청난 자원을 쏟아붓는다. 동물들이 와서 먹어주기를 바라는 베리 종류나 과일은 익어가면서

---

1   롤스로이스의 라디에이터 그릴을 디자인한 디자이너도 이 수법을 빌려왔다. 정확한 건축 용어로는 '엔타시스entasis(배흘림기둥)'라고 한다.

독특한 색과 끌리는 맛을 낸다. 반면에 잡아먹히고 싶지 않은 애벌레들은 포식자가 역겨운 맛을 느끼도록 진화했다. 일부 나비는 날개에 동물의 눈처럼 보이는 것을 만들어낸다. 그러면 수많은 동물들이 좀 더 조심스럽게 반응하기 때문이다. 이런 것들은 모두 자연이 실재를 바꾸는 대신 지각을 해킹할 수 있는 방법의 예다.

6

객관적인 것이 도움을 줄 때와
그렇지 않을 때

과학자가 맡은 일은 인간 지각의 작은 결함들을 넘어 객관적 실
재를 설명할 수 있는 보편적으로 적용 가능한 법칙을 만드는 것
이다. 과학은 센서와 측정 단위를 개발해 거리와 시간, 온도, 색
깔, 중력 등등을 측정한다. 물리학에서 우리가 뒤틀린 메커니즘의
지각보다 이런 측정치들을 선호하는 것은 옳은 일이다. 교량이
튼튼해 '보이는지'는 중요하지 않다. 중요한 것은 '실제로 튼튼한
지'다.

  정치학이나 경제학 혹은 의학 같은 인문 과학이 이런 보편주의
를 과학의 특징이라고 믿고 똑같은 방법론을 추구하다 보면 문제
가 발생한다. 인문과학에서는 TV를 설계할 때와 마찬가지로 종
종 객관적 진실보다 사람들의 지각이 더 중요하다. 의학이 객관
성에 집착하다보면 플라시보 효과를 '그저' 지각 해킹으로만 보

고 홀대하게 된다. 그러나 동종요법 같은 치료법이 환자로 하여금 좋아질 거라고 믿게 만들어서 그 행복한 착각 덕분에 환자가 덜 아프다고 느낀다면 좋아해야 할 일이 아닐까? 이런 일은 매도할 대상이 아니라 연구해야 할 대상 아닐까?

그렇지만 약장수[1]나 위조범, 사기꾼, 협잡꾼은 어떻게 봐야 할까? 연금술은 정확한 과학이 아니라는 바로 그 점 때문에 늘 속임수가 넘쳐나는 영역이므로 우리도 경계심을 늦춰서는 안 된다. 광고나 디자인 업계 사람들이 제안하는 대책들 중 다수는 틀린 것이고, 행동과학자들이 내놓은 많은 발견도 이미 틀린 것으로 증명되었거나 앞으로 증명될 것이다. 이 책에 나오는 내용 중에도 틀림없이 틀린 것들이 있다. 내가 이 책을 믿기지 않을 만큼 낙천적 시각에서 썼다는 사실을 알고 있다. 나는 연금술이 언제나 믿을 만하고, 윤리적이고, 도움이 된다고 주장하는 게 아니다. 그와는 거리가 멀다. 내 주장은 연금술적인 해결책이 환원주의자들이 생각하는 세상의 원리와 다르다고 해서 연금술을 한번 시험해보는 것까지 겁내서는 안 된다는 것이다. 좋든 싫든 연금술은 실제로 존재한다는 사실과 그것을 좋은 목적에 쓸 수 있다는 사

---

1   모든 약장수snake-oil salesman를 혹평하는 것은 공정하지 않다. 항생제가 나오기 전까지는 뱀 기름이 당시 이용 가능했던 최선의 해결책일 수 있다. 중국 물뱀의 기름으로 만드는 진짜 뱀 기름은 20퍼센트의 에이코사펜타에노산EPA을 함유하고 있다. EPA에는 강력한 진통과 소염 기능이 있어 수백 년간 중국 의학에서 훌륭하게 사용됐다. 그러나 흔히 뱀 기름이라고 알려진 다른 물질들은 실제로는 여러 물질의 혼합제로 종종 알코올이나 아편 함량이 높으면서 뱀 기름이 들었다고 주장했다. 이런 것들은 보통 여러 가지 허브가 들어 있고 그럴듯한 이상한 맛을 내기도 했다.

실을 독자들에게 설득하는 게 이 책의 목적이다. 나아가 사람들이 연금술의 존재를 더 잘 인식하게 되면 연금술이 오용되는 경우도 더 잘 적발할 수 있을 것이다.[2]

물리학과 공학에서는 보통 객관적 모형이 문제를 더 해결하기 쉽게 만들어주지만, 경제학과 정치학에서는 객관성이 문제를 더 어렵게 만들 수도 있다. 긴급한 경제적, 정치적 이슈 중에는 우리가 천편일률적인 보편 모형만 버린다면 적은 비용으로 쉽게 해결할 수 있는 것들도 있다. TV 설계자들이 더 이상 가시광선의 스펙트럼 전체를 만들어내려고 씨름하지 않듯이, 정책 입안자나 설계자, 기업가도 객관적 실재를 개선하는 데 애쓰는 시간을 줄이고 인간의 지각과 도덕적 본능을 연구하는 데 더 많은 시간을 쓴다면 좋을 것이다.

기업과 정부는 사람들이 무엇을 중시하는지 지나치게 단순하게 생각하는 오류를 매일같이 범한다. 미국의 대형 소매업체 JC페니 JCPenney와 메이시 Macy's는 둘 다 그런 오해를 바탕으로 쿠폰과 세일즈에 대한 의존을 줄이고 대신에 그냥 가격을 내렸다가 큰 낭패를 보았다. 사람들은 가격이 낮은 것을 원하지 않았다. 사람들은 구체적으로 돈을 아꼈다는 느낌을 원했다. 왜 이런 것인지 한 가지 가능성 있는 설명은 심리적으로 우리가 경쟁심 때문

---

2 연금술은 상당히 많이 오용되고 있고 나는 그런 일들이 불법으로 금지되어야 한다고 생각한다. 한 예로 신용카드의 말도 안 될 만큼 낮은 '최소 결제' 비율은 빚더미를 부추기는 흑마술 수법이다.

에 내가 남들보다 싸게 샀다는 느낌을 원한다는 것이다. 모든 사람이 싼값에 살 수 있다면 내가 남들을 이겼다는 스릴이 사라진다. 수치화할 수 있는 절약분은 내가 똑똑하다는 느낌을 주지만, 남들과 똑같이 싼값에 샀다는 것은 내가 자린고비라는 기분이 들게 한다. 또 하나 가능성 있는 설명은 할인과는 달리 가격 자체가 낮을 경우 물건을 산 다음에 기분 좋게 이야기할 수 있는 스토리가 하나 사라진다는 점이다. "45파운드에 샀어"보다는 "33파운드나 싸게 샀어"라고 말하고 싶은데 말이다.

여기서도 값비싼 신호 보내기가 어떤 역할을 할지 모른다는 사실을 기억해볼 만하다. 어떤 것들은 상징적 이유에서 값이 비쌀 필요가 있다. 200파운드짜리 드레스를 75파운드까지 깎아주는 것은 좋다. 하지만 결혼식에 75파운드짜리 드레스를 입은 신부는 행복한 기분이 들지 않을 수도 있다. 심리학적으로 발상이 훌륭한 할인매장 TK맥스[3]는 아내를 위한 선물을 사기에 훌륭한 장소다. 그 어떤 경우에도 아내에게 그 선물을 TK맥스에서 샀다고 밝히지만 않는다면 말이다.[4]

경제 논리는 합리성을 가정하고 심리학과는 무관한 인간 행동의 모형을 만들어보려는 시도다. 그러나 이는 아주 큰 비용을 치를 실수가 될 수 있다. 합리성을 기준으로 가격 정책에 접근한다

---

3   물론 미국에서는 TJ맥스라고 부른다.

4   500파운드짜리 옷을 입으면 500파운드짜리처럼 느껴진다. 설령 그 옷을 200파운드에 샀다고 하더라도 말이다(아내가 이 책을 여기까지 읽지는 않을 거라고 믿고 쓰는 중이다).

면 싸게 샀다는 느낌을 완전히 파괴해버릴 수 있을 뿐만 아니라, 모든 사람이 절약분에 대해 같은 반응을 보일 거라고 가정하는 오류를 범한다. 그러나 사람들의 반응은 제각각이고, 맥락이나 프레임은 중요하다. 가격 및 가치에 대한 느낌을 실험한 것 중에서 내가 가장 좋아하는 것은 '넛지Nudge 이론'의 아버지 리처드 탈러가 내놓은 것이다. 탈러는 와인 애호가들을 모아놓고 몇 년 전에 20달러를 주고 빈티지 와인을 샀는데, 지금은 동일 와인의 가격이 75달러가 되었다고 상상해보라고 했다. 그런 다음 그 와인을 마실 때 치르는 비용을 가장 잘 반영하는 답을 골라보라고 했다.

1. 0달러(돈은 이미 나갔다): 30퍼센트

2. 20달러(내가 지불한 돈): 18퍼센트

3. 20달러 더하기 이자: 7퍼센트

4. 75달러(내가 이 와인을 팔면 받을 수 있는 금액): 20퍼센트

5. -55달러(20달러를 주고 사서 75달러짜리 술을 마시게 되었으므로 이 술을 마시면 돈을 절약한다): 25퍼센트

위 결과를 보면 정말로 '일부' 사람들은 경제학자처럼 생각한다. 하지만 그들은 20퍼센트라는 소수에 속하는 것으로 보인다.

또 하나, 해당 와인을 가장 잘 즐기지 못할 사람이 바로 이들이라는 것도 주목해볼 만하다(경제학을 '우울한 학문'이라고 부르는 데는 다 이유가 있다).

글자가 비스킷 맛을 바꾼다

언어는 음식의 가격에만 영향을 주는 것이 아니라 맛까지 바꿀 수 있다는 것을 기억하라. 5년 전 벨기에에 있는 동료로부터 걱정에 찬 전화를 한 통 받았다. 벨기에의 대형 비스킷 제조사가 가장 인기 있는 제품을 새로운 저지방 제품으로 대체했는데 출시하자마자 판매량이 곤두박질쳤다고 했다. 사람들은 당혹스러워했다. 왜냐하면 사전에 광범위한 조사와 테스트를 진행했기 때문이다. 그때는 많은 사람들이 새로운 비스킷에서 맛의 차이를 전혀 눈치채지 못했었는데 이제 신제품은 아무도 사지 않으려 했다.

이런 건 내가 의자에서 일어나지 않고도 해결할 수 있는 문제였다. 나는 스피커폰으로 이렇게 말했다.

"알았어요. 신제품 포장에 '이제 저지방으로 즐기세요'라고 썼나요?"

저쪽에서 대답했다.

"당연하죠! 비스킷에서 지방 성분을 줄이느라 몇 달을 썼는데, 사람들에게 알리지 않으면 무슨 소용이 있겠어요?"

"그게 바로 문제에요. 블라인드 테스트에서 맛이 어땠느냐는 중요하지 않아요. 포장에 '저지방'이라든가 뭐가 됐든 건강 관련 문구를 써넣으면 내용물이 맛이 없어져요."

테스트용 비스킷은 포장에 들어 있지 않았다. 벨기에 사람들은 포장도 맛에 영향을 준다는 사실을 잊고 있었던 것이다.

8

지도는 땅이 아니지만
포장은 상품이다

폴란드 출신의 미국인 학자 알프레트 코르지프스키 Alfred Korzybski, 1879~1950는 아마 "지도는 땅이 아니다"라는 격언으로 가장 유명할 것이다. 그는 '일반의미론'이라는 학문 분야를 창조했다. 그리고 세상에 대한 인간의 지식은 인간이 발달시킨 신경 체계나 언어와 같은 생물학적 측면에 제한을 받기 때문에 아무도 실재를 지각할 수 없다고 주장했다. 우리가 아는 모든 것은 뇌의 해석이라는 필터를 거친 내용이라는 것이다. 대단한 주장이었다!

어느 날 코르지프스키는 강의실에 비스킷 한 봉지를 가지고 와서 앞줄에 앉은 학생들에게 권했다. 비스킷은 깨끗한 흰색 종이에 싸여 있었다.

"맛있는 비스킷이지 않나요?"

코르지프스키는 이렇게 말했고 학생들은 행복하게 비스킷을 입안에 쏙 밀어 넣었다. 그때 코르지프스키가 흰색 종이를 찢었고 원래의 포장지가 드러났다. 포장지에는 개 사진과 함께 '강아지용 쿠키'라고 씌어 있었다. 학생 2명은 구역질을 시작했고 나머지 학생들은 손을 입으로 가져가거나 일부는 강의실 밖으로 뛰쳐나가 화장실로 달렸다. 코르지프스키가 말했다.

"봤죠? 사람들은 음식만 먹는 게 아니라 글자까지 먹습니다. 그리고 종종 글자의 맛이 음식의 맛을 능가하기도 합니다."

이 효과는 음식에만 국한되지 않는다. 세제에 '환경친화적'이라는 문구를 추가하면 사람들은 본능적으로 세척 효과가 떨어진다고 생각할 수도 있다. 여기에 바로 윤리와 실용 사이의 딜레마가 있다. 친환경적인 세탁세제를 제조하고 싶다면 포장지에 친환경이라는 점을 언급해야 할까? 그렇게 하면 사람들은 무의식적으로 해당 제품을 구매하지 않거나 아니면 구매하더라도 필요 이상 많은 양을 사용할지 모른다. 남몰래 좋은 일을 하는 편이 나은 경우도 있을 것이다. 특히나 환경을 생각하는 구매자보다 그렇지 않은 구매자의 수가 더 많을 수도 있다면 말이다.

아주 작은 변화를 주었다고 발표하는 것조차 인기 제품에는 악재가 된 경우가 많았다. 베지마이트Vegemite도 그랬고 마일로Milo나 캐드버리 크림 에그Cadbury Creme Egg도 마찬가지였다. 원료의 변화를 발표하는 것만으로도 사람들은 그렇지 않으면 느끼지 못했을 맛의 변화를 인지한다. 크래프트Kraft도 맥앤치즈의 재료를 더 건강하게 바꿨다고 소개하고 싶었으나 이 같은 반응이 두려웠다.

특히 스토리에 목마른 소셜 미디어와 신문이 결합되면 몇 안 되는 적대적 내용의 트윗도 전국적인 뉴스로 둔갑할 수 있었다. 그래서 크래프트는 노란색 인공염료를 없애고 파프리카와 강황 등 자연적 대체 재료를 사용해놓고서도 그 사실을 함구했다. 사실상 아무도 이 변화를 눈치채지 못했다. 크래프트가 뒤늦게 이 사실을 발표할 때까지 말이다. 발표 당시 헤드라인은 '바뀌었지만 바뀌지 않았어요'였다. 이 방법을 통해 크래프트는 이전에는 인공 재료 때문에 이 제품을 피했을 잠재적 고객들을 새로 확보하면서도, 그동안 내내 더 건강한 재료를 먹고 있었다는 사실을 갑자기 알게 된 기존 고객들 사이에 상상 속 맛의 변화를 유발하지 않을 수 있었다.[1]

---

1   이런 마법을 부린 광고 에이전시 크리스핀 포터+보거스키Crispin Porter+Bogusky의 연금술사들에게 축하를 보냅니다. 고객사를 설득하기 쉽지 않았을 거예요. 좋은 일을 하고도 왜 침묵하겠어요?

9

초점 착각

집중은 우리가 생각하는 것보다 우리의 사고나 행동에 훨씬 큰 영향을 준다. 에이머스 트버스키와 함께 대니얼 카너먼은 행동경제학의 아버지 중 한 사람이다. 카너먼이 말하는 '초점 착각focusing illusion'이란 뭐가 되었든 나의 관심을 끄는 것의 중요성을 엄청나게 과대평가하게 되는 경향을 말한다. 카너먼은 다음과 같이 설명한다.

"우리가 생각하고 있는 도중에는 뭐가 되었든 그게 가장 중요한 것인 것처럼 생각된다. 나는 이 재화를 '꼭 가져야 한다'고 믿게 되었다면 마치 그 재화가 내 삶의 질을 엄청나게 바꿀 수 있을 것처럼 과장된 생각을 하게 된다. 초점 착각은 해당 재화가 얼마나 오랫동안 계속해서 관심을 끌어왔느냐에 따라 착각의 크기가 달라진다. 자동차의 가죽 시트에 대한 초점 착각은 오디오북에 대한 초점 착각보다 아마도 더 클 것이다."

마케팅에서는 소비자를 유혹하기 위한 수법으로 비교표를 사용할 수도 있다. 다음 쪽의 자동차 고장 서비스에 관한 광고 비교표를 작성한 사람이 객관적 태도를 취하고 싶었다면 각 회사가 제공하는 혜택을 50가지는 더 추가할 수도 있을 것이다. 하지만 광고자는 전체 혜택들 중에서 지금 홍보하는 브랜드만이 제공하는 몇몇 혜택에 독자가 집중할 수 있도록 표를 만든다.

옛날부터 광고계가 고유한 판매 장점을 선호하는 이유도 초점 착각을 활용하기 위해서다.

'경쟁 제품에는 없는 속성이 하나 있으면 제품을 팔기가 쉬워진다.'

그 사양이 설사 별 볼 일 없는 것이더라도 고유한 속성을 강조하면 구매자가 경쟁 제품을 샀을 때 느끼게 될지 모를 상실감을 강조할 수 있다.

캠핑 장비는 초점 착각에 빠져 있을 때 구매하기에 가장 위험한 제품이다. 매장에 있을 때는 완벽한 기후 조건에서 해당 제품을 사용하는 상상을 하지만 실제로 그런 일은 거의 벌어지지 않는다.[1] 또 구매시점에는 가장 매력적으로 보이는 측면이 실제로 사용할 때가 되면 불편할 수 있다. 예를 들어 모든 침낭은 판매시점에는 불가능할 정도로 작은 가방에 들어가 있다. 하지만 새것

---

[1]   어쨌든 영국에서는 그렇다.

	ETA	그린 플래그 (Green Flag)	그린보험 (Green Insurance Company)	GEM	AA	RAC
무료 부품과 인건비 보장	○	×	×	×	×	×
2차 방문 무료	○	○	×	×	×	×
급유 실수 보장	○	○	○	×	×	×
빠른 방문 보장제	○	○	○	×	×	×
중도해지 반환금	○	○	○	×	×	×
탄소 배출 차감	○	○	○	×	×	×
연간 최대 출장 수	무제한	무제한	6	무제한	7	6
승객 호송 한도	법정 수송 최대인원	법정 수송 최대인원	9	8	7	6

- 비슷한 부분 말고 차별점을 강조하라.

이고 전문가가 포장해놓았을 때는 그처럼 매력적으로 보이던 제품이 일단 한 번 사용하고 나면 도저히 원상태로 복귀시킬 수가 없다.

해당 제품에서 두드러지지는 않아도 중요한 측면들로 관심을 돌리면 초점 착각에 빠지는 것을 경계할 수 있다. 예를 들면 바람 부는 날 빗속에서 텐트를 접으려고 낑낑대는 모습을 한번 상상해보는 것이다. 아니면 포르셰를 살까 고민할 때 런던의 꽉 막힌 도로에서 포르셰를 타고 앉아 있는 모습(아마도 자주 벌어질 것이다)을 상상해보는 것이다. 포르셰를 타고 여름날 저녁 교외로 가는 일은 어차피 한두 번밖에 없을 테니 말이다.

카너먼이 초점 착각의 예시로 든 것이 자동차 가죽 시트라는 점이 흥미롭다. 나는 늘 사람들이 순전히 지위에 대한 신호 보내기로 가죽 시트를 선택하는 것인지가 궁금했다. 자동차 시트가 주는 지위는 아마도 나중에 자동차를 보유하고 있는 기간보다는 자동차의 구매 시점에 더 높은 우선순위를 차지할 것이다. 나중에는 안정성이나 연비, 편안함 등이 더 중요할 테고 말이다. 사실 가죽 시트가 천으로 된 시트보다 더 좋은지 어떤지도 초점 착각에 달렸다. 자동차 시트는 여러 가지 측면에서 비교가 가능하기 때문이다. 시트가 상징하는 지위와 가격뿐만 아니라 배송, 냄새, 청소 용이성, 내구성, 윤리적 문제, 심지어 뜨거운 여름날 앉아 있기에 괴롭지는 않은지까지 비교 대상이 된다.[2] 이런 여러 가지 속성 중에서 무엇을 기준으로 삼을 것이냐에 따라 가죽이 천보다 월등히 뛰어날 수도 있고 무의미한 사치가 될 수도 있다.[3]

---

2 천 시트 위에 아이가 구토를 한번 하고 나면 그 즉시 가죽 시트의 열혈 옹호자가 된다는 얘기도 있다.

카너먼이 초점 착각이 마케팅에서 엄청난 역할을 한다고 말한 것은 충분히 그럴 수 있는 일이다. 하지만 나는 그게 사실상 전혀 착각이 아니라 진화적 필요성이라고 주장하고 싶다. 나아가 마케팅 전문가들이 초점 착각을 활용하는 게 아니라 초점 착각이 있기 때문에 마케팅이 필요해지는 것이다. 그럼에도 불구하고 이런 착각이 존재한다는 사실을 알고 내가 어디에 관심을 기울일지 조절한다면 행복을 증진할 수 있다. 나는 식사를 하기 전에 기도하는 것을 유난히 좋아한다. 당연한 것으로 생각하기 쉬운 좋은 것들에 관심을 기울이는 게 삶에 대한 훌륭한 접근법이라고 생각하기 때문이다. 잠깐 모든 것을 멈추고 식사에 집중하는 것도 식사를 더 즐길 수 있는 방법일 것이다.[4]

---

3   카너먼 교수는 학자이기 때문에 다 낡아빠진 자동차가 오히려 훈장처럼 보일 수 있는(전문 용어로 '카운터시그널링countersignalling'이라고 한다) 이상한 계급이라는 점도 기억해야 한다. 출근 첫날부터 사회과학 학자로서의 커리어를 망치고 싶다면 대학 주차장에 포드 머스탱 신상품을 타고 나타나면 된다(낡은 차라면 어쩌면 용서가 될 수도 있다. 하지만 그것도 종신 재직권을 확보한 후에만 가능한 얘기다).

4   어쩌면 옛날식 식전 기도에 해당하는 게 요즘의 음식 사진 찍기일 것이다.

10

편향, 착각, 생존

초점 착각은 말 그대로 착각이다. 하지만 거의 '모든' 우리의 지각이 착각이다. 왜냐하면 우리가 객관적 동물이었다면 그토록 오래 살아남지 못했을 것이기 때문이다. 신경과학자 마이클 그라치아노Michael Graziano는 이렇게 설명한다.

"풀잎이 '바스락' 했는데 그걸 사자로 오인했다면 문제 될 건 없다. 하지만 진짜 사자를 감지하지 못했다면 그대로 유전자풀에서 사라지는 것이다."[1]

따라서 살짝은 피해망상이 있는 게 진화의 측면에서는 우리에게 최선이다. 하지만 감정 상태에 따라서 집중력이 달라지는 것도 매우 중요하다. 어두운 골목길을 혼자서 걷고 있을 때 들리는

---

1   〈애틀랜틱Atlantic〉, '의식의 진화 과정을 설명하는 새로운 이론', 2016. 6. 6.

발자국 소리는 한낮에 사람 많은 거리에서 들리는 발자국 소리보다 우리의 관심을 더 많이 사로잡을 것이다.

이런 착각을 바로잡거나 피해야 할 대상으로 생각하는 것은 잘못이다. 오히려 그런 착각을 잘 이해하고 그게 우리의 행동을 어떻게 왜곡할 수 있는지 알아야 한다. 착각을 전혀 경험하지 않겠다고 생각하는 것은 매우 위험하다. 한 예로 만약 화재경보 연기 감지기에 의식이 있었다면 우리는 이 기기를 보고 편집증적 망상을 앓고 있다고 말했을지도 모른다. 토스트만 구워도 '삐삐' 소리를 마구 내니까 말이다. 여기에는 그럴 만한 이유가 있다. 집안에 불이 붙은 화재 초기 단계와 토스트 한 조각이 바싹 타버린 것을 구별하는 일은 쉬운 게 아니다. 하지만 이런 상황에서 판단이 잘못됐을 때 결과의 차이는 엄청나다. 토스트를 태웠는데 연기 감지기가 삐삐 울린다면(거짓 양성) 짜증이 나는 데서 그치겠지만, 실제로 불이 났는데도 감지기가 울리지 않는다면(거짓 음성) 치명적인 결과를 낳을 수 있다. 불꽃이 기기에 직접 닿아야만 울리는 연기 감지기는 누구도 원치 않을 것이다.

편향과 착각을 진화 선택의 산물로 생각하지 않고, 우리에게 내재한 정신적 오류라고 무심코 꼬리표를 붙이는 일이 없도록 조심해야 한다.

무생물에서 사람의 얼굴이나 사람 또는 동물의 형상을 볼 때 많은 사람이 겪는 착시현상을 생각해보면 도움이 된다.

진화생물학을 열심히 공부하지 않아도 우리가 주위 환경에서

• 인식 오류의 예. 어떤 사람들은 사람 얼굴이 보인다고 하고, 심지어 조지
워싱턴의 얼굴이 보인다고 말하는 사람들도 있다.

사람의 얼굴이나 동물의 형상을 고도로 잘 찾아내게끔 맞춰져 있
다는 사실은 알 것이다. 인간 진화의 역사에서는 다른 동물에 의
한 위협이 많았을 테고 그 동물들을 알아보고 분위기를 파악하는
능력은 종종 생사를 갈랐을 것이다. 연기 감지기의 경우처럼 그
렇다면 정교한 영점 조정의 문제가 제기된다. 그렇다. 인간이나
동물의 얼굴을 잘 알아보려면 인간이나 동물이 거기 없을 때조차
자주 있는 것처럼 보이는 대가를 치러야 한다. 하지만 이 대가는
충분히 치를 만한 대가다.

그러다 보면 세탁기에 감정을 투영하거나 암석층에 사람 얼굴
이 있다고 믿게 될 수도 있다. 하지만 이것은 진화적 적합성이라
는 측면에서 고도의 안면 인식 재능이 가져다주는 이점에 비하면
비용이 거의 없는 것이나 마찬가지다.

430

● 열쇠 사진에서 이 알고리즘은 사람의 얼굴을 인식했다. 동그란 구멍 둘과 길게 찢어진 구멍 하나가 있을 뿐인데 말이다. 소프트웨어 역시 착시 현상을 겪는다.

그러나 '모든' 암석과 나무에서 사람 얼굴을 보는 뇌는 별 쓸모가 없을 것이다. 그렇다면 진화는 아마도 앞으로 미세조정 능력을 개선해 원치 않는 거짓 양성 판정의 수를 줄이려고 할 것이다. 연기 감지기도, 자동차 도난방지용 경보장치도 1980년대에 비하면 지금은 편집증적 망상이 훨씬 줄었다. 하지만 둘 다 지금도 조심하는 쪽으로 실수를 저지르게끔 영점 조정이 되어 있고, 당연히 그래야 한다. 이런 것들은 언제나 얻는 게 있으면 그만큼 잃어야 하는 대가관계에 있고 착각은 우리가 치러야 할 당연한 비용이다.

마찬가지로 안면 인식 소프트웨어 역시 제대로 작동하려면 이런 대가를 치러야 한다. 안면 인식 소프트웨어는 틀린 얼굴을 맞다고 인식하는 실수는 '절대로' 저질러서는 안 되기 때문에 늘 지

● '정신 나간 세탁기.' 착시 현상의 또 다른 예.

나치게 인식률이 '떨어질 것이다. 그렇게 기준이 높다는 것은 각
도가 조금만 틀어져도 얼굴을 인식하지 못하고, 한쪽 눈을 감으
면 무용지물이 된다는 뜻이다. 그 결과 안면 인식 알고리즘은 인
간과 똑같은 착시현상을 겪을 테고, 불완전하거나 헷갈리는 정보
를 처리하기 위해서는 언제나 미세조정이 필요할 것이다.

　그렇다면 그 어떤 생물도 정보를 균형 잡히고 침착하게 객관적
으로 처리해서는 실제 세계에서 진화하고 살아남을 수 없다는 뜻
이 된다. 어느 정도의 편향과 착각은 불가피하다.

11

50파운드에 새 차를 사는 방법

혹시 차를 가지고 있는가? 가지고 있다면 상당히 괜찮은 차인가? 만약에 그렇다면 좋은 소식이 있다. 다음의 한 단락만 읽어도 이 책은 책값을 하게 될 것이다. 여러 번 하게 될 것이다.

다음번에 차를 바꿀까 싶을 때는 바꾸지 마라. 적어도 1년 어쩌면 2, 3년 더 기다려라. 그러면서 가끔 좋은 세차장에 가서 안팎으로 깨끗이 청소를 받아라. 그렇게 하려면 한 번에 50파운드에서 100파운드 정도 들 것이다. 하지만 훨씬 더 좋은 차를 갖게 될 것이다. 단순히 더 깨끗한 차가 아니라 '더 좋은' 차 말이다. 겉으로만 좋아 보이는 게 아니라 달릴 때도 더 부드럽고, 가속도 더 빠르고, 코너링도 더 정확해질 것이다. 그리고 반짝거리는 차는 운전하는 게 훨씬 즐겁다. 이유가 뭐냐고? 정신물리학 때문이다.

세상을 구할 정신물리학

친환경 제품은 효과가 떨어진다는 인식을 어떻게 하면 바꿀 수 있을까? 다행히도 방법이 몇 가지 있다. 무의식을 속여서 환경적 이득이 반드시 효과를 감소시키지는 않는다고 생각하게 만드는 방법들이다. 다시 말하지만 이런 편법들은 '약간의 수작질' 범주에 속한다.

기업들이 환경에 미치는 발자국을 줄일 수 있는 한 가지 방법은 제품을 농축된 형태로 판매하는 것이다. 그러면 포장과 유통 비용이 줄고 화학물질의 사용량도 줄일 수 있다. 그런데 이때 몇 가지 문제가 있다.

1. 농도를 높였음에도 계속해서 이전과 같은 양을 사용하는 사람들이 있을 것이다. 이들은 과다한 양을 사용하게 된다. 뚜껑 크기를

줄이면 문제가 좀 줄 수도 있지만, 여전히 일부의 사람은 양이 적으면 효과도 적다고 생각해서 한 뚜껑 더 넣을 것이다.

2. 사람들이 우리 제품을 아예 사지 않을 수가 있다. 농축한 제품이라고는 하지만 선반에 다른 제품과 함께 놓여 있으면 왠지 같은 돈을 주고 손해 보는 느낌이 들기 때문이다.

3. 농축된 제품은 종류가 많지 않기 때문에 그냥 열등한 제품이라고 생각하고 제품의 가치를 더 이상 신뢰하지 않는 사람들이 생길 수 있다.

4. 제품의 크기가 작으면 선반을 적게 차지하기 때문에 눈에 덜 띄게 되고, 경쟁 제품을 놓을 자리가 더 늘어날 수 있다.

대처법이 몇 가지 있다.

1. 과감하게 정직하라[1]: 예컨대 이 제품은 이전 제품보다 효과가 4퍼센트 약하지만 환경에는 97퍼센트 더 좋다고 선언하는 것이다. 아니면 제품의 약점을 노골적으로 이야기하는 방법도 있다.[2]

2. 골디락스 효과goldilocks effect를 활용하라: 3가지 선택권이 주어지면 가운데 것을 선택할 가능성이 가장 높은, 인간의 자연스러운 편향을 활용하는 것이다. 세탁세제 업체들은 제품을 적게 혹은 중

---

1 내가 아는 한 이 방법을 채택한 회사는 없다. 아마도 조직 내에서 설득이 쉽지 않았을 것이다.

2 약점을 인정하면 주장의 신빙성이 더 높아진다. 종종 이런 효과를 이용한 훌륭한 광고 문구들이 있다. '비싸서 안심이다' '2등이라서 더 노력합니다' 등이 그런 예다.

간 정도로 사용하는 것에 대해서는 정상적인 언어를 사용하고 과량에 대해서는 은연중에 낙인을 찍는 용어를 사용한다. 예를 들면 다음과 같은 식이다. '가벼운 빨래 및 정상 빨래는 반 뚜껑' '충분한 빨래 및 많은 빨래는 한 뚜껑' '극단적 더러움에는 두 뚜껑' 이렇게 표시해두면 뭔가 엄청난 범죄를 저질렀을 때만 한 뚜껑 이상을 사용할 것 같은 인상을 풍겨 평소에 과량을 사용하는 사람도 한 뚜껑만 사용할 가능성이 높아진다.[3]

3. 형태를 바꿔라: 가루나 액체의 양이 줄었는데 이전과 똑같은 효과가 있다고 믿기는 쉽지 않다. 하지만 형태가 젤이나 알약으로 바뀌면 같은 효과를 낸다고 믿기가 더 쉬워진다. 제품을 알약 형태로 만든다면 두께가 얇으면서도 넓고 높은 통에 담는 것을 고려해보라. 그러면 선반 위에서 여전히 잘 보일 것이다.

4. 더 복잡하게 만들어라: 그냥 새하얀 가루에 색깔이 있는 점들을 추가하는 것만으로도 사람들은 더 효과 좋은 제품이라고 믿을 것이다. 이 점들은 무슨 역할을 하는지 모른다고 하더라도 말이다. 마찬가지로 액체와 젤, 가루가 섞인 알약을 만들면 사람들은 양이 적어도 더 효과가 있다고 생각한다. 줄무늬 치약을 기억하라.

5. 노력을 추가하라: 농축 제품은 사용 전에 물과 섞어야 한다거나 두 가지 성분을 먼저 섞은 후에 사용해야 한다고 하면, 그 귀찮은

---

3   환경을 이유로 저온 모드를 사용하기를 바라는 세탁기 제조업체가 있다면 역시 골디락스 효과를 활용할 수 있다. 아주 낮은 온도를 두 가지 표시해서 30도와 40도 표시가 다이얼 중간에 오게 하고 60도와 90도를 오른쪽 제일 끄트머리에 오게 하라. 그러면 사람들은 본능적으로 저온 모드 쪽으로 끌린다.

작은 단계의 추가로 인해 제품 효과에 대한 의구심이 사라진다.[4]

논리적 관점에서 보면 이 모든 해결책이 한심한 수작질처럼 보일 테고, 실제로도 여러 눈속임이 들어 있는 게 사실이다. 만약 우리가 세상을 객관적으로 볼 수 있다면 이런 수법들을 기만이라고 하겠지만, 안타깝게도 우리에게는 그런 능력이 없다. 또 이런 눈속임이 없다고 해서 우리가 갑자기 세상을 아주 정확하게 볼 수 있는 것도 아니다. 그저 다른 종류의 눈속임을 보게 될 뿐이다.

그렇다면 당신은 환경에 도움이 되는 눈속임이 좋은가,
아무 도움이 안 되는 눈속임이 좋은가?

[4]   우리 회사 고객 중에도 이렇게 추가적인 노력을 요구한 제품이 있어 아주 흥미로웠다. 이 회사
에서 가장 성공한 농축 제품(나무 광택제)은 작은 용기에 희석해서 사용하게끔 되어 있었다.

13

이케아 효과
: 너무 쉽게 만들어도 안 되는 이유

1950년대에 식품회사 제너럴 밀스General Mills가 베티 크로커Betty Crocker라는 이름으로 케이크 혼합가루 시리즈를 출시했다. 우유와 계란을 포함해 모든 재료가 건조상태로 들어 있는 제품이었다. 소비자는 물을 붓고 섞어서 오븐에 팬을 넣기만 하면 됐다. 잘못될 요소가 하나도 없었다. 그런데 이 기적의 제품은 수많은 장점에도 불구하고 잘 팔리지 않았을 뿐만 아니라 베티 크로커라는 이름의 제품은 그 누구도 사려고 하지 않았다. 제너럴 밀스는 소비자들이 이 제품을 기피하는 이유를 알아내려고 심리학자들을 불러들였다. 그들이 내놓은 설명 중 하나는 죄책감이었다. 이 제품이 전통적인 베이킹에 비해 만들기가 너무 쉽기 때문에 마치 속임수를 쓰는 것 같은 기분이 든다는 것이다. 제품의 맛이 아주 훌륭하고 갈채를 받는 것도 오히려 도움이 되지 않았다. 요리를 한 사람이 이전에 비해 너무 많은 칭찬을 듣는 게 불편했기 때문이다.

이런 결과에 맞춰 제너럴 밀스는 약간의 심리적 연금술 내지는 '약간의 수작질'을 추가했다. 제너럴 밀스는 베이킹이 조금 불편해지도록 포장지에 있는 설명을 수정했다. 주부들이 물만 붓는 것이 아니라 '진짜 계란'을 추가하게 했다. 제너럴 밀스가 '계란만 추가하세요'라는 광고 문구를 달아서 제품을 다시 출시하자 판매량은 급증했다. 심리학자들은 약간 노력을 더 하게 만드는 것이 여성들[1]로 하여금 시간은 절약하면서도 케이크를 만드는 데 내가 뭔가 기여했다는 기분을 느끼게 만들어서 죄책감을 덜어준다고 생각했다.

소비자가 이렇게 노력을 추가하게 만들어서 가치를 더 높이 느끼게 만드는 전략을 부르는 이름이 있다. 제너럴 밀스가 이 현상을 가장 먼저 발견했으니 아마도 '베티 크로커 효과'라고 불러야 했겠지만, 실제로는 '이케아 효과IKEA effect'라고 부른다. 이케아의 설립자인 괴짜 억만장자 잉바르 캄프라드가 가구의 구매와 조립에 들어가는 노력이 소비자가 느끼는 가치를 높여준다고 믿었기 때문이다. 언젠가 이케아와 작업을 하면서 나는 이런 조언을 들었다.

"어떤 경우에도 이케아의 경험을 더 편리하게 만드는 방법은

---

1   1950년대 이야기다.

제안하지 마세요. 그러면 그 자리에서 해고니까요."

몇 년 후에 우리는 개발도상국용으로 개발된 섬유 세제의 홍보를 부탁받았을 때 이 효과를 적용했다. 이 제품은 물을 절약하기 위해 세 번이 아니라 한 번만 헹구게 되어 있었다. 우리는 세 번의 헹굼을 대체하는 한 번의 과정을 좀 더 복잡하게 만들어야겠다고 생각했다. 한 번의 헹굼에 불필요한 복잡성을 추가하는 것이다. 그렇게 한다고 해서 세제의 효과가 좋아지는 정도는 미미하겠지만, 이렇게 노력을 추가하는 진짜 이유는 새로운 방법이 너무 좋아서 진짜라고 믿기 힘든 사람들을 위해서였다.

마지막으로 내가 제약사들과 작업하며 발견한 사항이 있다. 약을 개발하는 사람들은 다들 자신의 약을 최대한 먹기 쉽게 만들려고 노력한다. 일견 논리적으로 보이는 생각이지만 행동경제학자 댄 애리얼리와 나는 그런 생각에 반대한다. 우리는 먹기 전에 희석을 해야 한다거나 혼합을 해야 하는 것처럼 약에 어떤 준비가 필요하다면 오히려 플라시보 효과가 강화될 수도 있다고 생각한다. 게다가 약을 먹기 전에 그것을 준비하는 과정을 마치 하나의 의식처럼 일종의 루틴으로 만든다면 잊어버리기도 훨씬 힘들 것이다. 조그만 알약 2개를 삼켰는지 아닌지 잊기 쉽지만, 물약 A와 B를 섞어서 가루 C를 탔는지 어땠는지는 훨씬 잊어버리기 힘들 것이다.

14

옳은 일을 시키려면
가끔 틀린 이유도 대야 한다

앞서 이야기했듯이 인간의 뇌는 어떤 의사결정을 내리든 얻는 게 있으면 잃는 것도 있을 거라고 무의식적으로 어느 정도는 짐작하고 있다. 이 자동차가 더 경제적이라면 성능은 다소 떨어질 것이다. 세탁세제가 환경에 더 좋다면 효과는 좀 떨어질 것이다. 그렇기 때문에 어느 제품을 '지구를 살리자'고 홍보하는 것은 위험이 따르는 일이다. 그런 말을 좀 덜하면서 지구를 구하는 편이 오히려 더 쉽지 않을까? 내가 보기에 환경운동가들의 오류는 사람들이 옳은 일을 해야 할 뿐만 아니라, '옳은 이유로' 옳은 일을 해야 한다고 가정하는 것이다. 나는 더 냉소적이지만 실용적인 방식으로 생각한다.

'사람들이 환경에 도움이 되는 행동을 할 수만 있다면 그 동기가 무엇인지는 신경 쓰지 말아야 한다.'

사람들에게 옳은 행동과 함께 '옳은 이유까지' 요구하는 것은 기준을 너무 높게 설정하는 것이다. 오길비에 영국 가정의 쓰레기 재활용률을 높여달라는 부탁이 들어왔을 때 우리는 각 가정이 매립지 증가나 북극곰 개체수 감소에 대해 어떻게 생각하는지에 관해서는 일절 논의하지 말 것을 제안했다.

 우리는 재활용이라는 행동의 주된 동인은 태도보다 환경과 관련있다고 했다. 간단히 말해서 주방에 쓰레기통이 2개라면 상당히 많은 재활용 쓰레기를 분리해서 버리겠지만, 쓰레기통이 하나뿐이라면 그렇지 않을 것이다. 우리는 '쓰레기통 하나는 말도 안 된다'를 슬로건으로, 각 가정이 쓰레기통을 2개 이상 두도록 장려하는 데 캠페인 역량을 집중했다. 어떻게 하면 모든 사람이 환경 운동 피켓을 들게 할 수 있나 하는 문제는 피해간 것이다![1]

 이 캠페인을 벌이면서 우리가 패배주의자가 되거나 환경에 대한 사람들의 인식 제고를 포기했던 것은 아니다. 다만 문제 해결의 순서를 바꾸었을 뿐이다. 인간의 의사결정에 관한 전통적 생각들은 늘 우리의 태도가 행동을 결정한다고 여겼다. 하지만 증거를 보면 의사결정 과정은 정반대로 일어나는 것이 유력하다. 즉 우리가 채택한 행동이 우리의 태도를 결정하는 것이다. 쓰레기를 매립용과 재활용으로 구분해서 버리는 사람은 본인이 채택한 행동 때문에 환경에 대한 인식도 더 제고될 것이다. 테슬라를

---

[1]   우리는 또 기존 쓰레기통 바깥에 두 번째 쓰레기봉투를 부착할 수 있도록 플라스틱 클립을 무료로 나눠주려고 개발 중이다.

타는 사람들이, 처음에 무슨 이유로 그 차를 샀든, 자신의 자동차가 환경에 깨끗하다고 열변을 토하게 되는 것처럼 말이다.**2**

행동이 먼저 오고, 태도 변화는 뒤를 따른다.

우리는 유통기한이 지나면 소비자들이 먹지 않고 버리는 슈퍼마켓 음식의 양을 줄이는 프로젝트에서도 비슷한 실용적 접근법을 사용했다. 이번에도 우리는 사람들이 음식을 낭비하면 안 되는 이유에 집중한 것이 아니라 낭비를 줄이는 행동을 더 쉽게 할 수 있는 방법에 집중했다. 우리가 제안한 내용 중에는 포장지에 유통기한을 '요일'로 표기하는 것처럼 유치하고 간단한 해결책도 있었다. 단순히 숫자로 된 날짜보다는 '2017년 11월 12일 금요일까지'처럼 표기하는 게 사람들이 훨씬 더 기억하기 쉬웠다.**3**

6부에서 본 것처럼 중요한 것은 오직 '행동'이다. 그 행동을 취하는 이유는 중요하지 않다. 이유를 알려줘도 사람들은 그 행동을 하지 않을 수 있다. 하지만 행동을 하게 만들면 문제없이 스스로 이유를 만들어낼 것이다.

---

2 여기서 내가 예상을 하나 해보겠다. 테슬라 구매자 중에서 다시 옛날식 차로 돌아가는 사람은 매우 적을 것이다. 왜냐하면 테슬라를 구매하는 행위 자체가 그들의 선호에 지워지지 않는 영향을 남길 것이기 때문이다. 그러나 이런 지속적 행동 변화의 불씨가 반드시 환경에 대한 관심이어야 하는 것은 아니다. 집안에 화장실과 욕실을 설치한 것도 처음에는 콜레라 발생 위험을 최소화하기 위해서였다.

3 대니얼 카너먼의 용어를 빌리면, '금요일'은 '2017년 11월 12일'보다 훨씬 더 '시스템 I 친화적'이어서 더 적은 인지적 노력으로 의미를 전달할 수 있다.

PSYCHO-
LOGIC

연금술사 되기

마법 같은 성과를 내는 마케팅 비법

나쁜 소식과 좋은 소식

개트윅 공항에 내려앉은 비행기는 5분 정도 천천히 이동하더니 멈춰 섰다. 터미널은 아직 저만치 멀리 있었다. 엔진이 멈추는 소리가 들리고 나는 끔찍한 생각이 들었다.

'다들 버스를 타야 할지도 몰라.'

터미널까지 버스로 이동하게 되면 나는 늘 약간의 원망을 느꼈다. 일부러 터미널에서 먼 곳에 착륙해서 착륙 수수료를 아끼고 이동식 탑승교 이용료도 피해가려는 항공사의 술수가 아닌가 의심했다.

그때 기장의 기내방송이 흘러나왔다. 심리학적으로 어찌나 빈틈없이 영리한지 이 기장을 오길비로 영입해야 하나 하는 생각이 들 정도였다.

"나쁜 소식과 좋은 소식이 있습니다."

기장이 말했다.

"나쁜 소식은, 다른 비행기가 우리 탑승구를 막고 있기 때문에 버스로 이동하셔야 한다는 겁니다. 좋은 소식은, 버스가 여러분을 출입국 심사대까지 데려다줄 것이기 때문에 멀리까지 짐을 들고 걸어가실 필요가 없다는 거지요."

수십 년간 비행기를 타다 보니 문득 나는 그의 말이 이번에만 맞는 말이 아니라는 사실을 깨달았다. 그의 말은 '언제나' 해당되는 얘기였다! 버스는 우리를 정확히 필요한 곳에 내려주기 때문에 기내에 싣고 탔던 짐을 들고 몇 킬로미터씩 통로를 걸을 필요가 없었다. 무슨 계시 같았다. 금세 우리는 출입국 심사대에 도착했고 다들 버스를 탄 것을 오히려 고맙게 생각했다. 객관적으로 바뀐 것은 아무것도 없었다. 하지만 이제 우리는 버스를 저주가 아니라 보너스처럼 생각할 수 있게 됐다. 기장의 연금술 같은 접근법이 나의 관심을 돌려 전혀 다른 판단을 내리게 한 것이다.[1]

---

1   여러분도 다음에 비행기를 타면 똑같은 연금술을 발휘해볼 수 있다. 터미널로 데려다줄 버스가 나타나면 친구에게 큰 소리로 출입국 심사대까지 곧장 가게 되었다고 정말 잘 되었다고 외치면 된다. 그러면 여러분의 목소리가 들리는 범위까지는 모든 사람의 행복 수준이 상승할 것이다.

연금술 수업 제1강
: 재료만 주면 사람들은 안심한다

인간의 특징 중 하나는 그 어떤 상황에서든 대안이 있을 경우 자연히 단점은 최소화하고 장점에 집중하게 된다는 점이다. 사람들에게 좋은 소식과 나쁜 소식을 동시에 들려주면 한 가지 해석의 여지밖에 없을 때 비해 훨씬 더 행복해한다. 그런 점에서 그 기장은 본인이 생각하는 것보다도 더 영리한 사람일 것이다.

행동경제학의 최근 역사에서 가장 재미있고도 설득력 있는 이야기를 리처드 탈러의 《똑똑한 사람들의 멍청한 선택》에서 보았다. 그는 시카고대학교 경제학부 교수진이 새 건물로 이사 가야 했을 때 벌어진 일을 설명했다. 이론적으로 이들은 전 세계에서 가장 합리적인 사람들이다. 집단의 의사결정에 관한 전략이라면 모르는 것이 없는 사람들이니 사무실 할당 정도는 그들에게 문제도 아니었을 것이다. 각 사무실은 크기와 상징적 지위가 조금씩 달랐다. 창문이 하나뿐인 사무실보다는 모퉁이 사무실을 다들 원했다. 사무실을 경매에 부치자는 의견이 나왔지만 곧 배제되었다. 컨설팅 업무로 돈을 많이 버는 젊은 교수들이 좋은 사무실을 낙찰받을 여유가 된다고 해서, 노령의 노벨상 수상자들보다 더 큰 사무실을 갖는 것은 수긍할 수 없다고 본 것이다. 아주 약간의 크기 차이 때문에 수많은 불화가 생기고 집착이 벌어졌다.[1]

나는 탈러 교수에게 약간의 심리적 연금술을 활용한 더 쉬운 해결책을 제안했다. 사무실과 교수용 주차 공간을 선호도에 따라 1에서 100까지 순위를 정한 다음에 가장 좋은 사무실을 받는 사람이 가장 안 좋은 주차 공간을 받는 식으로 짝을 지어서 추첨으로 정하면 어떻겠냐고 말이다. 이렇게 해놓으면 사람들은 추첨에서 자신에게 좋은 결과가 나온 쪽에 더 큰 비중을 둔다. 중간에 끼인 사람들은 자신의 결과를 만족스러운 타협이라고 고쳐 생각하고 말이다.

내가 이런 시스템에 익숙한 이유는 대학 시절 우리 학교의 기숙사 방을 이렇게 할당했기 때문이다. 아마 수백 년 된 관행일 것이다. 첫해에는 모두가 가장 기본적인 방을 할당받는다. 특별히 좋은 방은 1학년생에게는 주어지지 않는다. 2학년이 되면 제비뽑기를 하는데 가장 높은 순위의 학생이 가장 먼저 방을 고르고,

---

1   탈러가 말하듯이 이 논쟁은 다소 무의미했다. 왜냐하면 모든 사무실이 완벽하게 적당한 크기였기 때문이다. 게다가 건물 내에서 덜 선호하는 쪽에 위치한 사무실들은 대신 프랭크 로이드 라이트의 프레리 양식Prairie-style 건축물 걸작 중 하나인 로비 하우스Robie House가 시야에 들어온다는 보상이 있었다.

두 번째 높은 학생이 그다음으로 고르는 식이다. 그리고 3학년이 되면 제비뽑기에서의 위치를 뒤집는다. 나는 이 시스템의 결과에 만족하지 않는 사람을 한 번도 본 적이 없다.

이 사례는 무작위로 모인 사람들이 자원을 불공평하게 나눠 가져야 할 때 최선의 방법에 관해 대단히 귀중한 심리학적 통찰을 제공한다. 좋은 것 더하기 나쁜 것, 나쁜 것 더하기 좋은 것 혹은 중간 더하기 중간으로 자원을 제시하면 모든 사람이 똑같이 만족하는 것으로 보인다. 실제로 우리는 명시적인 대가관계에 대해서는 호의적으로 생각하는 것으로 보인다. 나쁜 소식과 좋은 소식을 한 문장으로 묶어서 "네, 우리는 X라는 단점을 인정하면서 Y라는 장점도 생각해요"라고 말하면 특히 설득력을 갖는 것으로 보인다. 로버트 치알디니는 판매를 마무리할 때 단점을 인정하면 이상하게도 설득력이 증가한다고 지적한 바 있다. "네, 비싸긴 해요. 하지만 그만한 가치가 있다는 걸 곧 알게 되실 거예요"라고 하면 이상하게도 설득력 있는 문장이 된다. 제품의 약점을 아예 명시적으로 언급해주면 사람들은 해당 약점의 중요성을 낮게 평가하면서 그런 대가관계가 있다는 사실을 받아들인다. 앞으로 혹시 후회하지 않을까 끝없이 걱정할 필요가 없어지는 것이다. 신제품을 소개할 때는 이 점을 염두에 두면 도움이 될지 모른다.

생각해보면 저가항공사들이 티켓 가격에 포함되지 '않는 것'들을 그처럼 노골적으로 얘기하는 것은 다소 이상한 일이다. 사전 지정 좌석, 기내식, 공짜 음료, 공짜 수하물 등등이 없다는 사실은 가격이 낮은 이유를 설명해주고 저가에 대한 낙인을 벗는 데 도움이 된다. 부다페스트로 가는 항공편이 37파운드라는 광고를 볼 때 '저 정도로 낮은 가격이 가능한 것은 어차피 내가 원하지도 않을 값비싼 각종 혜택에 대한 비용을 내지 않기 때문이구나'라고 생각하면 '아, 그렇구나' 하고 수긍할 수 있다. 잘 정의된 명시적 대가관계는 우리가 기꺼이 받아들일 수 있다.

그러지 않고 저가항공사들이 이렇게 주장한다고 한번 생각해보라.

"우리는 브리티시 항공만큼 우수하지만 가격은 3분의 1입니다."

아무도 믿지 않거나 즉시 이런 의심이 들 것이다.

'어쩌면 저들의 가격이 싼 유일한 이유는 엔진 점검을 하지 않거나, 조종사들을 훈련시키지 않거나, 비행기가 안전하지 않아서일 거야.'

그러니 마케팅은 높은 가격을 정당화시키는 것뿐만 아니라 낮은 가격의 치명적 단점을 보완할 수도 있다. 충분한 설명 없이 무언가를 너무 싸게 제시하면 사람들에게는 믿기지 않을 수 있다. 어쨌거나 무언가가 진실이라고 믿기에는 너무 좋다면 보통은 그 의심이 옳기 때문이다.

신 포도, 단 레몬
: 후회를 최소화하는 방법

현명한 스토리텔러였던 이솝은 나의 공항버스 일화를 통해 알 수 있는 인간 심리에 대한 간단한 진실을 이미 2,000년 전에 알았다. 《이솝 우화》여러 편에 그런 내용이 등장하는데 그중에서도 가장 유명한 것은 여우와 포도 이야기다. 여우는 간절한 눈빛으로 저 높은 나뭇가지에 매달린 탐스러운 포도송이를 바라본다. 여우의 입에는 침이 고인다. 여우는 포도를 잡으려고 폴짝 뛰어보지만 어림도 없다. 폴짝폴짝 아무리 뛰어보아도 헛수고다. 주저앉은 여우는 혐오의 눈빛으로 포도를 노려보며 말한다.

"이게 무슨 바보짓이람. 신 포도송이[1] 하나 얻자고 이렇게 힘을 빼다니. 그럴 가치도 없어."

---

[1]   '신 포도'라는 문구는 여기서 유래했다. 지금까지도 사용하는 가장 오래된 은유법 중 하나일 것이다.

이 우화의 교훈은 많은 사람들이 자신이 가질 수 없는 것을 경멸하고 하찮게 생각하는 척한다는 것이다. 충분히 맞는 말이지만 한편으로 우리가 나 자신에 대한 이런 정신적 속임수를 쓰지 않는다면 과연 삶이 어떻게 느껴질까 하는 생각도 든다. 내가 노벨상을 수상한 억만장자가 아니라는 이유로 끊임없이 억울해하며 살지도 모를 일이다.

신 포도와 정반대되는 현상을 종종 '단 레몬'이라고 부른다. 부정적 경험을 긍정적으로 해석하기로 우리가 '결심'하는 때를 말한다. 이런 정신적 속임수는 둘 다 일종의 '후회 최소화' 작업이다. 기회만 있으면 우리의 뇌는 그 어떤 후회의 감정도 줄이려고 최선을 다할 것이다. 물론 대안이 될 수 있는 그럴듯한 스토리가 필요하겠지만 말이다. 공항에서의 내 경험을 다시 생각해보면 이전에 내가 버스로 터미널까지 가는 것을 싫어했던 것은 그게 본질적으로 나쁜 일이어서가 아니라 그 일을 좀 더 좋게 볼 수 있도록 나를 도와줄 수 있는 계기가 아무것도 없어 보였기 때문이다. 일단 장점을 알고 나니, 이제 나는 버스를 짜증 나는 대상이 아니라 운송수단으로 보겠다고 선택할 수 있었다. 셰익스피어의 글처럼 "세상에 좋고 나쁜 일은 없다. 생각이 그렇게 만든다."

이번 장을 쓰려고 자리에 앉기 몇 시간 전에 나는 주차위반 딱지를 떼었다. 금액은 25파운드에 불과하고 순전히 내 잘못이었지만, 그래도 나는 필요 이상으로 짜증이 났다. 사실 지금도 그 일을 생각하면 짜증이 난다. 아마도 주차위반 딱지가 우리를 필요 이상으로 짜증 나게 하는 이유는 그것을 좀 더 좋게 볼 수 있게 프레임을 새로 짤 방법이 도무지 없기 때문일 것이다.

　나에게 주차위반 딱지를 발급한 지방 정부는 그 저가항공 기장이 그랬던 것처럼 내가 나에게 뭔가 정신적 속임수를 쓸 수 있게 기회를 줄 수는 없었을까? 아무리 하잘것없는 것이라도 좋으니 내가 벌금을 뭔가 긍정적으로 느낄 수 있는 이유 같은 것 말이다. 예를 들어 내가 벌금으로 내는 돈이 지방 도로 개선에 투자되거나 노숙자 쉼터에 기부된다는 말을 들었다면 내 기분은 얼마나 달라졌을까? 벌금은 여전히 주차위반 억지 효과가 있었겠지만 내 분노나 원망 수준은 훨씬 줄어들었을 것이다. 그게 어떻게 나쁜 일이 될 수 있을까?

4

연금술 수업 제2강
: 작은 물에서 통하는 것은
큰물에서도 통한다

저가항공 및 주차위반 딱지 경험에서 얻은 통찰을 더 큰 문제에 적용해보면 어떨까? 공공 서비스 이용자들이 종종 해당 서비스를 싫어하는 이유는 공공 서비스가 민간 서비스보다 나빠서가 아니라 낸 돈과 얻는 것 사이의 관련성이 너무 불투명하기 때문이다. 내가 내는 세금에 대한 긍정적 스토리를 만들어낼 수가 없는 것이다.[1]

언젠가 나는 내가 내는 지방세가 어디에 쓰이는지 분석해본 적이 있다. 나는 연간 25파운드를 매주 수거해가는 쓰레기 처리 비용으로 내고 있는 듯했다. 주간으로 환산하니 주당 50펜스였다. 나는 비용이 저렴한 것에 깜짝 놀랐다. 우표 한 장값도 안 되는

---

[1] 덴마크나 스웨덴 같은 곳은 예외일 수 있다. 이들 국가는 세율이 지독히 높은 대신에 지역별로 공공 지출에 대해 고도의 민주적인 검토를 거친다.

돈으로 매주 누가 내 집에서 와서 쓰레기봉투를 수거하고 처리해주는 것이다. 갑자기 시의회가 더 훌륭한 곳처럼 느껴졌다.

각국 정부의 문제점 중 하나는 일반적으로 특수세를 싫어한다는 것이다. 세금의 용도를 미리 지정해놓고 정해둔 활동 분야에만 사용하는 것을 싫어한다. 대신에 세수는 일단 모두 한곳으로 흘러들어간 다음 필요한 곳 어디에든 사용하는 시스템을 좋아한다. 그 결과 우리는 내가 보고 느끼고 심지어 상상할 수 있는 무언가에 세금이 사용된다는 점 때문이 아니라 세금 부과 자체에 분개하게 된다.

반면에 잠깐 한번 생각해보면 민간 기구들은 기부금의 대가로 무언가를 제시해서 자선 기부금을 성공적으로 확보하곤 한다. 그 대가는 건물에 이름을 붙일 수 있는 권리처럼 사소한 것일 수도 있다. 반면에 우리가 정부에 납부하는 세금은 기쁘게 돈을 낼 수 있는 뭔가 그럴듯한 스토리를 만들어낼 기회가 없다. 그래서 주차위반 딱지처럼 세금도 온통 나쁘게만 보인다. 하지만 약간의 연금술이면 이 문제를 쉽게 해결할 수 있다. 고대 로마에서는 군사 작전이나 공공사업의 경비 마련을 위해 부유세를 부과했다. 부유세를 낸 사람들의 이름은 기념비에 올랐고 해당 세금은 구체적 목적에 사용되었기 때문에 부유한 사람들은 기꺼이 세금을 냈다. 처음에는 나는 가난해서 부유세를 낼 수 없다고 생각했던 사람들도 "실은 당신들 생각보다 내가 훨씬 부자예요"라며 자발적으로 부유세를 냈다.

명품 선글라스[2]에 기꺼이 300파운드를 쓰는 사람들이 보건이나 치안, 소방, 국방에 사용하기 위해 동일한 금액을 내라고 하면 분개한다. 그러나 많은 사람들은 내 돈이 어디로 가는지 구체적으로 알 수 있다면 더 많은 세금도 자발적으로 낼 것이다.[3] 소득세 납부서에 체크박스를 하나 만들어서 보건 개선 목적으로 1퍼센트의 추가 세금을 납부할 수 있게 한다면 많은 사람이 기꺼이 세금을 낼 것이다. 거기에 고대 로마인들이 효과적으로 했던 것처럼 세금을 더 냈다는 사실을 표시할 수 있는 자동차 스티커를 발부한다면 더 많은 사람이 참여할 것이다. 이게 어떻게 나쁜 일일 수 있을까? 그런데도 어찌 된 노릇인지 정부 기관이나 기업들은 이런 식의 해결책은 도통 생각해보지 않는다. 아마도 이런 방법을 속임수라고 생각하는 듯하다. 실제로 이런 방법이 속임수일 수도 있다. 하지만 감정적 반응이 우리 뇌에 그토록 큰 영향력을 가진다면, 우리는 정서적으로 가장 덜 괴로운 방법으로 무언가를 제시하려는 시도라도 해보는 수밖에 없다.

기억하자. 생선이 아무리 맛나다고 해도 이름이 '파타고니아 이빨고기'면 아무도 사지 않는다.

마찬가지로 아무리 자신에게 이득이 된다고 해도, 어느 금융 상품 이름이 '연금'이라면 스물여섯 살짜리가 구매하는 일은 절

---

2   제작비는 고작 15파운드 남짓일 것이다.
3   나만 이렇게 생각하는 것은 아니다. UCLA의 슐로모 베나치도 최근 비슷한 내용을 영국 정부에 제안했다.

대 없을 것이다. 현재 영국 정부는 매년 연금 납부 시 세금 환급금으로 250억 파운드 이상을 쓰고 있다. 그 어떤 기준으로 봐도 은퇴 준비를 위한 저축에 어마어마하게 후한 인센티브를 주는 셈이다. 그런데 이게 또 어마어마하게 비효과적이다. 최근에 내가 참석했던 회의에서는 그처럼 높은 수준의 금융 보조금이 필요하지 않으면서도 정부가 특히 젊은 사람들을 위해 연금 납입을 더 매력적으로 만들 수 있는 방안을 논의했다. 참석자들은 모두 이 분야에서 리처드 탈러와 슐로모 베나치가 이뤄놓은 업적에 깊은 감명을 받았다. 두 사람은 연금 저축에 대한 새로운 메커니즘을 구상해놓았다. 행동 심리학의 핵심 원리 중 하나인 '손실 회피'를 이용하는 방법이었다. 손실 회피란 우리가 100파운드의 이득을 보았을 때 얻는 기쁨보다 100파운드의 손실을 보았을 때의 고통을 더 크게 경험하게 만드는 정신적 메커니즘이다.[4]

전형적인 연금은 다음과 같은 방식으로 운영된다. 매달 250파운드를 내고 연금 프로그램을 구매하면 그때부터 매달 250파운드만큼 더 가난하게 살다가, 은퇴 시기가 되면 연금이 제공하는 연봉을 통해 회복한다. 반면에 탈러와 베나치가 말하는 '내일 더 저축Save More Tomorrow' 연금은 좀 다른 원리로 작동한다. 일정 비

---

4 〈정치경제학 저널Journal of Political Economy〉 2004년 2월호의 '내일 더 많이 저축하라Save More Tomorrow' 참조. 손실 회피란 효용이라는 경제학적 개념에 역행하는 개념으로 경제학자들은 종종 인간의 비합리성(편향)의 예로 손실 회피를 언급한다. 그러나 우리의 뇌는 제대로 된 길로 진화해 왔고 합리성에 대한 경제학자들의 가정이 틀린 것일 수도 있다. 경로 의존적인 삶에서는 동일한 양의 이득이 도움을 주는 것보다는 손실(또는 손실의 연속)이 결과를 해칠 위험이 더 크다. 연달아 두세 번 손실을 본다면 생존과 멸종의 길이 갈릴 수도 있다.

율(예컨대 20퍼센트)로 연금에 가입하지만 즉시 시작하는 것이 아니라, 미래의 임금 '상승분'의 비율로 납입금이 정해진다. 그러니까 월급이 500파운드 상승하면 그중 20퍼센트(를 선택했을 경우)가 연금으로 가는 것이다. 이후 임금이 더 상승할 때도 마찬가지다. 50대가 되었을 때 연금을 시작한 시점에 비해 연간 5만 파운드를 더 벌고 있다면 매년 퇴직 연금에 1만 파운드를 납입하고 있을 것이다. 이렇게 되면 '내일 더 저축' 연금에 가입한 사람은 연금 때문에 더 가난해지는 일은 없다. 그저 '덜 부자'가 될 뿐이다. 경제학자에게는 이 두 가지 상태가 동일한 것이겠지만, 진화된 인간의 뇌에는 아주 다른 것들이다.

이 아이디어는 효과가 있었다. 대조군에 비해 2배나 많은 사람들이 이 연금에 가입하려고 했고, 7년 후 이들의 평균 납입금은 대략 2배에 달했다. 이런 게 바로 연금술일 것이다. 아무런 물질적 인센티브 없이도 행동의 변화를 만들어냈기 때문이다. 그저 우리의 뇌가 작동하는 방식에 더 잘 맞는 행동을 제안했을 뿐인데 말이다.

영국 정부가 자동 등록제를 도입하면서 자연스럽게 연금 저축을 만들어낸 것도 중요한 성과다. 그 결과 지금은 이전에 연금이 없던 사람들 중 700만 명 이상이 연금을 갖게 됐다.

여러모로 우리는 무리 지어 생활하는 종이다. 우리는 사람들과 함께 있을 때 편안함을 느끼고 물건을 살 때도 떼지어 다닌다. 이는 비합리적인 것이 아니라, 낭패를 보지 않게 도와주는 유용한 휴리스틱이다. 영양이 무리를 뛰쳐나와 혼자서 돌아다니면 조금 더 좋은 풀밭을 찾을 수 있을지도 모른다. 하지만 혼자인 영양은 풀을 뜯기보다는 포식자가 오지 않나 감시하는 데 더 많은 시간을 써야 할 것이다. 반면에 무리와 함께 하는 풀밭은 풀이 조금 못하더라도 대부분의 시간을 안전하게 풀 뜯는 데 보낼 수 있다. 위협을 경계해야 하는 부담을 수많은 눈들과 공유할 수 있기 때문이다. 소비자들도 비슷한 본능을 가지고 있다. 우리는 혼자서 완벽한 결정을 내리느니, 차선이 되더라도 여러 사람과 함께 의사결정을 내린다. 이 역시 전통적 시각에서는 '합리적'이지 않더라도 실제로 현명한 행동이다. 문제를 공유하면 걱정이 훨씬 줄어들기 때문이다.[5]

연금이 더 매력적으로 보이도록 우리가 내놓은 아이디어 중에는 이런 무리 본능을 이용한 것도 있었다. 예를 들어 스포츠클럽 회원들처럼 서로 아는 사람들의 집단 전체에 연금을 판매한다면 신뢰도가 훨씬 높아질 것이다.

그 밖에 우리가 제안한 내용을 몇 가지 소개하면 아래와 같다.

1. 국가가 주는 혜택이 얼마인지 이야기하라. 세금 환급은 이상한 형태의 인센티브여서 거의 눈에 보이지가 않는다. 환급분은 나에게

---

5   저녁에 집에서 행복하게 앉아 있는데 갑자기 불이 모두 나갔다고 상상해보라. 나라면 가장 먼저 창밖을 내다보고 동네의 다른 집들도 불이 나갔는지 살펴볼 것이다. 다들 어둠에 빠져 있다면 안도의 한숨이 나올 것이다. '아이고, 다행이네. 그냥 전기가 나간 거네. 누가 해결하겠지.' 반대의 경우라면 훨씬 안 좋을 것이다. '젠장, 우리 집만 나갔잖아. 내가 해결해야겠군.'

직접 지급되는 것이 아니라 연금 납입분에 추가되므로 금세 눈앞에서 사라져버린다. 매달 정부로부터 다음과 같은 문자메시지가 온다면 어떨까? '이번 달 귀하의 연금에 400파운드를 추가로 납입하였습니다.'**6**

2. 저축 가능한 금액을 제한하라. 영국에서는 말도 안 되게 큰 금액을 연금으로 납입해도 여전히 정부로부터 세금 감면을 받는다. 언뜻 보면 이게 논리적으로 보일 것이다. 사람들이 저축하는 금액이 많아질수록 더 좋으니까 말이다. 하지만 이렇게 되면 허용 한도를 채우지 못했을 때 내가 손해 본다는 느낌이 들지 않는다. "사람들이 저축을 더 많이 하게 만들고 싶다면 저축 허용액을 줄여라"라고 말하면 미친 소리처럼 들릴지 모른다. 하지만 심리학적 연금술에서는 이렇게 비상식적인 유형의 해결책이 자주 나타난다.**7**

3. 연금 납입액을 탄력적으로 만들어라. 임금이 일정하지 않을 수 있는 현대 긱 경제gig economy에서 납입자들에게 매달 문자메시지를 보내 ① 평소 납입금을 그대로 유지할지 ② 납입금을 늘릴지 ③ 납입을 잠시 쉴지 물어보면 좋을 것이다.

4. 나이가 들수록 세금 환급 규모를 살짝 줄여라. 그러면 연금 저축을 더 일찍 시작할 수 있는 분명한 인센티브가 될 것이다.

5. 퇴직 전에도 연금에서 돈을 인출할 수 있게 하라. 연금 계좌에 10만 파운드가 들어 있는데 25퍼센트의 신용카드 이자를 내는 것

---

6 내가 만약 매달 누군가에게 400파운드를 준다면 나는 꽤 큰 소리로 떠들 것이다.
7 만약 효과도 있고 이해도 쉬웠다면 누군가가 이미 했을 것이다.

은 어리석은 일이다. 1년 동안 일을 쉬고 여행을 하고 싶을 때 연금으로 비용을 대면 안 될 이유가 무엇인가?[8]

위 제안 내용 중에서 일부는 동의하지 않을 수도 있다. 하지만 이 중 몇 가지를 조합하면 지금의 시스템보다는 더 효과적으로 연금 저축에 동기를 부여할 수 있을 거라는 점은 인정하리라 본다. 한 가지 눈여겨보아야 할 점은 만약 경제학이 객관적 '진실'이어야 한다고 생각한다면 저 중에 그 어느 것도[9] 고려조차 하지 않을 거라는 점이다.

---

8   나이 60에 모든 일을 그만두는 것은 수긍하면서 40대에 1년을 쉬는 것은 왜 비윤리적이라고들 생각하는지 모르겠다. 연금이란 대부분의 사람이 65세에 사망하고 힘든 육체노동이 많던 시절에 설계된 것이다. 아직까지도 이게 유의미한 가정인지 생각해봐야 할 문제다.
9   아마도 4번만 제외하고.

5

연금술 수업 제3강
: 똑같은 것도 달리 표현하라

테이블에 넉 장으로 된 카드 한 벌이 놓여 있다고 상상해보라. 한쪽 면에는 숫자가 적혀 있고 다른 쪽 면에는 색깔이 칠해져 있다. 보이는 면들은 5·8과, 파란색·녹색이다. 한쪽 면이 짝수이면 반대쪽 면에는 파란색이라는 명제가 참인지 확인하려면 어떤 카드(혹은 카드들)를 뒤집어봐야 할까?[1]

카드의 한쪽 면이 짝수면 반대쪽 면은 파란색이다

- 웨이슨 카드Wason Cards. 맥락이 얼마나 중요한지 보여준다. 프린스턴대학교 학생 대부분이 이 테스트에 당혹스러워했다.

놀랄 만큼 많은 수의 똑똑한 사람들이 틀린 답을 골랐다. 프린스턴대학교 학생 대부분도 마찬가지였다. 전체적으로 단번에 옳은 답을 찾은 사람은 10명 중 1명도 안 되었지만, 옳은 답을 설명해주자 문제를 이해하는 데 어려움을 겪는 사람은 아무도 없었다.

가장 흔히 하는 실수는 파란색 카드를 뒤집어봐야 한다고 생각하는 것이다. 사실 규칙에서 홀수에 대해서는 아무 언급이 없기 때문에 파란색 카드의 뒷면이 홀수이든 짝수이든 규칙을 검증하지는 못한다. 따라서 파란색 카드는 뒤집을 필요가 없다. 대신에 녹색 카드를 뒤집어봐야 한다. 왜냐하면 녹색 카드 뒷면에 짝수가 적혀 있다면 규칙은 이미 깨어진 것이기 때문이다.

진화심리학자 레다 코스미디스Leda Cosmides와 존 투비Tooby가 지적하듯이, 일부 사람들밖에 이해하지 못하는 논리 언어가 아니라 사회적 관계의 용어로 이 문제가 제시되어 있었다면 성공률은 훨씬 높았을 것이다. 예를 들어 21세가 넘어야만 술을 마실 수 있는 것이 규칙이라고 치자. 카드의 한쪽 면에는 술 마시는 사람의 나이가 적혀 있고 다른 쪽 면에는 손에 들고 있는 음료가 그려져 있다.

문제를 이렇게 제시하면 거의 모든 사람이 답을 맞힌다. 즉 19세 카드의 음료가 무엇인지, 맥주 카드의 나이가 얼마인지 확인한다. 콜라는 문제가 되지 않고, 21세가 넘은 사람은 마시고 싶은 건 무엇이든 마실 수 있다. 이런 논리에 대처하는 데 어려움을

---

1 1966년 만들어진 이 테스트를 '웨이슨 선택과제'라고 한다.

- 똑같은 문제도 프레임을 달리 제시하면 어린아이도 풀 수 있다.

겪는 사람은 아무도 없다. 앞의 것과 동일한 문제이고 프레임만 다르게 제시했을 뿐인데 말이다.[2]

연금술사가 하는 일은 어떤 프레임이 가장 잘 작동할지를 찾아내는 것이다. 나는 비용에 대한 프레임을 다시 짜는 것만으로 여든둘이 된 내 아버지가 유료 TV를 시청하게끔 설득했다. 아버지는 위성 TV 패키지에 매달 17파운드를 지불하는 것을 못마땅해했다. 돈 낭비처럼 느꼈던 것이다. 하지만 내가 매달 17파운드면 하루 50펜스 정도이고 아버지는 이미 신문에 매일 2파운드를 쓰고 있다고 말하자 상황은 완전 바뀌었다. 한 달에 17파운드가 아니라 하루에 50펜스라고 하자[3] 똑같은 비용인데도 완벽히 합리적으로 보였다.

---

2   J. 바코Barkow 등이 쓴 《적응된 마음The Adapted Mind》에서 투비와 코스미디스는 뇌에는 진화를 거친 다양한 모듈이 있다는 의견을 제시했다. 각 모듈별로 서로 다른 프로세스에 대처한다는 것이다. 카드 문제가 규칙 깨기 문제로 제시되면 해결하는 데 어려움이 없다. 우리의 뇌 일부가 그런 문제에 최적화되어 있기 때문이다. 그러나 똑같은 문제가 '순수 논리'라는 덜 사용되는 언어로 제시되면 우리는 어려움을 겪는다. 그렇게 추상적인 것을 담당하는 모듈이 따로 없기 때문이다. 나는 완벽하게 공감하는 것은 아니지만 이게 흥미로운 개념이고 멋진 실험이라고 생각한다.

3   그렇다. 살짝 부정확한 수학이다.

연금술 수업 제4강
: 별것 아닌 선택권을 줘라

정신적 고통이 없다는 가정하에 우리는 선택 자체를 좋아하는 경향이 있다. 1990년대 초에 나는 회사의 가장 큰 고객인 브리티시 텔레콤과 작업하고 있었다. 당시 민영화 직후이던 브리티시 텔레콤은 영국 전역에 걸쳐 전화 교환을 현대화해서 고객들에게 크게 향상된 서비스를 제공할 수 있었다. 한 달에 몇 파운드면 전화를 다른 번호로 돌릴 수도 있었고, '대기' 서비스에 가입해서 통화 중일 때 다른 곳에서 전화가 오면 알 수도 있었다.

우리는 새로운 서비스를 설명하려고 고객들에게 편지를 보내 가입을 권유했다. 고객들은 두 가지 방식 중 하나를 선택할 수 있었다. 무료전화로 전화를 걸거나 맞춤화해놓은 양식의 박스에 체크를 해서 동봉된 봉투에 넣어 돌려보내는 방법이 있었다. 여기까지는 평범했다. 그런데 브리티시 텔레콤은 우편으로 상품 요청을 받고 싶지 않다고 했다. 자신들은 전화회사이니 우체국에 돈을 줄 게 아니라 고객들이 전화를 사용하도록 독려해야 한다는 것이다. 브리티시 텔레콤은 유일한 회신방식인 전화번호만 적어서 편지를 발송하고 싶어 했다.

테스트를 해보려고 우리는 고객들을 임의로 세 그룹으로 나누었다. 첫 번째 그룹에게는 전화와 우편 회신이라는 선택권이 모두 제공됐다. 두 번째 그룹에게는 전화 회신만 가능하게 했다. 세 번째 그룹에게는 우편 회신만 가능하게 했다. 그룹당 5만 통의 편지를 발송했는데 회신이 들어오기 시작하고 얼마 지나지 않아 이상한 일이 벌어지고 있는 게 분명해졌다. 전화 회신만 가능했던 사람들의 회신율은 약 2.9퍼센트였고 우편 회신만 가능했던 사람들의 회신율은 약 5퍼센트였다. 그런데 둘 중 하나를 선택해서 회신할 수 있었던 사람들의 회신율은 7.8퍼센트였다. 나머지 두 그룹을 합한 것과 비슷한 수치였다. 경제학적으로 보면 괴이한 일이었다.

<u>사람들은 선택 그 자체를 좋아하는 것으로 보인다.</u>

이게 바로 공공 서비스나 독점 서비스가 객관적으로 좋은 서비스를 제공하고도 종종 저평가되는 이유다. 내가 선택하지도 않은 것을 좋아하기란 쉽지 않은 것이다.

대부분의 온라인 소매업체들이 소비자에게 제품을 배송할 택

배회사에 대한 선택권을 왜 주지 않는지 나는 전혀 이해가 가지 않는다. 소비자들은 그런 선택권을 훨씬 더 좋아할 테고, 또 그렇게 되면 제품이 늦거나 아예 도착하지 않더라도 소매업체만 비난하는 일은 없을 텐데 말이다.

7

연금술 수업 제5강
: 예측 불가능한 길을 가라

관제탑: 이제 서치라이트를 좀 켤까요?

크레이머: 아뇨…, 다들 우리가 그럴 줄 알고 있겠죠.

대부분의 기업은 전형적 논리로 운영된다. 재무, 운영, 물류 모두 기존의 모범 사례를 그대로 따른다. 규칙이 있고, 그 규칙을 깨려면 충분한 이유가 있어야 한다. 그런데 비즈니스에서 이런 방식으로 운영할 수 없는 부문들이 있다. 마케팅이 바로 그중 하나다. 사실 마케팅은 모범 사례라는 게 아예 존재하지 않는 부문이다. 왜냐하면 표준 통설을 그대로 따랐다가는 우리 브랜드가 경쟁 브랜드와 다를 바가 없어져 비교 우위가 잠식되기 때문이다. 위 대화는 영화 〈에어플레인〉에 나오는 농담이다. 항공관제탑에서는 원칙대로 접근하는 비행기를 위해 활주로의 조명을 켜려고 한다. 하지만 참전 용사 출신인 크레이머는 너무 예측 가능해지는 것을 겁낸다.[1] 여기서 중요한 점이 하나 드러난다.

마케팅 담당자는 어렵고 외로운 길을 갈 수 있다. 흔히 기업의 경영진은 대부분 저 항공관제탑과 같은 사고방식을 갖고 있다. 뻔한 것을 좋아한다. 하지만 마케팅 담당자는 크레이머처럼 뻔한 것을 두려워해야 한다. 두 사고방식이 함께 가기는 쉽지 않다. 기존 논리를 벗어난다는 것은 위험이 따르는 일이다. 상상력이 부족하다는 이유보다는 비논리적이라는 이유가 해고되기 더 쉽다는 사실을 기억할 것이다. 수많은 사회적 상황이나 복잡한 상황에서는 완전히 예측 가능한 것이 끔찍한 일임에도 우리는 논리에 집착하는 경향이 있다.

빌 번백이 말했듯이, 전통적 논리는 마케팅에서 아무짝에도 쓸모가 없다. 결국 경쟁자와 똑같은 결론에 이를 것이기 때문이다.

---

1   군의 작전은 어찌 보면 마케팅과 아주 유사하다. 군 작전관은 틀에 박힌 논리대로 갈 수는 없다. 그렇게 하면 우리가 뭘 할지 적군이 예측할 수 있기 때문이다.

8

연금술 수업 제6강
: 사소한 차이가 결과를 바꾼다

몇 개 안 되는 단어와 버튼 하나로 이루어진 아래 그림은 소위
'3억 달러짜리 버튼'이라고 불렸다. 웹디자인이나 사용자경험과
관련된 글에서도 자주 인용됐다. 이 버튼이 처음 나타난 것은 익
명의 어느 소매업체의 웹사이트였고, 많은 전문가들은 그게 베스
트바이Best Buy일 거라고 믿고 있다.

이 버튼을 처음 만든 재러드 스풀Jared Spool은 이 웹사이트에서
고객들이 이전에 구매를 완료하려 할 때 나타났던 양식을 다음과
같이 설명했다.

양식은 간단했다. 이메일 주소와 비밀번호를 써넣고 '로그인'이나
'회원가입' 버튼을 누르도록 되어 있었다. 하단에는 '비밀번호 찾기' 링
크가 있었다. 이것은 해당 사이트의 로그인 양식으로, 사용자들이 늘

> ## 처음 방문하시는 고객님,
>
> 아직 회원이 아닌가요? 괜찮습니다.
> 비회원으로도 물건을 구매할 수 있습니다.
> 원한다면 계산 과정에서 회원가입을 할 수도 있습니다.
>
> **비회원으로 쇼핑 계속하기**

- '3억 달러짜리 버튼.' 사실 웹디자인에서 이처럼 엄청난 효과를 내는 것
  들은 놀랄 만큼 흔하다. 인터페이스 디자인의 첫 번째 규칙 중 하나는 아
  마도 '논리에 구애되지 마라'일 것이다.

만나게 되는 표준 양식이기도 했다. 이게 대체 무슨 문제가 될 수 있을
까? 그러나 우리는 처음 쇼핑을 하는 사람들을 잘못 파악하고 있었다.
처음 쇼핑을 하는 사람들은 실제로 회원가입을 꺼렸다. 그들은 이 페
이지가 나타나면 회원가입을 해야 한다는 사실에 분개했다. 어느 고객
은 이렇게 말하기도 했다.

"무슨 계속 이어질 관계를 맺으려고 이 사이트에 들어온 게 아니에
요. 그냥 물건을 하나 사고 싶을 뿐이라고요."

처음 쇼핑을 하는 사람들 중에는 이 사이트에 들어온 게 처음인지
기억하지 못하는 사람들도 있었고, 이메일 주소와 비밀번호를 차례
로 넣어보다가 로그인이 안 되면 좌절했다. 우리는 고객들이 회원가입
을 그토록 싫어하는 것에 깜짝 놀랐다. 회원가입 과정에 뭐가 있는지

도 모르는 채로, 사용자들은 너나 할 것 없이 어느 정도 자포자기하는 심정으로 회원가입 버튼을 눌렀다. 많은 고객들은 원치도 않는 마케팅 메시지를 보내려고 업체가 내 개인정보를 요구한다며 목소리를 높였다. 심지어 이 노골적인 프라이버시 침해 시도에 다른 범죄 목적이 있다고 상상하는 사람도 있었다.[1]

스풀의 조언에 따라 해당 사이트의 디자이너들은 문제를 간단히 해결했다. 그들은 회원가입 버튼을 '쇼핑 계속하기' 버튼으로 교체하고 이런 문장을 보여줬다.

"저희 사이트에서는 구매를 위해 회원가입을 할 필요가 없습니다. '쇼핑 계속하기' 버튼을 눌러서 결제를 완료하세요. 다음번에는 더 빠르게 구매할 수 있도록 계산 과정에서 회원가입을 진행할 수도 있습니다."

구매를 완료하는 고객의 수는 즉시 45퍼센트가 늘었고, 이는 첫 달에만 1,600만 달러의 추가 매출로 이어졌다. 그해 이 사이트는 이 조치 하나로 3억 달러의 추가 매출을 올렸다.

그렇다면 사람들이 회원가입을 싫어하니까 회원가입을 우회할 수 있게 해주기만 하면 매출을 극적으로 올릴 수 있는 걸까? 흠, 그렇게 단순하지는 않다. 이 사례에서는 더 이상한 일이 있었다.

---

1   재러드 스풀, L. 워로블루스키Wroblewski 《웹 폼 디자인Web Form Design》 중에서. 실제로 이 사이트는 회원가입 과정에서 구매를 완료하는 데 필요한 것 말고는 아무것도 요구하지 않았다. 고객 이름과 배송지 주소, 청구지 주소, 결제정보가 요구사항의 전부였다.

'비회원으로 쇼핑 계속하기'를 선택했던 고객 대부분(90퍼센트 정도)이 제품을 구매한 이후 기꺼이 회원가입을 한 것이다. 구매를 완료하기 '전에는' 회원가입을 망설였던 바로 그 사람들이 구매 과정이 끝날 때쯤에는 기꺼이 자신에 대한 세부 정보를 남기고 새 계정을 만들었다. 그렇다면 중요한 것은 우리가 해달라고 요청한 행동의 내용이 아니라 그 행동을 해야 하는 순서였다는 점을 알 수 있다.

새로 산 세탁기가 어디로 배송되어야 할지 주소를 입력하고 있으면 시간을 잘 쓰고 있는 것처럼 느껴진다. 반면에 똑같은 일을 하더라도 내가 하는 일이 그저 어느 기업의 고객 데이터베이스에 내 세부 정보를 추가해주고 있는 것 같다면 시간 낭비로 느껴진다.

똑같은 일도 맥락에 따라 즐거울 수도 있고 짜증 날 수도 있다. 앞에서 얘기한 공항버스와 똑같은 원리다.

연금술 수업 제7강
: 사소한 것들을 위한 변명

위대한 카피라이터 드레이튼 버드Drayton Bird가 한번은 친구에게 이런 비난을 받았다.

"너희 광고쟁이들은 사물의 표면보다 훨씬 깊이 들어가잖아, 안 그래?"

비난조로 한 말이었지만 나는 이걸 칭찬으로 들어야 한다고 생각한다.

셜록 홈스를 좋아하는 사람이라면 누구나 알겠지만 사소한 것들에 관심을 기울이는 게 반드시 시간 낭비는 아니다. 가장 중요한 단서들은 종종 아무런 관련이 없어 보이기도 하고 인생의 많은 부분은 사소한 관찰을 통해 가장 잘 이해할 수 있기 때문이다. 다윈이 이 섬 저 섬 다니면서 새들의 부리를 비교했다고 해서 아무도 그를 사소하다고 생각하지는 않았다. 그가 내놓은 최종 추론이 너무나 흥미로웠기 때문이다.

물리학자나 경제학자의 사고방식은 큰 걸 넣어야 큰 효과가 난다고 생각한다. 하지만 맥락이나 의미의 아주 작은 변화도 어마어마한 행동의 변화를 일으킬 수 있다는 사실을 아는 게 바로 연금술사의 사고방식이다.

10

결론
: 논리를 좀 덜어내라

인생이 너무 무작위적이고 비효율적이고 비합리적일 수 있다는 사실에는 누구도 토를 달지 않을 것이다. 그런데 아무도 물어보지는 않지만, 혹시 인생이 너무 작위적이고, 효율적이고, 합리적일 수도 있을까? 논리는 과대평가된 것일까? 경제학적 사고가 틀린 것이어서 그것을 공격하려고 이 책을 시작한 것은 아니다. 경제학 모형을 통해 알 수 있는 것들은 반드시 참고해야 한다고 생각한다. 그러나 그런 모형들이 못 말릴 만큼 창의성을 제한할 수 있다는 사실은 반드시 인정해야 한다. 다시 말해 논리의 문제점은 마법을 없애버린다는 사실에 있다. 언젠가 닐스 보어[1]가 아인슈타인에게 했던 말처럼 말이다.

---

[1]   덴마크의 물리학자이자 철학자이며 노벨상 수상자.

"당신은 지금 생각을 하고 있는 게 아니에요. 그냥 논리만 내세우는 거죠."

엄격한 논리적 접근법으로 문제를 해결하려고 하면, 그런 게 불가능할 때조차, 문제를 해결하고 있다는 안도감은 느낄 수 있다. 그렇게 해서 생각해낼 수 있는 잠재적 해결책이란 '이미 승인된' 전형적 추론을 통해 도달할 수 있는 것들뿐이다. 그리고 그 과정에서 종종 더 많은 본능과 상상력과 운이 작용한 더 훌륭하고 돈도 적게 드는 해결책들은 희생되고 만다.

> 기억하라. 아무것도 새로운 시도를 해보지 않는다면
> 행운을 누릴 기회는 줄어든다.

기존에 승인된 프로세스만 따라가려고 하는 이런 '사이비' 합리적 접근법은 비상식적 해결책은 가능성을 따지지도 않고 그냥 배척하게 만든다. 그리고 다들 비슷비슷한 사람들만 소규모로 모여서 해결책을 찾게 만든다. 회계사나 경제학자들도 집안에서 일상의 딜레마들을 해결할 때는 논리를 사용하지 않을 것이다. 그런데 왜 사무실에만 들어서면 본능적으로 계산기와 스프레드시트를 꺼내드는가? 사람들은 비즈니스에는 걸린 것이 워낙 많다 보니 우리가 의사결정을 더 엄격하고 짜임새 있게 하려고 그러는 것이라고 말할 것이다. 하지만 좀 덜 낙천적으로 설명해보면, 그렇게 제한적인 접근법을 사용하는 이유는 그 '제한적'이라는 점

478

이 바로 매력적이기 때문이다. 사람들이 문제에 직면했을 때 가장 원치 않는 것이 수많은 창의적 해결책이다. 왜냐하면 그 경우에는 해결책 중 어느 것을 택할지 주관적으로 판단해야 하기 때문이다. 한 가지 논리적 해결책만 허락하는 인위적 모형을 만들어서 이 의사결정은 내 의견이 아니라 '팩트'에 따라 정해진 것이라고 주장하는 편이 더 안전해 보인다. 종종 기업이나 정부에서 의사결정을 내리는 사람들에게 가장 중요한 것은 성공적인 결과가 아니라, 결과야 어찌 되었든 내 의사결정을 방어하는 능력이라는 점을 잊지 마라.

11

이성으로만 문제를 해결하려 드는 것은
골프장에서 골프채 하나만 사용하는 것과 같다

인위적인 확실성을 버리고 독특한 인간 심리에 대해 다각도로 생각하는 법을 배우려 노력한다면 훨씬 더 뛰어난 사고를 하게 될 것이다.

그러나 이 책의 서두에서 경고했던 바와 같이, 이렇게 한다고 해서 반드시 삶이 더 쉬워지는 것은 아니다. 상상력이 부족하다는 것보다는 비논리적이라는 이유로 해고되기가 훨씬 더 쉽다.[1] 다음 차트는 일이 잘되거나 잘못되었을 때 의사결정 방식에 따라 어떤 결과가 나오는지 보여준다.

큰 조직들은 창의적 사고에 보상을 주는 시스템이 아니다. 차트에서 보듯이 위험이 가장 큰 경우는 창의적 접근법을 취했을

---

1   혹은 존 메이너드 케인스가 언제가 썼던 것처럼 "세상의 지혜가 알려주듯이, 종종 틀을 깨는 성공보다는 틀에 박힌 실패가 평판에는 더 좋다."

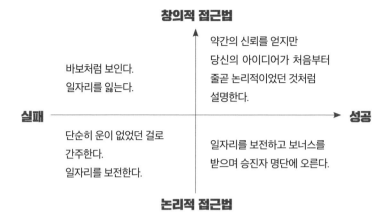

창의적 접근법

약간의 신뢰를 얻지만
당신의 아이디어가 처음부터
줄곧 논리적이었던 것처럼
설명한다.

바보처럼 보인다.
일자리를 잃는다.

실패 ←———————————————→ 성공

단순히 운이 없었던 걸로
간주한다.
일자리를 보전한다.

일자리를 보전하고 보너스를
받으며 승진자 명단에 오른다.

논리적 접근법

● 우리가 나비효과를 찾는 데 더 많은 시간과 에너지를 써야 하는 이유.

때이므로 논리적으로 행동하는 편이 더 안전해 보인다. 그러나 연금술사라면 때때로 이 차트의 상단을 탐구해보아야 한다. 그리고 직원들이 창의적 접근법을 시도한다면 관리자는 그것을 허락할 뿐만 아니라 확고한 지지를 보내줘야 한다.

12

진짜 이유를 찾아라
: 무의식적 동기를 이야기하라

뇌가 제시하는 관점은 진화적 적합성을 개선하기에 가장 좋은 관점일 뿐, 가장 정확한 관점은 아니다. 진화론적 입장에서는 나 자신의 동기를 모르는 편이 오히려 도움이 될 수도 있다. 진화는 객관성보다 적합성을 더 중시한다는 것은 이론의 여지가 없는 사실이다. 자신을 더 멋지게 보이게 만드는 능력이 자손을 생산하는 데 어떤 우위를 가져다준다면 그 능력이 우선순위가 될 것이다. 나는 우리가 이런 성향을 극복할 수 없다고 생각한다. 그리고 과연 극복하고 싶어 하기나 할까 싶다. 왜냐하면 그런 능력 없이는 삶은 알아보기 힘들 만큼 달라질 테고 어쩌면 참을 수 없어질 수도 있기 때문이다.

그러나 우리가 연금술의 힘을 이해할 작정이라면 이런 인간 행동의 동기들을 설명해줄 더 좋은 표현들이 필요하다. 그리고 매사에 합리적 설명을 덧붙이고 싶은 타고난 충동과도 씨름해야 한다. 그래서 마지막으로 알려주고 싶은 팁 중 하나는 무엇을 하는 것만이 연금술이 아니고 무엇을 '하지 않는' 것도 연금술이라는 점이다.

이 책을 읽고 무슨 특이한 지성을 발휘할 필요는 없다. 그저 우리가 매일 편안한 담요처럼 두르고 다니는 그 가정들을 내다버리기만 하면 된다. 어려운 부분은 그것들을 모두 한꺼번에 내다버리는 것이고, 그렇게 되면 사회적으로 창피를 당할 위험도 있다. 예를 들어 요즘처럼 뻥 뚫린 구조의 사무실에서 이메일에 최대한 빨리 답장하는 것에 집착하는 시대에 20분씩 멍을 때리고 있다면 창피를 당하거나 본인에게 손해가 될 수도 있다. 그러나 이렇게 잠시 손을 놓고 있는 시간 없이는 정신적 연금술을 발휘하기 힘들다.[1]

---

1 이 책의 내용 중 단 한 줄도 내 사무실에서 쓴 것은 없다. 데이비드 오길비가 단 한 줄의 광고도 사무실에서 쓴 적이 없는 것과 마찬가지다(그는 "한눈팔 게 너무 많아"라고 말하곤 했다). 그리고 아마 80퍼센트 정도는 그 전날 아무것도 하지 않았던 날에 썼을 것이다. 존 레논이 말했던 것처럼 "아무것도 안 하고 보낸 시간이 낭비인 경우는 거의 없다." 그런데도 현대인들은 연금술이 날개를 펼 수 있는 순간들을 파괴하려고 최선을 다하는 것 같다.

13

숫자의 지배에 저항하라

광고 전문가인 내 친구 앤서니 태스걸Anthony Tasgal은 '숫자의 지
배arithmocracy'라는 단어를 만들어냈다. 우월한 교육 수준 덕분에
자신들이 경제적, 정치적 의사결정을 내릴 자격이 있다고 믿는
영향력 있는 신흥 계급을 뜻하는 말이다. 여기에는 경제학자, 온
갖 종류의 정치인, 경영 컨설턴트, 싱크탱크, 공무원 그리고 나 같
은 사람들이 포함된다. 나는 이들이 무슨 음모를 꾸미고 있다고
생각하지는 않으며 이들이 하는 대부분의 일은 공익을 바라고 하
는 일이라고 생각한다. 하지만 이 사람들은 위험한데 왜냐하면
이들은 이성을 너무 숭배하는 나머지 몇몇 지표의 개선 말고는
삶의 개선을 상상조차 못하기 때문이다. 이런 사람들을《더 싱The
Thing》에서 G. K. 체스터턴은 다음과 같이 설명했다.

'변형'과는 구분되는 '개혁'이라는 문제에서 간단하고 분명한 원칙이 하나 있다. 아마도 '모순'이라고 불러야 할 만한 원칙이다. 보통 문제가 되는 것은 어떤 제도나 법률이다. 하지만 여기서는 논의의 편의상 길 건너에 울타리나 문이 하나 세워져 있다고 치자. 최신 유형의 개혁가는 유쾌하게 다가가서 이렇게 말할 것이다. "아무 쓸모가 없어 보이네. 멀리 치워버리자." 그러면 더 지적인 유형의 개혁가가 이렇게 답할 것이다. "쓸모를 모르겠다면 절대로 못 치우지. 가서 생각해보고 와. 쓸모가 뭔지 말할 수 있으면 파괴할지 말지 고민해볼게."

경영 컨설턴트에서부터 경제 자문에 이르기까지 높은 보수를 받는 수많은 사람들이 '체스터턴의 울타리'를 뜯어내어 연봉을 받는다. 기술기업들은 효율성이라는 미명하에 언론사들의 매출을 급감시켰고, 이는 광고업계와 저널리즘을 파괴하는 데 일조했다. 그러나 기술업계는 광고에서 정작 중요한 것은 효율이 아니라는 사실을 이해하지 못했다. 어느 전문가가 말했듯이 "낭비라고 생각하는 바로 그 부분이 실제로는 효과가 있는 부분"인데 말이다. 지금 사람들이 디지털 광고에 수십억 달러를 쓰는 이유는 그게 더 효율적이라고 생각하기 때문이다(더 정교한 타깃을 정할 수 있고, 각 메시지를 딱 맞는 사람들에게 전송하는 비용도 더 적게 든다). 디지털 광고가 실제로 더 효과적인지는 분명하지 않은데도 말이다. 최근 P&G는 디지털 광고 비용을 1억 5,000만 달러 줄였다고 하는데 매출 감소는 전혀 없었다. 디지털 광고가 실제로는 이상하게도 더 비효과적일 수도 있는 걸까?

광고가 설득력을 갖는 것은 단순히 정보 전달을 통해서만은 아니다. 그렇다면 광고의 힘은 어디 있는 걸까? TV 광고가 온라인 배너 광고와 다른 점은 무엇일까? 나는 3가지 정도가 있다고 생각한다.

1. 우리는 TV 광고를 만들려면 큰돈을 써야 하고 방송 시간을 사는 데도 비용이 많이 든다는 것을 알고 있다.
2. 우리는 TV 광고가 많은 사람들에게 방송되고 그 많은 사람들이 우리와 동시에 광고를 보고 있다는 사실을 안다.
3. 우리는 광고주가 메시지를 볼 사람을 마음대로 통제할 수 없다는 사실을 알고 있다. 다시 말해 광고주는 자신이 누구에게 약속하는지 선택할 수 없다.

얼마가 되었든 광고의 설득력이 이런 3가지 메커니즘에 의존하고 있다면, 디지털 광고는 '겉보기에는' 효율적일지 몰라도 실제로는 놀랄 만큼 비효과적일 수도 있다.

내가 실리콘밸리에 반대하는 주장을 펼쳤던 것을 기억할 것이다. 자동문은 도어맨을 대체하지 못한다. 최근 광고를 보면 똑같은 패턴을 답습하는 듯하다.

1. 광고를 타깃에 대한 정보 전송이라고 정의한다.

2. 이렇게 좁게 정의해놓은 역할을 가장 잘 수행할 기술을 전개한다.

3. 처음에 정의한 광고의 기능을 바탕으로 지표를 사용해 광고가 성
   공했다고 선언한다.

4. 비용이 절감됐다고 기록하고 자리를 뜬다.

지나치게 단순화시킨 이런 광고 모형은 우리가 '이 광고의 내
용은 뭐지?'라고 물을 거라고 가정하고 있다. '광고주가 제품 홍
보에 왜 돈을 쓰고 있지?'라고 물을 거라고는 생각하지 않는다.
우리는 광고를 해석할 때 분명히 사회적 지능을 사용하는데도 말
이다. 공산주의 동독 시절 정보 해석의 중요성을 강조해주는 사
례가 있다. 그곳에서는 제품을 홍보하면 종종 수요가 '줄어들었
다.' 왜냐하면 공산주의하에서는 갖고 싶은 제품은 뭐든 공급이
달렸으므로 사람들은 정부가 홍보하는 제품은 사람들이 줄서서
사지 않을 쓰레기 같은 제품뿐이라고 추론했기 때문이다.

아니면 두 가지 제품이 판매 중이라고 상상해보자. A제품은
B제품보다 사양은 많은 데 가격은 더 낮다. 경제학자라면 의사결
정이 쉬울 것이다. 용도는 더 많고 가격이 더 낮은 A제품을 다들
구매해야 한다. 그러나 소비자는 두 제품의 정보나 안정성에 관
해 완벽한 지식을 가지고 의사결정을 내리는 것이 아니기 때문에
겉으로 더 우월해 보이는 A제품의 가격이 높지 않은 데는 다른
이유가 있는 게 틀림없다고 생각할 수도 있다. 내 생각에 아마 가
장 가능성이 높은 결과는 두 제품 모두 구매하지 않는 것이다. 경

제 논리가 뭐라고 얘기하든 A제품의 제조사는 B제품의 제조사보다는 약간 더 높은 가격을 받는 게 더 좋을 것이다.

> 이것은 비합리적인 게 아니라 불확실한 세상에 대해
> 2차적인 사회적 지능을 적용하는 것이다.
> 신자유주의 프로젝트가 사용하는 단순한 경제 모형은
> 인간 행동의 동기에 관해 편협한 관점을 취함으로써
> 인간의 상상력을 위협하는 결과를 낳았다.

　2008년 글로벌 금융위기가 오기 전에 스페인에 갔던 나는 수 킬로미터에 걸쳐서 해안을 따라 거대한 아파트 단지가 줄줄이 건설 중인 것을 보았다.[1] 당시 스페인 GDP에서 건설 부문은 20퍼센트라는, 말도 안 되는 비중을 차지하고 있었다. 그 건물들을 보면서 내가 품은 의문은 하나였다.
　'이 쓰레기 같은 아파트들을 대체 누가 사나?'
　답은 분명했다. 아무도 안 살 것이다. 북유럽 인구 전체가 동시에 스페인으로 피난을 온다고 해도 이곳에서 살려는 사람이 많을 것 같지는 않았다.
　얼마 지나지 않아 나는 돌아와야 했다. 마드리드나 바르셀로나를 떠나다 보면 두 공항 모두 크고 멋지긴 하지만 필요보다 3배

---

[1]　한때는 바다가 보였던 곳들도 이제는 똑같이 끔찍한 아파트 단지에 가려 바다를 볼 수 없었다.

는 크다는 사실을 눈치채지 않으려야 않을 수가 없었다. 런던의 히드로 공항이나 암스테르담의 스히폴 공항을 가보면 거의 모든 게이트마다 비행기들이 대기 중이다. 하지만 이곳에서는 게이트 5개 중 하나 정도만 비행기가 기다리고 있었다. 공항의 크기만 제대로 보더라도 누구든 알 수 있었던 사실은, 이토록 허영에 찬 프로젝트조차 은행에서 쉽게 돈을 빌릴 수 있다면 이 나라 은행들은 뭔가 잘못되어도 심각하게 잘못됐으리라는 점이었다.

인간 뇌의 큰 부분은 말끔한 개념적 이론보다는 엉망진창인 현실을 고려하게끔 설계되어 있다. 그런데도 뇌의 이 부분을 사용하는 것은 일반적으로 권장되지 않는다. 만약 내가 스페인 해안의 형편없는 아파트 건물 사진을 들고 은행 관련 미팅에 나타났다면 경제 전문가들은 나를 비웃었을 것이다. 그들은 그 사진이 '순전히 일례에 불과'하다고 했을 것이다. 그러나 마이클 루이스의 《빅숏》에도 나오듯이, 글로벌 경제의 실패를 예상하고 거기에 배팅한 사람들은 바로 나처럼 행동한 사람들이었다. 부동산 중개업자를 만나 얘기를 들어보고 주택 단지를 직접 방문해본 사람들 말이다. 대체 왜 우리는 바로 눈앞에 보이는 것보다 이론적인 수학 모형을 더 많이 신뢰하는 걸까?

우리가 손쉬운 관찰보다 숫자나 모형을 더 애지중지하는 희한한 모습을 보이는 이유는 숫자나 모형이 더 객관적으로 보이기 때문일까?

14

비누에 향을 첨가하는 것을
잊지 마라

지난 100년 동안 우리는 위생이 크게 개선됐다. 공중위생 수준이 좋아지고 늘 깨끗하게 보이고 싶은 욕구가 커진 덕분이다. 그리고 이 욕구는 인간의 행동을 크게 변화시켰다.

2010년 〈다운튼 애비Downton Abbey〉가 처음 방영됐을 때 영국의 한 신문이 90대에 접어든 귀족 부인에게 이 드라마가 전쟁 이전의 영국 시골 가정을 충실히 재현했는지 물었다. 그녀는 이렇게 말했다.

"한 가지는 빠졌더라고요. 그 시절 하인들은 말 그대로 악취를 풍겼지요."

20세기 초 케임브리지대학교에서 학부생들을 위해 욕조를 설치하자는 제안이 나왔을 때 그런 걸 가져본 적이 없는 나이 지긋한 어느 교수는 이렇게 말했다.

"학부생들이 욕조가 왜 필요하죠? 학기는 8주밖에 안 되는데."

이런 놀라운 행동 변화가 나타난 원인은 복잡하지만 기대 수명을 늘리려는 의식적인 노력 못지않게 지위에 대한 무의식적인 추구가 큰 역할을 한 것만은 분명하다. 비누가 팔린 것은 위생적 역할보다는 사람의 호감도를 높여줄 수 있었기 때문이다. 비누에는 위생을 개선하는 수많은 화학물질뿐만 아니라 매력적인 향기가 첨가된다는 사실을 기억해야 한다. 그리고 그 향기는 비누라는 제품의 합리적 가치를 높이기 위해서가 아니라 비누 광고가 내보낸 무의식적 약속을 뒷받침하기 위한 것이다. 비누 향기는 비누의 성능을 높이려는 게 아니라 소비자들에게 비누를 매력적인 제품으로 만들기 위한 것이었다.

우리가 무의식적 동기를 부인한다면 비누에 향기를 첨가하지 않을 것이다. 인간의 행동 동기에 대해 편협한 관점을 채용한다면 비누에 향을 넣자는 모든 제안이 바보 같은 것으로 치부될 것이다. 그러나 꽃에 있는 꽃잎처럼 겉으로는 무의미해 보이는 것들이 실제로는 시스템 전체를 움직인다.

15

다시 갈라파고스로

소비자 시장에서는 우리가 여러 가지 선택을 할 수 있기 때문에 각종 '이론'은 할 수 없는 방식으로 무의식에 관한 정보를 알아낼 수 있다. 이 때문에 나는 소비자 자본주의를 '인간 행동의 동기를 이해할 수 있는 갈라파고스제도'라고 부른다. 변칙적인 것들은 새의 부리가 그렇듯이 작아도 많은 얘기를 들려준다.

다윈이 그 원리를 해독해내기 전에도 개나 비둘기 사육사들은 자연선택의 원리를 이해하고 있었듯이, 물건을 파는 사람들은 말과 행동의 차이를 본능적으로 이해하고 있다. 에이머스 트버스키는 1984년 맥아더재단 지원 대상자로 선정되고 나서 인지심리학자로서 자신이 하는 일을 이렇게 설명했다.

"우리가 하는 일은 중고차 판매원이나 광고회사 임원들이 이미 본능적으로 알고 있는 것을 과학적으로 검토하는 것입니다."

정치에는 이런 메커니즘이 없다. 그리고 정치 외에도 무의식적인 감정과 사후 합리화된 신념을 구분할 메커니즘이 없는 영역들이 있다. 그렇다면 우리는 오히려 낙천적으로 생각할 만한 이유가 충분히 있는 셈이다. 우리가 무의식적인 감정적 동기와 사후 합리화 사이의 커다란 차이를 솔직히 인정할 수만 있다면 수많은 정치적 불화를 더 쉽게 해결할 수 있을지도 모르기 때문이다. 다시 말하지만 우리는 그냥 비누에 향을 첨가하는 법을 배우기만 하면 된다.

보편적 기본소득이라는 복지 제도에 관한 논의가 한창 유행이다. 핀란드를 비롯한 몇몇 나라에서 테스트했던 이 개념은 여러 복지 프로그램을 단일한 최소 소득으로 대체해 일정 연령이 넘는 모든 국민에게 지급한다. 대부분의 사람들에게 기본적 필요를 해결하기에 충분한 금액이다. 식품, 난방, 주거비가 지급되지만 다른 형태의 복지 혜택이 일부 사라지고 고소득자의 납세 부담이 높아진다. 경제학적으로 보편적 기본소득이 실현 가능한가 하는 문제는 차치하고,[1] 하나의 사고 실험으로서는 흥미로운 아이디어다. 정치적으로 좌파, 우파를 가리지 않고 놀랄 만큼 인기가 있는 개념이라는 사실도 흥미로운 대목이다. 밀턴 프리드먼도 이 아이디어를 지지했고, 리처드 닉슨도 지지했다. 확고부동한 우익 시각을 가진 내 할아버지도 보편적 기본소득이 당연한 복지의 형태라

---

1   나는 가능하지 않을 성싶다.

고 믿었다.

정치적으로 우파에 속하는 사람들은 보통 부의 재분배를 반대
할 텐데, 이 문제는 대체 어떻게 된 걸까? 아마도 부의 재분배에
대한 항의는 (다른 대부분의 정치적 의견과 마찬가지로) 사실상 감정적
으로 이미 정해진 어떤 성향에 대해 합리적 치장을 하려는 시도
에 불과할 것이다. 우파에 속하는 사람들은 본능적으로 대부분의
복지 프로그램을 싫어한다. 하지만 보편적 기본소득은 아무런 차
별 없이 모든 사람에게 똑같이 지급된다. 신청자가 혜택을 받으
려고 자신의 불행을 과장할 필요가 없다. 보편적 기본소득은 또
한 차등적인 인센티브도 유지한다. 만약 누구는 온종일 침대에
누워 있고, 이웃의 누구는 매일 아침 일하러 간다면, 일하는 사람
은 자신의 노력에 비례해 게으름뱅이보다 더 부유해진다. 마지막
으로 보편적 기본소득은 집권당이 자신들을 뽑지 않은 이들을 희
생시켜 지지자들에게 뇌물을 주는 것을 허용하지 않는다.

보편적 기본소득은 '비누에 향을 첨가하는' 정치적 사고 실험
의 예다. 다시 말해 실재를 바꾸지 않고 실재가 주는 '느낌'을 바
꾸어서 무의식적인 감정 호소가 합리적 행동을 돕게 만든다. 우
리가 어떤 정책을 기능주의자들이 사용하는 좁은 용어로 설명하
는 대신에, 실험적이긴 하지만 해당 정책의 '프레젠테이션'을 기
꺼이 바꿔보려고 한다면 예상치 못했던 얼마나 많은 영역에서 합
의점을 찾아낼 수 있을까? 우리가 경제 모형을 준비하는 데 쓰는
시간의 20퍼센트만 건강한 심리학적 모형을 찾는 데 사용한다면

얼마나 많은 통찰이 새로 발견될까? 로버트 트리버스가 쓴 것처럼 좋은 심리학은 우리가 가진 불행의 더 깊은 뿌리를 발견하고 해결할 잠재력을 갖고 있지 않을까?

몇 년 전에 나는 대니얼 카너먼을 처음으로 만났다. 그는 행동과학이 과연 인간의 의사결정을 바꿀 수 있을까에 대해서는 회의적이었다. 그는 우리의 편향이 너무나 깊이 뿌리박혀 있다고 생각했다. 하지만 그는 사람들이 자기 안의 편향은 보지 못하더라도, 행동과학을 이용해 남들의 행동은 더 잘 이해할 수 있을지 모른다는 희망을 갖고 있었다. 이 책을 쓴 것도 바로 그런 정신에서다. 나는 모든 의사결정 과정을 완전히 뒤집어엎거나 데이터를 무시하거나 팩트를 거부하라는 얘기가 아니다. 다만 술집에서든 이사회실에서든 대화 시간의 20퍼센트만 지금까지와는 다른 설명 방식을 고려해보았으면 좋겠다. 진짜 이유가 공식적 이유와 전혀 다를 가능성, 진화를 통해 만들어진 합리성이 경제학이 말하는 합리성과는 아주 다를 가능성을 인정할 수 있었으면 좋겠다.

> 논리적으로 따지고 싶은 충동에 가끔 저항할 수만 있다면,
> 그래서 그 시간을 연금술에 사용할 수 있다면,
> 대체 어떤 것들이 발견될까?

놀랄 만큼 많은 양의 황금이 발견될 것이다.

감사의 글

만약 그동안 내가 멀리 볼 수 있었다면
그것은 내가 거인들의 어깨에 매달려 있었기 때문이다.

이 책을 통해 감사해야 할 분들이 참 많다. 부모님과 아내 소피에게는 현명한 조언과 그 인내심에 감사한다. 우리 아이들은 종종 요즘 논의되는 정치적 올바름에 관한 이해를 바탕으로 내가 이 책을 쓰는 일을 도와주었을 뿐만 아니라 아마도 직장을 잃지 않게 도와주었다. 나에게 수많은 것을 가르쳐준 광고계의 많은 이들에게도 감사한다. 드레이튼 버드, 스티브 해리슨, 제러미 불모어, 데이브 트롯, 마크 얼스 외 데드 스파이더스 여러분에게 감사드린다. 리처드 쇼튼, 마이크 심, 닉 사우스게이트, 콜린 니믹, 폴 오도넬, 코넬 버크, 엠마 델라 포제, 찰리 윌슨, 아넷 킹, 존 스틸, 마크 리드 외 내가 30년간 함께 일했던 모든 분과, 이곳 오길비의 행동변화센터 동료들, 밥 메이, 크리스틴 던 등 실제로 불가능한 확률을 딛고 오길비가 제대로 운영될 수 있게 만들고 있는 분들에게 감사드린다. 내가 활동하는 동안 한결같은 지원을 해준 런던에 있는 IPA 직원들과 정신없는 나의 작업 방식에도 훌륭하게 대처하며 이 책을 집필하게 도와준 나탈리 윌킨슨, 애나 케언스에게 특별히 감사드린다.

학계의 많은 분들에게도 깊은 감사의 마음을 전한다. 행동과학, 진화생물학, 수학, 통계학, 경제학 등 다양한 분야의 많은 분들이 이 이상하고 뚱뚱한 광고쟁이가 나타나 이상한 질문을 해대는데도 따뜻이 맞아주었다. 니콜라 라이하니, 세이리언 섬너, 댄 애리얼리, 폴 크레이븐, 제럴드 애슐리, 리처드 탈러, 대니얼 카너먼, 게리 클라인, 로버트 치알디니, 제프리 밀러, 다이애나 플라이슈먼, 딘 칼란, 로버트 트리버스, 로버트 프랭크, 조너선 하이트, 니콜라스 크리스타키스, 팀 하포드, 존 케이, 제프리 카, 올레 페터스, 알렉스 아다무 외 지난 몇 년간 내가 귀찮게 했던 모든 분께 감사드린다. 그리고 나에게 깊은 합리성과 얕은 합리성의 차이를 가르쳐준 나심 니콜라스 탈레브에게 감사드린다. 또한 이 책을 쓰는 동안 수많은 카페 주인들이 보여준 것과 같은 엄청난 참을성을 보여주었던 출판사와 에이전시에도 당연히 감사드린다.

재판을 내게 된다면 감사의 글이 훨씬 더 길어질 것이다. 미처 챙기지 못한 분들이 너무 많기 때문이다.

찾아보기